应用伦理学丛书

动物权利研究

〔美〕汤姆·雷根 著
李曦 译

The Case for
Animal Rights

Tom Regan

北京大学出版社
PEKING UNIVERSITY PRESS

著作权合同登记　图字 01-2009-7060

图书在版编目(CIP)数据

动物权利研究/(美)雷根著;李曦译.—北京:北京大学出版社,2010.1
(同文馆·应用伦理学丛书)
ISBN 978-7-301-15993-4

Ⅰ.动…　Ⅱ.①雷…②李…　Ⅲ.动物-权利-研究　Ⅳ.D912.6　Q95

中国版本图书馆 CIP 数据核字(2009)第 187841 号

The Case for Animal Rights(updated with a New Preface), by Tom Regan ⓒ1983,2004
The Regents of the University of California published by arrangement with University of California Press

书　　　　名:	动物权利研究
著作责任者:	〔美〕汤姆·雷根　著　李曦　译
责 任 编 辑:	王立刚
标 准 书 号:	ISBN 978-7-301-15993-4/B·0836
出 版 发 行:	北京大学出版社
地　　　　址:	北京市海淀区成府路 205 号　100871
网　　　　址:	http://www.pup.cn　电子邮箱:pkuphilo@163.com
电　　　　话:	邮购部 62752015　发行部 62750672　出版部 62754962
	编辑部 62752025
印　　刷　者:	三河市欣欣印刷有限公司
经　　销　者:	新华书店
	787mm×1092mm　16 开本　24.5 印张　400 千字
	2010 年 1 月第 1 版　2010 年 1 月第 1 次印刷
定　　　　价:	48.00 元

未经许可,不得以任何方式复制或抄袭本书之部分或全部内容。
版权所有,侵权必究
举报电话:010-62752024;电子邮箱:fd@pup.pku.edu.cn

致　谢

很高兴感谢允许重印如下文章。并非我本人的文章有,斯蒂芬·斯蒂克(Stephen Stich),"动物具有信念吗?"("Do Animals Have Beliefs?"),载《澳大利亚哲学杂志》(Australasian Journal of Philosophy),57(1979),第15—17页。我自己的文章包括:"麦克洛斯基论动物为何不能具有权利"("McCloskey on Why Animals Cannot Have Rights"),载《哲学季刊》(Philosophical Quarterly),26(1976),第253—254页;"纳维森论利己主义与动物权利"("Narveson on Egoism and the Rights of Animals"),载《加拿大哲学杂志》(Canadian Journal of Philosophy),7(1977),第179—186页;"残忍、友善与不必要的痛苦"("Cruelty, Kindness, and Unnecessary Suffering"),载《哲学》(Philosophy),55(1980),第533—537页;"布罗迪与派伯斯论康德"("Broadie and Pybus on Kant"),51(1976),第471—473页;"导言"("Introduction"),见《生死问题:道德哲学文论新导读》(Matters of Life and Death: New Introductory Essays in Moral Philosophy, ed. Tom Regan, New York: Random House, 1980),第10—14页;"功利主义、素食主义与动物权利"("Utilitarianism, Vegetarianism, and Animal Rights"),载《哲学与公共事务》(Philosophy and Public Affairs),9(1980),第306—314页;"再论素食主义与功利主义"("Vegetarianism and Utilitarianism Again"),载《伦理学与动物》(Ethics and Animals),2(1981),第76—82页;"导言"("Introduction"),见《所有个体的正义:伦理学与社会政策文论新导读》(And Justice For All: New Introductory Essays in Ethics and Social Policy, ed. Tom Regan and Donald VanDeveer, Totowa, N.J.: Littelfield, Adams and Company, 1982),第11—13页;汤姆·雷根和戴尔·贾米森:"伦理学与科学中的动物使用"(Tom Regan and Dale Jamieson, "On the Ethics of the Use of Animals in Science"),见《所有个体的正义:伦理学与社会政策文论新导读》,第170页;"正义与效用:一些被忽视的问题"("Justice and Utility: Some Neglected Problems"),载《价值探究杂志》(Journal of Value Inquiry)(印刷中)。最后,要感谢北卡罗纳罗利艺术博物馆的埃德加·彼得斯·鲍伦(Edgar Peters Bowron)馆长博士及其员工,他们授权使用斯蒂芬·洛克纳的画《书房里的圣杰罗姆》的黑白复制版,作为本书的扉页插画。

目 录

中译版序　　1
2004年版序　　3
第一版序　　37

第一章　动物的意识　　1
1. 笛卡儿的否认　　2
2. 对笛卡儿的无效质疑　　5
3. 简约原则　　7
4. 拉美特利的反驳　　8
5. 语言检验　　9
6. 怀疑论　　15
7. 进化论与意识　　16
8. 笛卡儿的垮台　　19
9. 关于动物意识的累积论证　　22
10. 哪些动物具有意识？　　25
11. 总结　　27

第二章　动物意识的复杂性　　29
1. 信念—欲望理论　　30
2. 语言与信念　　32
3. 信念的内容　　42
4. 三个反对　　51
5. 动物意识的复杂性　　62
6. 总结　　67

第三章　动物的福利　　70
1. 动物的自主性　　71
2. 利益　　73
3. 好处　　74
4. 伤害　　79
5. 死亡　　84
6. 家长主义与动物　　88
7. 安乐死与动物　　93
8. 总结　　98

第四章　伦理思考与伦理理论　　103
1. 对道德问题的无效回答　　103
2. 理想的道德判断　　107
3. 评价道德原则的标准　　110
4. 后果主义伦理理论　　119
5. 非后果主义伦理理论　　121
6. 对伦理理论的评价　　123
7. 总结　　124

第五章　间接义务观　　126
1. 间接义务观与直接义务观　　126
2. 道德主体与道德病人　　127
3. 纳维森的观点：
   理性利己主义　　131
4. 罗尔斯的立场：契约论　　137
5. 康德的立场：作为目的本身的
   人性　　146
6. 所有间接义务观的道德武断　　156
7. 总结　　162

第六章　直接义务观　　164
1. 禁止残忍—要求友善的观点　　164

2. 享乐主义的功利主义　168
3. 偏好功利主义　173
4. 辛格支持素食主义的根据　185
5. 功利主义与物种主义　192
6. 总结　193

第七章　正义与平等　196

1. 关于正义的功利主义理论和至善论　197
2. 具备平等价值的个体　198
3. "所有动物都是平等的"　201
4. 固有价值与对尊重生命　203
5. 固有价值与生命主体标准　205
6. 正义：尊重个体的原则　209
7. 规则功利主义与正义　211
8. 捍卫尊重原则　217
9. 伤害原则的推导　220
10. 总结　221

第八章　权利观点　223

1. 道德权利与法律权利　223
2. 要求和有效的要求　227
3. 获得性义务与非获得性义务　230
4. 尊重原则与得到尊重对待的权利　233
5. 道德病人的权利　235
6. 反对观点集萃　236
7. 压倒不受伤害的权利　242
8. 道德病人的无辜　248
9. 数量重要吗？　251
10. 最小压倒原则与恶化原则　255
11. 为什么副效应并不重要　263
12. 对其他反对的回应　266
13. 补遗　273
14. 总结　275

第九章　权利观点的含义　278

1. 为什么素食主义是我们的责任　278
2. 为什么打猎和捕猎错误　296
3. 对濒危物种的关切　301
4. 反对科学中的动物使用　305
5. 总结　330

索　引　335

后　记　344

中译版序

据 2008 年 12 月美国报纸报道,中国的动物权利倡导者正在抗议餐馆和市场中对猫的野蛮屠杀。抗议者指出,仅在广州一地,每天就有多至 10,000 只猫被活活剥皮、烹煮。

报道说,猫肉的需求量很大,人们捕获流浪猫,然后卖给商人,或者直接卖给餐馆。

有位抗议者说,"情况糟糕透顶,不知道是什么原因。可能是经济情况不好。我听说湖南有围捕猫的集团"。这位抗议者没有留下名字,因为担心猫肉业背后可能有帮派支持。

另一位抗议者说:"我们非常气愤,因为猫被活活剥皮、烹煮。我们必须纠正这种野蛮行径。"

关于某些中国人吃猫肉(同样还有吃狗肉)的习惯,应该说大多数美国人不会赞同"这种野蛮行径"。我们不仅认为这是野蛮的,而且觉得这是在背叛人与这些动物之间结成的历史纽带。它们与我们互为朋友,它们是我们的家庭成员,而不是一种肉。

这些中国人发起的针对食猫的非暴力抗议对我是莫大鼓励,因为我的另一本书《清空笼子:直面动物权利的挑战》(Empty Cages: Facing the Challenge of Animal Rights)伴随我对这场事件的响应之始终。我愿意让读者自己从那本书的前言与后记中了解我的回应。这里只说一点就够了:我绝不支持食猫。

尽管如此,与我的国家里被屠杀的动物数目相比,在中国被吃掉的猫不过是沧海一粟:在美国,每年被屠杀的动物为 100 亿只,相当于每天每一小时都有超过一百万只动物被屠杀。所以,说到美国人对人类之外其他生物的使用与(我眼里的)滥用——不管是用于制作皮草、羽绒还是鱼翅,我们同样无地自容。不幸的悲剧是,中国消费者却在步美国的后尘。近年来,中国的人均肉食消费不断增长,尤其是猪肉消费。

印度之父圣雄甘地曾说:"从对待动物的态度可以窥见一个国家的伟大及其道德进步。"照此衡量,不论是美国还是中国,都有着不光彩的记录。我真诚期望,《动物权利研究》中译本的出版将激励中国证明自己在世界民族之林中的卓绝地位。

最后,请允许我特别感谢李曦博士的翻译工作,感谢程炼博士向北京大学出版社推荐拙作,感谢北京大学出版社的王立刚编辑,他接洽本书美国出版商加利福尼亚大学出版社,获得中译版版权,把这本书介绍给中国大众。

汤姆·雷根

2009 年 2 月 17 日

2004 年版序

"如若船长不知道航向,风儿也不能送他到彼岸。"
埃米·艾洛恩(Ami Ayalon)

坐下写序之前,20多年来我还从未再次完整阅读《动物权利研究》——曾经零星浏览,但从未阅毕。这次重读就像温习一本旧相册。是的,那是10岁的我,和伙伴小狗蒂皮在雪地里玩耍;那儿,整装待发的我和高中足球队一起;那张是我的婚礼;啊,我最喜欢的那张:背对镜头,手放在屁股上,凝视着剑桥三一学院的雷恩(Wren)图书馆。尽管那些照片上的人都是我,但是时光荏苒,我的变化太大,看着旧相片的"我"宛如望向陌路。

这就是多年之后展卷《动物权利研究》的感受。即便我知道:是的,这正是我自己的文字,我也还是完全没有感受到它们属于我。至少在读到第6章之前是这种感受。从第6章到结尾,我开始与从前的自我再度融合。尤其是,我开始重新体验写作后面几章的经历。那是忘我的时刻。让我来稍做解释。

我从1980年9月开始写作《动物权利研究》,1981年11月完成。多年来,我都在写关于伦理学与动物的一般话题,以及动物权利的特定话题,因此我并非从零开始。在我的哲学背包里,捆扎着一些或多或少已经确立的信念,同样还有一些或多或少已经构建良好的论证。我觉得自己知道要做什么,也知道最好的路径。那时我完全掌控全局(或者自认如此)。问题摆在那:动物有意识吗?那是一个空白页。任务:用我的思想填补这个空白。这毫不费力。我很享受这个任务。

然而,当我一直写到第6章时(主要致力于批判功利主义[Utilitarianism]),问题出现了。似乎——我知道这听起来奇怪,但无论如何还是要冒险说出来——似乎我不再是这本书的作者。词语、句子、段落、整页整页都不知来自何处。笔下的内容那么陌生;根本不是我原来的想法。但是这些词语牢牢扎根在页面上,我写得多快,它们就扎根得多快。这就不仅是享受了,而是愉悦。

但是真正的困惑在于。愉悦不是持续了几分钟、几小时、几天、甚至几星期。这样的状态持续了数月。毫不夸张地说，在这一段时间，我对这本书的走向失去了控制，怎么看我都不过是在禀风而行。正是为此，我想《动物权利研究》中最具原创性的部分（也就是最后四章：论述并捍卫了尊重原则、伤害原则、最小压倒原则、恶化原则以及自由原则）大可不必归功于我。非常真切地说，它们是我得到的礼物。甚至在我写下这些文字时，我也摇头疑惑，仍然无法理解这究竟如何发生。

让我以四点深入评述，展示我写作《动物权利研究》的历程以及其间的收获。（近结尾处我还会进一步论述这些问题。）起初，我怀有改良主义者（reformist）的抱负。我看到动物遭遇着可怕的对待。举个例子：在研究人员和农场主手里，动物无端遭受痛苦。我以为自己可以解释为什么确实无端，为什么应该停止。我认识到，这种思考方式允许了一个可能：如果事出必要，让动物遭受痛苦就不是错误的。是的，我以为自己也可以说明为什么确实如此。当我提笔写作《动物权利研究》之时，我完完全全是想要捍卫（比如）生物医学研究中动物的使用，只要动物没有遭遇无端痛苦。

结果一切都变了。到我处理动物被当作研究"工具"的问题时，我遵循的论证逻辑已经让我皈依了废除主义者（abolitionist）的立场。今天的我认为显然正确的是：你无法因为他人受益而为践踏动物权利辩护。在我启程之初，这一点还不是那么明显。当我对文本的走向失去控制，到我对功利主义的批评走向深入之后，我才开始转变成废除主义者。毫无疑问，有些哲学家是为了辩护自己的既有确信而写作。然而不管这在其他情况下通常多真实，在我这里显然不成立。

第二点是，《动物权利研究》不仅是在为动物的权利做辩护。这本书寻求描述一组基本人权并为之奠基，尤其是为广义人类家庭中最容易受到伤害的成员——比如儿童，而为之。（我后来发展出来应用于儿童的理论参见 Regan, 1989。）正如我在许多场合提到的，如果我没有首先成为人权的倡导者，我就无法成为动物权利的倡导者。过去，我的朋友和对手都主要关注于我对动物权利的辩护（这可以理解）。现在，我希望新读者不要忽略我更根本的对人权的辩护，也来检验我做此辩护的勇气。

第三，随着论证逻辑的展开，我开始认识到，这本书的力量（如果有的话）在于它对大规模社会实践的批判，这包括畜牧业、生物医学研究、游猎。不错，对人类行为的道德评价更多地涉及对社会实践的道德评价。尤其是，这涉及到评价个人在权利冲突情形下的艰难决定。——出于完整性，《动物权利研究》考察了一些这类冲突，下面将会论及。这就是说，读者将会认识到，《动物权利研究》的根本关注点是宏观的而不是微观的,实际上强调的是关于"实践、制度、计划或类似事业"的正义性问题(343)①。

最后,尽管摆出姿态要呈现上面提到的完整性,对我来说极其明显的是(就像我自己写的),《动物权利研究》远未达到"完整的[道德]理论……"(xiv)。我接着还补充:"即便在正义的领域内,许多困难的问题(比如分配个人伤害与益处的正义)仍有待探讨"(同上)。后面,在回应一些批评者时,我还要提醒读者,我承认这个不完整是存在的。但我从自己立场(我称之为"权利观点"[rights view])做出的声明,也绝不是在许下完整性的空头承诺。我写道,权利观点"确认、澄清和捍卫了一系列伦理原则,任何立志成为(通盘考虑后)最佳理论的理论都必须包含这些原则"(同上)。20多年以后,尽管我有错误,但没有一个批评者能够说服我相信:是时候改变思考方式了。所以我认为这次再版只需对文本进行零散的印刷修订。

当然,这些自传式的勾画并没有证明《动物权利研究》竟然包含了什么真理。谁知道,在那失控的数月里,我是不是在传达笛卡儿笔下那个魔鬼的迷言呢?我们思想内容之真,在逻辑上不同于激发我们去思考那些内容的事物。每个哲学家都理解这一点。而且,正因为是哲学家,他们并不太在乎 20 世纪 80 年代的汤姆·雷根是什么样。他们感兴趣的是纸面文字的真(或者非真)。因此,我的同行质疑《动物权利研究》的中心内容(有时是次要内容),这并不奇怪。公允地说,知情的批评是哲学家相互表达尊重的方式。在回应他们的批评之前,我要做些一般评述。

对动物权利的哲学批评和其他批评

"动物权利"不只是一个哲学概念;它也属于萌芽之中的社会正义运动,即动物权利运动。依照当代标准,这一运动的目标对于多数人(包括许多哲学家)来说可能是激进的。当家猪厂商或者皮毛研磨工做出改变,说他们会更"人道"地对待动物时,这场运动的活跃分子,包括我,并不满意。相反,我们要求停止为了提供食物而驯养动物,停止为了提供皮毛而猎杀它们。我们宣称:"要的不是更大的笼子,而是清空笼子。"

就像跑狗业和肉类工业代表已经做的,那些为活体解剖和皮毛商说话的人,在质疑动物权利概念,理由也都充分。——动物权利的胜利将令这些行业没有活路。

在如何对待动物的问题上持不同看法者会质疑动物权利概念。——这可以预见,同样也可以理解。哪个观点有道理,哪个没有道理,这应该通过观点之间公平、有见识

---

① 《动物权利研究》的原书页码为本书的边码。其他作者的单本著作被多次引用时,我亦直接用括号内数字标记。

的碰撞来决定。

如果我们相信动物权利的一方要求这个世界认同我们的真理观,并照之行动,那么唯一恰当的做法就是,让林林兄弟(Ringling Brothers[1])和美国职业牛仔协会(Professional Rodeo Cowboy Association)的代表也有同样机会提出要求。所有珍视自由探索的人——可能没有人比哲学家更珍视这一点,不仅应该欢迎对争议性观点进行批判性公众审查,而且应该第一个站出来坚持这一点。

不过,从某些角度看,公平是这样一种理想,当它被违反时比被遵从时获得更多尊敬。纵观历史,用下流言语攻击信使是试图诋毁信息的常用方式。不难设想,一些身居高位的人(包括学术界巨擘),并非在平等批判我为动物权利做出的哲学辩护、并非针对我的观点,而是在对我人身攻击。比如,他们通过控告我煽动他人暴乱、把我牵扯进多种暴力犯罪行为,以诽谤我的人格。(关于这些问题的进一步讨论参见 Regan 1991d)。

现在,如果这只是强大的职业利益与经济利益的代言人在欺辱头发花白的道德哲学家(他堂吉诃德式地直白抨击顽固制度的抵抗),那么所有这一切都将是可笑的,像伊夫琳·沃(Evelyn Waugh[2])笔下那样可笑。但是,考虑到所讨论的是现实生活(没有更合适的词)中的屠宰,这就没什么可笑了。每年有 480 亿只动物被屠杀,作为食物供应全世界②。也就是每天超过 1 亿 3000 万只,每小时超过了 500 万只,每分钟 9 万 1 千多只,每秒大概 1500 只。这些数字还不包括以几十亿计被杀死,被伤害身体,以娱乐、运动或时尚的名义被剥夺自由的其他动物。一旦从这个更大背景来看待问题,想要通过泼污我的人格而让我沉默的企图,就压根不好笑了。

在他们看来(几乎无一例外),那些将被算作我的批评者的哲学家都是模范。没有谩骂,没有威胁或敌意,没有抹黑。有的只是传统的、不留情面的批判性分析。不管真理在哪里,是在我这里还是其他地方,这些批评者采取的坚持原则的方式让哲学家感到,我们可以为哲学学科和从业者的高标准而自豪。不过就像我将要解释的,他们的很多批评多多少少是因为严重误解我的立场;我不怀疑,这种误解至少有时是因为我的观点表达得不够清楚。通过解释他人以往在什么地方、为什么误解了我的意思;还有,通过说明在什么地方、为什么我的意思可以说得更明白,我希望误解的范围在未来会减小。在回应代表性反驳之前,简要描绘一下权利观点应该是有帮助的。

---

[1] 美国著名马戏团家族。——译注
[2] Evelyn Waugh(1903—1966),著名作家,善写讽刺小说,以黑色幽默闻名。——译注
② 这是 2001 年的数字,更新的数据出来之后毫无疑问将会更高。参见《农场报告》(*Farm Report*),华盛顿特区的畜牧动物改革运动(Farm Animal Reform Movement)编,2002 年春季—冬季刊,第 7 页。

权利观点

大致上说,我的立场可以概括如下。一些非人类的动物,在道德上的许多相关方面类似于正常人类。尤其是,它们向世界展现了统一的心理存在这一神秘特性。与我们一样,它们拥有各种感知能力、认识能力、意向能力和意志能力。它们在看、在听,在相信、在渴望、在记忆、在期待、在计划、在打算。还有,发生在它们身上的事情对它们来说是有意义的。它们与我们一道享有身体的快乐与痛苦,也在恐惧、在满意、在发怒,有孤独,有挫折、有满足,会狡诈、会轻率。这些,还有其他大量的心理状态和倾向,共同定义了生命主体(subjects-of-a-life)(依照我的术语)的精神生活和相对福祉(relative well-being),对于这些主体,我们更熟悉的称呼是浣熊和兔子、海狸和美洲野牛、花栗鼠和黑猩猩,你和我。

对于任何一个相信并非所有动物都是生命主体的人而言,划界的困难总是存在。比如,变形虫和草履虫都在这个世界存在,但感知不到这个世界。生命主体是在生物系统发育的哪一确切刻度上出现的?我一直相信,没有人知道精确答案,我个人也从未试图回答。相反,我采取了保守方针。我问,是否可以划出一条界线,把永无休止的争论限制在最小。我划出的这条线是,"一岁以上精神正常的哺乳动物"(78)。不管我们在**何处**划出这个界线,**这些**动物都在这条线之上。所以我说我采纳的方针是保守的。

我们可以怎样避免使用多余的赘述来讨论这些动物呢?在《动物权利研究》中,我通过限定如下一点来回答:若无特别说明,**动物**一词将指一岁以上精神正常的哺乳动物。(我在这里也做了同样限定)解释了这些问题之后,我花费了一些笔墨,尽可能清楚地说明:其他种类的动物也有可能是生命主体。实际上,在许多近期的文章中我提出,我们有很多理由认为鸟类是生命主体,而鱼类可能是生命主体(Regan,2003b)。即便如此,一些哲学家——他们显然更有兴趣拒斥我的结论而不是理解我的前提——自信满满地告知读者:在我看来,生命主体"其实就是哺乳动物,而其他生命形式不是"(Hargrove,1992:x)。

前述思考从权利观点角度提供了基础,从而否认人类福祉和动物福利(welfare)有什么不同。我写道:动物和人类

> 都具有……利益,有些是生物意义上的、有些是心理意义上的、有些是社会学

意义上的……不管是动物还是人类,他们生活的总体品味或质量,多多少少都取决于符合其利益的那些偏好的和谐满足。诚然,多数人类能够获得的满足来源要比动物更丰富多样;诚然,依照密尔(John Stuart Mill)的那句名言,"做个不满足的人好过做一头满足的猪";然而,阐明人类福利的多数一般特征的思想范畴(利益、好处、伤害,等等),同样适用于动物福利(119—120)。

眼下在我看来,人类的和非人类的生命主体都拥有得到尊重对待的基本道德权利。当然,有人会提出一些道德立场,这种立场要么完全摒弃权利概念,要么确证人类的权利,却否定非人类动物的权利。但是(如我在第5章至第7章的大致论证的),这些观点被证明是有缺陷的,理由大致有:它们是矛盾的或不必要地复杂,不够精确或范围过窄,或者它们的含义与我们成熟的道德信念及我们的道德直觉相冲突。

生命主体都有得到尊重的基本权利,因此不能对他们为所欲为。拥有这种权利的个体绝不应该遭到如此对待——仿佛它们是作为别人的资源而存在;尤其是,对任何生命主体的有意伤害都无法被累加在他人身上的利益所辩护。在这一点上,我的立场是反功利主义的,属于康德(Immanuel Kant)传统而非密尔传统。但是,当确定谁应该得到尊重对待时,权利观点与康德产生了分歧(参见比如本书边码第239页)。在康德那里,只有作为目的本身而存在的道德主体,只有那些能够运用抽象的、不偏不倚的道德原则来做决定的人,才享有得到尊重的平等权利。相反,权利观点则承认所有生命主体都具有平等的固有价值(inherent value),包括那些缺乏道德能动性之必备能力的主体。这些我所谓的道德病人(moral patient)和道德主体(moral agent)一样具有得到尊重的平等权利。因此,依照权利观点,作为生命主体的非人类动物与阅读这些文字的人类生命主体一样,当然地享有这项权利。因此,尽管我相信人类生命可能拥有其他动物生命不具有的丰富性——这是因为(例如)我们先进的认知能力、审美能力、道德能力和精神能力;但此种差别显然根本没有为我们利用其他动物提供任何基础。

正是基于此,依照简·纳维森(Jan Narveson)令人愉快的措词,我的结论令自己成了"过分乐观的激进分子"(Narveson,1987:38)。比如,为了时尚、研究、娱乐或味觉愉悦目的而利用非人类动物的做法,在把这些动物当作人类资源的过程中伤害了它们;而依照权利观点,这样的对待违反了它们得到尊重的权利;由此推出,这种利用在道德上是错误的,应该停止。单单改革这种制度性不正义(比如,下决心只驯养"快乐"的牛,或者坚持在马戏团用更大的笼子装狮子)还不够。从道德角度考虑,需要的是彻底废除。

我的批评者持不同观点;实际上,如果他们是对的,那我就(可以说是通过顽强的决心和努力)为自己承揽了尴尬的名声:在具有哲学重要性的最基本问题上,我都犯了错。误解动物的心灵,误解对道德理论的评价,误解何为权利和谁拥有权利,误解我们的道德义务所在,甚至误解何为道德哲学和如何从事道德哲学。面对这样一大摞归咎于我的失败,我肯定要下一番工夫,看看哪些值得考察。尽管无法回复所有反对,但我相信已经回应了那些最重要的③。

反对与回答

诉诸直觉

我们可以怎样为自己接受各种道德原则辩护?我们可以怎样在这些原则所属的相互冲突的道德理论之间做出理性选择?任何熟悉道德哲学史的人都知道,这些问题带来了多大的分裂和争论。在《动物权利研究》中,我提出了一组适当的标准来做决定,也尝试捍卫之。我展示的标准是(131—140):一致性、精确性、范围、简约性以及与我们直觉相符。在这五个标准中,最后一个引发了最具批判性的回应,而就像我马上就要展示的,其中有些回应确然不够切题。

无论怎样理解,直觉这一概念都含糊而棘手。在《动物权利研究》中,在介绍了一些其他人理解这个概念的方式之后,我在自己的"反思性"意义上说明了这个观念。

[在反思性的意义上,]我们的直觉就是,尽心尽力……以清晰的概念,通过尽可能多合理获取的相关信息,在冷静、理性、不偏不倚地思考自己的信念之后持有的道德信念。我们在做出这些努力之后得出的判断并不是"本能反应",也并非仅仅表达了我们碰巧相信的;它们我们是深思熟虑之后的信念……因此,通过考查它们多符合我们的反思性直觉来检验不同的道德原则,就相当于用深思熟虑后的信念来检验这些原则;而且,当两条相互竞争的道德原则在其他条件上同等时(即假定二者在范围、精确度和一致性上都相同),最符合我们的反思性直觉的原则就是应该被合理选择的那个(134)。

---

③ 对一些早些时候批评我的讨论的回应,参见雷根1994(Regan, 1994),雷根2001a(Regan, 2001a),第284—290页。

阐明我对直觉的理解,说明这种理解对我思想的作用之后,我继续解释:为什么,如果我们的一些直觉(可能)与在其他方面得到确证的原则冲突,这些直觉就应该被修正甚至抛弃。换句话说,我们寻求的就是约翰·罗尔斯(Rawls,1971)提出的:我们的直觉与总体性一般原则之间"反思的平衡"。此外(在这方面我的理论甚至比罗尔斯的还要复杂),我还解释了一点:依照获得我们深思熟虑后的道德信念的理想背景条件(不偏倚性、合理性、等等),一种恰如其分的谦卑应该让我们明白,道德知识是多么难以捉摸。

总之,在我看来,尽管我们对某些道德原则的接受和对其他道德原则的拒斥可以得到理性辩护——因为我们已经竭尽所能,做了理性所要求的一切努力,来评价相互竞争的理论;这并不能推出我们选择的原则就是正确的。我们能够知道的不过是,自己已经全力以赴,全面公平地评价相互竞争的原则,以决定哪个原则最好地满足了恰当的标准,包括与我们道德直觉相符的检验。然而,满足所有上面那些标准大概是永远无法完全实现的理想,因此我们永远无法声称自己知道:我们所接受的原则,以及这些原则所属的一般理论实际上是对的,而它们的竞争者是错误的。

在这一点上,对于我对道德直觉的诉求,纳维森感到很不满。有时他对我的观点感到惊愕;更多的时候,他提出的反对其实并非针对我的观点,不管是明确的还是隐含的观点。比如有一处,纳维森对我设想的如下信念不以为然:固有价值的"属性"是我"直觉到"的某种东西(38)。在另一个地方他反对我的这个观点:决定谁具备固有价值是"道德感知的问题"(39)。现在,如果是用来描述 G. E. 摩尔(G. E. Moore)关于(依照他的理论)内在善简单而独一无二的、非自然的属性的熟悉立场(Moore,1903),纳维森的方式可能是正确的;而且我确实也就摩尔的哲学写过不少东西(Regan,1986a;1986b;1991c)。但是在我刚刚间接提到的那个段落中,纳维森显然是以错误的方式在描述我的观点。"属性"(不管它们是什么)并没有在我的观点中"被直觉到",我们的直觉也不是"道德感知的问题"(不管它是什么)。做出不同假设就等于在与《动物权利研究》的作者进行不相干的斗争。

在说明我如何理解道德直觉时,纳维森也并不总是这样弄错对象。他(正确地)写道,诉诸直觉时,我是在"依照西季威克(Sidgwick)、罗斯(Ross)以及罗尔斯的方式,而不是仅仅凭空援引反思性直觉"(33)。即便如此,纳维森也相信,当直觉被当作检验来甄别相互竞争的道德原则时,对直觉的诉诸"在理论上是破产的"(同上)。为什么?因为他反对说:"两个相互矛盾的道德原则都可以通过该检验"(34)。他断言,通过直觉的检验因此"不够充分"(同上),无法作为基础来辩护我们对某条而不是另一条道德原则的选择。

然而从上述论证可以清楚看到,我从未断言或暗示说,符合我们深思熟虑后的道德信念是我们选择道德原则或理论的充分条件。诉诸直觉只是评价标准之一,因此,像纳维森那样坚持认为通过这个检验"不够充分"并不能驳倒我。

不过可以恰当地问:符合道德直觉是否在评价道德原则时起作用。纳维森持否定意见。他似乎认为,我们的直觉很可能恰恰代表不同时代、地域和环境下的主流文化偏好;因此,进行严肃的理论评价时,这些直觉是靠不住的。

就我而言,我不相信诉诸直觉是错误的。回想一下,我们诉诸的直觉就是我们尽心尽力进行理性、冷静、不偏不倚的思考,并且假定自己理解相关概念,已经确保了尽可能合理获得的相关信息之后,所形成或获得的道德信念。正如我尽力解释的,这些条件设定了一种理想,人类作为不完美的造物从未达成这个理想。因此如上文所述,依照我的观点,尽管我们对特定理论的接受可以得到理性的辩护(这部分上源于其原则符合我们的道德直觉),这也没有推出这个理论就是唯一正确的。纳维森可能会抗议说他想要更多;尤其是,他可能想要知道哪个理论是唯一正确的。但是,如果说道德哲学史教给了我们什么,那就是:那些认为自己已经找到了唯一正确理论的人,其正确概率和千辛万苦之后认为自己找到了活体蛇鲨[1]的人差不多。出于已经给出的理由,我急着要补充一点:这并非意味着我们认为所有道德理论都同等地值得接受。

总结一下我对纳维森的批判的讨论:尽管我没有厚颜无耻到假设我对直觉的诉求不会招致潜在的严重困难,我也不相信他已经确定出这些困难的实质。

固有价值观念

对我最执著的批评者是 R. G. 弗雷(R. G. Frey)(Frey, 1980, 1983, 1987),他反对赋予非人类动物权利,也反对赋予人类权利。他摆出顽固不化的行为功利主义者姿态,是个冷静的功利主义信徒,在面对其理论所允许的可怕事情时(从虚假的承诺到判决无辜者有罪),他愈发坚持自己的理论,而不是放弃。有些哲学家如果发现所钟爱的理论(严格看来)会导致致命后果,他的信心会动摇,然而弗雷对功利主义的承诺不会。

---

[1] 刘易斯·卡罗尔(Lewis Carroll)笔下的虚构动物。——译注

弗雷不仅反对赋予动物权利；而且否认动物具有哪怕最微弱的心灵。"感觉"——有些是快乐，有些是痛苦，这个他承认动物是有的。但也就仅限于此。贫乏的偏好、愿望、欲望、缺乏记忆和期望、不会推理、计划、没有意向：可以说，弗雷关于非人类动物的精神生命的概念，几乎和笛卡儿一样。我在《动物权利研究》（本书边码第36页以下）处理了弗雷这方面的工作，所以不想在此重复我的批评，而是把讨论限制于他对权利观点的核心——也就是固有价值观念——的批判。

要理解这一观念的意味所在，以及它在我的理论中如何起作用，需要在更大的背景下看待固有价值，需要考虑在权利观点中起作用的其他价值。这些价值包括：(1)福祉（被理解为生活的质量或福利）；(2)内在价值（intrinsic values，包括各种精神状态，比如快乐和满足）；(3)效用（作为手段而有用的东西，作为与某人的目的或兴趣相关的资源而存在的东西，或者是诸如福利或快乐等价值的累积）；(4)独一无二的人类价值，包括美学兴趣、科学兴趣和宗教兴趣的满足；(5)优点或卓越；(6)生命的价值（当一个人死去时所带来的损失和伤害的程度）；(7)固有价值（inherent values，被理解为特定个体所拥有的一种价值，追随了康德作为目的本身而存在的个体的观念）。

关于固有价值，我有四个主张。首先，尽管省去固有价值概念伦理理论会更简单，但简单性并非全部；通盘考虑之后，为了获得最佳理论，我认为必须假定固有价值。第二，固有价值在逻辑上不同于前面提到的其他价值，不能还原成它们，也不依赖于它们而存在。个体拥有固有价值的道德地位在逻辑上独立于他有多幸福、多聪明、多优秀、多有用，等等。第三，固有价值是个绝对概念：个体要么拥有它，要么没有，并且所有拥有固有价值的人都平等地拥有这个价值。第四，所有作为生命主体的个体（依照前面对这个概念的解释），都拥有固有价值，因此享有平等的道德地位；生命主体标准构成了拥有这种价值的充分条件④。

许多批评者反对固有价值观念，弗雷居首；他拒绝这个观念本身及其所声称的平等。关于前者，弗雷声明"并不认为所有人类生命价值相同。我并不同意"：

> 智力上严重缺陷的人类、罹患老年性痴呆的老人，以及出生后只有半个大脑的婴儿，具有与正常人类成人等价的生命。人类生命的质量，可以糟到我们甚至不愿它发生在死敌身上的地步；而且没有什么理由骗自己说：处于我甚至不愿死

---

④ 关于对"自然主义谬误"的关注，参见《动物权利研究》，第247页（见边码）。

故陷入的境地的生命,却与任何正常人类成人价值相同(Frey,1987:58)。

注意,在刚刚引用的段落里,弗雷谈到了"人类生命的质量",还谈论了这个事实:"人类生命的质量"可以因个体而不同,有时"糟"到实在无法接受的地步。因此,清楚的一点是:在以他的方式来质疑我的立场时,弗雷混淆了固有价值观念与截然不同的个人福利观念。谈论"生命的质量"也就是谈论个体的生命过得有多好,而谈论个体的"固有价值"就是谈论拥有那个生命的个体的价值。让我们同意,精神混乱的、衰弱的、或者在其他方面处于不利的人类生命主体所拥有的生命,比那些从马斯洛(Maslow)自我实现角度看得到了最高实现的生命质量更低。但这并不能蕴含说,具有更低生命质量的人类生命主体缺乏固有价值。我也从来没有否认,不同个体可以具有相当不同的经验性福利(experiential welfare)。但是,由于我从未说过或暗示生命质量处处相同,因此,作为针对我立场的批评,弗雷坚持认为生命质量可以不同的做法失败了。

弗雷对我平等固有价值观点的论述同样如此。在首先(错误地)把"所有人类生命不管具有多大缺陷都具有同等价值"的立场赋予我之后,他接着说道,

> 我[弗雷]并不同意。对我来说,生命价值取决于生命质量,生命质量取决于丰富性,丰富性取决于生命得以丰富的范围或潜能。事实是,许多人类过着比普通人类的生命质量低得多的生活,这样的生命不够丰富,得以丰富的潜能也被严重削弱,或者丧失(57)。

不过再一次,弗雷与其说质疑了我的观点,不如说没有抓住本质。首先,我没有声称或暗示"所有人类生命……都具有同等价值",包括同样的固有价值(这是因为拥有固有价值的是每一生命主体,而不是这些主体具有的生命);第二,尽管在我看来,所有满足生命主体标准的人类都平等地拥有固有价值,这也没有推出所有生命价值平等,正如这没有推出所有生命质量平等。简言之,依照我的价值理论,个体的生命质量是一回事,拥有那个生命的个体的价值则是另一回事。弗雷对这两个观念的处理弄得好像我把它们混为一谈,因此他的抗议是无效的。(在"评价生命"那一节,我还会更详细论述不同生命可以具有的不同价值。)

道德主体和道德病人[1]

早先我观察到,除了少数例外,质疑动物权利信念的哲学家都颇谦逊。卡尔·科恩(Carl Cohen)是个例外⑤。看个例子:他说相信动物权利的人"发了疯"(Cohen 2001:24),我们这种人相信的东西被他描述为"愚蠢的"(Cohen 2001:29)、"荒谬的"(Cohen 2001:35)、"荒唐的"(Cohen 2001:65)、"狂热的确信"(Cohen 2001:25)、"无知者的流行口号"(Cohen 2001:121)。人类和动物享有一切道德平等?他把这描述为"荒唐的"(Cohen 2001:35)和"荒谬的"(Cohen 2001:65)。

尽管同样不够专业,但是相较我刚刚总结的那些言论,科恩对我的抨击还比较言辞温顺。他写道,《动物权利研究》的读者会发现,我的书"又长又绕,有些地方还很晦涩"(Cohen 2001:51);里面的论证"大多很虚"(同上);对动物权利的论证"完全靠不住"、"大错特错"、"错得吓人"(Cohen 2001:54)、"根本没有说服力"(Cohen 2001:56);其主要结论"以几乎不可思议的速度得出"(Cohen 2001:54)⑥。对于任何一个还有可能被诱惑去翻开这本书的人,科恩做出保证:"《动物权利研究》里没有一个或一组论证成功地为动物权利做出了辩护"(Cohen 2001:55)。

要回应科恩浮华的言辞有很多可说。而我的话没几句。哲学讨论,不管其主题是什么,不是谩骂的地方。我们不仅无法通过诋毁对手而证明自己的观点,与此同时还玷污了自己的名声;更重要的是,我们这么做会给哲学带来坏名声,因此会降低哲学家在更大的学术共同体中的地位。因此,出于对同行的尊重(如果这个尊重不是出于其他原因),哲学家应该本着原则,杜绝参与标志着科恩的绝大部分工作的那种令人叹息的过分举动。

对于为动物权利辩护得出结论的所谓速度,科恩表示了不快;除此之外,他还感到很困惑。因为在他看来,论证依赖的是"单一的原则",对此,他通过引用《动物权利研究》而做出鉴定:

---

[1] 道德主体是指能自主地进行道德判断的生物,而道德病人则相反,主要指儿童、意识有缺陷的病人和其他动物。
⑤ 关于对科恩(Cohen)观点的更多批判性检查,见雷根2001a(Regan 2001a)第265—310页的论述。
⑥ 我的论证是自然地累积起来的,前278页是第279页得出的结论的逻辑背景。说我的结论"以几乎不可思议的速度得出",对于这种人,这提示他们至少漏读了该书几百页的内容。关于我的结论摘要,见雷根2003a(Regan,2003a)第210—212页。

> 在道德病人那里,得到尊重的要求及因此为了承认受尊重权所做出的辩护,其有效性不可能比道德主体那里的更强或更弱。(279)

现在,不可否认,我确实这么说了,或者,我在这里所说的(以下称为我的"概括性原则")概括了我的累积论证(cumulative argument)得出的结论。因此,在认可这一段落的重要性上,科恩是对的。但是,他对我概括性原则的含义的解释,错得厉害。

我谈到的"道德主体"是谁?谁又是"道德病人"?值得注意的是,科恩把我理解的"道德主体"等同于"人类",而把我理解的"道德病人"等同于"动物"。这里是引文的相关部分:

> 雷根对[动物权利]的辩护完全建立在一个原则之上……那个原则是什么?那就是……"道德主体"(人类)和"道德病人"(动物)被无条件地视为平等(52)。

科恩在此的论述完全不对;把我不仅否认而且反复否认的等同(153、154、239,等等)强加于我,这就不仅仅是犯错了。

甚至那些以极草率的方式阅读我作品的人也会看到,再明显不过的是:在我这里,"道德病人"不同于"动物","道德主体"也不同于"人类"。实际上,我在《动物权利研究》以及所有其他相关文章中的主要目标就是区分这两对概念。为什么?因为(1)许多人类(比如新生儿和即将出生的孩子)不是道德主体;也就是,在他们当前的条件下,他们无法在决策时使用抽象的道德原则。而且因为(2)在我看来,这些人类是道德病人;也就是,在他们当前的条件下,人们对他们直接负有义务,其中最重要的就是尊重他们的义务。

诚然,人们可以认为所有人类都是道德主体(这是错误的),或者认为没有一个人类是道德病人(也是错误的),以此来反对我的立场。但是,质疑我的立场是一回事,正确描述我的立场又是另一回事。因为科恩没能正确理解我的观点,所以他的质疑也不够分量。

含糊性责难

科恩还提出了对权利观点的一个逻辑反对。他声称,我对动物权利的辩护"完全是错误的",因为它涉及"大量犯有含糊性错误的例子——也就是说,同一单词或短语的多重含义,在一个论证的多个命题中被混为一谈的低级错误"(54)。

科恩说,我犯下的含糊性错误涉及"固有价值"的表达,关于这个表达,他区分出两个意思。一个在本质上是道德的;另一个不是[即道德中立]。依照科恩,我在赋予动物固有价值上的论证以及由此引申出来对动物权利的辩护,"完全是错误的","错得吓人",等等,因为该论证涉及"从'固有价值'的一种意义毫无提示地转移到它的另一意义"(同上)。

上述两种意义是什么呢?"固有价值"的道德中立的意义指的是:"每个活着的生物[都是]独一无二[并且]不可替代的"(同上)。而对于"固有价值"的道德意义,科恩提供的论述如下:

> ……雷根提出,人类的真正价值必定不在于他们的体验,而在于他们自身。提供价值的并不是被"盛入"人性之"杯"的快乐与痛苦,而是"杯子"自身;所有人类都在深刻的意义上因为其所是——具有固有价值的道德主体——而具有平等价值(53)

科恩在此的说法如果竟然是对的,那也与《动物权利研究》毫不相干。我没有使用"固有价值"来表示"每个活着的生物[都是]独一无二[并且]不可替代的"。我也没有主张:所有人类在深刻的意义上因为都是道德主体而具有平等价值。在我看来,有数十亿的人类生命主体曾经不是、现在不是、或者永远不会是道德主体,而这一事实绝没有削弱一点:他们具有的固有价值与作为道德主体的人类生命主体是平等的。因此,认为我像科恩说的那样语义含糊,这肯定是错的;而且,不管怎样,我竟然语义含糊,这也是错的。

帮助的义务

任何充分发展的道德理论都必须考虑一下,为了帮助他人,我们该为他人做些什么。在《动物权利研究》中我指出,不侵犯他人的权利并没有穷尽我们的义务;我们还有一项**初步**(prima facie)义务:帮助不正义造成的受害者——换句话说,就是权利被侵犯的个体。

戴尔·贾米森(Dale Jamieson)对我这部分理论的某些含义提出了质疑(Jamieson, 1990)。他注意到,依照我的观点,只有道德主体才会侵犯他人的权利,因此指出,"尽管(依照雷根)我们被要求帮助不正义的受害者,我们并没有被要求去帮助需要帮助、但并非不正义的受害者的人"(351)。他谈到了我对各种野生动物问题的讨论,从《动物权利研究》中引用了如下段落:"在声称我们具有**初步**义务帮助权利被侵犯的动物时……我们并不是在声称有义务帮助绵羊免受狼的攻击,因为狼从来无法、也不会去侵犯任何人的权利"(285)。贾米森因此认为,我在帮助义务上的立场具有反直觉的后果。比如,我们没有义务告诉徒步旅行的同伴有一块大石头正在他前面落下。为什么?因为(贾米森推理)权利观点认为:"我们没有被要求去帮助需要帮助、但并非不正义的受害者的人"(351)。不管我们可以用什么其他方式描述落下的大石头,它们都不是带来不正义的行动者。

尽管初看起来像是严厉的反驳,但我并不认为贾米森的批评站得住脚。对相关段落的仔细阅读表明,我和他说的是两回事。我说:如果没有人被侵犯权利,我们就没有因为不正义的发生而亏欠任何人。这当然不同于说我们对他人并不负有其他义务。权利观点没有阻止我们承认行善的一般义务,这也是项**初步**义务,它命令我们为他人做善事,不管从正义的角度看我们是不是相互亏欠什么。尤其是,权利观点没有阻止我们同意贾米森:是的,我们具有**初步**责任警告旅行者落下的大石头,即便下落的石头没有侵犯任何人的权利。

为什么贾米森会作他想呢?我想,最合理的解释表明我至少也负有部分责任。我在《动物权利研究》中讨论的唯一帮助义务,就是对不正义的受害者负有的那些。一些读者自然会推理:这是权利观点能够认可的唯一帮助义务。我相信贾米森就做出了这个推论。但是,这个推论尽管自然却是错误的。权利观点可以前后一致地认可一般性的行善的**初步**义务,同时在某些情境下提出帮助的实际义务。这种义务没有在《动物权利研究》中得到讨论,这表明那里所发展的理论并不完备。作为亡羊补牢,我承认,如果除了我们对不正义的受害者负有的义务,我多谈一些其他义务,情况就会更好。如果那样,我就会非常明确地注意到,行善义务受到重要限制;尤其是,我们从来不会通过侵犯他人的权利来促进善。在这方面,依照权利观点,正义的要求往往优先于行善。

救生艇案例和对不一致的责难

如果《动物权利研究》具有中心论点的话,那就是尊重原则。依照这个原则,所有生命主体——人类的和非人类的——都享有得到尊重的根本权利。由此推出,没有一个生命主体可以仅仅因他人获益而受伤害。尊重个体权利的职责压倒了我们可能具有的促进社会善的职责。

但是权利观点要处理的不仅仅是尊重原则。会有这样的境况(我称之为阻止情形):不管我们决定做什么——甚至我们决定什么都不做——都会有无辜者受害。当我们发现自己处于这种情境时,该怎么做?被告知每个生命主体都具有得到尊重的权利,这不够。尽管正确,这并没有告诉我们,当面临艰难的任务时——在不同的可能之间做出选择,每个选择都会伤害一个或更多无辜的生命主体——我们该怎么做。让我首先总结一下我认为我们应该如何解决这样的冲突;然后再来回答对我的几个批评。

一种简单的,只涉及两个个体(M 和 N)的情况将表明权利观点会如何解决某类阻止情形。引自《动物权利研究》:

> 说……M 和 N 基于各自被给予的平等尊重而拥有不受伤害的平等权利,这并没有暗示:任一个体可能遭受的每个伤害都同等严重。在其他情况同等时,M 的死亡比 N 的偏头痛是更大的伤害。因此,如果我们要平等地尊重个体的价值和权利,就不能把 N 的更小伤害算作与 M 的更大伤害平等,或者甚至比它更大。要平等尊重两个人的平等权利,你必须平等考虑他们同等的伤害,而不是平等考虑他们不同等的伤害。这个要求蕴含这一点:在其他条件同等的情况下……[在上面描述的情形中]M 的权利就压倒了 N 的权利(309)。

当然,不能小视我们给任何无辜者造成的伤害。如果能够尽量避免这一点,那就最好。但是(生命的偶然性客观存在),伤及无辜有时难以避免。

现在,依照权利观点,数量不会影响决定。如果要选择的不是造成 M 的死亡或 N 的偏头痛,而是造成 M 的死亡或 10 个、100 个或者 100 万个人的偏头痛,那么特殊考虑除外⑦,权利观点要求我们选择后者(译者按:即让任意数量的个体承受偏头痛)。因为没有一个个体 O 会遭受 10 个、100 个或者 100 万个人的偏头痛。进行比较的仅仅是:死亡将给 M 带来的伤害,偏头痛给 10 个、100 个或者 100 万个 N 中的每个带来的伤害。而且(在每种情形中),M 的死亡都是比任何人的偏头痛更大的伤害。

基本上,同样的推理思路构成了我处理《动物权利研究》中的救生艇案例的基础。我们设想一下这种情况(324—325):5 个幸存者发现他们坐在救生艇里,其中 4 名是

---

⑦ 对"特殊考虑"条款的讨论,参见《动物权利研究》第 276、298、316—318、320—324 页。

正常的成年人,还有一条狗,救生艇只能装下4个幸存者,某一位必须下船,否则全体丧生。谁该被放弃?特殊考虑除外,我认为应该是那条狗。而且,这么认为是因为我相信,任何人类幸存者的死亡所带来的伤害都比狗的死亡带来的伤害更大。因为,尽管狗或任一人类的死亡都会让他们丧失一切,但我相信,每一人类将丧失的"一切"会比狗所丧失的"一切"更多。为什么?因为死亡造成的损失究竟有多大,这取决于它所剥夺的可能带来满足的资源有多少、有多丰富。因此,如果对于任何人类来说,死亡代表的可能性的这种损失确实都大于狗的损失,那么死亡带给任何人类的伤害都大于它对狗的伤害。这就是为什么在这种悲剧性情境中狗应该被牺牲的原因。

此外,数量不会影响决定。如果我们面对的选择不是1只狗或4个人,而是4个人或10只、100只、100万只狗,还是狗应该被牺牲。因为不存在一个个体O,他会被10只、100只、100万只狗的死亡所伤害。相互比较的只有死亡给每个人类造成的伤害,以及死亡给10只、100只、100万只狗中的每一只造成的伤害。而且(在每一情况下),任何人类个体的死亡都代表更大的伤害,因为这比10只、100只、100万只狗中每一只的死亡所造成的损失都更大。

有以上论述为背景,我所谓的恶化原则(worse-off principle)就可以理解了。该原则表示:

> 特殊考虑除外,如果我们必须在多数无辜者的权利和少数无辜者的权利之间抉择,而且如果不这么抉择,少数无辜者遭受的伤害将让他们落入比多数无辜者中的任何一个都更糟的境地,那么我们应该选择压倒多数无辜者的权利(308)。

我希望已经说清楚了。那么,我在救生艇情形中的决定——10只、100只或100万只狗被抛下救生艇,恰好就是恶化原则在上文所述阻止情形的特殊应用。

在《动物权利研究》的许多部分,我警告自己抵御一个诱惑:以我们在救生艇情形中的思考为基础进行普遍化。比如我提到:"权利观点暗示应该在例外情况下采取的行为(包括救生艇情形在内的阻止情形都是例外情况),无法公平地被普遍化到非例外的情形"(325)。就像我们很快就要看到的,我的许多批评者忽视了这些警告。

我对救生艇情形的处理引发了大量反对,差不多可以开个反对意见家庭作坊了,但这里无法一一予以考察⑧。我个人认为,相较于这些情形在我总体理论中的重要性,倾泻在我对这些情形的处理上的注意力很不成比例。出于这个原因,我很犹豫是不是要在这个话题上多费口舌。我担心,要是说了些什么,我会让一个本应自生自灭的议题死灰复燃。但我还是要冒这个险,免得看起来像是在试图避重就轻。

L. W. 萨姆纳(L. W. Sumner)是指责我不一致的人之一。如果(像我做的那样)更愿意牺牲救生艇上的 100 万只狗,来挽救一个正常成人人类的生命,那么(萨姆纳宣称),当科学研究使用 1 只或 100 万只狗将会挽救一个或更多的人类生命时,我就无法前后一致了。萨姆纳指责说,我"仔细构建……的框架"与我"废除主义的最终结论"相矛盾(Sumner,1986:434)。

萨姆纳犯下了多处错误。假定有位批评者如此质疑我在救生艇情形中的决定:他提出,我是在承诺于一种动物控制政策,这条政策将让我们围捕世界上所有的狗,把它们倾倒到海里。那么我想,其余的人将会认识到,这个提法与我说过或承诺过的任何内容都相去甚远。我设想的批评者犯下的错误是:从我认为应该在例外情形中做的事情(淹死救生艇情形中的狗),扩展到我认为应该成为行动方针的事情(淹死所有狗)。

萨姆纳的错误之一与此相似。救生艇情形提示我们考虑,在例外情况下我们该做什么。在科学研究中使用动物不是例外情形。把动物应用于此完全是每天都发生的事情。在全世界,一年到头,确实有数千万的动物被用于这个目的。假设我必定会因为在救生艇情形中的裁决而支持把数百万动物用于研究,这简直类似于假设:我因为同样的裁决而承诺允许围捕数百万的狗并把它们扔在海里。我并没有承诺后者,对前者的承诺也没多少。

xxxi 更根本的是,实验室动物的权利已经被侵犯,已经在遭受不尊重对待。否则它们怎么会在那里? 相反,在救生艇幸存者的情形中,只有我们假定没有谁的权利被侵犯——动物的权利没有被侵犯,人的权利也没有——设想的情况才会作为阻止情形发

---

⑧ 除了被讨论的作品之外,还参见朱迪思·巴拉德·安德雷德:"再谈救生艇上的狗"(Judith Barad-Andrade, "The Dog in the Lifeboat Revisited"),载《物种之间》(Between the Species),8(2)(1988),第114—117 页;苏珊·芬森:"沉没的救生艇研究"(Susan Finsen, "Sinking the Research Lifeboat"),载《医学与哲学杂志》(The Journal of Medicine and Philosophy),13(1988),第197—212 页;朱林·F. 富兰克林:"雷根论救生艇:一个辩护"(Julin H. Franklin, "Regan on the Lifeboat: A Defense"),载《环境伦理学》(Environmental Ethics),23(2001 年夏),第189—201 页;汤姆·雷根和彼得·辛格:"救生艇上的狗:一个交换"(Tom Regan, and Peter Siger, "The Dog in the Lifeboat: An Exchange"),见《纽约书评》(The New York Review of Books),1985 年 4 月 25 日,第56—57 页。关于最全面的讨论,也是我该感谢的讨论,参见爱德华·扎帕拉的《一百万只狗:汤姆·雷根、恶化原则,以及废除科学中的动物使用》(Edward Zapala, One Million Dogs: Tom Regan, the Worse-off Principle, and the Abolition of the Use of Animals in Science),麻省大学(University of Massachusetts, Amherst)荣誉论文 2002—2003。

挥作用。因此,当萨姆纳指责我自相矛盾时,他不可能是正确的——他指责我既反对所有的活体解剖(在此动物的权利被侵犯),又在某些时候(比如某些救生艇情形,在此没有谁的权利被侵犯)接受牺牲动物生命来挽救人类生命。

彼得·辛格(Peter Singer)也与指责我不一致的人站在一起(Singer, 1985)。他认为,如果我愿意为了挽救一个人的生命而把一只狗扔出救生艇,那么我将愿意在一只患病的狗身上进行实验,以挽救同样罹患此病的人。然而如果我愿意在这种情况下允许实验,那我就不可能前后一致地声称自己反活体解剖,反对所有动物试验。

与萨姆纳一样,辛格没能认识到救生艇和研究试验室之间的道德差别。救生艇上的幸存者并不是因为他或她的权利被侵犯而在那里的。他们并不是因为未受尊重而待在那里的。然而,一旦我们走进使用动物的实验室,道德图景就截然不同。当一只孤零零的动物被带进实验室,将在那儿被用于追求人类利益时,那只动物得到尊重对待的权利就被侵犯了。一旦这些要点得到认识,辛格对不一致的指责就失去了吸引力。在救生艇情形中采纳我的观点而在所有情形中反对活体解剖,这并不矛盾。

最后看一例指责我不一致的批评者:雷·B. 爱德华兹(Rem B. Edwards, 1993)。让我们准备一下:依照我的观点,活体解剖就其本质而言既是强迫性的也是错误的。进行活体解剖时,动物不是碰巧发现自己呆在实验室里;它们是因为研究者的意图而落入如此境地。此外,研究者这么做的目的是:利用这些动物来追求其他人的利益。爱德华兹推理到:"雷根的航海狗"(他给救生艇情形中的狗起的名字)不是自愿出海的;因此,就像用于研究的动物一样,狗也是人类看管者强迫带出海的。爱德华兹认为,由于在实验中和救生艇情形中动物都遭到了强迫对待,我也没有指出人类看管者强迫狗出海旅行有什么不对,因此当研究人员在实验室胁迫狗参与实验时,我的反对前后矛盾。

在我看来,爱德华兹思路混乱得很。就我而言,我并没有在爱德华兹认为存在胁迫的任何情形中看到胁迫。比如,我并不认为当我们决定何时喂狗、喂什么时,我们是在胁迫它。诚然,我们是在为它们做出这些决定;而且胁迫诚然涉及代为他人做决定。但是并非所有代他人做决定的情形都是胁迫。(如我们设想的那样)人类看管者决定带自己的狗出海旅行,这么做时人类看管者是在为狗做决定,但这并没有推出这位看管者是在强迫狗出海。只有对胁迫的混乱理解才会让相反的推论看上去合理⑨。

---

⑨ 我们可以设想狗被胁迫出海的情形。设想人类看管者用皮鞭抽打狗,踢这只可怜的动物,把它推上船的踏板。面对这只狗的坚决反抗,我们可以清楚明白地说胁迫发生了。把这个情形与小狗兴高采烈地跑上船比较一下。或许我错了,但是我没有在后一情形中看到任何胁迫。

但是,为了继续论证下去,让我们假设:在为动物做决定的任何时候,我们都是在强迫性地对待动物;那么接着我们可以问,是否所有的强迫都代表侵犯了权利。我并不这么认为。就个人而言,我并不认为每当我们决定何时喂狗、喂什么时,我们都侵犯了狗的权利。我也不认为,人类看管者决定带狗出海旅行时必定侵犯了航海狗的权利。相反,我确实认为,当研究者决定把狗关进实验室,为了研究而把它们当作"工具"或"模型"时,研究者侵犯了狗的权利。即便勉强承认爱德华兹对胁迫的歪曲理解,允许某种形式的胁迫(没有涉及侵犯权利的那类),同时禁止另一类胁迫(确实涉及这种侵犯的那类),这也不矛盾。

因此让我总结一下。也许我错了,在对救生艇情形的解决上,在坚持恶化原则上错了。但是我因为萨姆纳、辛格和爱德华兹所声称的理由而自相矛盾了吗?不,我不这么认为。

物种主义忧虑

伊夫琳·普卢哈尔(Evelyn Pluhar)出于不同的理由质疑我对救生艇情形的处理。在她看来,即便我回避了不一致指责,我也是错误的。为什么?因为我承诺了一条无法被接受的原则(简称为"UP[1]")。她这样来描述该原则:"死亡对我们所知道的任何有感觉的非人类的伤害,都小于它对人类的伤害"(Pluhar,1995:288)。毕竟,我不是支持牺牲狗而不是任何一个人类吗?我不是认为死亡在动物那里造成的伤害,小于它在任何单个人类那里造成的伤害吗?因此我不就是承诺 UP 了吗?

对这最后一个问题的简单回答就是:"不。"更详细的回答需要更多篇幅。首先,考虑一下救生艇情形的这种变化:救生艇上有 1 只狗、3 个正常的成年人类、1 个陷入不可逆永久昏迷的人类。因为(根据我的分析)死亡没有给陷入不可逆永久昏迷的人带来什么损失,因此没有造成伤害;又因为死亡对于任何一个其他人类、**同样还有狗**来说都代表了大于零的损失/伤害;因此我的分析——特殊考虑除外——显然会支持牺牲那个陷入不可逆永久昏迷的人类,用以挽救 1 只狗和 3 个正常的成年人类⑩。

我不怀疑,一些人会反对我在这种情况下的结论。他们会指责我厌恶人类。或者说得更难听。但是,至少这些批评者没有一个人能够以我承诺 UP 为由提出合理

---

[1] Unacceptable Principle(无法接受的原则)的缩写。——译注

⑩ 恶化原则的应用允许我们在其他情形中挽救狗而牺牲人类(比如,如果一个大脑受损的人,或者丧失了通常的人类能力,以致失去了记忆或者对一般对象的知觉的人)。

反对。相对所有其他动物而言,死亡对所有人类来说代表了怎样的损失?对于这个问题,我没有在任何地方陈述过或暗示过任何东西,以做出总体性或普遍性的声明。在某些情况下,有些非人类动物的死亡所代表的损失,小于死亡在有些人类那里代表的损失,这个事实(假定它是事实)没能推出:与所有人类相比,这对于所有动物都成立。

不一致的责难是严厉的;正因为如此,尽管(在我看来)对救生艇情形的关注多得过头了,但我还是感到必须做出回应。即便如此,普卢哈尔的反对(如果是对的)所带来的伤害甚至更大。为什么?因为很难理解一个人如何可以在接受UP时回避物种主义责难。怎么可能避免呢?逻辑上看,只有一个人也相信,所有人类因为是人类而具有其他动物不具备的某种可丧失的价值,他才会相信,死亡对人类而言的损失**总是**大于它对任何其他动物而言的损失。如果这不是在推崇物种主义,还有什么是呢⑪?如果《动物权利研究》的作者被揭露是一位隐秘的物种主义者,这是多么尴尬呀!因此让我竭尽全力强调一下:事实远非如此。死亡所代表的损失必须视具体情况而定。这样我们就会发现,在许多情形中,死亡在有些动物那里意味的损失大于它在有些人类那里意味的损失。

评价生命

xxxiv

就像前面所注意的,权利观点区分了如下二者:不同主体拥有的生命的价值,以及拥有生命的主体的价值。权利观点的要旨是:所有生命主体都拥有同样的一种价值(固有价值),他们平等地拥有这个价值。然而,不同主体所过着的生活的价值无需同等,而且在我看来,在许多情况下这显然不同等。回忆一下弗雷笔下精神严重受损的人类。依照权利观点的分析,尽管这一生命主体(假设是弗雷德)所具有的固有价值并不比任何其他生命主体(比如弗雷)更多或更少,这并没有推出弗雷德和弗雷所具有的生命在价值上平等。相反,权利观点的分析暗示:就像死亡代表的伤害一样,生命价值随着满足的可能来源在数量和种类上的增加而增加。因此,如果确实就像我认为的那样,弗雷的生命比弗雷德的生命具有更多实现满足的可能来源,那么弗雷的生命价值就比弗雷德高。当然,这绝不是说,允许弗雷或哲学家群体剥削弗雷德或其他类似的人就是正当的。我说过的任何一句话,都没有推出关于社会实践正义或制度正义的任

---

⑪ 雷根2001a(Regan,2001a)第290—297页详细讨论了物种主义。

何结论。只有在极端情形中,不同生命的价值差异才是重要的。比如,在救生艇情形中,当我们必须决定是挽救弗雷还是弗雷德时,权利观点的裁决是——特殊考虑除外——挽救弗雷。

在比较弗雷德和弗雷的生命价值时被确定为正确的结论,在比较弗雷与狗(假设是菲多)的生命价值时也同样正确。如果确实如我相信的,弗雷的生命比菲多[狗]的生命具有更多实现满足的可能来源,那么弗雷的生命就比菲多的价值更高。当然,再一次,这绝不是说允许弗雷或哲学家群体剥削菲多或一般的狗就是正当的。我说过的任何一句话,都没有推出关于社会实践正义或制度正义的任何结论。只有在极端情形中,不同生命的价值差异才是重要的。比如,在救生艇情形中,当我们必须决定是挽救弗雷还是菲多时,权利观点的裁决——特殊考虑除外——将是一样的:我们应该挽救弗雷。

史蒂夫·萨波恩提兹(Steve Sapontzis, 1995)质疑了我这里的想法。准备一下:假设我被问到,哪种可能的满足资源是弗雷可以得到而菲多无法获得的。依照权利观点对这一概念的理解,我将指出的第一个差异涉及道德能动性。弗雷可以,而菲多无法援引不偏倚的理由来影响它的道德决策(比如,援引黄金律或效用原则)。因此,弗雷的生命具有菲多所缺乏的一个实现满足的资源,而依照权利观点的分析,这一点增加了弗雷的生命价值——与菲多比较而言。

萨波恩提兹并不同意。他认为,世界上的菲多们能够表现出美德之举,而不仅仅只有弗雷才会。萨波恩提兹观察到:"比如我们普遍赋予动物诸如同情、自我牺牲、忠诚、勇敢这样的道德美德。"(25)

我并不反对萨波恩提兹的那些说法,尽管我知道很多其他人会:他们会说,这种想法以一种声名狼藉的方式成为"拟人论"。让我们把这个担忧放在一旁,为了论证的缘故同意许多动物展示了萨波恩提兹提到的那种美德。当然,许多人类也展示了同样美德。这个相似是重要的。依照我喜欢的语言来描述一下这个相似:对于许多(不是所有)动物和人类来说,实现满足的可能资源包括了美德之举(比如同情、自我牺牲、忠诚和勇敢)带来的满足。依照权利观点,从这些方面看,动物的生活和人类的生活在价值上平等。因此萨波恩提兹的反对到目前为止是有效的。

然而,即便是萨波恩提兹也会同意,有意义的差异仍然存在。尤其是,在对于权利观点而言重要的意义上,弗雷那样的人类是道德主体,而菲多那样的动物不是。我们可以、但是其他动物无法用不偏倚的理由来影响决策(比如,运用黄金律或效用原则)。因此,弗雷那样的人类可能具有的满足来源包括:菲多那样的动物可以得到的满足,**加**

上不偏倚地思考道德选择产生的满足——这是菲多和类似的其他动物无法获得的满足。更简单地说,对于弗雷这样的人类而言,其实现满足的可能性要比菲多这样的动物更大。倘若我的分析正确,那么,因为在满足的可能来源上,弗雷这样的人类生命包括了比菲多这样的动物生命更多的内容,因此这些人类的生命比这些动物的生命具有更大价值。

我回应萨波恩提兹提出的这个特定反驳的正确之处,在我对其他反驳的回应上也成立。这些反驳质疑的是:为什么我会认为,弗雷这样的人类生命比菲多这样的动物生命具有更大价值。我将回答:"是的,你(我的批评者)是对的。动物确实能够 X(比如,它们真的能够展现美德之举,真的能够推理,能够计划,能够交流,等等)。但是",我会加上,"弗雷这样的人类能够做这一切,并且可以做得更多(比如,他们能够追寻美学的、科学的和宗教的兴趣,而其他动物不能)"。

我的这种想法正确吗?而且(即便我是对的),我对生命价值的分析也同样正确吗[12]?可能我的蓝领背景阻止我非常傲慢地声称,我显然在这趟浑水中辨别出了正确的东西。我想我能看到的是:如何能够与权利观点的要旨一致地应对萨波恩提兹提出的那种反驳。

权利观点与捕食—被捕食关系

在我早先对贾米森观点的讨论中,我提请大家注意,权利观点可以承认基于行善这个一般性初始义务的帮助义务。如果像我相信的,人类彼此之间负有这种独立于正义要求的义务,那么没有理由不把同类义务扩展到动物那里。比如,假设一头狮子正在潜近一个小孩。如果我们把狮子吓跑,就有可能救下孩子。由于在我看来狮子不是道德主体,这里不会有什么权利被侵犯。但是如果我们什么都不做,孩子多半会受到伤害。我们应该努力阻止这个结果吗?我们具有初步的义务来干涉吗?很难想象否定的回答会得到辩护。因此让我们假定(我认为是正确的假定):在这个情形中我们具有提供帮助的初始义务。

---

[12] 这个问题不像我的分析认为的那么简单。生命的价值无法仅仅通过列举满足的可能来源或者表明这个来源的多样性而得到确定。比如,我们并不会说杰弗里·达莫(Jeffrey Dahmer,上世纪80年代末美国的一个虐待杀人狂——译注)的生活比菲多具有更多价值,尽管达莫具有菲多所缺乏的满足来源——通过虐待自己的受害人而得到满足。就像在文本早先时候注意到的,权利观点对相关价值的说明在精神上是密尔式的(见《动物权利研究》第119—120页)。尽管如此,我并不认为:我对这些价值的分析,尤其是依照它们的道德性质所进行的分析,是糟糕透顶的。

接着,假定同样的一头狮子不是在潜近一个孩子,而是一只角马。并且再次假定,如果我们吓跑狮子,角马就会得救。由于在我看来狮子不是道德主体,因此这里不会有什么权利被侵犯。但是如果我们什么都不做,角马多半会受到伤害。我们应该努力阻止这个结果吗?我们具有初始义务来干涉吗?我在《动物权利研究》中给出的回答是没有。很快就有批评家(比如 Ferre,1986)认为这里出了问题。

环境伦理学领域的真正先行者之一 J. 贝尔德·克利考特(J. Baird Callicott)是其代表。在对《动物权利研究》的评论中,他写道:

> 如果我们应该保护人类的权利不被……动物捕食者伤害,那么我们就应该保护动物的权利不被……动物捕食者伤害。(Callicott,1989:45)

克利考特坚持认为,权利观点承诺于为被捕食的动物提供大量保护,而不是一点保护。照他说,"雷根的动物权利理论暗示了让人类的捕食者灭绝的政策"(45—46)。不管他的其他说法可能多么正确,当克利考特说"捕食性动物不管有多无辜,都侵犯了它们受害者的权利"时,他显然夸大了自己的判断。只有道德主体才会侵犯权利,在对权利观点而言的关键意义上,非人类的动物不是道德主体。此外,明显的一点是,克利考特不加批判地从特定情形下的非常之举推进到普遍行动。这很重要。尽管我们都同意(我假定),我们具有保护孩子免受狮子攻击的初始义务,但是,没有一个儿童权利的提倡者,会因此逻辑地承诺于鼓吹寻求消灭天底下所有捕食性动物的政策。因此为什么要假定:因为捕食性动物伤害了它们的猎物,动物权利的提倡者就会承诺于鼓吹这样的政策呢?克利考特没有回应。以"消灭野生动物"的全面攻击来玷污权利观点,这尽管营造了良好的修辞效果,但是没有构成好的哲学。

把这些问题放在一旁,权利观点对于捕食性动物和猎物之间的关系是怎么看的呢?首先,在《动物权利研究》中,我采纳了与克利考特强加给我的立场直接对立的立场。我并不提倡大规模干涉野生动物的政策,相反,我们普遍应该做的就是……什么都不做。我的观点和理由如下。

如我在《动物权利研究》(比如第357、361页)提请注意的,我们对野生动物的主导责任就是**不加干涉**,而这个责任的基础是:我们认识到动物具有自己处理生活的能力,一种我们将会在捕食者和被捕食者身上都看到的能力。毕竟,如果被捕食物种(包括幼崽)没有我们的帮助就无法生存,那么它们就不会留存下来。这也适用于捕食者。简言之,我们尊敬动物野外生存的能力,允许它们使用自己的自然本领,即便面对它们相互竞争的需求时也是如此。一个普遍规则是,它们在自己的生存斗争上无需我们的帮助,当我们选择不予援手时也不是未能履行义务。

我们没有在幼儿身上发现同样的能力。显然,如我们不帮助他们,他们就无法照顾自己,也没有现实的存活希望,不管是在野外还是家里。因此,让孩子**自生自灭**就是不尊重他们的能力。因此,从权利观点的角度看,承认我们对人类(包括人类的幼儿)负有提供帮助的义务,但不承认我们对其他动物(包括野生动物)也负有同样义务,这没有任何矛盾。

可以用另一方式来表达同样要点。在《动物权利研究》(第103—109页)中我提出,动物能够知道它们想要什么,能够依照实现意愿的意向来行动。由于它们具有这些能力,我们有可能会以家长主义的方式对待它们。大略地说(更详细的论述见第107页),对动物生活的家长主义式干涉意味着:试图阻止它们追求自己想要的东西,因为我们相信,允许动物如此追求自身利益是有害的。

当涉及我们对野生动物的责任时,权利观点毫无歉意地反家长主义。我写道:

> 野生动物管理的目的是:捍卫野生动物的权利,向它们提供机会依照自己的权利尽可能好地生活,免遭人类以"娱乐"之名进行的掠杀(357)。

在人类幼儿的情形中,我们的责任不同。一些人把幼儿放在灌木丛或浮冰上,以为这更好地为他们提供了"机会以谋求自我发展",这样的人将被公正地判决失职之罪。通常,我们通过采纳反家长主义的立场来尊重野生动物的权利,而在幼儿那里则采纳家长主义的立场,这通常就是尊重幼儿的权利。从权利观点的角度看,两种立场都展示了对每一群体权利的同等尊重[13]。

权利观点与濒危物种

有些环境论哲学家(克利考特是其中代表)批评权利观点,理由是:这个观点无法提供可靠的基础来说明我们保护濒危物种的义务。(简单起见,我把关注点限制于濒

---

[13] 珍妮弗·埃弗里特(Jennifer Everett)在"环境伦理学、动物福利主义,以及捕食问题:热爱斑比的人对自然的尊重"("Environmental Ethics, Animal Welfarism, and the Problem of Predation: A Bambi Lover's Respect for Nature")中捍卫了权利观点,反对"捕食批评",本文载于《伦理学与环境》(*Ethics and the Environment*),6(1)(2001),第42—67页。(斑比[Bambi]当为迪斯尼塑造的经典小鹿形象——译注)

危物种,以区别于稀有物种)。这种反对的逻辑很简单:如果权利观点无法提供可靠的基础来说明这项义务,那么通盘考虑后,权利观点就不是最佳理论。权利观点在这方面失败了。因此通盘考虑后它不是最佳理论。

尽管我相信自己的立场确实受到这种批评思路的严厉挑战,尽管(因为下面解释的理由)我现在相信,我在《动物权利研究》中对濒危物种的讨论本来应该更加详细,但是我并不认为:这个反对会像它的支持者让我们相信的那样有效。让我来解释。

权利观点把固有价值和权利限制于个体。因为物种不是个体,所以"权利观点没有认可物种的任何权利,包括生存权"(359)。此外,个体的固有价值和权利的涨落并不依赖于他所属物种的丰富或稀有。海狸并没有因为数量更多就比美洲野牛价值更小。东非黑犀牛并未因为数量正在减少就比兔子价值更大。我写道,"依照权利观点,同样的原则适用于对稀有动物或濒危动物的道德评价,就像它适用于常见动物,而且,不管讨论中的动物是野生还是驯养,同样的原则都适用"(361)。那么,权利观点可以如何说明我们保护濒危物种的义务呢?在《动物权利研究》中我做出了由两部分构成的回答。

首先,我们有义务(固然是初始义务)阻止人类道德主体(比如"商业发展商、偷猎者、还有对动物感兴趣的其他第三方"[360]),做出侵犯动物权利的行为。其次,当自然栖息地的破坏使得栖息地动物的生活无法维系时,我们有义务进行"阻止"(361)。如果成功地履行了这些义务,那么我的讨论暗示:我们也就成功地履行了保护濒危物种的义务。

批评者可能会进行回应,提请我们注意,权利观点没能恰当处理我们的一个直觉:我们亏欠濒危物种的要多于我们亏欠常见物种的。(比如,亏欠东非黑犀牛的要多于亏欠兔子的)。鉴于权利观点坚持认为动物具有平等的固有价值,它可以如何说明这个直觉呢?因为这个问题在《动物权利研究》中没有被提出,它在那里也就没有被回答。简略地说,如果问题被提出,我想我会做出如下回答。

补偿性正义是人类正义的倡导者有时会运用在相似情境的一个观念。经典的例子就是过去对特定群体的成员所犯下的不正义。比如,尽管1890年12月29日在翁迪德尼(Wounded Knee)被美国第七骑兵团屠杀的米尼孔朱苏人(Miniconjou Sioux)[1]的今天后代,在屠杀时并不存在,但是,认为他们(今天的后代)不仅因为在翁迪德尼所发生的事情,也因为之前和之后的许多年发生的事情而被亏欠,这并非不合理。关于历

---

[1] 北美平原的土著印第安人,Miniconjou 为 Sioux 的一支。——译注

史的任何合理观点都会同意：后人已经因为人们在其前辈身上犯下的大量不公而遭受不利。此外，我们亏欠他们的，也多与我们亏欠那些没有以同样方式、同样理由而遭受不利的人。在其他条件同等的情况下，应该通过补偿性帮助来为他们做多于其他人的事。

权利观点可以把补偿原则运用于因为过去错误（比如捕猎其祖先和破坏其栖息地）而数量严重稀少的动物（比如东非黑犀牛）。尽管余下的犀牛并不比数量更多的物种（比如兔子）具有更多固有价值，但还是可以论证表明，亏欠前者的帮助要多于亏欠后者的。如果确实如我所信，今天的犀牛已经因为我们对它们前辈犯下的错而遭受不利，那么在其他条件同等的情况下，应该通过补偿性帮助为犀牛做比兔子更多的事。

我相信，权利观点可以这样来说明我们的直觉：我们亏欠濒危物种的多于我们亏欠常见物种的。我很遗憾没能在《动物权利研究》中给出这个论证，如同限于篇幅，在此我只能遗憾地粗略描述这个论证。

权利观点的批评者可能会指出，绝大多数濒危物种由植物和昆虫组成，这些生命形式过于低级，无法被算作生命主体。在这些物种那里，由于它们并不拥有权利，因此我们不会因为补偿正义而亏欠它们什么。更糟的是（会有人声称），对于维系作为生命主体的那些动物的生命而言，大量此种植物和昆虫的继续存在并非必要。关于我们保护这些濒危物种的义务，权利观点可以说些什么呢？

我想，可以说的在《动物权利研究》中已经说过，现在只要扩展到被考察的生命形式即可。我写道："权利观点并不否认，也不反对[保护]濒危动物的美学兴趣、科学兴趣、宗教兴趣以及其他人类兴趣的重要性……"（361）。权利观点反对的是（至少依照其目前的表述），植物和昆虫是生命主体；它也否认这些生命形式已经被表明具有任何权利，包括存活的权利。当然，如果我们花大力气来保护此种生命，比如基于人类的美学兴趣或宗教兴趣来保护它们，这在原则上也没有错。但是，同意我们可以在原则上这么做，这还远不是确定植物和昆虫可以有效地要求我们如此做。

环境论哲学家，包括最著名的那些，通常不会满足于权利观点在环境问题上的暗示，不管权利观点是否得到补偿正义原则的补充。他们会说（实际上有些人已经这么说了[14]），物种具有固有价值，同样生态系统和生物圈也具有固有价值。在他们看来，应该基于这些考虑来说明挽救濒危物种的义务，包括植物和昆虫，而不只是"长了毛的哺

---

[14] 参见比如霍姆斯·罗尔斯顿三世的《环境伦理学：自然世界的义务与价值》（Holmes Rolston III, *Environmental Ethics: Duties to and Value in the Natural World*, Philadelphia: Temple University Press, 1988）。

乳动物"。对此我只能这么回答：授予物种、生态系统或生物圈以固有（或内在）价值还不够，需要的是很有说服力的论证。不仅这样的论证并未做出——我在其他地方指出了原因（Regan 1992），而且我相信无法做出。

父权制与动物权利

有些男女平权主义（feminist）理论家（她们自称为自由主义男女平权主义）相信人权。另一些受卡罗尔·吉利根（Carol Gilligan, 1982, 1987）影响的男女平权主义理论家持不同观点。她们相信，"权利"之说是父权主义思想模式的征兆。听起来可能有点悖谬的是，这些男女平权主义者（我称之为关爱伦理的男女平权主义者）提出：对动物权利的信念会让父权制——没有根据地相信雄性性别更优越——持续下去。让我说明一下这种语境所描述的父权制思维模式；然后我们或许可以更好地理解，对权利观点的这种批判是如何进行的。

支持关爱伦理的男女平权主义者声称，因为各种文化的影响，男性倾向于以某种方式思考，而女性则以其他方式思考。首先，男性（但不是女性）倾向于依照二元的、等级制的用语思考。比如，男性倾向于认为理性与情感鲜明对立（一种二元主义），倾向于认为理性在二者中处于更高位置（一种等级制）。同样的模式出现在关于客观性和主观性、不偏不倚和偏袒性、正义与关爱、文化与自然、个体主义与群体主义的例子。在所有这些和其他例子中，男性倾向于把世界划分为二元词项，并且在每一例子中，两个词项中的一个居于更高等级，被认为比它的对立词项更为重要或更具价值。

因此，这些理论家所称谓的"男性思维"可以由二元性和等级划分来描述，对这个描述可以总结如下：男性倾向于相信理性、客观性、中立性、正义、文化、个体主义比情感、主观性、偏倚性、关爱、自然、群体主义具有更大的重要性或价值。不仅如此，男性倾向于认为在每个二元对中，等级更高的那个总是用来描述男性，而等级更低的总是描述女性。因此女性被（男性）假设为更不具理性、更具感性、更不客观、更具主观性，等等。

有了上述逻辑背景，支持关爱伦理的男女平权主义者对个体权利的抨击就可以理解了。她们相信，"个体权利"观念是男性思维的产物。为什么？因为它产生于一种世界观，这个世界观赋予个体的分离性（毕竟，权利属于个体）比家庭关系和社群关系更大的价值。此外，肯定个体权利的观点注重依照中立的考虑——比如得到尊重对待的权利——来评价道德选择，并不根据我们培育和维系亲密人际关系——比如父母孩子关系——的责任来进行评价。后一种关系的道德意义被男性思想贬低了；养育是"女性的事"，因此与兑现普遍的、平等的、不可让与的"个体权利"的行动或政策相比更不重要。支持关爱伦理的男女平权主义者反对这种判断，赞誉传统地与女性相关的品质（比如情感、主观性，以及关爱的伦理）。

这些男女平权主义者对权利观点的反对都遵循同样的逻辑模式。父权思维模式首先依照某些特征得以描述；权利观点被认为具有这些特征；因此权利观点被抨击为父权的。

比如，德博拉·斯利舍(Deborah Slicer)说权利观点是典型的"正义传统"(Slicer, 1991:110)；它"让我们文化中对二元分割令人讨厌的使用……持续下去"(112)；它内含了"男性的自我感"（比如，它结合了"男性主义对我们情感的轻视"[115]）；它会让我们"崇拜原则，同时忽视诸如美德与情感这样的东西"(113)。权利观点被认为"大体上过于简化了"(114)它立志要解决的道德问题；在有些情形中，它的教育"危险地误导人"(109)。

依照几乎同样的模式，约瑟芬·多诺万(Josephine Donovan)轻蔑地写到，我"决定把情感从'严肃'的智力探寻中排除出去"(Donovan, 1993:170)；写到权利观点如何"赋予理性主义和个体主义以特权"（同上）；写到为什么需要"批判自由主义传统中原子论的个体主义和理性主义……需要一种强调整体、情感纽带以及有机（或整体）生命概念的视角"(173)。依照多诺万的判断，尘埃落定之后，《动物权利研究》所获得的哲学就是"偏见"(168)。

在之前发表的一篇文章中(Regan, 1991b)，我已经批判了支持"男性思维"信念的经验证据（这些证据很少，如果有的话），批判了任何关爱伦理必须面对的逻辑障碍（在我看来是无法克服的）。我不想在此重复我的批评。相反，我邀请其他人考察一下，支持关爱伦理的男女平权主义者，在努力理解和描述她们归结于我的观点之时有多公平。几个例子就将表明，公平有时非常稀罕。

我的观点被说成是展示了"男性主义对情感的轻视"。这个判断的唯一证据就是：我坚持认为，我展示的对动物权利的辩护依赖于理性，而非情感。可是，不这么辩护如何可能呢？一个人如何发展出以诉诸情感为基础的动物权利理论呢？这样一种"理论"可能会主张什么呢？它大概不会通过"轻视情感"来相信情感具有限度，而人们在我作品中看到的是认为情感具有限度，而不是"轻视情感"。

让我们进一步看看下述段落，它取自1985年以后我的一篇广为流传的文章：

有时(这并不罕见),当我听到、读到或看到落入人类手里的动物的悲惨境遇时,我禁不住流泪。它们的痛苦和苦难,它们的孤独与无辜,它们的死亡、气忿、愤怒、可怜、悲痛、憎恶。……是我们的心,而不仅仅是我们的头脑,在呼唤中止这一切……(Regan,1985:25)。

我很奇怪,一个人如何可能在读了这样的文字之后,会批评我拥护"男性主义对情感的轻视"?

尽管我已经发表了对功利主义的冗长驳斥(Regan,1983a),理由是该理论无法说明友谊在人类生活中的巨大价值,但人们还在认为我提供了一种伦理方式,这个方式"崇拜原则,却忽视了诸如美德或感情的东西"。

大致就是这样。我并没有说斯利舍、多诺万,还有其他支持关爱伦理的批评者故意恶意歪曲我的想法。我只是声明,他们确实歪曲了我的想法。当然,这个声明本身并没有让我的观点比不做这个声明来得更可靠。但我认为,它确实还是有点用的,它说明了为什么我不相信男女平权主义对权利观点的批评,具有足够的说服力。

总　结

《动物权利研究》的第一版引用了约翰·斯各特·密尔的话作为题词。他写道,"每一伟大运动都必须经历三个阶段:荒谬、讨论、采纳"。密尔的话在本书第二版仍然享有引以为傲的位置:我无法更好地表达本书的渴望。与他人的努力相呼应,我希望《动物权利研究》将会推动动物权利"从荒谬走向讨论"(400)。然而,在内心深处,我更深层的希望是:"这本书的出版将会起到一些作用来推动动物权利运动走向第三个、也就是最后一个阶段——采纳"(同上)。

《动物权利研究》促进了对动物权利的讨论吗?很难知道。过去的二十年见证了一个巨大变化:动物权利观念得到频繁讨论,尤其是在哲学中。毫不夸张地说,哲学家在过去二十年间关于动物权利的写作,已经比过去两千年里我们前辈写的都多。我愿意认为,《动物权利研究》为这个革命性发展做出了一些贡献。

对动物权利的接受是另一回事。悲剧性的是,我们看到同样的不正义依然故我,相较 1983 年毫无改善。几十亿只动物被屠杀,为了它们的肉。海豹幼崽在冰面上被棒打致死。在赛狗盛极一时的时代,这些狗(Greyhound)每天 23 小时装在板条箱中。野生动物在马戏团和海洋公园被调教表演小技巧时,它们被剥夺了自己的存在本质。

大量错误仍在等待更正。现实地说,离尊重动物权利的文化还有漫漫长路。然而,积极变化的征象带给我们美好未来的希望⑮。

以美国的皮毛业为例。近至 20 世纪 80 年代中期,每年有 2000 万只动物因为皮毛而被捕猎;今天,这个数字是 400 万。在同样的时间跨度,从事诱捕动物的人减少了一半,从 330,000 减少到了 165,000。水貂"牧场"以更大的速度减少,从 1000 个锐减至 300 个。

尽管被屠杀的肉用动物数量增长了,总体的人均肉消费还是降低了。比如在美国,对小牛肉的消费已经少于二十年前的一半(那时被屠杀了 270 万只,现在是 80 万)。甚至是美国人杀死遗失的或被遗弃宠物的幅度,也呈现出有意义的改善:1970 年是 2300 万只,1985 年是 1780 万,2002 年是 420 万。

由于难以获得确切数据,没有人可以确定地说,在全美有多少动物被用在教育、实验、研究上。然而,被捕杀的物种(啮齿类、鸟和农场动物没有在我们的动物福利法案之列)的总体数量比 1985 年大大下降了:那时是 2,153,787 只,现在是 1,236,903。

因此,确实有些证据表明正在发生积极变化,尽管比我完成《动物权利研究》时所设想要慢得多。在本书终稿寄给出版社之后的几星期,我记得自己走在 12 月纽约寒冷的街上,挤在周末的人群中,想象在每个陌生人的脸上看到未来的动物权利倡导者。当时我期待着有那么辉煌的一天:《动物权利研究》将把美国,甚至世界,变成动物的安全天堂,一个它们终于得到尊重的地方。

我也犯了错。我不仅大大高估了《动物权利研究》的力量,也远远低估了让社会充分接受动物权利将面临的挑战。如果说我过去二十多年学到了什么,那就是:动物权利斗争不适合弱者。社会变化的步伐要求马拉松选手般坚韧的耐力,而不是短跑选手的闪电速度。为其他动物的权利做出辩护将会最终胜利,今天我对此的信念相比当年穿行在周末购物洪流之时丝毫未少;如果说有什么不同,那就是现在的信念更强。我只想说,我的理想主义已经在巨大的现实主义之中缓和了。

至于我对《动物权利研究》的高估,我要尴尬地承认自己的天真。我不知道是什么东西让我觉得一本关于道德理论的书可以改变这个世界。就像在早些时候提到的,我确实知道,那时自己正在传承生命中独一无二的创造力亢奋,其证据就幸存在文本中

---

⑮ 关于积极变化迹象的进一步阐述,参见雷根 2001a(Regan, 2001a),第 118—121 页。本文引用的关于美国的数字,由《动物人》(*Animal People*)的编辑梅里特·克利夫顿(Merritt Clifton)提供,我要感谢他富有价值的帮助。

散乱的强调里。因为如此的兴奋,我可能认为每一位《动物权利研究》的读者也会如此。可能我认为,因为自己已经在书写这些文字时被改变,因此其他人在读这些文字时被改变的程度也不亚于我。

不管怎样,今天我不这么认为了。人们需要做得更多,不只是被动物权利的哲学辩护说服。尤其是,他们需要理解真正发生在动物身上的事情,如果听信了主要动物滥用行业的发言人或政府官员的话,那他们就根本不会这么去做。而且,动物权利倡导者必须明确公开地从根本上远离纵火犯和其他暴力罪犯[1]。《动物权利研究》无一例外地没能处理这些重要挑战。在其他地方(Regan, 2001; 2001b; 2003c),我试图纠正这些疏忽。(关于更多的内容,参见 www.tomregan-animalrights.com)。后来的这些努力不是想要替代《动物权利研究》,而是希望做出补充。

在适时(即便痛苦地)承认自己的天真时,我禁不住敬慕年轻时的汤姆·雷根,这本书的作者,敬慕他的激情和热忱。退回到20世纪80年代早期,我那时相信,动物权利运动就像这版新序言开头引用的埃米·艾洛恩船长的话。动物权利是一场不知自己要行向何方的运动,因此注定无法到达彼岸,不管风有多大,方向在哪里。我对《动物权利研究》将如何改变这个世界的不现实期望,已历经了年龄增长和时间教训的彻底磨砺。即便如此,我也愿意期望我的这位老朋友,这本书,会帮助我们更好地认识(应该说是通过严格的哲学地图而认识)动物权利运动应该何去何从以及为什么[⑩]。

罗利,北卡罗纳州(Raleigh, N.C)

2003年12月8日

---

[1] 作者认为动物权利运动是一场非暴力运动,因此应当与纵火犯和其他暴力罪犯划清界限。——译注

⑩ 我要感谢加里·科姆斯托克(Gary Comstock)对初稿的有益评论,以及卡罗琳·纳普(Caroline Knapp)对文本做出的许多改进。

参考文献

正文中对《动物权利研究》的所有参引都由括号内的页码显示。其他作者的单卷著作被多次引用时,我采用了同样原则。

Callicott, J. Baird. 1989. "Review of Tom Regan, The Case for Animal Right." *In Defense of the Land Ethic*: *Essays in Environmental Philosophy*. Albany: State University of New York Press: 39-48.

Donovon, Josephine. 1993, "Animal right and feminist theory." *Ecofeminism*: *Women, Animal, Nature*, ed. Greta Gaard. Philadelphia: Temple University Press: 167-194.

Edwards, Rem. 1993. "Tom Regan's Seafaring Dog and (Un) Equal Moral Worth." *Between the Species*, 9(4):231-235.

Ferré, Frederick. 1986. "Moderation, Morals, and Meat." *Inquiry*, 29(4): 391-406.

Frey, R. G. 1980. *Interts and Rights*: *The Case Against Animals*. Oxford: Oxford University Press.

Frey, R. G. 1983. *Rights, Killing, and Suffering*. Oxford: Basil Blackwell.

Frey, R. G. 1987. "Autonomy and the Value of Animal Life." *The Monist* 70(1): 50-63.

Gillgan, Carol. 1982. *In a Different Voice*: *Psychological Theory and Women's Development*. Cambridge, Mass.: Harvard University Press.

Gillgan, Carol. 1987. "Moral Orientation and Moral Development." In *Women and Moral Theory*, ed. Eva Feder Kitay and Diana T. Meyers. Lanham, Boulder, New York, Oxford: Rowman and Littlefield: 19-36.

Hargrove, Eugene. 1992. *The Animal Rights/Environmental Ethics Debate*: *The Environmental Perspective*. Albany: State University of New York Press.

Jamieson, Dale. 1990. "Rights, Justice, and Duties to Provide Assistance: A Critique of Regan's Theory of Rights." *Ethics* 100(1): 349-362.

Moore, G. E. 1993. *Principia Ethica*. Cambridge: Cambridge University Press.

Narveson, Jan. 1987. "On a Case for Animal Rights." *The Monist* 70(1): 31-49.

Pluhar, Evelyn. 1995. *Beyond Prejudice*: *The Moral Significance of Human and Nonhuman Animals*. Durham and London: Duke University Press.

Rawls, John. 1971. *A Theory of Justice*. Cambridge, Mass.: Harvard University Press.

Regan, Tom. 1983a. "A Refutation of Utilitarianism." *The Canadian Journal of Philosophy* 13(2): 141-159.

Regan, Tom. 1983b. *The Case for Animal Rights*. Berkeley: University of California Press.

Regan, Tom. 1985. "The Case for Animal Rights." *In Defense of Animals*, ed. Peter Singer. Oxford: Basil Blackwell: 13-26.

Regan, Tom. 1986a. *Bloomsbury's Prophet*: *G. E. Moore and the Development of His Moral Phiosophy*. Philadelphia: Temple University Press.

Regan, Tom. 1986b. *Moore*: *The Early Essays*. Ed. Regan, Tom. Phiadelphia: Temple University Press.

Regan, Tom. 1989. "Why Child Pornography Is Wrong." *Children, Parents, and Politics*, ed. G. Scarre. Cambridge: Cambridge University Press: 182-204. Reprinted in Regan, 1991a: 61-81.

Regan, Tom. 1991a. *The Thee Generation: Reflections on the Coming Revolution*. Philadelphia: Temple University Press.

Regan, Tom. 1991b. "Feminism and Vivisection." In Regan, 1991a: 83-104.

Regan, Tom. 1991c. *G. E. Moore: The Elements of Ethics*, ed. Tom Regan. Philadelphia: Temple University Press: 83-104.

Regan, Tom. 1991d. "Ivory Towers Should Not a Prison Make." In Regan, 2001: 150-163.

Regan, Tom. 1992. "Does Environmental Ethics Rest on a Mistake?" *The Monist* 75(2): 161-182.

Regan, Tom. 1994. "*The Case for Animal Rights*: A Decade's Passing. *A Century of Value Inquiry: Presidential Addresses of the American Society for Value Inquiry*," ed. Richard T. Hull. Amsterdam and Atlanta: Rodopi: 439-459. In Regan, 2001a: 39-65.

Regan, Tom. 2001a. *The Animal Rights Debate*. With Carl Cohen. Lanham, Md.: Rowman and Littlefield.

Regan, Tom. 2001b. *Defending Animal Rights*. Urbana and Chicago: University of Illnois Press.

Regan, Tom. 2001c. "Understanding Animal Rights Violence." In Regan, 2001b: 139-149.

Regan, Tom. 2003a. *Animal Rights, Human Wrongs: An Introduction to Moral Philosophy*. Lanham, Boulder, New York, Oxford: Roman and Littlefield.

Regan, Tom. 2003b. *Empty Cages: Facing the Challenge of Animal Rights*. Lanham, Boulder, New York, Oxford: Roman and Littlefield.

Regan, Tom. 2003c. "How to Justify Violence." *Terrorists or Freedom Fighters? Reflections on the Liberation of Animals*, ed. Steven Best and A. John Nocella II. New York: Lantern Books.

Rollin, Bernard. 1981. *Animal Rights and Human Morality*. Buffalo: Prometheus Books.

Sapontzis, Steve. 1987. *Morals, Reason, and Animals*. Philadelphia: Temple University Press.

Sapontzis, Steve. 1995. "On Exploiting Inferiors." *Between the Species*. 1 + 2(11): 1-24.

Singer, Peter. 1985. "Ten Years of Animal Liberation." *The New York Review of Books* (January 17, 1985): 46-52.

Slicer, Deborah. 1991. "Your Daughter or Your Dog." *Hypatia* 6(1): 108-124.

Sumner, L. W. 1986. "Tom Regan, The Case for Animal Rights." *Nous*, XX(3): 425-434.

第一版序

没有哪本书可以讨好所有人。对于那些希望面对不同读者的人来说,这个困境是共同的;在当下,它尤为尖锐。一方面,我想写一本书,它面向所有致力于改善动物境况的人,这些人的职业大多不是哲学研究。我希望可以用清晰易懂的用语,来写一本如我设想为动物权利运动建立哲学基础的书。另一方面,我希望写一本书,它将博得哲学同行的注意,它具有更多实质的、而不只是虚浮的哲学内容,欢迎最高哲学标准的衡量,包括严密、清晰、辩护、分析和融贯。很简单,面临的两难是:激发哲学家注意的作品会让其他人觉得沉闷,而让普通人感兴趣的书具有被哲学家善意地忽略的风险。除此之外我还希望兼顾第三个更大的读者群,他们是日常工作中与动物具有直接联系的人——比如兽医、实验室的科学家;对于他们,选择合适的风格、速度和语调显然也很困难。可以理解的是,我不知道自己平衡的怎样。但是,或许如下的评论——其对象是不同的未来读者群——不会被认为不恰当。

对于哲学同行,我希望,当这本书花费时间解释你已了然的观念,或者像每章末尾的"总结"那样重复一些你已领会的观点时,你能体谅和迁就,但是涉及论证和分析时,你可不要这样。在后一情形中,我假设你会让我的论述内容、同样还有我未表达的内容,经受最近距离的批判性考察。因为就像我相信的,真理将经受任何公平的批判,这本书所包含的真理(如果有的话)只能根据这一点来判决:在面对那些富有见识的批驳观点时,它能多好地经受考验。这是科学观点经受检验的方式。我看不出哲学观点有什么理由与此不同。

对于致力于改善动物命运的非哲学人士来说,当路况不佳时——比如,当好几页纸都在挣扎于动物是否具有信念,甚至挣扎于既定伦理理论通盘考虑后是否最佳时,我提请您耐心点。在我看来,耐心地探查这些问题及相关问题,是为动物权利做出合理辩护的唯一方式。所有代表动物利益而工作的人,都很熟悉那些认为他们"非理性"、"情感化"、"感情化"的陈腐指责(甚至还有更糟的),因此我们只需协同努力,不沉溺于自己的感情或炫耀自己的多愁善感,就可以证明这些责难的不实之处。而这要求我们对理性的探究做出持续承诺。如果随后的叙述有时需要一种以上的解读,那我期望您花点必要的时间,阅读清楚之后再继续。我已尽己所能让困难的观点变得清楚;但是,即便我成功了,这也没有让困难的观点变得容易。

最后,对于那些处在哲学圈之外,不涉及任何与动物福利相关的活动的人,在阅读本书时,我恳请您尤其要耐心。如果您在从事遭受批判的动物使用活动,比如科学中的动物使用或农业上的动物对待,那就更要如此。就像苏格拉底说过的:"我一直都是这样的人——不是头一次:唯有经推敲之后在我看来最佳的命题才能说服我。"有两个命题就是经推敲之后在我看来最佳的命题:第一个是,动物具有一定的基本道德权利,第二个是,对它们权利的认可要求我们彻底改变对待它们的方式。因此,对(比如)科学中的动物使用,或者对捕猎、诱捕动物等做法的持续谴责,并非出于恶意。而是出于对"推敲之后在我看来最佳的命题"的尊重。我希望,对这些议题并不怀有哲学家或动物激进主义分子所具有的兴趣的人,可以坚持读下去,并且帮助我检验一下,我对问题的推论有多合理,即便我的结论对您从事的职业做出了批判——可以说,如果这样就尤其需要您的检验。

本书捍卫的立场会被某些人视为极端激进,而在另一些人看来又太温和。这从另一个方面说明,没有一本书可以讨好所有人。当然,我得出的有些结论甚至也让自己吃惊,而且,这本书现在看起来包含了恰恰令每一利益集团都感到不安的内容,尽管本书并非刻意如此。我希望人们能够让我的结论经受公平、知情的批判,而不是抓住只言片语就把它们拒斥为"太极端"、"太激进"、或者"太温和"、"太保守";如果这样,我的论证就会依照它们自身的优点而得到评价;当我表达这个希望时,你们会理解的。

关于动物被如何对待的事实,随后的文字谈的相对很少。已经有一些书在处理这些问题,目前看来相当充分。这些作品在恰当的地方被我引用。我依赖这个假设来开展工作:将花费时间读该书的人,要么已经很熟悉这些讲述事实的作品,要么会随着阅读本书而去熟悉它们。我并没有宣称要与这些书竞争。我寻求的是,比迄今为止的其他著作更详细、更深刻地阐述并且捍卫如下问题:赋予动物权利意味着什么,为什么我们应该承认动物的权利,这么做的一些隐含原则又是什么。尽管应该是不言而喻的,但还是有必要加上一点:声称要捍卫动物权利的其他人,可能是怀着完全不同的理由来了解动物权利。确实,这不仅可能,而且在一些情形中就是如此。因此,在捍卫我所谓的"权利观点"时,我并不指望为所有自认为是动物权利支持者的个人或团体说话。

为动物权利提供辩护是随后的文字主要关注的,但不是唯一的关注。只要哲学论证中不允许发生奇迹,你就没法在不为人类权利辩护的情况下,为认可动物权利辩护;

本书的一个主要目标正是为人类权利辩护。因此，在最一般的层面上，我给出的论证可以、也应该依照两个标准来评价：为认可人类权利所进行的辩护做得怎样，为认可动物权利所进行的辩护又做得怎样。尽管我相信，为其中一个做出的辩护，并没有比为另外一个做出的辩护更弱或更强，但其他人可能会想对此提出辩驳。不管怎样，由于本书试图要为人类的一些权利辩护，那些拒斥动物权利主义者，认为他们反人类的人，就应该闭嘴。"支持动物"并不等于"反人类"。对人类的公正对待被视为应该，而要求其他人像动物权利本身要求的那样来公正对待动物，这并没有在动物那里要求比任何人类更多或更少。动物权利运动是人类权利运动的一部分，而不是对立于后者。想要拒绝动物权利运动，把它视为反人类运动的企图，这不过是诡辩。

权利观点的当前形式在理论上并不完善。它的所有含义还没有被完全处理，所有挑战还没有被完全估计。甚至是在正义领域，许多困难的问题（比如在个体之间分配伤害与利益的问题），仍然有待探查。代表动物权利观点做出的更温和声称认为：这种观点确认、澄清并捍卫了一系列伦理原则，这些原则是任何有志于成为通盘考虑后的最佳理论的理论都必定考虑的。这并非伦理理论上的终极抱负，但却是为动物权利进行辩护的开始。而对于当前目而言，那就足够了。

艰难的思索让人谦卑。大概没有一个试图在困难的思想之路上披荆斩棘的人，会发现自己充满信心，会相信每个思想转向都正确，都有正确理由。我们竭尽全力付出自己的时间和才智，明知无法避免每一错误，只是希望可以让人类思想和体制的幽暗之处有所明晰。通常，我们没有理由这么说，或者说的得更多，但是从某些角度看，动物权利问题并非通常的问题。动物不仅无法捍卫自己的权利，而且无法保护自己免受声称要保护它们的人类的攻击。与我们不同，动物无法否认或拒斥代表它们做出的声称。这使得替它们说话成为更大的、而不是更小的道德事业；这一点让支持它们权利的人面临更重的、而不是更轻的过失负担和犯错负担。因此，对于那些从文字中发现了我未能把握的错误的人，我可否采用非常方式请求他们真诚地考虑一下：是否可以不削弱权利观点寻求的对动物的保护而避免或纠正这些错误。当我们的论证处于争论之中时，其道德地位为我们所讨论的那些个体却无能为力，这向参与争论的人施加了特殊约束。因此，就让糟糕的论证无一遗漏被确定出来，然后被丢弃。但是，但愿发现其糟糕之处的人会看得更远，不囿于那些论证本身。

本书写作得到了很多人的帮助，包括许多我过去的老师和学生。我要感谢所有这些人。鲁思·布恩（Ruth Boone）和安·里弗（Ann Rives）帮助准备了用于出版的手稿，卡罗·利巴（Carol Leyba）帮助润色了终稿，加利福尼亚大学出版社的希拉·伯格

(Sheila Berg)一直在提供支持和鼓励,要特别感谢他们。应该多加感谢的是戴尔·贾米森,多年来他不时质疑我的想法,帮助我避免犯下许多确实很愚蠢的错误,他的影响无处不在。本书的大部分是在1980—1981年我从国家人文基金(National Endowment for the Humanities)处获得B类研究员资助的学年里完成的。着实要非常感谢该项基金。也要感谢我所在大学的希尔(Hill)图书馆的馆长利特尔顿(I. T. Littleton)及其员工,他们让我得到了研究所需的诸多便利。我的孩子布赖恩(Bryan)和卡伦(Karen)以年轻人的洞察力理解并接受我在写作本书时的痴迷,而妻子南希(Nancy)与我讨论写作计划的方方面面,已远远超出我有权期望任何人去做或应该做的范围。本书的问世在很大程度上要归功于她的耐心与支持。她还立下了最大的功劳,选择斯蒂芬·洛克纳(Stefan Lochner)的《书房里的圣杰罗姆》作为本书的扉页插画。

汤姆·雷根

罗利,北卡罗纳州(Raleigh, N.C)

1981年11月26日

第一章 动物的意识

当德国画家斯蒂芬·洛克纳(1400—1451,Stefan Lochner)创作出《书房里的圣杰罗姆》时(复制为本书的扉页插图),他用一些符号传达了这位4世纪圣徒的生活华彩。比如,圣杰罗姆是一位学者,以希腊文到拉丁文的圣经翻译(通行本)而闻名;他书桌上的书象征着学者身份。更有趣的符号是油画里的一个狮子。据传,圣杰罗姆帮狮子拔下了爪子上的刺,狮子出于感激而留下陪伴圣徒。看了洛克纳的画,并且知道杰罗姆圣徒与狮子故事的人,自会理解画中象征意义。我们这些对圣杰罗姆知之甚少的人,起初不是很明白为什么要画只狮子。确实,在我们看来,油画中的动物甚至看起来不太像狮子。大小不像,尾巴摆的不像,鬃毛和脚像是其他动物的,脸和看得见的一只耳朵像是人的,而且有人可能会说,这头动物的举止更像是一头小狗,一只幼犬,而非万兽之王。人们可能会推测,15世纪的狮子与20世纪的不同,以此来试图解释洛克纳画中的狮子为何如此奇怪。但是有另一个更简单的解释:精通圣杰罗姆与狮子故事的洛克纳从未见过狮子。他画的狮子是出于想象,是根据他那个时代能够获得的关于狮子的零星信息和遗闻轶事构造出来。

一旦我们认识到洛克纳的难处,他把狮子画成这样就可以理解,也可以原谅。期望他把握好从没见过也不了解的动物,这不合理。我们就不一样了。我们有足够的时间和机会熟悉狮子,不仅是它们的外形,还有它们的生理解剖构造,社会结构和行为。任何一个在今天认为狮子具有洛克纳笔下小狗样貌的人,我们都会正当地谴责他孤陋寡闻。

就像洛克纳在作品中使用了象征一样,他的作品也成了人类误解其他动物的象征。有些人①说人类是"无法无天的动物",也有些人②说人类是"一切事物秩序所在",他们都在不遗余力避免像英国哲学家玛丽·米奇利(Mary Midgley)评述的那样,承认"我们不仅有点像动物,而且就是动物"③。我们的祖先,可能甚至还有我们同时代的人,究竟在多大程度上否认自己与动物的亲缘关系;当我考察关于动物意识的争论时,这一点会展露无遗。

确实,对于多数人来说,甚至谈到是否任何非人类的动物具有意识,都会伤害我们确定无疑的现实感受。还有什么事实比猫喜欢抚摸,小狗感到饿,麋鹿察觉到危险,以及老鹰在监视猎物更明显呢?把有意识的知觉归于动物完全是常识的一部分,质疑动物的意识就是质疑常识本身的精确性。但是,尽管对动物意识的信念符合常识,尽管赋予动物以意识与我们日常生活中的语言一致(毕竟,当我们说"菲多想要出去"时,我们不是好像在表达诸如"9的平方根生气了",或者"华盛顿纪念碑渴了"这样的事情),尽管这些事实都是公认的,也与当前的讨论相关,但是它们在动物意识争论上具有的作用,只能等到我们考察了争论双方之后——而不是之前——才能得到合理权衡。此外,我们对动物意识问题的考虑,也将为下一章要处理的主要问题——动物是否具有信念和欲望——奠定一些必要基础。支持对动物意识问题做出肯定回答,这还不足以解决信念和欲望问题。为什么要回答动物意识问题?这个问题倒是会给动物信念和欲望问题带来重要暗示。

1. 笛卡儿的否认

我们已经习惯于认为动物具有意识,因此许多人会很吃惊:还有人会作他想吗。17世纪法国哲学家勒内·笛卡儿(René Descartes)是个例子,他否认动物具有任何思想——他指的是意识。在他看来,动物是"没有思想的野兽",是**机械装置**,是机器。尽管表面上看与此相反,但实际上动物意识不到任何东西,意识不到光和声,味道和嗅觉,热和冷;它们体验不到饥饿与渴,体验不到恐惧和愤怒,快乐或痛苦。笛卡儿曾经说,动物就像钟表:它们可以比我们更好地做某些事情,就像钟表可以更好地计时;但是

---

① 参见比如柏拉图的《理想国》(Plato, *Republic*),9.571C。
② 神父约瑟夫·利卡比:"伦理学与自然法"(Joseph Rickaby, S. J., "Ethics and Natural Law"),载《道德哲学》(*Moral Philosophy* 1901);重印于《动物权利与人类义务》(*Animal Rights and Human Obligation*, ed. Tom Regan and Peter Singer, Englewood Gliffs, N. J.: Prectice-Halll, 1976),第180页。
③ 玛丽·米格雷:《兽与人》(Mary Midgley, *Beast and Man*, Ithaca: Cornell University Press, 1979),第1页。

第一章　动物的意识

与钟表一样,动物没有意识。"自然在动物身上依照其官能的生理特性而发挥作用,正如钟表,不过由齿轮和钟摆构成,却能比我们更精确地计时,我们所有的智慧都比不上。"④

近来有人提出了一个问题:是否有文本证据把笛卡儿解释为否认动物具有**任何**意识的人(标准解释)。英国哲学家约翰·科廷厄姆(John Cottingham)在他致力于解决该问题的文章⑤中暗示,一些段落表明:笛卡儿相信动物具有**某些**意识(比如饥饿或恐惧感),只是否认它们会"思考"自己意识到的内容(比如,**相信**周围存在食物或某种可怕的东西)。而且确实,举个例子,在写给亨利·莫尔(Henry More)的信里,笛卡儿写道:"我谈论的是思想,而不是生命或感知。我并不否认动物具有生命,因为在我看来生命不过就在于心脏的热度;而且,鉴于感知就依赖于身体的器官,我也不否认动物具有感知。"⑥然而关键问题是,笛卡儿如何理解**感知**?在这一点上,证据似乎压倒性地支持标准解释。

笛卡儿在他"对第六组反驳的答辩"(Reply to Objections VI)中描述了三个"阶段"的感知:

> 第一(阶段)是外部对象给身体器官造成的当下感觉;这完全就是感觉器官的活动,以及这一活动所造成的形体和位置改变。第二(阶段)由当下的心理结果组成,是因为心灵与受触动的肉体器官结合而造成。这包括对痛苦的知觉,对快乐刺激的知觉,对口渴、饥饿、颜色、声音、味道、冷、热,等等的知觉……最后第三(阶段)包括我们从最幼年时就已习惯的,在身体器官产生活动时,对外部事物所采取的判断⑦。

第一阶段的感知为动物和人类共有;笛卡儿在写给莫尔的信中认为,"它依赖于身体器官",因此可以被赋予任何具有合适身体器官的存在物,包括动物。比如,人和长颈鹿都具有视觉,在这个意义上也都"具有感知"。不过,在**这个**意义上说动物"具有感知"不过是说:它们具有可以被外界动因刺激的感觉器官(比如眼睛和耳朵);而笛卡儿

---

④ 笛卡儿:《论方法》(Rene Decartes, *Discourse on Method*),重印于《动物权利与人类义务》,第 62 页。
⑤ 约翰·科廷厄姆:"一个对野兽无情的人吗?:笛卡儿对待动物"(John Cottingham, "'A Brute to the Brutes?: Descartes' Treatment of Animals"),载《哲学》(*Philosophy*),53(206)(1978 年 10 月),第 551—559 页。
⑥ 引自安东尼·肯尼:《笛卡儿哲学书信集》(*Descartes: Philosophical Letters*, trans. and ed. Anthony Kenny, Oxford: Oxford University Press, 1970),重印于《动物权利与人类义务》,第 66 页。
⑦ 霍尔丹、罗斯编:《笛卡儿哲学作品集》(Haldane and G. Ross ed., *Philosophical Works of Descartes*, London: Cambridge University Press, 1911, 2, 251: AT 7),第 436—437 页。

表示,这个刺激可以在"心灵与受触动的身体器官"**缺乏**"结合"的情况下发生,就是说可以在没有意识的情况下发生。因此,允许动物具有第一阶段的"感知"并非暗示它们具有意识。

与第一阶段不同,余下的两个感知阶段只有在拥有心灵的情况下才能发生,心灵要么"与受触动的身体器官结合"(第二阶段),要么形成"关于外部事物的……判断"(第三阶段)。现在,就像科廷厄姆本人直率承认⑧的,笛卡儿哲学的一个关键是动物不具有心灵。这样,由于依照笛卡儿的说法,第一阶段之上的那些感知要求心灵的存在,因此笛卡儿必定暗示:动物不具有第二和第三阶段的感知。因此,当科廷厄姆说,笛卡儿就像他给莫尔信中表明的那样否认动物具有意识时,他是对的;但是当科廷厄姆认为(他确实明确这么认为),笛卡儿把感知赋予动物表明笛卡儿认为动物具有意识时,他是错的,至少在某种程度上错了。依照笛卡儿对感知的理解,他完全有可能一方面说动物"具有感知",另一方面又否认动物具有意识。科廷厄姆对标准解释的质疑失效了。因此,本文随后的论证将考察对笛卡儿的标准解释。简单看,当笛卡儿否认动物"具有思想"时,他否认动物有意识地在认识对象;动物确实具有的那些"感知",不过是"外部对象给身体器官造成的当下感觉"。当我们像科廷厄姆那样同意,"相信爪子受伤的狗在抽泣时并非真的痛苦,这甚至对哲学家来说都是惊人发现"⑨时,我们有充分理由把这一发现归功于笛卡儿。

实际上,笛卡儿在哲学家和同时代的科学家中并非孤本。哲学家的情况我们随后将介绍,而与笛卡儿同时代的一位不知名作者的这段话中充分见证了科学家的情况:

> (笛卡儿式)的科学家冷漠地鞭打狗,还嘲笑那些觉得狗似乎感到了痛苦并同情这些生物的人。他们认为动物就是钟表;认为动物被打时发出的喊叫不过就是小弹簧被碰时发出的声音,整个身体是没有感觉的。他们把这些可怜动物的四只爪子钉在木板上活体解剖,观察其循环系统,这引发了很大争议⑩。

尽管据说笛卡儿本人有一只宠物狗,他待这只狗很好,**好似**这个动物具有意识⑪,

---

⑧ 约翰·科廷厄姆:"一个对野兽无情的人吗?:笛卡儿对待动物",第557页。
⑨ 同上书,第551页。
⑩ 引用在莉奥诺拉·罗森菲尔德:《从动物机器到人类机器》(Leonora Rosenfield, *From Beast-Machine to Man-Machine*, New York: Columbia, 1968),第54页。
⑪ 见基思·冈德森:"笛卡儿、拉美利特、语言和机器"(Keith Gunderson, "Descartes, LaMettrie, Language and Machines"),载《哲学》(*Philosophy*),39(149)(1964年7月),第202页。

但是这些生理学家的实践却遵照着笛卡儿教导的精神;照笛卡儿的论述,这些教导"与其说是在残忍对待动物,不如说是在纵容人类……因为当人们吃掉或宰杀动物时,他们被赦免无罪"[12]。

2. 对笛卡儿的无效质疑

人们可能很想反对笛卡儿的观点,认为它是失控的,像是疯子之举。但是笛卡儿远未疯狂,他对动物意识的否认不会、也不应该诉诸个人喜好而被驳斥;也就是,我们不应该通过人身攻击来拒斥他的**主张**。笛卡儿清楚了解认为动物具有意识的常识观点,知道自己对这个观点的反对很容易激起猛烈反应。但他仍然抱持反对,认为相信动物具有意识是"一种偏见,是人类鸿蒙伊始就已熟悉的偏见"[13]。

重要的是,笛卡儿称这个信念为"偏见"。偏见就是我们不加批判地采纳,没有充分注意到有必要予以辩护的信念。比如,如果人们相信地球是平的,但不去追究接受这个观点的理由,那这就是怀有偏见。笛卡儿的要点在于,我们对动物具有意识的信念怀有同样判断,但是完全没有花时间去理解和辩护这个信念。如果我们反驳说"每个人都相信动物具有意识",回答的无力显而易见。我们无法仅仅因为所有人或多数人碰巧相信地球是平的,就改变对地球是圆的这一信念的判断。出于同样理由,笛卡儿不会改变他对动物具有意识这一信念的判断。即便真的"我们都相信动物具有意识"(依照笛卡儿的异议,那如何可能是真的?),在当前阶段,诉诸"我们都相信"不过是在粉饰赤裸裸的偏见。

从另一角度也可让我们认清:有必要直面笛卡儿,而不是诉诸个人方式来回避遭遇战。考虑一下狗听到朋友脚步声时的行为。狗举止兴奋,无以言表。它跳着,叫着,扒着门,摇着尾巴——十足的狂乱。如果笛卡儿否认这一事实,那么他关于动物的观点就很容易驳斥。感受到狗如此行动,这是一种普遍感觉;在这个境况下说狗"兴奋",这是正确使用日常语言。不过笛卡儿完全不否认这一点。他否认的是:我们必须赋予狗以意识来说明狗被观察到的行为。笛卡儿与接受动物具有意识者之间的分歧并非在于动物外部行为的事实,而是我们**可以如何最好地说明或理解**这些事实。

---

[12] 引自给亨利·莫尔的信(1649年2月5日),见安东尼·肯尼:《笛卡儿哲学书信集》,重印于《动物权利与人类义务》,第66页。
[13] 同上书,第65页。

认清这一点之后，我们也就应该明白，试图列举诸如狗狂喜，鼠海豚（porpoise）忠诚，或者一只猫独自跋涉三千英里去找它的人类伙伴之类的任何动物行为事例，以置疑笛卡儿的动物观，这是没有用的。他可以接受所有这些事实。把笛卡儿与他的批评者区分开的问题是：**将如何解释和说明这些事实**。

拟人论

有个进一步的考虑会阻止我们在当前语境下草率接受常识。这就是拟人论问题（anthropomorphism）。《韦伯斯特词典》把这个词的相关意义**拟人化**定义为："把人类的特征赋予并非人类的事物。"严格说，这个定义不够令人满意，因为，虽然（比如）"活着"是"人类的特征"，但是如果我们说一棵树或一只鱿鱼"活着"，这不会让我们犯下拟人论之错。这个定义的意思应该是：如果我们把仅仅属于人类的特征赋予非人类的事物，比如"月亮在神秘的氛围下凝视着"，或者"草和雨立下了契约"，那我们就是在拟人化。拟人化不是在胡言乱语；拟人化的言语是可理解的，并且言之有物；不过所言之事并非确实为真。拟人化就是赋予对象超出实际的内容，就是在对象并非人类的情况下把对象描述得如同人类。

现在，如果意识是人类独有特征，那么把动物看作有意识就犯下了拟人论错误；我们赋予动物超越实际的能力；我们错误地把动物描绘成仿若人类。假设拟人论指责针对的是认为动物具有意识的那些人，那么可以如何回应呢？当然不是继续重复这个属性，不管这个属性被重复了多少次，不管有多少人重复过。对属性的所有重复不过表明有多少人认为动物具有意识，而这个事实尽管在某些语境下有意义，在当前语境下却是无力的；不管有多少人认为动物具有意识，这些人持有的观点也很有可能是拟人化的。假定拟人论指责成立，假定试图自己坚持、或让别人坚持认为动物具有意识来回应这个指责是有缺陷的，那么就必须找到其他方式。

因此我们已经看到，笛卡儿并非疯狂到否认动物在听到朋友脚步声时举止兴奋。他否认的是：这表明狗有意识地认识到某些内容，不管是发出的声音（二阶感觉），还是认为声音属于自己朋友的信念（三阶感觉）。我们还看到，对笛卡儿的某些诱人回答将不合用。在发展出更合理的回答之前，我们需要考虑：为什么笛卡儿——一个从任何标准看都富有智慧的人，一个在哲学上、数学上和自然科学上真正开了先河的思想家——会提出一个如此有悖常识的观点。对笛卡儿思想的纵览展示了许多不同理由，其中有些将在下面得到考虑。

3. 简约原则

首先，笛卡儿似乎接受科学说明中的**简约原则**或**简单性原则**（the principle of parsimony or simplicity）。14世纪的英国哲学家威廉·奥卡姆（William Occam）无比简洁地表达了这个原则，他说，我们"绝不要没有必要地增加实体"。这个原则常常被称为"奥卡姆剃刀"，意思是：最好是（也就是理性上更可取的是）用尽可能少的假设来说明现象。设想我们面对两个理论，每个理论都对同等范围的事实做出了可理解说明，每个理论也具有同等预知范围，但是一个理论要求我们做出的假设比另一个理论更少，那么简约原则要求我们接受更简单的理论，也就是做出更少假设的理论。尽管这个原则引发了一些复杂争论，但它看起来还是相当合理。毕竟，在更少假设可以奏效的情况下做出更多假设，这怎么可能合理？

现在可以这样来理解笛卡儿：他相信我们在说明动物行为时面临选择。第一个选择（让我们称之为**机械论选择**）以纯粹的机械用语来说明动物行为。照笛卡儿的话，动物被视为"自然的机器"，不同于比如弹子台，因为动物是活的而那些机器不是，但是动物仍然在本质上类似于那些机器，因为动物和弹子台都不具有意识。在弹子台那里，简单说我们如此来描述其行为：金属球的碰撞激活电流，电流通过复杂的线路。弹子台行为不需要意识的存在，纯粹的机械论说明就足够了。确实，依照机械论选择，动物就像一个弹子台，尽管其行为机理与无生命的机器不同。笛卡儿时代的科学教导是：代替穿过线圈和电路的电流，动物身上具有不同的"体液"或"动物灵魂"，它们通过血液流动，受到刺激时在动物身上引发各种行为反应，比如，动物灵魂的某种刺激会诱发饥饿行为，而另一种则产生与恐惧相关的行为。今天，对动物灵魂或体液的信念确实已被生理学和神经学概念取代，成为刺激—反应模型的术语。但是笛卡儿可能会认为，我们在动物生理学上的进步，恰恰增强而不是质疑了机械论的辩护。笛卡儿很可能会认为，我们对动物所知越多，我们就越有理由认为动物本质上类似人造机器：没有意识，没有意识到任何东西。假设弹子台在我们击球过猛而亮起警示灯时感受到威胁、愤怒、羞辱、或遭受痛苦，这是不理性的；同样，相信动物感受到威胁、愤怒、羞辱或遭受痛苦也是不理性的；它们的哭喊和低吟不过是亮起警示灯的机器行为。机械论选择因此并不否认关于动物行为的任何可见事实。它所做的是对这些行为和动物本性给出一个普遍说明，而这个说明否认动物具有意识。或许，具有（或者着迷于）机械论观点的人会像笛卡儿式的科学家那样"冷漠地鞭打狗"，这并不反常，不是"多了不起的成就"。

　　这大致上就是机械论选择。第二个(**非机械论选择**)与此不同,这不是因为它怀疑动物自主性或动物生理学上的任何事实,也不是因为它否认动物实际上的行为,而是因为它断言许多动物——而不仅仅是人类——具有意识。这个选择当然看起来并不比机械论选择更简单,因为它涉及动物基本结构方面的两个假定,而不是一个:(1)动物并不**只是**多少有点复杂的"有生命的机器",(2)它们也多少具有意识或认识。

　　假设我们接受简约原则,并且为了论证方便同意:刚刚描述的两个选择提供了对动物行为的同等说明。那么选择哪个更合理呢?面对这些假定,理性将会站在机械论选择一边,也就是认为动物基本上像是弹子台的那个。这就是笛卡儿做出的选择,而且我们很快就会看到,笛卡儿选择这一观点的部分(但不是全部)理由就是简约考虑或简单性考虑。我们会在笛卡儿的论证中看到一些瑕疵,但是前述分析至少表明,笛卡儿确实为自己对动物意识的否认提供了理由,做出了论证。他并不是在论证真空中否认的。

　　然而,笛卡儿具有理由并不能保证那些理由很好,我们现在必须探讨一下,为接受机械论选择而做出的辩护价值何在。这个辩护更简单地说明事实了吗?这是我们面对的核心问题。在回答这个问题时,我们必须特别注意不要假定动物有意识,避免陷入循环;也必须避免把批评笛卡儿的观点仅仅建立在常识之上,或者立足于"我们都相信",因为这些诉求会引发可预见的笛卡儿式抗议,那就是认为它们表达了"偏见"。

4.拉美特利的反驳

　　18世纪的法国哲学家兼医生朱利安·奥夫鲁瓦·德·拉美特利(Julien Offay de La Mettrie)采取另一方式质疑笛卡儿[14],其本质就在于强烈主张:机械论选择证明了出乎笛卡儿意料的内容。因为,如果就像该选择声称的那样,我们不应该认为动物具有意识,因为我们可以用机械的方式说明**它们**的行为,那为什么我们不能用同样方式来看待**人类**呢?如果我们可以,我们不是必须认为不仅仅是动物,连人类也是"机器"吗?毕竟,在遵照简约原则上,还有什么比援引一个简单原则来说明所有行为——包括人类的行为——更简单呢?与笛卡儿相反,拉美特利把机械论选择向前推进了一步,他总结说人类的"精神生活"恰好就是"体液"在人类神经系统中的变动。

---

[14] 关于笛卡儿和拉美特利观点的更充分讨论和相互比较,见基思·冈德森:"笛卡儿、拉美特利特、语言和机器"。

笛卡儿可以对此做出回答,但实际上与问题无关。在给纽卡斯尔侯爵的一封信中笛卡儿写道:如果动物像我们一样具有意识,那么"它们就会像我们一样具有不死的灵魂。这是不可能的,因为只相信某些动物具有不死灵魂但不相信所有动物都如此,这是没道理的,而许多像牡蛎和海绵这样的动物太不完美了,很难让人相信它们具有不死灵魂"⑮。笛卡儿在这里表达的似乎是:人类应该被视为有意识,而动物不应该被如此看待,因为我们的灵魂不死而动物不是。笛卡儿弄错了。把**意识**赋予任何既定个体并不要求该个体具有不死的灵魂。否认"死后还有生命"的人并没有否认他们自己在此生具有意识,或者否认他人具有意识。可能真实的情况是:在很大程度上因为其宗教信念,或者因为他必须取悦的那些教士的宗教信念⑯,而不是因为对简约原则的尊重,笛卡儿才把意识,因此还有在他看来的心灵或灵魂(他交替使用这两个词)赋予人类,同时否认动物具有精神生活。但是,不管笛卡儿可能出于什么理由把(有意识的)心灵等同于(不死的)灵魂,我们并没有什么好理由附和他。海绵和牡蛎或许没有意识;但它们有否意识要根据它们自身的情况来判断,就像在人类那里一样,这与不朽灵魂的问题无关。

5. 语言检验

与第一个回答不同,笛卡儿可以给出的第二种回答与拉美利特的反驳密切相关。假设我们能指出某种行为必须依赖意识的存在才能得以说明;进一步假设只有我们人类而不是动物展现了这种行为;那么我们就可以把意识赋予人类,同时否认动物具有意识,无需不相干地考虑谁或什么东西足够"完美",具有不死的灵魂。人们可以在笛卡儿那里找到这样的论证,这种行为就是语言,一种他认为只有人类才能有的活动。在笛卡儿作品的相关段落,如下文字可能最清楚地表达了这一点:

> 实际上,我们的外部行为无法向检查这些行为的人表明,我们的身体不只是一个可以自己移动的机器,而是具有思想的灵魂;但词语除外,或者还有其他与特

---

⑮ 安东尼·肯尼:《笛卡儿哲学书信集》,第208页,重印于《动物权利与人类义务》,第64页。
⑯ 拉美利特暗示,笛卡儿关于人类心灵(灵魂)的观点是对当时握有重权的神学家的让步。拉美利特写到:"笛卡儿关于人类心灵的教导显然不过是在耍花招,一种诡计,好让神学家吞下外表的相似所隐藏的毒药……因为正是这个巨大相似(人类行为和动物行为之间的相似)迫使所有学者和睿智的法官承认,这些骄傲而自负的存在者(也就是神学家这一特殊人类和一般人类,他们的独特之处更多在于自己的骄傲,而不在于不管被提升到什么程度的人类称号),到头来不过是一种机器,尽管直立,却在用四肢行走。"引自基思·冈德森:"笛卡儿、拉美利特、语言和机器",第212页。

定议题相关、但是没有表达任何激情的手势。我提到词语和其他手势,因为聋哑人使用手势,就像我们使用口头词语;而且我说这些手势必须是相关的,这是要排除鹦鹉,但是不排除疯子的话,这些话与特定主题相关,尽管并不遵循理性。我还增加了一点:这些词语或手势必须没有表达任何激情。这不仅是为了排除快乐或悲伤的哭喊,以及类似的表达,也是要排除任何通过训练而教给动物的行为。如果你在教一只鹊(magpie)向自己的女主人问好,这只能通过让这个词的发声表达出鹊的某种激情来实现。比如,如果每次鹊问好时都给它一份小食物,那么它的问好就是在表达吃东西的期望。类似地,所有狗、马、猴子被教会去做的事情都不过是它们的恐惧、期望或欢乐的表达;因此结果是,它们可以不怀有任何思想地表达这些行为。现在在我看来非常显著的事情是,如此被定义的语言使用是人类特有的。蒙田(Montaigne)和查伦(Charron)好像说过,不同人类成员之间的差异比人类与动物之间的差异还要大;但是从来没有一种动物完美得能够使用手势,以让其他动物理解一些没有表达激情的内容;也没有一个人类不能这么做,因为甚至聋哑人也发明了特殊的手势来表达思想。在我看来这似乎是非常强的理由,可以证明:动物不说话的原因并不在于它们缺乏某些器官,而在于它们缺乏思想。你不能说它们在相互交谈而我们无法理解它们;狗和其他动物向我们表达了它们的激情,因此如果它们有思想的话也会向我们表达[17]。

　　这一段以及相关段落[18]引发的问题比解决的更多。有些问题会在后面考察。目前强调一点就够了:笛卡儿此时是在建议一个特定的检验,以此来确定哪个个体有意识,下面我将称之为**语言检验**。能够使用语言——要么是词语,要么是等价于词语的东西

---

[17] 来自笛卡儿给纽卡斯尔的马奎斯的一封信,见安东尼·肯尼:《笛卡儿哲学书信集》,重印于《动物权利与人类义务》,第63—64页。
[18] 关于其他的相关段落,参见雷根和辛格编的《动物权利与人类义务》中关于笛卡儿的文集。笛卡儿是否始终持有关于语言和意识的同样观点,这不是很清楚。刚才引用的那一段似乎支持对笛卡儿的一种解释,那就是:他相信无法使用语言可以证明某个体缺乏意识。那也是这里所考察的观点。不过,至少在有个地方,笛卡儿的这种强硬立场似乎有所松动,那里他写到:"尽管我认为确定的一点是,我们无法证明动物具有任何思想,但我并不认为这因此就证明了动物不具有思想,因为人类的心灵无法窥探到动物的内心。但是,当我对这个问题的可能真相进行探查时,我还没有找到为动物具有思想所进行的辩护,只是看到这个事实:由于动物具有……像我们一样的感觉器官,因此看起来它们具有像我们一样的感觉,而且由于思想就包括在我们的感觉模式之中,因此类似的思想很可能可以被归于动物。"(摘自笛卡儿给亨利·莫尔的信,见《笛卡儿哲学书信集》)笛卡儿接着继续采用动物无法使用语言的事实作为论据之一来削弱这个论证。本文随后给出的直接批判对强硬立场进行了辩驳。本章后面的论证支持对动物的本质进行一种进化式理解,它提供了另一个观点来替代笛卡儿关于这个问题的可能回答。

(比如聋哑人使用的手势)——来表达自己思想的个体通过了检验,因此展示了意识。无法这么做的个体没有通过检验,因此被证明是"不具有思想的";而且,依照对笛卡儿关于思想和意识间关系的标准解释,这也被证明是缺乏意识的。笛卡儿相信没有一种动物可以通过这个检验。在考察语言检验本身的恰当性之前值得问一下,笛卡儿是对的吗?

有其他动物会使用语言吗?

批评笛卡儿没有注意到教灵长类动物(包括大猩猩和黑猩猩)使用语言(比如为聋人设计的美国手语)的尝试,这不公平。这种尝试直到最近才出现,尽管此前有人设想过(比如拉美特利)。许多书本和文章描述了这项事业,许多**非机械论**倡导者很快就热情支持这些早期报道。是否这个支持有点早熟呢,这一点会得到讨论。下面要描述一段用美国手语进行的采访,它发生于《纽约时报》的记者博伊斯·伦斯伯格(Boyce Rensberger)和8岁大的、接受过美国手语训练的黑猩猩露西之间;这个描述典型地代表了普通大众所了解的早期结果。

记者(拿起一把钥匙):这是什么?

露西:(一把)钥匙。

记者(拿起一把梳子):这是什么?

露西:(一把)梳子(拿过梳子,梳记者的头,然后把梳子交给记者)。给我梳头。

记者:好的(给露西梳头)

……

记者:露西,想出去走走吗?

露西:出去,不。(我)想吃东西,(一个)苹果。

记者:我没有苹果。对不起。

关于这段面谈,伦斯伯格写道:

很简短。没有什么特别的深刻之处。当然是交流……在每次语言交流之后,露西和我都会盯着对方看上几秒钟。我不知道她的感受是什么,反正我挺紧张。我是在参与某种异乎寻常的事情。我是在用自己的语言和另一种族的智慧动物进行交谈。⑲

这个描述留下许多深刻而麻烦的问题没有回答。尤其突出的有两个。第一个涉及语言的本质。什么是语言？除非我们知道这一点，否则认为露西"能够使用语言的"说法就是含糊的。或许，我们赋予她行为的一些说法过头了。举个例子，如果一种语言——依照恰当的设想——不仅涉及词汇（词语、符号），而且涉及支配这些词汇或符号的恰当排列的语法规则，那么露西的表现可能就不构成真正的语言使用，或者换个说法，不构成对真正语言的使用。这个议题很复杂，完全超出了当前的探讨范围。不过仍然重要的是要认识到：这是每一个把露西这样的黑猩猩视为语言使用者的人都必须探讨的问题。

第二个问题是，即使假设露西被算作是语言使用者，人们也还是可以问：与（比如）处于语言学习早期阶段的人类孩子相比，露西的能力如何。近来，有人严肃质疑相信黑猩猩和这些孩子展示了同等能力的看法。你很难说提出最强质疑的人是没有资格的，也不可能认为他们通过怀疑动物的语言能力而获得了既得利益。哥伦比亚大学心理学教授赫伯特·S.特勒斯（Herbert S. Terrace）领导着一个为期 4 年的项目，致力于教会名为尼姆·奇姆斯基（Nim Chimpski）的黑猩猩美国手语。尼姆掌握了超过 100 个单词的手语，包括：结束、浆果、你好、睡觉、椅子、玩耍等。对这一成功的所有早期解释都认为，黑猩猩能够相当熟练地习得语言。然而，对证据——包括一段尼姆和他老师的录像带——进行更仔细的重新考察之后，特勒斯开始怀疑自己早先的假设。一些相关事实浮出水面。比如，与孩子不同——包括学习手语的失聪孩子，尼姆从未到达过有规则扩展自己句子的地步。特勒斯写道："在学会把主体和词语联系起来（比如"爸爸吃东西"），以及把词语和对象联系起来（爸爸吃早饭）之后，孩子随后学会了把这个表达扩展成诸如'爸爸没吃早饭'，或者'爸爸什么时候吃早饭？'这样的陈述，并且还可以继续进行更多扩展。尽管尼姆的词汇量在稳步增多，但它表达的句子平均长度没有增加"⑳。

还有另外两个相关发现：尼姆自主性地（也就是在没有其他人启动谈话的情况下）

---

⑲ 《纽约时报》（*New York Times*），1974 年 5 月 29 日，第 52 页。关于相似的、更充分的说明，见彼得·詹金斯："无以提问"（Peter Jenkins, "Ask No Questions"），载《卫报》（*The Guardian*, London），1973 年 7 月 10 日，重印于雷根、辛格编：《动物权利与人类义务》。

⑳ 赫伯特·特勒斯：《尼姆：学过手语的猩猩》（Herbert S. Terrace, *Nim: A Chimpanzee Who Learned Sign Language*, New York: Random House, 1979），第 210 页。

做出手势的程度,以及尼姆使用的手势被其他人员用于交谈的频率。对学习语言(比如英语)的孩子进行**对话分析**得出的数据分类显示,孩子们常常更易于回应、而不是启动对话(孩子70%的表达是被其他人的话引发),但是"在多数情况下,孩子不仅通过重复父母的话语回应,而且增加了父母话语的内容,或者根据完全不同的词语创造新词。少于20%的儿童表达是对父母的模仿"㉑。特勒斯认为尼姆的情况非常不同:

> 在尼姆住在纽约的最后一年,它被录下的表达中只有10%是自发的。接近40%是模仿或减缩。如果我们录下并转录的谈话代表了我们构建语料库的上千次对话——我没有理由相信它们没有代表这些对话,那么我必须总结说:尼姆的表达与孩子的表达相比不够自发,也不够原创。㉒

因此特勒斯写道:

> 必须总结认为(尽管不情愿):除非有可能推翻所有合理的、认为黑猩猩缺乏智力能力来把词语依照语法规则组织起来的说明,否则总结说黑猩猩的词语组合展示了孩子的句子所显示的结构就为时过早。与孩子相比,尼姆的表达更不具有自发性和原创性,而且黑猩猩的表达并未随着它获得更多的语言使用经验而变长,这个事实提示,黑猩猩的词语组合中的多数结构和意义由它老师的表达决定,或者至少由后者提示。㉓

当然,即便已经确定黑猩猩不具有与儿童同等的语言习得能力,这也没有推出它们一点也不具有这种能力。黑猩猩和其他灵长类动物在多大程度上可以"学会说话",这个问题仍然值得进一步研究,就像什么是语言的问题仍然值得研究一样。二者都无法在此得到详细处理。对于当前的目的来说做到这点就足够了:提醒我们自己,并非所有的证据都已经呈现,而且,直到我们知道得更多,否则最好还是记住特勒斯的告诫,不要"过早地"给诸如尼姆这样的非人类赋予有意义的语言能力。

有一要点亟需确认,它完全不同于有关黑猩猩或大猩猩的语言使用问题。假设与

㉑ 赫伯特·特勒斯:《尼姆:学过手语的猩猩》(Herbert S. Terrace, *Nim: A Chimpanzee Who Learned Sign Language*, New York: Random House, 1979),第215页。
㉒ 同上书,第218页。
㉓ 同上书,第221页。

笛卡儿的看法相反,有些动物**确实**能够使用语言来表达思想,比如黑猩猩和大猩猩,以及其他一些动物。这个事实本身——如果是事实——并不会对许许多多其他的、其成员不可能有能力使用诸如美国手语这种语言的动物,产生什么重要影响。因此,如果我们追随笛卡儿,同意"使用语言来表达思想"是确定哪种动物具有意识的决定性检验,那么我们可以做得最多就是纠正笛卡儿,认为他太保守了。除了人类之外,还有一些其他物种的成员具有意识。至于比如猫和狗、鸡和猪、骆驼和老虎,由于没有表明自己能够掌握相关语言,它们仍将处于笛卡儿为其分派的类别,属于"没有思想的野兽"。这不是许多持非机械论动物观的人希望看到的,而这足以引导他们批判性地关注其他更根本的问题。他们会问的不是:有多少动物能够使用语言来表达思想?而是:使用语言是确定哪一个体具有意识的合理检验吗?

语言检验的不当之处

语言检验认为,无法使用语言的个体缺乏意识。这无法成立。如果所有意识都依赖于个体是语言使用者,那么我们将不得不说,孩子在可以说话之前无法意识到什么东西。这不仅公然违背了常识——如前面注意到的,笛卡儿有可能会拒绝诉诸常识,认为这是诉诸偏见;而且更根本的是,它令儿童如何学会使用语言变得神秘。因为,如果儿童在掌握语言之前不对任何东西具有意识,也就是意识不到声音、光、或触觉,那我们该如何教他们(比如)英语基本语法呢?写给他们看吗?但是如果他们对**任何**东西都没有意识,那他们就没法通过视觉学到什么。说给他们听吗?但是如果他们**完全**缺乏意识,那他们如何听得到我们的声音?要点在于,语言教学要求学习者能够有意识地接收。如果我们不假设儿童在学习语言**之前**可以意识到一些东西,就难以说明孩子如何学会语言。因此,当我们争论语言检验作为意识检验的恰当性时,我们绝不是仅仅在诉诸常识来试图抗争笛卡儿的观点。由于语言检验暗示,使用语言之前的儿童根本不具有意识,并且由于这使得儿童学会使用语言的问题变得神秘(奇迹?),因此我们原则上有理由拒绝该检验的恰当性。不过一旦我们走到这一步,就不能把语言检验看做一种双重标准,认为人类无需为了具有意识而通过这个检验,却要求动物如果要有意识就必须通过这个检验。如果一个幼童可以独立于语言的学习而具有意识,那么我们就无法合理地否认动物也是这样,尽管后者说不出它们意识到的是什么。

人们会料到如下反对。这种反对认为,我们无法论证:狗和猫在学会使用比如英语之前必须具有意识,因为否则它们就永远无法学会使用语言。我们确实无法如此论证的理由很简单:狗和猫**从来就没有学会**使用诸如英语这样的语言。人与动物的这个

差别提示了一个论证,它否认赋予动物意识,同时只把意识归于人类。这个论证是:

1. 那些有可能掌握语言的存在物即使没掌握这门语言也具有意识。
2. 动物(可能的例外是比如黑猩猩和大猩猩)缺乏这种可能。
3. 因此,动物(除了少数例外)不具有意识。

有合理的理由否认这个论证的第一个前提。一些精神上有缺陷的人类缺乏掌握语言的潜能,然而他们当然对一些东西是有意识的——比如声音和痛苦。因此,如果缺乏语言潜能的一些人类具有意识,那我们就无法否认:缺乏这一潜能的动物也可以具有意识。此外,即便对于确实有潜能成为语言使用者的人类,我们也不清楚:这个潜能如何保证他们在学会语言之前实际上具有意识。从潜在的东西推出实际的东西涉及一些著名困难。当亨利·阿伦(Henry Aaron)还是个蹒跚学步的小不点时,他确实有可能成为在大棒球联盟中刷新职业本垒打纪录的人,而且他后来确实刷新了这个纪录。但是这并没有推出:那个叫亨利、在蹒跚学步的小不点,**那时**已经持有这个纪录;可以推出的最多就是,他将会最终创下纪录。同样,即便婴儿简具有成为语言使用者的**潜能**,而且要成为**实际上**的语言使用者就必须具有意识,这也没有推出:因为她具有学会一门语言的潜能,所以她已经具有意识。最多可以推出的就是她迟早会具有意识,而这一结论非常不同于该论证的初始前提所表达的信念。

但是,即便对该论证做出这么多让步也超出了它所应得,因为这个论证的第一个前提未经说明就假设:能够使用语言——包括使用语言的潜能——与具有意识之间存在根本联系。然而,是否**存在**此种联系恰恰需要讨论。因此就目前来看,这个论证的前提(1)是在以未决结论为前提:它假设了恰恰需要说明的内容是正确的。因此,该论证没能辩护这一信念:唯一具有意识的存在者是那些通过语言检验的、或者有可能通过语言检验的存在者。

6. 怀疑论

这时,持笛卡儿观点的人尤其面临一个严重问题。由于(a)他们声称动物的行动该由**机械论选择**来说明,但是又支持用**非机械论选择**来说明人类的行动;(b)诉诸不朽灵魂与什么人或什么东西具有意识的问题无关(1.4),以及(c)语言检验已经被证明没有笛卡儿认为的那样具有决定性(1.5);这样,持笛卡儿观点的人如何回避人类存在者——不仅是动物——是"没有思想的野兽"这一结论呢?就像之前注意到的(1.4),这是拉美利特认为笛卡儿应该会得出的结论。可能他是对的。不过那个问题超出了本文的范围。另一个相关问题同样也超出了本文范围。这个问题问的是：一个人如何知道存在能够具有意识的"其他心灵"，尤其是其他人类的心灵。大量的、还在不断增多的文献致力于处理这个问题。我们对知识的声称遭遇怀疑论的质疑，在合适的语境中这个质疑倒是值得洗耳恭听，不过本文显然不适合。在此我们必须与笛卡儿站在一边，至少在有个方面站在一边，与拉美利特划清界限。我们将假设，人类不是"没有思想的野兽"，只能对"刺激"作出"反应"，不是"没有思想的机器"，而是具有精神生命的生物。对于道德哲学的任何工作来说这都是必要假设。比如，如果人类不会体验快乐与痛苦，或者不会喜欢某些东西胜于其他东西，或者无法做出决定并采取意向性行动，或者无法理解尊重待人意味着什么，那么伦理学理论就没有什么可做的了。换句话说，意欲理解我们行为或制度的道德哲学尝试，必须以关于我们所属生物的特定假设为前提，而这方面的最小前提就是：我们是具有精神生命的生物。因此与笛卡儿一致，并且在这一点上与拉美利特相反，我们将假设人类具有精神生命（也就是，具有二阶、三阶的感觉，或者换个说法，我们可以感知、相信、记忆、期待、欲求、偏爱，等等）。对这个假设的怀疑论质疑只能放在某些其他场合来宣讲和处理。

7. 进化论与意识

假定人类具有意识，有个问题还是必定会产生：如果有的话，那些其他生物是有意识的。如果回答取决于什么动物具有不朽的灵魂，或者具有通过语言检验的能力，那笛卡儿式的回答（所有人类，并且只有人类具有意识，至少在地球生物中是这样）可能还能得到捍卫。但是处理生物意识问题的这些方式已被证明不合适。还有什么别的办法？

进化论提供了处理动物意识问题的另一方式，与笛卡儿提出的相当不同。如果我们像笛卡儿那样假设人类有意识，那么依照该理论的基本要点，一个确实相当引人注目的问题就是：是否智人是具有这个属性的**唯一**生物。以达尔文为例，他断然拒绝在这一点上赋予人类特殊地位。他写道："在他们的精神官能上，人和高级哺乳动物之间没有本质差别"[24]。他还说："人和高级哺乳动物之间的差别尽管很大，那也是程度的差别而不是种类的差别。"[25] 依照进化论，人和动物精神生活的相似依赖于许多相关考虑。一个考虑涉及人

---

[24] 查尔斯·达尔文：《人类的由来》(Charles Darwin, *The Descent of Man*, London: 1871)，节录于雷根和辛格编的《动物权利与人类义务》，第72页。
[25] 同上书，第80页。

和动物在解剖和生理结构上可见的复杂性和相似性。另一考虑涉及一条基本信念：较复杂的生命形式由较简单的生命形式进化而来。这个信念暗示人类和一些动物都进化自更简单的生命形式，尽管各自并不必然进化自同样的生命（有可能存在几条不同的进化发展分支或世系路线，这些线路尽管可能具有同一起点，但是在不同时刻对应于不同的当地环境条件，因而产生了分叉）。然而对于当前目的来说关键要点是**意识的生存价值**。如果意识不具有生存价值，换句话说，如果对于物种在不断变化的环境中进行适应并生存的斗争，意识没有什么帮助，或者帮助很小，那么具有意识的存在物就不会首先进化并存活下来。但是我们从人类那里得知，有意识的生物是存在的。因此，鉴于进化论和人类对意识的生存价值的证明，我们有充分理由假设其他物种的成员也会具有意识。换句话说，鉴于意识的生存价值，人们必定会期待它呈现在许多物种那里，而不仅是呈现于人类物种。当代动物生理学家唐纳德·R.格里芬（Donald R. Griffin）有力地指出了这一点，他写道：

> 因此，一旦我们对问题进行反思，有一点就几乎成了真理：在进化生物学家使用的适应价值这个词的意义上，有意识的知觉可以具有巨大的适应价值。一个动物越是能够更好地理解其物理、生物和社会环境，它就越是能够调节自己的行为，以完成它生命中可能很重要的任何目标，包括有助于其进化适应的那些目标。当前的行为生态学和社会生物学的基本假设……是：行为是通过自然选择而被采纳的……从这一还算合理的假设可以推出（鉴于动物具有的任何精神体验都与其行为具有重要联系）：动物必然也感受到了自然选择的影响。在这些体验传达了动物适应优势的意义上，它们将被自然选择重新强化㉖。

当然，主张动物"具有精神生活"并没有确定其精神生活的相对复杂性。那是我们下一章将处理的议题。在进化论基础上把有意识的知觉赋予动物所确实确立的是：它为我们提供了理论基础，来**独立于语言使用能力**而把意识赋予动物。使用语言的能力无疑也具有重要生存价值。但是进化论并未暗示：意识要么确实、要么必须与这种能力同时出现。实际上，如果进化论确实暗示了这一点，那么在说明语言的教授和习得上它会遇到困难。如果就像可以合理假设的那样，语言能力是高阶认知能力，是预设

㉖ 格里芬：《动物意识问题：精神体验的进化连续性》（D. R. Griffin, *The Question of Animal Awareness: Evolutionary Continuity of Mental Experience*, New York: The Rockefeller University Press, 1976），第85页。

了意识的能力,那么进化过程就会支持我们的这一看法:其他动物既有意识,也具有其他低阶认知能力——掌握语言所要求的高阶能力正是从这些低阶能力演化来的。就像格里芬在下述段落清楚表明的,简约原则在进化上的运用支持上述看法:

> 如果接受我们与其他动物具有进化关系的现实,那么不够简约的做法是:在解释上假设一种严格两分,坚持认为精神体验对某些动物的行为具有影响,但是对其他动物毫无影响。否认精神体验是人类行为和人类事务中的普遍要素,这是荒谬的[27]。

那么,**如果**"精神体验**是**人类行为和人类事务中的普遍要素",并且回忆一下,在本文(就像任何其他道德哲学作品一样),我们假设人类具有精神生活,也假设我们能够知道还存在其他的(人类)心灵,而且依照格里芬的话,我们的精神体验在"人类行为和人类事务中普遍"具有重要作用;如果这些都得到了认可,那么鉴于进化论的要旨,否认动物的精神生活在它们的行为及我们对这些行为的理解中具有相似作用就不够简约。当然,接受这些前提并没有解决可以最合理地认为**哪种**动物具有精神生活的棘手问题,那是下面将会处理的(1.9)。接受这些前提带来的成果是:独立于语言使用能力而提供了一个理论基础,来把某些非人类动物视为有意识的。

从进化论出发处理动物意识问题还带来了另外一个优势。通常,人们处理这个问题时似乎认为,可以单纯通过观察动物的行动而解决它。通常人们认为,**仅仅**援引(比如)狗在听到主人从楼梯传来的脚步声时表现的兴奋,或者是**单单**注意到海豚的忠诚行为,就可以一劳永逸地解决这个问题。有必要回忆一下前面谈到的一点,即这种例子是无效的(1.2)。动物被观察到的行为也可以同时被对这些行为不同、不相容的说明——比如笛卡儿的说明和达尔文的说明。正因为如此,假设**仅仅**援引狗和海豚行为的任何一个、或数个例子就可以证明它们有意识,这显然是错的。把意识赋予动物必须依赖其行为**之外**的基础,尽管动物行为必须确实符合对这些行为的任何可行的理论说明。虽然动物被观察到的行为可能起初会导致人们相信它们具有精神生活,但是,赋予动物意识是否有效,这最终有赖关于那些动物的本质的理论。而且,与任何理论一样,该理论必须**作为一个理论**而被评价,如果我们只是满足于援引本身与互相矛盾

---

[27] 格里芬:《动物意识问题:精神体验的进化连续性》(D. R. Griffin, *The Question of Animal Awareness: Evolutionary Continuity of Mental Experience*, New York: The Rockefeller University Press, 1976),第 74 页。

的理论都一致的事实,那我们就没有做出这样的评价。

8. 笛卡儿的垮台

进化论提供了一个理论基础来把精神生命赋予动物,而笛卡儿的理论没有。哪个理论更可取?这显然是复杂的问题,因为,理论应该被如何评价本身面临高度争议。不过,有两种考虑与当前情况相关。第一个是简单性:在其他条件同等的情况下,选择做出更少而不是更多假设的理论更合理。第二个是说明效力:在其他条件同等的情况下,应该选择那个说明了更大范围事实的理论。当我们用于评价笛卡儿的理论立场时,两种考虑都会变得更清楚。

如前面的讨论所暗示,笛卡儿是二元论者。他认为现实由两个基本的、相互独立、不可还原的事物构成:心灵和物体(body)。他认为心灵不具有物理属性;没有大小、重量、形状等;心灵是非物质的、精神性的,因此在空间中不占据位置。我的心灵不处在任何**事物**的左边或右边;严格说,我的心灵不处在任何地方。此外,依照笛卡儿,心灵是"进行思想的",而且他说,进行思想的事物是这样的:"它理解、它感受、它确证、它否认、它意愿、它反对、它还在想象、在感知"。[23]

相反,依照笛卡儿,物体具有物理属性。它们有大小、有形状、是延展的。但物体不具有思想。在物体完全缺乏思想的意义上,物体是"无言的";它们**不具有心灵**,**不具有**意识。这对于所有物体来说都成立,对于每个物体也同样成立。一块岩石缺乏意识(思想),就像一棵树、一条狗的身体,或者也可以说像人的身体。所有这些事物都同样地"无言"。

因此,就其本身而言,人类身体在本质上与其他身体没有区别。区别在于它们与心灵——人类心灵——具有联系。依照笛卡儿,所有其他物体都缺乏与之联系的心灵;而且在笛卡儿看来,之所以我们感到痛苦而狗没有这种感觉,这不是因为我们的身体与狗的身体具有任何根本不同;而在于我们的身体与一个不属于身体的、非物质的心灵联系在一起,而狗没有。

笛卡儿的二元论遇到了著名的问题,与我们这里相关的只有一个。这就是相互作用问题。准备一下:日常经验的常识是(1)在我们身体里或者身体上发生的事情往往

---

[23] 笛卡儿:《沉思录》(Descartes, *The Meditations*, New York: The Liberal Arts Press, 1951),第25页。

会影响我们的意识,而且(2)在我们精神生活中发生的事情往往会影响我们的身体。依照(1)的阐述,考虑一下踩到大头针的情形。一个尖锐的金属物刺入我的皮肤并留在脚里。这发生在我的身体上。通常情况下(比如,假设我的脚没有麻木),我体验到疼痛。依照笛卡儿,对痛的这个体验不是发生在我身体之中或之上的另一件事。相反,因为我有意识地知觉到痛,我必定在心灵中知觉到痛。因此,事实至少看起来是这样:在我身体里发生的某件事(针刺进我的脚)在我的心灵中**引发了**一个感觉;依照前面相关讨论中引用的笛卡儿的话(1.1),"由于心灵与受触动的身体器官结合",这个感觉造成了"当即的精神结果"。

相互作用的一个问题:笛卡儿关于心灵和身体的理论没有提供任何可能的线索来说明,二者所谓的结合、二者之间被假定的因果交互作用如何可以产生。诸如我们神经系统中发生的那些物理过程可以产生物理改变,那是显然的,笛卡儿当然也会同意。但完全不清楚的是:物理过程如何会在非物理的事物那里导致改变;依照笛卡儿的理论,那正是大头针刺痛我的脚时发生的事情。问题不在于,这**是**如何发生的?而在于,这如何**可能**发生?因为坚持心灵是非物质的而身体是物质的,笛卡儿无法说明所发生的事情如何可能发生。在这个理论内部没有合理的、可理解的方式来说明"心灵与受触动的身体结合"的可能性。

如果反过来考察,笛卡儿面临的情况也一样严重。假设我知道,如果要确保和牙医会面就得起床,而我不愿意去看牙医。我还躺在床上,斟酌了一番,最后决定起床,尽管不情愿。现在,依照笛卡儿的理论,该决定是个精神事件:它是在我心灵中发生的某些事情。在我做出决定之后跟着发生的是:我的身体以某种特定方式行动了——比如,掀开被子,爬下了床。但是我的决定(发生在我心灵中的精神事件,而且依照笛卡儿,因此是发生在非物质媒介里的事件),**如何**可能引发我的身体(物质的东西)那样运动呢?在我心灵中发生的事件大概可以引发另一精神事件;但是,往宽松里说,认为非物质的事物(我的决定)导致了物质事物(我身体的运动),这是神秘的;往苛刻里说,这与自然法则相悖。不管心灵和身体朝哪个方向相互作用——是身体过程引发精神事件,还是精神事件导致身体行为,笛卡儿的心身观都无法说明这如何可能发生。如果心灵(意识)和身体在交互作用,如果任何恰当的心身理论都必须说明这个交互作用如何实现,那么笛卡儿的心身理论就是不恰当的。简言之,依照当前的批评,笛卡儿的二元论没有通过说明效力检验。

有种方式可以避免这个结果,一些笛卡儿的追随者就接受了这种方式,即否认人类的心灵和身体在交互作用。很清楚可以看到,求助于这个权宜之计(如果成功的话)

第一章 动物的意识

将可以挽救笛卡儿式的二元论,摆脱刚刚提出的批评。如果心灵和身体实际上没有发生相互作用,那么指出笛卡儿没能说明它们如何相互作用就构不成反对。不过现在还是存在另一问题,其严重程度不亚于交互作用本身。如果不是我脚里的大头针导致我疼痛,那么这个感觉从何而来?而且,如果不是我要起床的决定让我掀开被子,这些身体动作又源于何处?

持笛卡儿观点的一些人支持一种被称为偶因论(occasionalism)的回答,也可以说例示了尝试捍卫二元论所遭遇的困难。依照这个观点,大头针进入我的脚并没有导致痛觉,它进入我的脚是**上帝导致我疼痛的理由**,就像我起床的决定本身没有导致我身体运动,而是**上帝导致我这么做的理由**。因为上帝是无所不能的(全能的),他可以做一切事情,包括导致我的身体起床,我的脚受伤;因为上帝是无所不知的(全知的),他当然知道我会在什么时候踩到大头针,恰如他知道我什么时候决定起床。因此理论上看,没有理由认为全知全能的上帝无法做出偶因论者认为他会做的事情。

但这只是把问题向后推了一步。问题仍然存在:交互作用如何发生?如果这个作用指的不是人类心灵和身体之间的作用,那也是上帝和人类心灵,上帝和人类身体的作用。说交互作用的"机制"并不清楚,我们的智力无法把握("上帝以神秘的方式工作,以他的奇迹来行动"),这没有做出任何说明;也就是,我们仍然无法理解:为什么踩到大头针与我的疼痛体验联系在一起。实际上,我们更加远离了对此的理解。一种神秘事物并没有被另一神秘事物说明。希腊人有个说法,指的是对陷入致命危险但无法自保的戏剧人物的人为营救,即"解围之神"(deux ex machine)。之所以如此命名是因为:扮演上帝角色的人由机器降落到舞台上,这样戏剧中的英雄就可以在千钧一发时逃走(就像女英雄被捆在铁轨上面临死亡时,在最后一刻被"好人"救走)。看,哲学家也免不了试图以同样方式来挽救理论。援引上帝的干涉机器来挽救笛卡儿式的二元论,就是这种现象在哲学上的经典反映。

值得说明的另一要点是,我们知道,简约原则要求:我们做出的假设不得多于说明事物所必需的。在引入上帝作为调解人类心灵与身体的因果因子之前,二元论看起来没有做出太多假设。有心灵,然后有身体。事情看起来非常简单。然而,一旦引入上帝,就增加了第三个极具争议的假设。而且,当一个理论除了仅仅假设上帝的存在之外,还援引上帝来扮演宇宙控制面板的操作员角色,完成心灵对身体的呼叫(以及身体对心灵的呼叫)时,一度简洁的理论似乎已被繁冗的假设淹没。如果每次有人(比如)体验身体疼痛我们都必须假设是"上帝完成了呼叫",那么二元论表面上的简单性就随着操作面板一道消逝。

从笛卡儿的垮台可以有一个收获。那就是:把心灵视为"非物质事物",视为灵魂,这肯定会让我们陷入麻烦。因为,除非我们准备不顾所有相反表象,认为**一切事物**都是非物质的,否则相互作用问题就总是会出现,我们最终得出的理论也无法提供智力上令人满意的回答来说明相互作用是否发生,以及如果发生的话这如何可能。接受意识起源及发展的进化观点有一个好处:它不会让人承诺心身关系的二元论。即便这没有证明进化论正确,它至少也排除了一个可能的反对来源。从进化论背景来看,说动物"具有心灵"不等于说它们具有"非物质的、不朽的灵魂"。

9. 关于动物意识的累积论证

如本章开始所提示,相信动物具有意识是常识世界观的一部分。不过这么说不是在解决动物意识问题,因为关于事物的常识观点在任何情况下实际上都有可能错误。尽管如此,在合理抛弃常识之前,需提供有力的理由反对它。换句话说,在动物意识问题的特殊情形和一般情形中,诉诸常识具有这样的作用:它不是要确保某个信念正确或合理,而是要把证明的负担交给常识的反对者,让他们展示反对的论据。出于前述理由,笛卡儿在动物意识问题上没能符合这个要求。他没有为我们提供放弃常识的好理由。他提供的反对论证具有严重缺陷,而且这一点是在没有以未决结论为前提的情况下被证明的——也就是没有事先假设关于动物意识的常识正确或合理。至少在这一点上,笛卡儿想要推翻常识论断的尝试失败了。

第二点也是前面提到过的,那就是:日常语言以某种暗示动物具有精神生命的方式谈论它们,这么谈论时日常语言并没有遭到破坏。每个熟悉(比如)英文的人都完全理解菲多"饿了",或者狮子母亲因为自己过分顽皮的崽子而"烦恼"是什么意思。不过同样,这并没有推出:仅仅因为我们通常如此就应该以这种方式说话。有可能日常语言需要纠正或改进。然而,就像诉诸常识的情形所提示,在诉诸日常语言的情形中,证明的负担落在那些准备改变我们日常语言习惯的人身上,他们需要提供有力的理由来说明为什么这些习惯应该改变。比如,如果可以表明,在一定背景下,像我们通常那样说话会妨碍清晰有效的交流,那么或许我们就应该修正或替换通常的说话方式。但是,我们赋予动物以精神生命的说话方式妨碍了清晰有效的交流吗?有一种更清晰、更周到、更不"拟人化"的谈论动物方式吗?在此,叙述一下当代心理学家赫布(D. O. Hebb)的发现最恰当不过。他参与了耶基斯(Yerkes)灵长类生物学实验室的一项两年期成年黑猩猩研究项目,试图要"在黑猩猩性格的研究中避免使用拟人化描述"㉙。赫布写道,"我们设计了一个正式实验,记录成年黑猩猩的实际行为,并从这些记录获取关于动物间区别的客观论述"。当"拟人化描述"被放弃时,结果没有任何意义。赫布继续写道:"得出的结果就是几乎无尽的特定行为系列,从这些行动中看不到次序或意义"。然而,当"拟人化描述"被允许用于记录情感和态度时,"你就可以快速容易地描述个体动物的特征,而且,当新来的员工无法以其他方式安全控制动物时,他们却可以通过这些信息做到这一点"。在评论赫布的发现时,当代美国哲学家加雷思·B.马修(Gareth B. Matthews)说道:一旦"摆脱了方法上的顾虑,员工就会发现他们很容易达成一致:这个动物感到恐惧,那个感到紧张,第三个表现出害羞。他们很自然地把某只动物描述为对人类友好的,尽管有点易怒,同时会发现另一只动物**憎恨**人类,就像他们自然地描述的一样"㉚。

赫布和他同事的实验表明:如果我们构造出不同的、被假定为客观的非精神性词汇,用以代替我们谈论许多动物时通常使用的精神性语言,那么我们一无所得,还会失去很多。就其本身而言,日常语言在这个工作上表现出的恰当性,以及被剥离了"拟人化描述"的语言的失败,并未表明动物具有精神生活。它们表明的是:我们没有好的根据以妨碍清晰有效的交流为由,改变我们通常谈论某些动物的方式。实际上,如果可以认为赫布和其他人的试验具有说明意义,那么相反的结论倒是成立。尽管日常语言可能在某些情况下需要纠正,但这里并非如此。

为辩护赋予某些动物以精神生命,这个做法涉及的第三个要点就是:类似笛卡儿的立场是失败的——这种立场试图仅仅把意识限制于人类(至少认为陆地生物中只有人类具有意识)。要在这方面把人类视为独一无二,持这种观点者必须提供接受该观点的论证。但这样的论证会是怎样的? 它必定坚持人类和动物之间的严格两分,这个两分涉及赋予人类与所有其他动物都不同的本质。显然,这个"特殊本质"无法依照进化术语来解释,因为进化观点否认动物具有和人类不同之特殊本质。尤其是,认为只有人类具备意识的人,无法恰当地把这个信念建立在关于人类生物学、生理学和解剖学的考虑之上,因为人类在这些方面的本质中,没有一个能够表明我们具有意识并且意识独一无二地属于人类。那么,如果这种方式无效,又可以用什么其他方式试图捍

㉙ 赫布:"人类与动物的情绪"(D. O. Hebb, "Emotion in Man and Animal"),载《心理学评论》(*Psychological Review*),53 (1946):88,(引用在马修的"动物与心理统一"[Gareth B. Matthews, "Animals and the Unity of Psychology",载《哲学》(*Philosophy*),53[206][1978年10月],第440页])。

㉚ 同上。

卫认为人类——单单人类——具有意识的论点呢？只能借助一些所谓非生物学、非生理学、非解剖学，或者一句话，非物质的人类特性。这是笛卡儿选择的方式，鉴于他关于（非物质的）人类灵魂不朽的看法，我们或许可以理解为什么他会这么做。但是依照约翰·科廷厄姆的恰当用语，做出这个选择让自己陷入了"哲学上的混乱"[31]。对人类意识的这种看法（认为意识是非物质的心灵或灵魂的明确特征），会让日常生活中的常见事件，比如踩到大头钉时感到疼痛，在**原则上**成为神秘的。

当然，如果我们观察到的动物行为与认为它们具有精神生活矛盾，那么情况就变得复杂。比如，如果断食数天之后得到一些奶酪的小鼠表现出随机而不可预测的行为，那么非笛卡儿论者必定会感到奇怪，这些动物会不会就是完全失控的机器。而实际上，动物行为不是随机的，原则上并非无法预测。比如，小鼠会吃奶酪，就像人们自然期望任何有意识生物都会做的那样；或者，如果没有吃奶酪，它们出乎意料的行为就是某些失控条件造成的（比如缺乏感受能力）。因此，尽管动物的行为本身确实没有证明它们具有精神生活，但这也确实提供了理由来这样看待它们。

这个发现，常识的断定，以及用精神化词语谈论特定动物所带来的明显效用，都符合进化论的含义。大致上说，进化论的含义是：许多动物，而不仅是人类，具有意识，这不是因为它们具有不朽的灵魂，或者它们只有具有不朽的灵魂才会有意识；可以正确地认为特定动物具有意识，这是因为我们（人类）是有意识的，**并且**因为——鉴于进化论的要旨——人类的精神生活（我们的心理）与那些动物在类型上并无差异。

因此，并不存在**单一**理由来把意识或精神生活归于某一特定动物。我们具有**一组**理由，归纳起来就形成我所谓**动物意识的累积论证**（Cumulative Argument for animal consciousness），其要义可以被总结如下：

1. 把意识归于特定动物是常识世界观的一部分；想要怀疑这个信念的尝试（如果笛卡儿的尝试可以视为例证的话）已被证明难以恰当辩护。
2. 把意识归于特定动物与语言的日常使用协调；想要改革或取代这种说话方式的尝试（如赫布和他同事的试验所展示），也已被证明难以恰当辩护。
3. 把意识归于动物并没有暗示或假设动物具有不朽的（非物质）灵魂，因此可以独立于涉及来世的宗教信念而做出并捍卫这个说法。
4. 动物的行为方式与认为它们具有意识一致。
5. 对意识的进化理解提供了理论基础来把意识归于人类以外的动物。

---

[31] 约翰·科廷厄姆："一个对野兽无情的人吗?：笛卡儿对待动物"，第558页。

上述总结没有构成对动物意识的严格证明,也不清楚这样的证明会是怎样。这个总结提供的是一组把意识归于某些动物的相关理由。如果可以表明这些理由所谓的相关性是虚假的,或者表明从 1 到 5 关于意识的声称尽管相关,但却错误,或者表明它们尽管相关并正确,但还是存在更好的理由否认动物、但证明人类具有意识,那么**累积论证**就被证明有缺陷。除非并且直到这样的挑战出现并得以维持,否则我们原则上有理由与笛卡儿保持分歧,并且把意识——一种心灵、一种精神生活——赋予某些动物。

10. 哪些动物具有意识?

累积论证提供了基础把意识归于除了人类以外的生物,但是它留下一个未决问题:哪些动物有意识? 各种动物的意识又处在什么程度? 后一问题下一章要关注。前一问题,也就是哪些动物具有意识的问题,我们将在此讨论。

累积论证表明把意识归于动物得到了辩护,这个归于得到了从 1 到 5 的要点的支持。也就是说,认为特定动物具有意识得到了辩护,如果(1)这么做符合常识世界观;(2)以精神性用语来谈论动物与日常语言协调;(3)如此看待动物没有让我们承诺赋予动物非物质的心灵(灵魂);(4)动物行为符合赋予它们以意识的做法;以及(5)关于这些动物的常识信念,我们谈论这些动物及其行为的日常方式,都可以依照进化论而得到原则性捍卫。给定这些条件,就可以合理地认为**许多**物种的动物成员具有意识,尤其是所有哺乳动物。当然,这些动物是常识和日常语言最自然地视为有意识的动物;而且进化论也对赋予这些动物以意识给予了最强辩护。

对这个辩护的说明是:我们用以决定哪种动物具有意识的出发点就是我们最熟悉的情况,而人类提供了有意识存在者的范例;在此,对"他心"知识的怀疑论挑战被放在一旁。这样,从我们所了解的人类意识与人类神经系统的结构和功能的关系看,有很好的理由相信:我们的意识与我们的生理解剖结构具有紧密联系。比如,脊髓的损伤会让受影响的身体部位无法产生感觉,而大脑严重损伤的人可能根本无法再表现出任何意识。倘若我们的意识与我们的生理解剖结构具有紧密联系,倘若哺乳动物在生理解剖结构与我们最相似,倘若意识具有适应价值并且是从更简单的生命形式进化而来——鉴于所有这些事实,并且像道德哲学工作允许的那样,把对人类意识的怀疑放在一旁,那么就可以合理地总结认为:哺乳动物同样也具有意识。这并不是说只有那些在解剖生理结构与我们最相似的动物才**可能**具有意识。它的意思是:这些动物就是我们最有根据赋予意识的。

我们应该前进一步,赋予非哺乳动物以意识吗?对这个问题的系统回答完全超出了当前的探讨范围。在此可以提及的就是前面放过的一个要点:常识和日常语言接受的观点与进化论可能蕴含的内容会有冲突。比如,通常我们既不会认为也不会说爬到树上的蜗牛"想要"待在那里,或者它在被赶下来时"发怒了",或者(尽管这更不清楚)在被压扁时它"感到痛苦"。显然我们甚至更不会以这些方式来谈论或看待比蜗牛更低等的动物。不过早先我们承认,恰恰由于既定信念是常识世界观的一部分,也恰恰由于我们在以特定方式说话,这因此没有推出我们的信念就正确。蜗牛,以及甚至与我们更不相似的动物,可能有意识,尽管我们不愿意这么说或这么想。如果这样,那么倡导它们具有意识的理论基础,必定出自支持赋予哺乳动物以意识的同样根据。这个根据又必定出自进化论的系统运用,或者出自其他理论——如果可以找到更好理论的话[22]。**在哪里划分**是否有意识的界限,这不是容易的问题,但是,我们在这一问题上真诚表露的不确定,无论如何也没有阻止我们对此的判断。我们无法确切说某人一定会活多久或长多高,也无法说某人会活得久或长得高,但是这并未表明我们就无法认识到有些人活得久或长得高。在意识的模糊边界的问题上,我们的无知并未构成理由拒绝把意识赋予人类**以及**在相关方面与我们最相似的动物。(哪里划界的问题在后面许多地方都谈到了:比如2.6,8.5,10.4)

拟人论与人类沙文主义

就像前面已经解释的(1.2),拟人论就是把仅仅适用于人类的特征赋予并非人类的动物。毫无疑问,对动物的一些谈论是拟人化的。如果寡妇埃姆斯说,她的猫不吃东西是因为猫关心中东的紧张局势和核废料贮存问题,那么礼貌地讲,埃姆斯关于猫的智力复杂性的看法似乎过分了。然而,承认**某些**人关于动物的**某些**说法或信念确实是拟人化,这并不是暗示:赋予一些动物以意识也是拟人化的。累积论证给出了一组相关理由来相信意识不仅限于人类。应该让我们在智力上感到惊讶的不是赋予这些动物意识,而是拒绝这么做。前面已经得到引用的动物生理学家唐纳德·R.格里芬,再次坦诚地为我们处理了这个问题:

> 动物具有精神体验的可能性常常因为拟人化而被拒绝接受……认为精神体验是单一物种的独特特征的信念不仅不够简约,而且傲慢。似乎更有可能的是,

---

[22] 关于这一点的一些富有想法的提示,参见格里芬:《动物意识问题:精神体验的进化连续性》,第7章。

就像许多其他特征一样,精神体验是普遍存在的㉝。

值得特别注意的是格里芬使用的**傲慢**一词。他说,并非动物的什么缺陷阻碍我们承认它们具有精神生活,阻碍我们承认这一点的是我们的傲慢,我们自认独一无二,具有特权地位,这个地位尽管可以因宗教理由而被接受,但是很难得到科学根据的支持。格里芬戳破了我们自己吹大的种族傲慢气球,提醒我们这个气球是缺乏根基的自负表达。

在同一问题上,有个与拟人论对立的另一立场被忽视了,那就是人类沙文主义㉞。拟人论一方说得的是:"把**仅仅**属于人类的特征赋予非人类的动物是拟人化"。关于人类沙文主义可以说:"**不**把一些特征赋予拥有它们的非人类,坚持傲慢地认为只有人类拥有这些特征,这是沙文主义。"也就是,像任何其他形式的沙文主义一样,人类沙文主义没能认识到或拒绝认识如下一点:某人发现自己或自己所属群体成员具有的非常重要、或非常令人赞叹的那些特征,是自己或自己群体成员之外的其他个人也具有的,就像男性沙文主义没能看到或拒绝看到,并非只有他们才拥有一些令人赞叹的品质。以本章所给出的论证为背景,我们的结论是:否认哺乳动物具有意识或精神生活是人类沙文主义的表现。

11. 总 结

本章探讨了动物意识问题,并寻求捍卫如下观点的合理性:某些动物和我们一样具有意识。我描述了笛卡儿反对动物具有意识的著名观点(1.1),也展示了许多质疑笛卡儿立场的无效方式(1.2)。笛卡儿及其批评者之间的主要分歧是:如何说明动物呈现的那些行为。笛卡儿相信动物的行动和任何机器的行为一样,可以用纯粹的机械用语来说明(1.3)。拉美利特把笛卡儿的推理向前推进了一步(1.4):人类(不仅仅是动物)的行为可以完全不提及(明确地或隐含地)心灵或意识而得到描述和说明。笛卡儿否认这一点,他相信:人类的语言活动表明人类在地球生物中独一无二地具有意识(1.5)。我提出了反对笛卡儿的论证:让使用语言成为意识的决定性检验,这不仅允许某些动物可能(比如黑猩猩和大猩猩)具有精神生活,而且更根本的是,它依赖的是显

㉝ 参见格里芬:《动物意识问题:精神体验的进化连续性》,第7章,第104页,强调是我加的。

㉞ 就我所知,这个表达是由瓦尔·劳特利(Val Routley)和理查德·劳特利(Richard Routley)最先提出的。参见比如他们的文章"反对人类沙文主义的必然性"("Against the Inevitability of Human Chauvinism"),见《道德哲学与21世纪》(*Moral Philosophy and the Twenty First Century*, ed. Goodpaster and K. Sayre, Notre Dame University Press, 1979)。我不是要暗示劳特利是用和我完全一样的方式在使用"人类沙文主义"

然并不恰当的意识检验,因为依照这个检验,如果个体在掌握语言之前不具有意识,也没有因此独立于掌握语言而具有意识,那么他们就无法学会使用语言。

在这个关头,有人可能会支持拉美利特,认为人类——而不仅仅是动物——是"没有思想的兽类"。尽管在某些语境下有必要对这个理论上的可能性进行更多考察,但本文不属此列。所有公认的道德理论都假定人类具有精神生活(比如,我们具有欲望或目标,感到满足或挫折,具有情感,经历快乐与痛苦)。没有这个假设,伦理理论就不成为理论,因此,对于立志要为动物权利提供辩护的工作而言,在此做出人类具有精神生活的假定,但是不处理其他人可能提出的怀疑论挑战(1.6),这并不特别。

进化论提供了笛卡儿立场之外的合理理论选择(1.7),该理论认为意识是一种进化特征,具有可以被证明的适应价值,因此可以认为意识是除了智人以外的许多物种也共有的。作为一种理论(1.8),笛卡儿的立场有缺陷。如果其理论要保持简单(比如假设在地球上只有两种根本的实体:身体[人类的和非人类的身体]和人类心灵),那么笛卡儿的立场就无法合理说明:被他视为非物质的心灵,如何能够与被他视为物质性的身体交互作用。因此笛卡儿的立场没有满足说明效力要求,而如果为了对此做出回应,笛卡儿式的偶因论者借助于全知全能的神来说明人类心灵和身体的交互作用,那么该理论就失却了简单性。在笛卡儿主义和达尔文主义之间的争论上,当涉及心灵本质以及哪种生物具有精神生活的问题时,笛卡儿主义者失败了。

拒斥笛卡儿式观点,采纳关于意识的更一般立场的人,有很多理由(而不是只有一
33 个)支持自己的观点(1.9)。常识和日常语言支持赋予许多动物以意识和精神生命;意识的拥有在逻辑上独立于谁或什么事物具有非物质(不朽)灵魂的问题,因此与意识相关的问题可以独立于宗教倾向而被处理;动物的行为与认为它们具有意识一致;进化论支持我们认为,与有意识动物的范本(也就是人类)最相似的动物与我们一样有意识。把有意识的知觉赋予哺乳动物,这打开了允许其他种类动物也具有意识的可能性(1.10),但这并不是拟人化,照笛卡儿的用语,这也没有表明我们陷入了"人类鸿蒙以始就已熟悉的偏见"。实际上反过来倒是真的。拒不承认可以合理认为许多智人之外的动物也具有精神生活的那些人,是怀有偏见的人,是人类沙文主义的受害者——这种观点傲慢地认为我们(人类)是**如此**独特,是地球上唯一具有意识的居民。本章的论证和分析寻求揭开这一傲慢的面具㉟。

㉟ 乔治·皮彻(George Pitcher)对我提出了很有帮助的批评,让我在这里和下一章避免了许多错误。我要感谢他的帮助。不过,我仍然坚持一些他建议放弃的想法,因此我并没有暗示他会同意我的所有提法。还要感谢我的同事哈罗德·莱文(Harold Levin)与我就动物意识问题的方方面面进行了讨论。

第二章　动物意识的复杂性

上一章末(1.8)提出的累积论证不仅支持把意识赋予某些动物,还可以用来捍卫一种观点:哺乳动物①具有信念和欲望,往往也可以根据动物拥有的那些信念和欲望来说明它们展现的行为。常识和日常语言都认可这一观点;把信念和欲望赋予这些动物在逻辑上也独立于动物是否拥有不朽的(非物质)灵魂的问题;这些动物的行为符合赋予它们意识的做法;进化论也支持下一看法:动物常常像它们表现的那样行动是因为,它们欲望自己之所欲望,相信自己之所相信。就像格里芬观察的:"如果接受我们与其他动物的进化关系的现实,那么假定严格的两分式说明就不够简约——这个说明坚持认为精神体验对某一物种的动物具有一定影响,但是对所有其他动物不具有影响。"②累积论证提供的累积支持非常强,以致我们可以合理地用它来挑战否认动物具有信念和欲望的人,让他们承受证明负担。除非这些批评者展示他们否认动物具有信念和欲望的理由,比累积论证支持动物具有信念和欲望的理由更好,否则我们就可以得到理性的辩护,相信动物具有信念和欲望。

很多哲学家有志于迎接这个挑战。不过,没有一个哲学家试图否认常识或日常语言支持赋予(家养的或野生的)动物以信念和欲望,以此来迎接这个挑战③。今天也很少有人(如果有的话)愿意做出笛卡儿式的假定,认为只有拥有非物质的不朽灵魂的存在物才具有意识,并在此基础上试图应对证明负担。然而,还是存在不少反对,它们质疑(要么从总体上要么从部分上)赋予动物信念和欲望的恰当性,或者说,质疑依照这些用语来说明动物行为的恰当性。无法把所有这些反对都考察一遍,也无法对所有遵循同样思路的争论都做出分析。但是,本章要考察的反对很好地代表了最强的那些,而不是最弱的。而且我希望,对那些观点的分析在一定程度上具有合乎需要的彻底性,尽管远未完备。

---

① 除非给出另外说明,否则本书中"动物"一词都是用来指哺乳动物。关于这个使用的进一步讨论,见2.5。
② 格里芬:《动物意识问题:精神体验的进化连续性》(出版信息见本书第一章注释26),第74页。
③ 关于赋予野生动物以信念、欲望和意向的问题,参见托马斯·朗:"汉普希尔论动物与意向"(Thomas A. Long, "Hampshire on Animals and Intentions"),载《心灵》(*Mind*),72(287)(1963年7月),第414—416页。

1. 信念—欲望理论

让我们首先详细描述将要捍卫的立场。斯蒂芬·斯蒂克(Stephen Stich)是马里兰大学的哲学家,就像我们在下面会更清楚看到的(2.3),他对赋予动物以意识的做法提出了一些质疑,也对我要捍卫的立场做出了尤其清楚的描述,将其命名为"我们直觉中的'信念—欲望'理论"。详尽引用他的论述很有必要[④]:

> 该理论假定了两类不同的功能状态——信念和欲望,二者都在正常的主体那里大量存在。欲望能够以多种方式产生,通常的一种就是通过剥夺。被剥夺了食物、水、或性释放的有机体会有对食物、水或性释放的欲望,其强度通常随着该有机体被剥夺某东西的时间延长而增强。而且,有机体通常具有逃避痛苦刺激的强烈欲望。此外,欲望也可以由信念和其他欲望之间的相互作用产生。举个例子,如果一条狗想吃东西,并且相信隔壁房间里有一根肉骨头,它就很可能会形成去隔壁屋子看看的欲望。不过,它也不一定会形成这个欲望。比如,它可能还相信,如果走进隔壁屋子会受到极大惊吓,因此不想走到隔壁,尽管那里有骨头。另一个可能是,这条狗要是没有受到压倒一切的欲望——比如逃避痛苦——的影响就无法形成欲望。因为它可能是一条相当笨的狗,或者可能(像我们常常都会的那样)干脆就没有使用对骨头的信念。信念可能"从它的脑中溜走了"。
>
> 欲望,或者至少是欲望的一部分,能够导致行动。一般而言,如果一个有机体当下想要以特定方式移动身体,并且如果它不怀有与之相矛盾的想法,它就会以这种方式移动身体。更高层次的欲望,比如让自己的主人把门打开,可以通过产生(与恰当信念的合作之下)一个或多个这种低层次的、能够导致身体运动的欲望……而导致行动。
>
> 和欲望一样,信念具有多种起因。其中两个最明显的是知觉和推论。主人把一根肉骨头放在狗盘里,这只狗清楚地理解这个举动,如果它集中注意力并且心理正常,那么这只狗将会形成有一根肉骨头在盘子里的信念。毫无疑问,通过观察主人的行动它还会形成许多进一步的信念,有些持久,有些稍纵即逝。知觉也

[④] 斯蒂芬·斯蒂克(Stephen Stich),"动物具有信念吗?"("Do Animals Have Beliefs?"),载《澳大利亚哲学杂志》(*Australasian Journal of Philosophy*),57(1)(1979),第17—18页。

第二章 动物意识的复杂性 31

以相似的方式导致有机体信念库中的信念被清除……

信念还可以由其他信念产生。在还算融贯的情况下,信念产生进一步信念的过程被算作是推论。举个例子,菲多可能相信,如果自己挠门主人就会把门打开,也相信如果门打开它就可以得到骨头。从那一对信念中菲多可能推论出:如果挠门就能够得到骨头⑤。

斯蒂克清楚地表明,以上论述不是详细的心理学理论,而是对这种理论最简单也最一般的描述。即便如此,他的言论也足以让如下说法具有意义:"对动物行为做出最佳心理说明的,将是遵循我们直觉上的信念—欲望理论形式的理论。"⑥斯蒂克在呼应拉美利特对笛卡儿的质疑(1.4),他注意到:"如果可以发展一种不诉诸信念和欲望就能说明高级动物行为的理论,并且如果这个理论**无法**修正之后用以说明**人类**的行为,那真的是很奇特"⑦;而且,斯蒂克也在呼应格里芬对进化论含义的评论,他说道:"鉴于人类和高级动物的进化联系和行为相似,很难相信,信念—欲望心理学可以说明人类的行为却无法说明动物的。如果人类具有信念,那么动物也有。"⑧

有一点很重要:斯蒂克是在以条件句结束刚刚引用的那段论证——**如果**人类具有信念,那么动物也有。斯蒂克本人没有给出论证来支持赋予人类信念,我们也不准备给出。就像前面注意到的(1.6),关于人类精神生活的一些假设是任何道德哲学工作都必须做出的,包括假设人类有时想要某些东西,假设人类有时之所以像他们表现得那样行动是因为,他们相信要满足自己的欲望就必须那么做,假设他们有时在考虑其他信念和欲望,等等。捍卫这些假设所遭遇的挑战,就像捍卫我们相信他人心灵存在的信念遭遇的挑战一样,无法在这里得到处理,更别说解决。这里注意一点就够了:这些假设对于任何道德哲学工作来说都是共同的,不是在固执或有害的意义上为动物道德权利作品所特有。让我们同意,关于人类的本质,把所有人类行为还原成对外部或内部"刺激"的"天生"或"条件性""反应"的观点,是一种理论可能,其优点(或缺点)值得我们在某些时候给出持续的批判性关注。但是让我们也同意,当前不是做出这种关注的时候。

---

⑤ 斯蒂芬·斯蒂克(Stephen Stich),"动物具有信念吗?"("Do Animals Have Beliefs?"),载《澳大利亚哲学杂志》(*Australasian Journal of Philosophy*),57(1)(1979),第15—17页。
⑥ 同上书,第17页。
⑦ 同上书,第18页。
⑧ 同上。

因此,在我们假定了不同伦理理论的支持者的共同前提,也就是我们直觉上的信念—欲望理论适用于人类及其行为之后,在我们考虑了上面描述过的累积论证的综合效力之后,我们可以正确地坚持说,证明负担落在了否认这个理论适用于动物及其行为的人身上。要迎接这个挑战,断言(比如)动物行为**可以**依照刺激—反应理论而得到统一解释,或者诉诸任何否认动物具有信念和欲望、但承认人类具有这些属性的其他理论,这是不够的。**只有**能够表明,我们可以合理否认信念—欲望理论适合动物行为,同时又不否认该理论适合人类,这个挑战才得到了解决。

致力于回应这个证明负担的人至少有两条出路。首先,他们可以主张动物行为无法被信念—欲望理论说明,理由不过是:与人类不同,动物不仅没有而且也无法具备信念或欲望;第二,他们可以主张:即便动物确实具有信念,我们也无法说出它们相信什么,因此无法借助其信念内容及欲望对象(如果欲望预设了信念的话)来说明它们的行为。斯蒂克依照后一种方式进行论证;利物浦大学的高级讲师弗雷(R. G. Frey)依据的是前一种。尽管这些哲学家的论证没有穷尽解决累积论证提出的证明负担的所有尝试,但是如前所述,他们的论证相当有代表性。因此,反对将要考察的论证,说这是"避重就轻",或者是在处理子虚乌有的论点(不是真实的论点),这并不公平。我希望得到检验的是最强、而非最弱的对立立场。我们将首先考察弗雷的论证(2.2)。然后描述斯蒂克的立场,并做出批判性评价(2.3),之后考察挑战我们理解动物信念能力的一些进一步的反对(2.4),接着处理捍卫 2.3 提出的动物信念内容问题的正面方式。然后(2.5),我要把说明结果和对这个说明的捍卫与一个问题联系起来,那就是:相关的动物是否具有认知能力(比如记忆),动物是否可以被合理地视为具有意向的行动者。

2. 语言与信念

弗雷承认,动物确实具有需求,包括(比如)食物需求、水的需求、性需求。不过需求与欲望不同,拥有前者并不预设或暗示拥有后者。植物需要水,就像汽车的散热器需要水,然而我们并没有假设植物或散热器想喝水。在弗雷看来,动物也是一样:它们具有需求但缺乏欲望。信念—欲望理论因此在动物那里得不到有效运用。由于并不拥有欲望,因此无法假设动物具有欲望而说明其行为。

弗雷给出了许多论证来反对赋予动物欲望。其中一个(让我们称为**弗雷的主要论证**)如下:

第二章 动物意识的复杂性

1. 只有可以具备信念的个体才会有欲望。
2. 动物无法具备信念。
3. 因此,动物不具有欲望。

我已经在其他地方驳斥了弗雷支持前提 1 的论证⑨。这里不再重复。主要关注点是前提 2。前提 1 暗示,在任何个体欲求任何东西的任何时刻,这背后总是必定潜藏着一个信念。比如,我会说我渴望吃树莓派,渴望围炉取暖;但是可能有人会声称,如果我不相信树莓派可以吃,炉火可以带来温暖,或者我不具有一些其他信念(比如,要么树莓派、要么炉火,或者二者都对我的健康有益),那就不能说我在欲求这些东西。更普遍地看,可以假设我对 X 的欲望要求如下形式的信念:"如果我想要 X,那么我必须做 Y",或者"因为我想要 X,并且 Y 看起来是 X,所以我必须得到 Y"⑩。依照这种观点,我和任何人,都无法在不对欲望对象具有信念的情况下欲求某物。如果没有恰当形式的恰当信念,也就必定不会有欲望。而且,由于在弗雷看来(见他的主要论证的前提 2),动物无法对任何东西具有信念,因此依照这种观点,动物也无法欲求任何东西。

但是为什么动物无法对任何东西具有信念呢?在弗雷看来,动物缺乏信念是因为,信念的内容(对象)是:特定句子为真。由于动物没有掌握语言,因此无法相信任何句子为真。这样动物就无法具有任何信念,因此倘若信念为欲望所必需,那动物就无法欲求任何东西。

弗雷把动物排除在具有信念的物种之外的理由,令人些许联想到笛卡儿的语言检验(见 1.5)。但这里有个重要区别。大家应该还记得,笛卡儿认为,能够使用语言是意识的决定性检验。而弗雷承认动物具有意识⑪。弗雷所争论的是:如果要具备信念,使用语言的能力就是必要的,由于在他看来具备信念为具备欲望所必需,因此如果要具有欲望,使用语言的能力也是必需的。那么,由于动物缺乏使用语言的能力,因此它们既缺乏信念也缺乏欲望。在弗雷看来,证明负担被解决了:信念—欲望理论并不适

---

⑨ 汤姆·雷根:"弗雷论动物为何无法具有简单信念"("Frey On Why Animals Cannot Have Simple Desires"),载《心灵》(*Mind*),91(1982),第 277—280 页。

⑩ 分析欲望时起作用的这些信念形式由乔尔·芬伯格(Joel Feinberg)提出,见"动物权利与未来世代"("The Rights of Animals and Unborn Generations"),见《哲学与环境危机》(*Philosophy and Environmental Crisis*, ed. W. T. Blackstone, Athens: University of George Press, 1974),第 43—68 页,重印于乔尔·芬伯格:《权利、正义与自由的边界:社会哲学文集》(Joel Feinbery, *Rights, Justice, and the Bounds of Liberty: Essays in Social Philosophy*, Princeton: Princeton University Press, 1980),第 159—184 页。在《利益与权利》(R. G. Frey, *Interests and Rights: The Case Against Animals*, Oxford: The Clarendon Press, 1980)第 55 页以下,弗雷表示赞同这种分析。

⑪ 参见比如弗雷:《利益与权利》,第 108—110 页。

用于动物及其行为。

有些批评者可能会这样质疑弗雷:指出黑猩猩和其他灵长类动物的语言能力,说这些动物并不"缺乏语言",因此能够具有信念和欲望。但是在用这些理由质疑弗雷时需注意两点。首先,就像前一章已表明的(1.5),在把语言能力赋予这些动物上产生了大量争议;因此存在一个问题:把语言能力归于动物是否靠得住。第二,也更根本的是:即便灵长类动物展示出语言能力,这也会被证明是例外,而非常态。显然,在弗雷论证所使用的"语言"的意义上,多数动物,甚至包括多数哺乳动物,都没有表明它们具备或能够获得使用语言的能力。如果我们要找到基础质疑弗雷,也就是支持把信念普遍赋予动物的基础,那我们需要在其他地方、以其他方式挑战弗雷的立场,也就是这个观点:被相信的**内容**(信念对象)就是句子为真。这一观点对弗雷的立场至关重要,因为除非他可以说服我们相信,被相信的就是既定**句子**的真,否则我们没有理由在个体是否、或能否具备信念的问题上同意他。

弗雷的看法是:只要某人相信某物,它相信的就是特定句子为真。现在让我们看看他持这一看法的理由。弗雷用一个例子来提出第一个理由。我们可以设想弗雷渴望拥有一本古腾堡版的《圣经》,并且继续假设,如果他并不相信自己缺一本古腾堡版的《圣经》,他就不会具有这个信念。那么问题是:"那个信念是什么?",对此弗雷回答道:

> 我相信自己的收藏中缺一本古腾堡版的《圣经》;也就是,我相信句子"我的收藏中缺一本古腾堡版的《圣经》"为真。在采取"我相信……"这种形式的表达中,跟在"相信"后面的是一个句子,而我相信的就是那个句子为真。对于采取"他相信……"这种形式的表达也一样,在"相信"后面的是一个句子,而讨论中的"他"相信的就是那个句子为真。[12]

这就是弗雷的第一个论证,被用来捍卫他认为被相信的内容就是某句子为真的观点。这个论证的结构并不明晰;实际上,这是不是一个论证都不清楚。弗雷更多是在表明一个声称的本质。但是公平起见,可以认为弗雷想的可能是:(1)由于某特定的句子跟在"我相信……"和"他相信……"这种句子的"相信"后面,**因此可以推出**(2)被相信的就是:跟在"相信"后面的句子为真。而且,正因为弗雷可能认为(2)是从(1)中推

---

[12] 参见比如弗雷:《利益与权利》,第87页。

出的,他才可能会认为:他已提供了论证来支持自己对信念内容的说明。

在评价这个论证之前,值得注意一点:弗雷不是在说我们**有时**对某些句子具有信念——这是无可争议的事情。比如,假设我相信"杰克和吉尔爬上了山"这句话在英语中是个句子。那么我在这种情况下的信念就是对句子的信念。这不是弗雷的观点。依照他的观点,在我们相信**任何东西**的**任何时刻**,我相信的**内容**就是特定句子为真;这样的立场不同于毫无争议的一个观点(也不被后者所蕴含):人们有时对句子怀有信念。

弗雷的观点不仅有争议,也是错的。设想我儿子有一条橡胶蛇,在等火车时他把蛇从自己口袋里拿出,放在地上。另一游客走了过来,看到了蛇,跳向一旁,发出尖叫。我捡起蛇,对他表示道歉,并劝告儿子,说那个人相信这条蛇会伤害他。所有这一切都完全可以理解,而且我们应该要求对信念对象的所有哲学说明(包括弗雷的)都能够解释:显然真实的思想(我们知道旅行者相信蛇会伤害他)如何为真。如果我们加上一个可能,即被蛇吓到的那个人,也就是相信蛇会伤害他的人,只会说葡萄牙语,而我只会说英语;那么弗雷的立场就无法提供所要求的解释。因为如果就像弗雷要求我们假设的,这个人相信的**内容**就是"这条蛇将会伤害他"这一句子为真,并且鉴于这个人完全不懂英语,那么可以推出:他无法相信**任何**英语句子的真,包括"蛇将会伤害他"这一英语句子。按照他自己的陈述,弗雷的观点无法解释我们如何可能做出自己有时显然可以做的事情,也就是:把信念正确地归结于不理解特定语言、因此无法相信那一语言的句子为真的人。

刚刚的批评会遇到一个可能回答,它指出这个游客被假定为熟悉某种语言(葡萄牙语),因此可以反驳说,弗雷的观点不是:如果游客要相信蛇会伤害他,那他必须能够相信**英语**句子"蛇会伤害他"为真;或许他必须相信的是:**葡萄牙语的同等内容句子**为真。更一般地说,或许弗雷认为的是:每当我们说某个体(A)相信某物时,我们所确定的是,**A** 相信**某种**句子为真,而那一句子是用英语表达的特定句子,或者是用葡萄牙语、德语、某些其他语言表达的具有同等内容的句子。这样就可以认为,弗雷可以修正他并不牢靠的对信念内容的描述,因此回应前面段落谈到的批评。

这样修正的话,弗雷最初那个因为简单性而看起来值得注意的立场就面临危险:被其潜在的复杂性所葬送。如果操不同语言的人能够相信同样内容,尽管他们以不同语言、不同词语来表达自己的信念,那么他们中任何人所相信的**内容**就无法还原成这一信念:以特定语言表达的特定句子(比如"蛇会伤害他"的**英语**句子)为真。而且,如果所相信的无法还原成特定语言表达的特定句子为真的信念,那么根本就无法弄清:

42　坚持声称被相信的就是**一个**句子为真可以是什么意思。认为句子就是被相信的内容，但这些句子不是以任何特定语言来表达，这至少会歪曲人们的理解能力。

　　对弗雷的进一步反对采取如下形式。假设那个看到蛇之后吓得跳到一边的人碰巧不会说、也无法理解任何语言。让我们假设，不管从身体上还是智力上看，他都不具有获得语言的必要条件。依照弗雷的观点(甚至是得到修正的观点)，我们无法赋予任何信念给这个人。由于他完全缺乏任何语言能力，因此无法对任何语言的任何句子的真(或假)表达信念。依照弗雷的观点，他无法对任何事物表达信念。因此我们就看到了这样的一个人：他瞪着眼睛，跳到一边，脸上写满了惊惧；但是他相信什么了吗？我们的游客感受到了什么，以致相信有东西令他害怕？在弗雷看来是没有的。由于缺乏语言，游客也缺乏信念。不仅他不会相信任何东西，他也**无法**相信任何东西。

　　面对导向这种结论的观点，我们可以说什么呢？理性必定乐于拒绝这个观点。除非有人可以向我们表明，为什么把信念赋予无法形成或理解句子的人是错误的(弗雷就没能表明这是错误的)，否则游客的行为——依照累积论证的其他要点而得到理解——就构成了赋予他信念的充分理由；而且，否认这种说法恰当的反对者，将无法表明游客缺乏信念，而不过表明自己无法理解"他相信 p"这种句子的通常使用。

　　弗雷有可能会戴着有色眼镜来看待最后这个反对意见⑬。他可能会说，他的"语言直觉"有所不同，并且断言：依照他的观点，我们不应该认为游客"相信蛇会伤害他"。但是弗雷还会说，这没有解决什么问题，因为这没能说明**谁**的"语言直觉"正确。此外，弗雷可能还会认为具有语言缺陷的游客是"异常情形"，与赋予信念的"正常情形"大相径庭。而且在弗雷看来，正因为这种情形是异常的，他才有可能会拒绝或低估这种情形与信念分析的关系。如果弗雷的分析很好地符合正常情形，那么抛出异常情形来质疑他的观点怎么会合理的？很有可能那就是弗雷用来对付语言缺陷游客这一论证的回应。

43　　弗雷可能做出的这个回应假设了一点：存在赋予信念的"正常情形"，在这种情形中赋予特定个体以信念显然得到了辩护⑭。而如果信念被赋予在某方面不同于正常情况下被赋予信念者的人，这就是赋予信念的"异常情形"。哪些个体是在正常情形中被赋予信念的人呢？弗雷认为这些个体就是正常的成年人类，就是那些碰巧能够使用语

---

⑬ 料想弗雷可能会像这里所描述的那样进行回复的根据是，他对欲望的分析遇到一个类似挑战，而他对这个挑战进行了某种类似回答。参见弗雷：《利益与权利》，第 55 页以下。

⑭ 同上书，第 58 页。

言、并因此能够用语言来表达信念的人。我们前面例子中语言有缺陷的游客代表了异常情况：他不是正常的成年人类，缺乏语言能力。弗雷可能还会认为，人们不应该"利用……我们当中异常人类（的情形）"⑮来辩驳很好地符合正常情形的信念分析。

　　这里给出三个回答就足够了。首先，什么被算作是"正常"或"异常"情形，这不像弗雷明确假设的那样是中立的问题。依照弗雷对这些概念的理解，语言有缺陷的游客是异常情形。但这就得要求弗雷做出更多假设，因为依照对赋予信念的理由的某种说明（比如，有机体以某种方式行动足以让人赋予它们信念），游客向我们展示了正常的、而不是异常的情况。换句话说，在弗雷可以合理认为，把信念赋予用语言表达信念的**个体是唯一正常情形之前**，他应该表明，对信念赋予根据的其他说明存在缺陷。仅仅拥护弗雷赞同的关于信念对象的观点，并不能表明这个信念就正确。关于弗雷对正常情形的理解，这是第一个要说明的。

　　其次，不同于他在处理动物信念这一特殊问题时的表现，在考虑如何评价对一些困难观念的分析时，弗雷表现得非常保守。弗雷实际上相信：如果提出的分析符合"正常"情形，**那就足够了**，深挖这样或那样的"异常"情形来辩驳其恰当性并无必要。对于哲学家来说，这是一个很不寻常的看法，因为它排除了对观念分析进行检验的一种熟悉而恰当的方式，也就是考察可能存在的反例——这样或那样地异于"正常"、因此被冠以"异常"之名的情况。弗雷的观点大概会支持（比如）对"有两只手臂"之人的分析，因为那属于人类个体的"正常"条件。如果要援引独臂人来辩驳这个分析，接受弗雷立场的人大概会拒绝该驳斥，说独臂人是"异常"情形，因此这样无法对正常分析做出冷静评价。认为应该这样来检验对立分析的看法无法得到哲学家的支持。概念分析寻求揭示的部分内容就是：既定概念如果可以得到恰当运用的话就必须符合的条件。人们想要知道概念的可理解运用的**界限**，而不是怎样的运用"正常"。假设**只要**明确概念的"正常"运用就可以确定概念的界限，这根本上是混乱的想法（在某种程度上类似于这个假设：我们可以通过确定今天活着的人的"正常"期望寿命，来发现最长寿者的年龄）。即便"正常"成人人类确实（a）具有信念，并且（b）能够用语言来表达信念，而且有时也在用语言表达信念，那也没有推出下述说法在**逻辑上**正确：只有能够用语言表达信念的人才具有信念。在审视被提出的概念分析或观念分析的要点、并对此做出评价时，弗雷否认"异常"情形具有相关性，但其理由不仅是以未决结论为前提，而

---

⑮ 料想弗雷可能会像这里所描述的那样进行回复的根据是，他对欲望的分析遇到一个类似挑战，而他对这个挑战进行了某种类似回答。参见弗雷：《利益与权利》，第57—58页。

且还显示了过于狭隘的看法。

第三,弗雷对"正常"情形的理解,加上他关于信念对象的看法,导致了这个结论:没有人可以学会语言。这反过来又产生了一个不受欢迎的结果:**如果**像弗雷说的那样,如果信念对象是特定句子的真,那就没有人可以对任何东西表达信念。这一论证的第一部分可以阐释如下:

1. 如果为了相信某物人们必须相信特定句子为真,那么并不理解句子的人就无法相信任何东西。

2. 幼儿在学会语言之前无法理解句子。

3. 因此,幼儿无法相信任何东西。

论证的第一步只是重述了弗雷关于信念对象的看法;第二步确立了一个明显的自明之理;第三步表达了从 1 和 2 推出的结论。这个论证产生了什么结论?那就是如下两个步骤表达的内容,而这两个步骤建立在前面那些步骤之上:

4. 如果幼儿无法具备信念,那么他们无法被教会使用语言。

5. 因此,幼儿学不会语言。

关键的步骤是 4,对它的捍卫涉及如下一些观察,这些观察在某些方面让人想起了前一章讨论的笛卡儿的语言检验(1.5)。让我们考察一下,在教幼儿用比如英语来使用词语时都涉及什么。典型地看,我们会首先拿起或指着一些东西,说出它们的名字——**球、妈妈、狗、瓶子**。如果婴儿简(Jane)理解我们想要教她的,她就能够正确命名:当我们拿的或指着的东西是球时,她就会说"球"。要解释清楚宝宝简是如何学会这个,这绝不是一般的成就,也大大超出了本文当前的使命。这里需要明确的唯一要点就是:除非宝宝简相信,当我们说球时我们所指的东西确有其物,否则所有使用**球**这个词时用到的指令就是徒劳。她将完全无法学会这个词的意思。如果她不具有**语前**(preverbal)信念,也就是把球挑出来作为我们说球时所指的事物的信念,那么她的语言教育就无法进行。就像步骤 5 指明的,简将处于完全"学不会语言"的境地。

弗雷关于信念对象的观点把简置于这种命运之下:倘若他的观点成立,婴儿简就不仅学不会语言,而且也不可能学会语言。这是因为,依照弗雷的观点,相信某物就是相信特定句子为真,而这是简在学会使用语言之前当然无法做到的。相应地,由于简要学习语言就必须对我们所指的事物具有信念,由于依照弗雷的观点具备信念就是相信特定句子为真,这推出:在学会用语言表达或思考之前,简无法具有关于我们所指之物的任何信念。由此也推出,倘若简要掌握语言的使用就必须具备这种信念,那么她就无法被教会使用语言;而且实际上,鉴于弗雷关于信念对象的观点,简永远也无法被教会使用语言。除非我们假定人类一来到世上就已经知道词语的意义,并且已经知道什么词语指的是什么——这是包括弗雷在内的任何人都不会接受的假设,否则弗雷的立场就会导致任何人都无法对任何事物具有信念。

如果对弗雷的前述批评合理,那么这表明:弗雷对信念的分析犯了根本错误。与他对"异常"情形的看法完全不同,弗雷显然必定认为正常成人人类确实具备信念,而且孩子对语言的熟悉是每天都在发生的事情。换句话说,就算是弗雷也不会接受与常识冲突得如此厉害的观点。如果这样,弗雷就必须放弃他关于信念对象的观点。尤其是,就像习得语言的可能性问题所表明的,弗雷必定会承认:人类孩子在学会使用语言**之前**一定已经具有形成信念的能力,否则他们就无法学会使用语言。更一般地看,弗雷必须承认:存在非语言性的信念,也就是个体独立于掌握语言而具有的信念。在她学会任何语言之前,婴儿简必定对我们用词语和手势指出的对象具有足够信念,以理解我们所指的对象。如果这一点得到认可,那就无法前后一致地以不同方式看待动物。如果人类具有非语言的信念,那么动物也会有。允许这种可能性发生在前者身上,但是否认它在后者那里发生,这是教条的。

弗雷可能恰恰会在此处抱怨说,有个"进一步的论证"支持认为动物无法对任何东西具有信念的观点,但是被故意忽视了。因为弗雷认为,为了相信某物的真实,人们必须能够区分正确的信念和错误的信念,而动物无法做到。由于在这方面有缺陷,动物也就同样在信念上有缺陷⑯。

至少可以从两个角度反驳这个"进一步的论证"。第一个涉及弗雷否认动物可以区分正确信念和错误信念的理由。在弗雷看来,动物无法区分是因为它们"缺乏语言"⑰。但是,如果这是认为动物无法区分正确信念和错误信念的理由,那么弗雷的"进一步论证"就根本不是进一步的。这个论证**假设**了这一点:要相信某物真实,人们就必须相信这个或那个句子为真。由于这是我们已经有充分理由拒斥的弗雷立场,因此我们同样有资格不考虑接受这一立场的论证。(对动物区分正确信念和错误信念的能力的进一步评论,参见 2.4)

驳斥弗雷的"进一步论证"的第二个理由是:认为信念要求人们能够区分正确信念和错误信念,这导致了无穷后退。为了表明这一点,可以考察一下弗雷关于我们如何

---

⑯ 参见弗雷《利益与权利》,第 89—91 页。关于类似的论证,参见唐纳德·戴维森:"思想与谈话"(Donald Davidson, "Thought and Talk"),见《心灵与逻辑》(Mind and Logic, ed. S. Gutterplan, Oxford: The University Press, 1975),第 7—23 页。

⑰ 同上书,第 90 页。

把握语言和"世界"的关系的看法。在弗雷看来,如果要对这个世界的任何事物具有信念,我们必须一方面"把握"正确语言和错误语言之间的"关系",另一方面必须把握这个"世界"。这个把握是"根本性的"[18]。弗雷写道,"把握这个联系是困难的"[19]。可以明确,除非我们已经"掌握"这个联系,否则我们无法对世界具有信念。

由弗雷说出把握这个联系是困难的,这会低估持类似观点者面临的真正困难。我"对这个联系的把握"涉及什么呢?对此的任何可靠说明都涉及一点:我**具有**关于语言和世界的联系方式的**信念**。一方面相信我"把握了这个联系",另一方面又否认我对语言和世界相互"联系"的方式具有信念,这不可救药地无法理解。如果我"把握了联系",我必定就对二者之间的"联系"具有信念。这是显然的。现在,鉴于弗雷的观点,我具有的这些信念(也就是关于语言与世界如何联系起来的信念),就它们**是**信念而言,必定是认为特定句子为真的信念。依照弗雷的观点,这一点必定正确,因为在某人对某物具有信念时,某人相信的就是给定句子为真。然而,如果要具有关于语言和世界之间的联系的信念,我就必须做弗雷暗示我在涉及任何其他信念时必定会做的事:区分(a)我相信这个联系如此,以及(b)我对自己所相信之物的信念可能会犯错。换句话说,我必须区分我的如下两个信念:(a′)"语言和世界以某种方式联系在一起"这种形式的句子正确,(b′)"语言和世界以这个方式联系在一起"这种形式的句子错误。如果没能明白在相信所信之物上可能会犯错,我就无法把握一个区别:即关于语言和世界的联系的正确信念和错误信念。而且,鉴于弗雷的信念概念,如果我没能在关于这个联系的信念上把握**这个**区分,就完全有理由否认我对这个联系具有任何信念。

但是现在有个问题。因为如果我区分了(a′)和(b′),那么我就必定会对前者具有一些信念,而这个信念是我不会对后者具有的。一方面认为我**"把握了"**相信(a′)和相信(b′)之间的**"区别"**,另一方面又否认我**对二者具有不同信念**,这是无法理解的。因此,鉴于弗雷的观点,为了让我"把握语言和世界的联系",我不仅必须具有关于二者"联系"的信念,还必须具有关于我对二者间"联系"的信念的信念。依照弗雷那样的立场,这里不会有停止。由于我必须区分关于讨论中的联系的信念的正确信念,与关于这个联系的信念的错误信念,因此如果我要对这个联系具有任何信念,我就必须也对我关于这个联系的信念的信念具有信念。以及关于这些信念的信念。以及关于这

---

[18] 参见上书,第89—91页。关于类似的论证,参见唐纳德·戴维森:"思想与谈话"(Donald Davidson, "Thought and Talk"),见《心灵与逻辑》(*Mind and Logic*, ed. S. Gutterplan, Oxford: The University Press, 1975),第91页。

[19] 同上。

些无限延伸下去的信念的信念。结果就是,如果要"把握语言和世界的联系",我就**必须**区分无限多个我认为正确的信念和我认为错误的信念。而且,由于没有人可以满足这个要求,因此,认为人们为了"把握"语言和世界的"联系"就必须把握正确信念和错误信念的区分,这使得没人可以把握这个联系;鉴于弗雷关于信念和语言间关系的看法,这也使得没人能够对这个世界具有任何信念。强调动物无法符合这种连人也无法满足的要求,以此来反对赋予动物关于世界的信念,这反对是不可能有效的。由于弗雷的要求具有这种糟糕特征,因此该要求没有给出好理由来反对赋予动物信念。

有个办法可以停止前面描述的后退。那就是指出:我们可以拥有某些信念,但是,这不要求我们区分认为它们为真的信念和否定它们之为真的信念,或者换个说法,不要求区分我们认为这些信念为真的信念,和我们知道自己可能在持有信念上犯错的认识。比如,假设可以表明,为了让任何个体 A 具有关于世界的信念,A 就必须区分相信某物属实的信念和相信某物不属实的另一信念,并且假设我们就此声称:尽管在关于世界的信念上,这种区分是必需的,但是在关于我们对语言和世界间关系的信念上,或者在关于我们信念的信念等等上,这一点却并非必需。如果这得到了证明,后退就可以停止;而且,鉴于弗雷式的观点,我们因此就可以认为,动物由于缺乏语言而无法具有关于世界的信念。

或许这就是弗雷相信的。然而不管怎样,可以正确坚持的立场才是具有支持效力的论证。在"关于世界的信念"上,什么东西能够合理要求人们在**那些信念上**区分出正确和错误的信念(如果认为他们具有这种信念的话),但是**在任何其他信念那里**(比如,关于语言和世界关系的信念),又不要求这一点呢?如果没有某种论证支持把这一要求**仅仅**限制在关于世界的信念,那么,把它仅仅限制在这些信念上就非常武断。似乎可以公平地说,弗雷没能提供具有支持效力的论证,而且非常不清楚的是,如果确如所要求的那样必须回应武断之说,那么这样的论证会是怎样的。弗雷因为动物"缺乏语言"而否认它们能够区分正确信念和错误信念,此时他是在以未决结论为前提;抛开这一点不谈,他关于个体具备对世界的信念时涉及何种要素的看法,要么导向无穷后退,要么武断地停止了后退(如果这个后退停在把动物排除在具备信念的个体之外)。在任一情况下,弗雷用来否认动物具有信念的"进一步论证"都失败了。

本节考察的弗雷论证无法合理捍卫他否认动物具有信念的看法。因此,也没有一个论证提供了恰当基础来捍卫他否认动物可以具有欲望的看法(如果欲望预设了信念的话)。累积论证给拒绝把信念—欲望理论运用于动物的人带来的证明负担,没有被弗雷解决。

3. 信念的内容

就像之前谈到的(2.1),弗雷并不是唯一一个质疑把信念—欲望理论运用于动物及其行为的人。斯蒂克也相信有理由拒绝把这个理论运用于动物。但斯蒂克认为,关键困难不是像弗雷认为的那样,在于动物无法对任何东西具有信念,而是在于我们无法说出动物相信的是**什么**,因此无法援引动物的信念内容,以及它们的欲望内容(如果信念为欲望所必需的话)来描述或说明动物的行为。斯蒂克认为无法把信念—欲望理论运用于动物的理由不同于弗雷,因此这些理由恰当与否必须就其自身来评价,与针对弗雷论证的批评没有关系。这一节就是要进行这个必要的评价。

为了让自己的立场更加明确,斯蒂克区分了他认为我们赋予信念的两类"不同性质"。他是这么说的:

> 一方面,我们把信念视为非常特殊的功能状态或心理状态。信念是与欲望、感觉交互作用,并且自身也在交互作用的状态。……因此关于有信念(和欲望)的主体的心理模型必须符合信念—欲望理论。另一方面,信念是具有内容的状态;它们是命题态度。如果某个状态是信念,那我们会期望它是这样的或那样的信念;我们期望有某种方式来表达信念的内容[20]。

在斯蒂克看来,关于动物信念的问题是(斯蒂克有时称为"动物信念两难[21]"):依照信念—欲望理论,我们完全无法说明我们认为动物所信之物的内容。也就是,斯蒂克认为,在反思中"我们发现自己完全无法说出(动物)相信的是什么[22]",而且,由于我们无法说出这一点,如果我们认为动物具有对某物的信念,我们完全无法知道我们赋予动物的是**什么**。斯蒂克并未由此总结说动物没有或无法具有信念。他在文章结尾问的问题与他开始的问题相同:"动物有信念吗?";并且这样来回答:"用我儿子的话说,'它们大概有一些。它们大概也没有'"[23]。我们的兴趣在于斯蒂克为"大概也没有"提供的理由,也就是他认为他可证明我们无法具体说出动物信念的内容的论证。

---

[20] 斯蒂克:"动物具有信念吗?",第 25 页。
[21] 同上书,第 26 页。
[22] 同上。
[23] 同上书,第 28 页。

第二章 动物意识的复杂性

(就像我们将看到的,弗雷提出的类似反对也将得到考察)。

在他最初的陈述中,斯蒂克使用了两个不同论证㉔。第一个是这样的:由于狗菲多有时在看到骨头时会显得困惑——有时无法认识到某些骨头(比如中耳的骨头)**是**骨头,有时会被假骨头捉弄,这可以推出:菲多必定不具备关于骨头的概念。第二个论证提出,即便菲多在看到骨头时很好地认出骨头,我们也不应该认为它理解了骨头的概念,因为它并不知道关于骨头的基本事实,包括(比如)骨头具有解剖学功能,并且像实际上那样生长出来。对于两个论证都有一个诱人的回应,即:不是只有菲多在这些问题上如此表现㉕。许多人类、而不是狗,也可能会在辨认骨头时出错,并且很多人确实曾经出错,还有许多人仍在出错,相信比如恐龙的骨头属于上帝的独创。但是,尽管这些回答有点道理,它们没能解决斯蒂克讨论动物信念时做出的根本假设,也就是他坚持相信存在某种**概念**,比如关于骨头的**概念**。除非(或者直到)我们考察了这个假设,否则对于斯蒂克用来拒绝赋予动物信念的两个最初论证而言,我们可能很想提出的反驳就和他的立场没有什么关系。

那么,在斯蒂克看来什么是关于骨头的概念呢?斯蒂克提供的回答以某种有趣的方式造成了自我削弱。斯蒂克明显相信(他的两个论证为证):对于任何 x,关于 x 的概念由一系列对 x 的信念构成。比如,骨头的概念由一系列关于骨头的信念构成,包括(比如)认为骨头具有特定解剖功能、并以某种方式形成的信念。然而,对骨头**概念**的这种解释遇到一个明显困难:在同一时刻的不同地方,以及在不同时刻的同一个地方,关于骨头的既有信念和当前信念都存在相当不同。把关于 x 的**概念**理解为关于 x 的信念**集合**,这削弱了认为存在关于任何事物的**概念**这一看法。以这种方式设想概念就是暗示或假设被相信的内容永恒不变,而对于这个永恒,历史是不会容许的。相反,我们最多应该认为的是:"骨头概念"(或者"地球概念"、"星星概念",等等),就是在同一时刻或不同的时刻,在同一地点或不同地点被不同个体所理解的那些概念。因此,当斯蒂克写到"骨头**概念**"时,我们的解释不能认为他是要表达这个:"被所有曾经存在过的人接受的关于骨头的信念集合"。由于不存在关于骨头(或者关于任何其他东西)的统一信念,这种解释会导致我们所有人都失去骨头**概念**。斯蒂克的意思必定是:"碰巧持有与我(也就是斯蒂克)同样骨头信念的人,共同具有的骨头信念的集合。"现在,由

㉔ 斯蒂克:"动物具有信念吗?",第 18—19 页。
㉕ 理查德·劳特利在他对斯蒂克的批判性讨论中提出了这一点。参见他的"把信念和意向赋予动物存在的问题"("Alleged Problem in Attributing Beliefs and Intentionality to Animals"),载《探索》(*Inquiry*),24(4)(1981 年 11 月),第 385—417 页。

于斯蒂克假设读者很可能具有和他一样的关于骨头的信念,因此具有同样的骨头概念,所以他可能还会推论说这个概念是"我们的概念"——实际上有时他确实进行了这样的推论。

让我们假设我们确实共有斯蒂克的信念,假设当斯蒂克谈到"骨头**概念**"时表达的是"**我们**关于骨头的概念"。此外,让我们在继续讨论之前简要看一下,以这种方式解释斯蒂克关于"骨头概念"的谈论将如何表明:斯蒂克应该怎样回应前面谈到的、对他反对赋予动物信念的两个初始论证的诱人反驳。比如,我们可能会反驳说,有些人类并不对骨头的解剖功能具有任何知识;并且声称,如果斯蒂克以菲多不具有关于骨头的信念为由,否认菲多具有骨头概念,但是允许所讨论的那些人类具有我们的骨头概念,那他就是在偏袒。如果这样,斯蒂克的回应会很明确,那就是:菲多和那些人类**都不**具有我们的骨头概念。此外,由于依照斯蒂克的论述,"这个论证经必要修正后可以在肉、院子……埋葬等概念那里得到重申",因此斯蒂克会提出:我们不应该把这些概念赋予菲多,或者赋予"不可救药地像菲多一样无知的人"[26]。简言之,斯蒂克在面对谁具有谁不具有我们的概念时并没有偏袒。有些人类、而不是所有人类将遭淘汰。对斯蒂克初始论证的上述可能反驳忽视了这一点,因此(斯蒂克暗示)没有给斯蒂克带来真正的反驳。

还可以采取两种不同的批判方式。第一个这样来质疑斯蒂克:尽管动物和某些人类不具有**我们**关于骨头的概念,或者不具有我们与斯蒂克共有的其他概念群,但是这些动物和人类仍然拥有概念——**它们自己**的概念,因此在它们那里,缺乏拥有我们的概念所必须满足的标准并不是严重缺陷。第二个方式主张:至少有些动物**确实**具有我们关于骨头的概念,而且如果可以表明这一点,那些动物就会具有我们关于许多其他东西的概念。第二个质疑方式可能看起来不太有前途,而且连弗雷都认为可以立即摒弃这个观点,这表明它一开始就靠不住。弗雷如此写到:

> 如果我们把信念赋予动物,那么我们将如何准确地把握动物信念的内容呢?当我们说"猫相信球被抓住"时,我们真的想要认为猫具备我们关于"球"和"抓住"的概念吗?显然不是[27]。

---

[26] 斯蒂克:"动物具有信念吗?",第19页。
[27] 弗雷:《利益与权利》,第111—112页。

但是，为什么这个"显然不是"是对的？弗雷继续谈到，猫之所以不具有**我们**关于"球"的概念是因为："猫几乎不可能拥有……我们关于'物理对象'、'物质对象'、'独立的事物'、或'我视域中的实体'的概念……"[28]。在弗雷看来（就像斯蒂克一样），猫之所以"显然"缺乏我们关于骨头、球、或者不管什么东西的概念是因为：猫和任何其他非人类动物一样，缺乏我们关于骨头、球等事物的信念，或者至少这些动物"非常不可能"具有这些信念。出于这些理由，可能基于此而反对斯蒂克、并隐含地反对弗雷的第二个质疑，看起来不会有什么前途。但可以想象，斯蒂克（还有弗雷）一定会主张：只有这第二个、而不是第一个质疑可以带来严重威胁。因为，为了充分赋予动物信念，我们必须能够列出动物的信念内容，而且在尝试说明这个内容时，我们必定会使用包含**我们**概念的语言（比如"球"或"骨头"），那么，假定我们的骨头概念包含（比如）骨头具有特定解剖功能、并以某种方式形成的信念（没有理由假定动物具有这些信念），那看来就相当明确：没有一种动物可能具有我们关于骨头或任何东西的概念。如果这样，那么像那些以第一种方式批判斯蒂克立场的人习惯做的，坚持赋予动物涉及**它们**（被假定具有的）概念的信念，这看上去不过不合逻辑。在弗雷看来，猫尽管大概缺乏我们关于"球"和"抓住"的概念，但是据说它们相信"球被抓住了"。如果使用弗雷的这个论述，那么第一种批判方式将为我们留下所谓"猫的概念，尽管我们无法说出这些概念是什么，又如何形成"[29]。因此，对斯蒂克的这种批判看起来注定无法完成它的使命——说明动物信念的**内容**。斯蒂克可以主张，只有我们有理由相信动物具有我们的概念，才可以说明这个内容。而对于**这一点**，只有通过强调第二种、而不是第一种批判思路来质疑斯蒂克的立场才能得以论证。

斯蒂克不一定会如此回应，但可以肯定他能够这么回应。不管怎样，下面讨论的正是第二种批判性看待斯蒂克动物信念观的方式（而且就要更清楚地看到，这也是弗雷的观点）。在开始我批判性评价之前，要做一个提醒。就像在其他哲学争论领域中看到的，在对概念进行概念分析的特定问题上，不乏各种不同观点。遍查所有相互竞争的观点选项是不可能的，要求我们这么做也不公平。当前的讨论动机就是：**考察明确处理动物信念和欲望问题的主要论证的价值**；而且，尽管在概念的概念这一问题上存在其他立场，也给这个问题带来了引人瞩目的暗示，但是把我们的探究范围限于评价现有的主要论证，也就是斯蒂克的论证（将会看到，这也是弗雷的论证），这并非不合

---

[28] 弗雷：《利益与权利》，第113页。
[29] 同上书，第108页。

理。毕竟贪多嚼不烂!

最后一个基本要点是:即便我们假定动物具有信念,有些人也否认我们可以知道动物的信念内容,在批驳这种人的观点时,人们要么接受该观点依赖的对概念的概念分析,要么拒斥这一分析。接受后一个选择当然会遭遇来自斯蒂克(和弗雷)的反驳,而且看起来,关于谁对概念的概念分析"正确"的争论,显然会把我们带离激发当前争论的问题,即:是否我们可以知道动物的信念内容(假设它们具有信念的话)。因此对于当前目的而言,最好是同意这些批评者依赖的那种分析,然后表明,**即便**我们承认这些分析,这也**没有**推出我们无法知道动物的信念内容。这可能对此种批评者有点过分让步,但是看起来,让步不够会适得其反。

概念的概念

我们需要考虑的问题之一如下:假设有两组个体 G1 和 G2,他们并不共享关于 x(比如骨头)的所有信念。这个差别本身足以表明他们并不具有关于骨头的同样概念吗?如果我们接受所谓概念和概念获取的**全或无观点**(要么具有全部概念,要么一个概念都不具有),这个差别就足以推出那一结论。依照这个观点,G1 和 G2 关于 x 的信念的**任何**差别,都足以排除他们具有同样概念的可能。比如,如果斯蒂克论者(相信斯蒂克持有的所有骨头信念的人)相信我们相信的一切,而一位前化学论(假设完全未接触过化学知识的人——编按)者除了出于对化学的无知而不相信骨头含钙之外,也相信我们相信的一切,那么依照全或无观点,这些斯蒂克论者就持有关于骨头的一种概念,而前化学论者持有完全不同的另一种骨头概念。不同于全或无观点的选择是**或多或少观点**。这个观点认为:具备某个既定概念不等于像全或无观点所要求的那样,要么具有要么缺乏这个概念。依照或多或少观点,不同个体构成的不同群体,可以在或大或小的程度上具有同一个概念。根据这种观点,前化学论者具有斯蒂克论者(我们)的骨头概念,尽管不是完全具有;而另一个同样缺乏化学知识,而且不知道(比如)恐龙骨头起源的群体,也具有我们的骨头概念,不过是在甚至比前化学论者更小的程度上具有这个概念。简言之,依照或多或少观点,什么人具有**怎样**的概念是程度问题。然而需要注意,甚至或多或少观点也允许我们有时认为:某群体或个人完全缺乏我们的既定概念。比如,如果有些冥顽不化者相信,当且仅当有生命体受到伤害或死亡时,骨头才会因为一种神奇的自发力量而产生,并且明确否认骨头具有我们斯蒂克论者所断言的那种解剖功能,否认骨头是以我们相信的方式产生,也否认我们认为属于骨头特征的所有其他内容,那么即便我们接受全或无观点,我们也应该说这些冥顽不化者完全缺乏我们关于骨头的概念。

我们在后面将回到冥顽不化者的情形（2.4）。当前有个更根本的问题有待决定。全或无观点和或多或少观点为我们提供了两种可选的不同描述方式，用以考虑拥有同样概念是什么意思。假定某人关于 x 的概念就是某人关于 x 的信念集合，那么哪个观点应该获得理性支持呢？或多或少观点看起来显然可以得到理性的支持。在涉及拥有我们骨头概念的问题上，它不仅使得我们可以如愿区分前化学论者和冥顽不化者（因为我们**确实**想说，前化学论者和冥顽不化者在我们拥有概念上不是**同等地有缺陷**），而且也让我们得以解释，个体如何可能阶段性地逐步提高他们对既定概念的理解。这是或多或少观点允许、而全或无观点否认的可能性。

为了阐述方便，假设米奇对骨头的认识非常贫乏，会犯所有初学者易犯的错误，需要很费劲地辨听比如"骨头"（bone）和"电话"（phone），会犯下意料之中的错误。设想米奇现在从这种知识贫乏的初学者状态取得了进步，对骨头有了很多了解，尽管他无论如何仍然还算不上专家，也仍然在遇到化学问题时无知得可怜。可以很自然地说，米奇对我们（斯蒂克论者）的骨头概念有了更多理解，从所知甚少到知之甚多，他对这个概念的掌握有了提高。或多或少观点可以说明这一点，但是全或无观点不行。依照后一种观点，米奇不是首先对我们的骨头概念具有贫乏理解，然后随着更多了解我们关于骨头的信念而稳步提高对骨头概念的理解。依照全或无观点，当米奇只具有一点点我们的骨头信念时，他根本就不具有我们的骨头概念，因为他还不具有在全或无观点看来为了具备此概念而必须首先具有的所有信念。当米奇获得了更多我们的骨头信念时，他也没有增加对我们概念的理解；相反，当他只具备很少我们的骨头信念时他也相当于完全缺乏我们的骨头概念，因此他没能随着自己获得更多信念而增强对我们概念的把握。随着其信念增多，米奇获得的是新的、不同的概念。只有在某个决定性时刻（让我们假定），米奇具有在全或无观点看来所必须具有的所有信念，他才算是首次掌握了我们的概念。简言之，在那个决定性时刻，全或无观点暗示：米奇从一无所知（完全不了解我们的骨头概念）达到了全面掌握（完全具备我们的概念）。

很难理解，人们如何可能认为，全或无观点是关于概念和概念获取的可靠观点，除非——引用弗雷精彩的话——那个人"遭到了理论的控制"。在完全了解我们的骨头信念的收获日之前，米奇**显然**就取得了某种进步。在米奇接近其学习旅程的终点时，他显然更加近于**完成他**对我们骨头概念**的掌握**，而**不是**近于在某种程度上首次获得我们的概念。如果我们关于骨头的信念定义了我们的骨头概念，那么可以合理地说，米奇逐步提高了对我们概念的理解。或多或少观点将会支持这个说法，但是全或无观点不会。因此,既然人们希望对概念和概念获取的说明能够让我们提出此种说法,那我们原则上就有理由优先选择或多或少观点,而不是它的对立观点。

正确地提问

现在,接受或多或少观点使得我们能够做到一点:清楚阐述如果要把我们的骨头概念赋予菲多就需要回答的问题。因为,如果个体能够在或多或少的程度上具备这个概念,那么就存在这样的可能:只要我们有理由认为,菲多正好具有定义了我们概念的信念集合中的一个信念,这就**足以**表明他具备这个概念。如果菲多只具有一个这样的信念,那么与那些**完全**具有这个概念的人相比,我们承认,菲多对这个概念的理解是贫弱、无力、初级的,等等。但这仅仅表明他的理解比他人的理解少,并未表明他根本不具有理解。因此,如果承认或多或少观点的合理性,那么我们需要问的就是:我们是否有理由认为,菲多至少具备了可以定义我们的骨头概念的诸多骨头信念之一?看上去似乎不存在这种理由。两个想要提供肯定回答的最容易理解的尝试,不幸被证明无效。首先提请第一个尝试注意:尽管菲多不会不犯错,但是面对骨头时它能够相当好地辨认。也就是,菲多看到骨头时通常知道那是骨头。我们难道不可以从菲多在这方面的成功总结说,它因此具有我们的骨头概念,至少是最小的骨头概念吗?回答必定是:不。因为,尽管菲多在看到骨头并且要辨认时做得很好,它在这方面的成功也没有向我们表明**它的**任何骨头概念,也就是,这个成功**本身**没有告诉我们,从菲多的观点看,使得某物成为骨头的东西是什么。假设菲多的辨认能力尽可能如任何人所愿的那么好,我们也仍然像之前一样,远远无法知道菲多在相信某物是骨头时相信的是什么。即便假定,关于概念和概念获取的或多或少观点更可取,即便承认,菲多可以熟练地辨认骨头,我们也仍然没有理由认为:菲多具备了我们的骨头概念,即便是在最小的程度上。

第一个论证失败了,对这个失败的自然回应就是:试图确定出被菲多认识为骨头的那些骨头的特性。这可以通过科学方式进行:骨头可以称重、从化学成分上分析、形状可以记录。让我们假定,我们因此可以最终报告出"菲多的骨头图谱",而这份报告将列出如下信息:与"菲多不认识的骨头"相比,"菲多认识的骨头"所具有的化学特性、几何特性以及其他特性。然而,即便达到了目的,这也无法提供基础来把我们骨头概念的任何内容赋予菲多,因为就像斯蒂克为了反对一个类似做法提出的[30],我们无法依照我们认识的骨头的化学特性、几何特性和其他具有理论意义的特性的信念,来看

---

[30] 斯蒂克:"动物具有信念吗?",第 23—24 页。

第二章 动物意识的复杂性

待菲多的骨头概念。我们无法做到这一点是因为,我们既没有好的理由相信,菲多本身理解它的"骨头图谱"中呈现了任何化学、几何和其他要素,也没有深刻的好理由否认这一点。

斯蒂克所谓"动物信念的两难"因此相当于说:菲多看到骨头时认出骨头的能力**本身**,并没有揭示出被菲多视为骨头的特性、并据以认识那些骨头的东西是什么;而且看起来,我们说明这些特性的努力仅仅只能提供一份特性清单,一份我们没有理由假设菲多可以理解,更别说相信骨头会具有的特性清单。简言之,这些方式无法让我们更接近于实现这一目标:说明菲多相信某物是骨头时它的信念**内容**是什么。稍后可以看到(2.4),我们不知道菲多关于骨头特性的信念是什么,这成了一把双刃剑;我们希望可以说明这把剑的另一面有多锋利。目前,看起来似乎不存在可行方式来说明菲多的骨头信念的内容,因此没有可行的基础来把我们的骨头概念赋予狗。

解放菲多

尽管想在这方面解放菲多的最明显努力因上述理由失败,要总结说菲多无法享有我们关于骨头的任何信念,这为时尚早。因为存在一个关于骨头的信念,它(1)是定义了我们骨头概念的信念集合的组成部分,而且(2)我们有充分理由认为菲多具有这个信念。这个信念并不涉及骨头具有的某些理论意义上的特性,比如它们的化学成分。该信念也无法被还原成菲多看到骨头时的辨别能力。这个信念涉及的是:骨头如何与欲望及欲望的满足联系在了一起,尤其是,骨头如何在特定情景中成了优先选择(如果要满足欲望就会做出的选择)。为了更清楚表明这一点,我们首先需要提醒自己:在人类行为领域的许多情形中,选择骨头是因为想要满足特定欲望、或实现特定目的。这些欲望或目的是什么可能因人而异,比如希望看看骨头放久了是怎么腐烂的,或者渴望调配营养丰富的炖牛肉。然而不管骨头是什么,鉴于我们具备实际上的那些欲望和目的,只要我们想要满足这些欲望或实现这些目的,就会选择骨头。现在,认识到骨头和满足欲望的联系**就是**具备了关于骨头的信念。当然,这不是关于骨头的化学成分或解剖功能的信念,但也是关于骨头的信念。此外,这个信念——只要想满足既定欲望就会选择骨头的信念,**属于**整体上定义了我们骨头概念的信念集合。可以如此表明这一点:设想米奇对骨头概念的理解有了进步,现在他知道了骨头的解剖功能,但是鉴于他对美味炖牛肉的极度渴望,当被问及得往锅里加什么东西,是放牛肉骨头还是枫枝时,他回答说不知道,还否认在炖汤味道和骨头味道之间存在任何联系。如果米奇如此严重地缺乏对这个关系的理解,那我们可以正确地认为,他不是没有把握我们的骨头概念,而是没有完全掌握那个概念的全部;他不过是没能把握骨头味道和关于味道的事实所产生影响的关系,这个影响涉及:为什么米奇要满足我们假设他具有的欲望,骨头就应该优先于其他事物被选择。换句话说,至少在这一时刻,建立在某人对这一联系的理解之上的信念(让我们称之为**偏好信念**[preference-belief]),在米奇的骨头信念库中是缺失的。

但是菲多呢?它具有米奇缺乏的偏好信念吗?菲多相信在(a)满足它对特定口味的欲望和(b)选择骨头之间存在联系吗?由于缺乏语言能力,菲多当然无法告诉我们、或者被合理地期望告诉我们,**它**是否具有这个信念㉛。自然的情况是,它是否拥有米奇缺乏的偏好信念,这完全可以通过关注我们唯一可以依靠的东西来判断,那就是它的非言语行为。因此我们想要问的就是:究竟是否可以通过观察菲多的行为而合理得出结论说,如果菲多要满足对特定口味的欲望,就会相信应该选择骨头。(在回答这个问题之前回顾一下,在前一节[2.2],我们考察了否认动物可以相信或欲求任何东西的代表性论证,并且表明这些论证缺乏效力。因此举个例子,那些迷恋于对动物行为进行刺激—反应式说明的人,无法依赖于那些论证来支持他们的如下看法:特定的菲多和一般的动物都无法相信或欲求任何东西。)

一旦问题以恰当的用语表达,一旦我们从前进到这一步的论证出发,俯瞰概念和经验领地的清晰图景,答案就变得明显。一切迹象都提示,菲多确实不时在欲求它发现骨头具有的那种味道。依照这里推荐的观点,这是关于菲多的事实,是我们知道的关于它的情况,而不是疯狂的思辨或放纵的拟人。(这些声称在前面一节[2.4]得到了更充分捍卫)。此外,通过关注菲多的行为,我们还得以观察到菲多为了满足自身欲望而做出的选择。不是(比如)冰箱,不是邻居的割草机。它为了满足自身欲望而做出的选择是——骨头!因此,基于这个观察我们有理由说,菲多相信骨头以如下方式与它的欲望或偏好联系在一起:骨头满足了它的特定欲望,并且应该选择骨头来满足那些欲望。当然,承认菲多具有关于骨头的这个信念并没有解决一个问题,那就是从菲多的角度看,骨头所具有的全部特性是什么——菲多正是通过这些特征来在看到骨头时认出它的。然而,在赋予菲多相信选择骨头与满足对骨头味道的欲望存在联系的信念**之前**,这些特征是什么的问题——不管它多有趣——并非我们必须回答的。不管这些特性是什么,从累积论证的背景来看,我们都有充分理由在狗的行为的基础上认为:菲

㉛ 弗雷可能不会这么想,因为菲多不具有语言能力,这样弗雷也会认为它缺乏信念,因此会断然否认菲多具有任何特定的信念(比如偏好信念)。前面已经表明,弗雷的否认基础存在问题(2.3)。

多有时是因为相信骨头会满足它对特定口味的欲望而选择骨头的。认识到这一点对于当前目的来说就足够了,因为,知道这些我们就可以详细说出菲多关于骨头的信念是**什么**——也就是,至少在一定程度上,我们可以**详细说出**菲多持有的骨头概念的**内容**。当菲多相信某物是骨头时,至少它相信的部分内容是:骨头将会满足它对特定口味的欲望,因此如果它要满足这个欲望的话就会选择骨头。

菲多具有关于骨头的这个信念并非无关紧要。相反,就像已经注意到的,偏好信念是**我们的**骨头概念的一部分。因为不管骨头是什么,不管我们认为米奇的欲望是什么,如果米奇一概无法认识到要满足自己对特定口味的欲望就得选择骨头,那么米奇就根本没有把握我们的骨头概念。然而,鉴于菲多具备米奇缺乏的关于骨头的偏好信念;进一步看,鉴于这个信念是定义了**我们**的骨头概念的信念之一;并且最后,鉴于概念及概念获取的或多或少观点是合理的;那么可以推出:菲多**确实**具备**我们**关于骨头的概念——至少在一定程度上。弗雷认为我们赋予动物以信念的做法"显然不"对,也就是动物"显然不"具有**我们**的任何概念;他的这个看法实际上并不是那么回事(即便不是"显然的")。如果就像我们已经做的,假定我们关于 x 的概念被理解为关于 x 的信念,那么尽管菲多的理解程度有限,它也确实具有**我们**的骨头概念。

4. 三个反对

可以意料到一些反对,分别涉及我们认为菲多有资格具有的概念内容、经验内容和信念内容。这些反对将依照这个顺序分别得到独立考察。当我们完成对第三个反对的考察时,就能够补全前面关于菲多对偏好信念的理解的论述。

信念的缺乏与概念的缺乏

首先可能有反对认为,菲多只拥有定义了我们骨头概念的信念之一(至少鉴于上面讨论的意义),而这还不足以构成把我们的概念赋予它的基础,即便假定或多或少观点确实是更可取的。斯蒂克就很有可能会提出这样的反对,因为他在某处说到:"如果一个主体**缺乏**我们的足够信念……信念内容的赋予就会被削弱"㉒。然而,一个主体可以在两种意义上被认为"缺乏我们的足够信念",而斯蒂克的立场没能区分这两种意义。第一种我们可以称为**否认的意义**。如前面所见(2.3),在这个意义上,顽冥不化者

㉒ 斯蒂克:"动物具有信念吗?",第 23 页。

"缺乏"我们斯蒂克论者关于骨头的"足够信念"。因为我们可以回想一下，顽冥不化者**否认**斯蒂克论者在骨头上确认的所有信念；他们当然"缺乏我们"关于骨头的"足够信念"，因此不具有我们的概念。第二种"缺乏足够信念"的意义是**非否认的意义**。在这个意义上，一个"缺乏我们信念"的主体并**不否认**所有这些信念；主体不过是**不具有**讨论中的信念。比如米奇，在他接受我们的骨头概念教育的早期阶段，米奇当然缺乏大量我们关于骨头的信念，但是他并没有否认这些信念。与顽冥不化者不同，米奇并不否认，骨头具有我们相信它们具有的解剖功能；骨头**具有或不具有**解剖功能的问题，是在米奇的早期教育中还没有被引入的观念。尽管我们确实不应该把我们的骨头概念赋予顽冥不化者，因为他们在否认的意义上"缺乏"我们关于骨头的"足够信念"，但这并不能推出我们就不可以赋予米奇这个概念。确实，鉴于或多或少观点的合理性，我们原则上有理由认为：即便在"缺乏我们信念的"非否认意义上，米奇缺乏定义那个概念的多数信念，他在有限程度上也具有我们的概念。只要米奇至少具备定义我们概念的诸多信念之一，只要我们没有理由假设米奇持有关于骨头的其他信念（这些信念要么清楚地否认我们的其余信念要么蕴含这个否认）我们就有充分理由把我们的概念赋予他。

  依照刚刚提出的那些主张，反对说我们无法把我们的骨头概念赋予菲多，因为菲多"缺乏"我们关于骨头的"足够信念"，这**可以**是有效的，但前提是我们有理由相信菲多在否认的意义上"缺乏我们的足够信念"；这就是说，我们无法否认菲多具备我们的概念，**除非我们有理由假设：除了偏好信念之外菲多还具有关于骨头的其他信念，这些信念清楚地否认了我们的其余信念，或者蕴涵了这种否认**。因此问一下：我们是否有充分理由相信菲多是这样的。我们曾经说自己对菲多具有的其他骨头信念无知，这个无知的另一个侧面那时被忽视了，现在体现出来。如果斯蒂克是对的，我们的无知就是真实的。就像前面谈到，菲多成功地认出骨头的事实没能揭示出：菲多在看到骨头时借以认出它们的那些特性是什么，而且，**我们**想要通过我们的方式来发现这些特性的尝试，也只能产生一份没有理由假设菲多会认为骨头具有、更别说相信骨头具有的特性清单（比如化学特性和几何特性）。但是，我们在这一点上**假定的无知**（如果是真实的）表明，我们无法有根据地认为，菲多在"缺乏"的**消极**意义上缺乏我们关于骨头的其余信念，即便它具有偏好信念。由于依照斯蒂克的观点，我们并不知道菲多具有关于骨头的（其他）**什么**信念，因此我们并不知道：这些信念中的任何一个，或所有这些信念，会明确或隐含地否认我们的其余信念。而且，由于我们并不知道这一点，那么如果假定（就像一直这么假定的）菲多确实具有偏好信念，而这个信念部分上定义了我们的骨头概念,并且假定,关于概念及概念获取的或多或少观点已被接受,那么我们就没有理由否认菲多具有这个概念。如果我们接受了所有这些论述,**但是仍然**认为米奇具有、而菲多缺乏我们的骨头概念,那我们**就是**在偏袒,而且是以一种赤裸裸的偏见来偏袒。

可能有人会认为,如果可以论证表明,定义了我们骨头概念的信念本身具有不同逻辑特性,那就可以应付关于偏见的这个指责。尤其是,假设这个论证认为,具有关于骨头的解剖学信念是具有我们骨头概念的逻辑必要条件。如果这一点被证明,那么人们就可以明白:菲多缺乏我们的骨头概念,即便它至少和我们共享了一个关于骨头的信念。由于逻辑不做偏袒,因此似乎菲多就不是武断地被排除在外。但是它被排除在外了吗?人们可能恰恰想要知道,我们究竟如何以为自己得出了结论,认为具有解剖学信念是具有我们骨头概念的必要条件。如果我们被告知,**由于**菲多无法具有这个信念,因此该条件成立,那么这里显然是在偏见的基础上解决问题。然而,一旦我们拒绝再度引入受质疑的偏见,那就没有论证可以说服那些并不认为解剖信念是必要条件的人。**如果**存在这个论证,那么我们就不得不认为:如果米奇缺乏这个特定信念,那他就不具有我们的骨头概念,不管他与我们共享多少关于骨头的其他信念。但出于已经列出的理由,在解剖信念的特定问题上,此种观念并不令人满意。

在解剖信念上成立的结论,可能在关于骨头的任何其他信念上也成立。也就是,面对我们关于骨头的任何特定信念都可以正确地说:具有那个信念并非具备我们骨头概念的必要条件——至少在某种程度上如此。然而,在解剖信念上成立的结论,有可能并不在我们关于骨头的每一个其他信念上都成立。仍然存在一个可能:如果某人要具备我们的概念,我们关于骨头的信念中至少有一个是必要、根本的。但是,如果有的话,这个信念是什么?**如果**存在这样一个信念,估计没有任何信念比偏好信念更有资格被称为"根本"了。毕竟,谁具备我们骨头概念的问题是在更大背景下提出的,那就是对信念—欲望理论进行讨论的背景。因此同样,**如果**有个骨头信念我们的概念而言是根本的,那么这个信念应该涉及如下二者间的关系:一个是,相信某物是骨头,另一个是,具备这个信念对选择那个事物(相信它是骨头的事物)来满足既定欲望的影响。**那一联系**恰好就是偏好信念的特征,因为具备那个信念**就是**相信这一点:如果要满足某人对特定滋味或口味的欲望,某人相信是骨头的那些事物就会比其他事物得到更优先的选择。结果是,如果不存在我们的骨头概念中的根本信念,那么就无法以菲多只与我们共享一个信念(偏好信念)为由,剥夺菲多具有我们概念的权利;而如果有某个信念对于具备我们的骨头概念而言是根本的,那么偏好信念至少和任何其他信念一样足以配得上那个称号。不管做出哪个选择,我们都有合理的理由认为菲多把握了我们的骨头概念。菲多在看到骨头时不是顽冥不化者。

动物的体验

第二个反对认为,如果我们知道以菲多的方式具有欲望或品尝骨头大概是什么感觉,我们就可以把偏好信念赋予狗,因此知道它相信的内容。然而实际上我们并不知道菲多在体验事物时是什么感觉,这排除了赋予菲多偏好信念的可能。

除了笛卡儿式否认动物具有意识的糟糕理由之外,还有什么构成了渗透在这个反对之中的怀疑论基础呢?一个可能是,由于菲多不会使用语言,并且我们尝试描述菲多的体验时必须通过语言来表达,由此推出:我们无法知道菲多体验欲望和味道等时的感觉是什么。让我们称之为**语言论证**。这是个似是而非的论证。如果接受这个论证,那我们就是承诺于一种观点:语言使用者无法知道,对缺乏语言的任何事物的任何描述是否正确。比如,当我们说便士是棕色时,作为语言使用者的我们,做出了对并非语言使用者的硬币的部分描述。如果你认为我们无法知道菲多体验欲望等东西时的感受是什么,因为我们的描述是用语言进行的而狗不使用语言,那我们就也不得不说:我们无法知道便士是棕色的,因为它不会使用语言。这是荒谬的。因此,导致这个结论的观点也一样荒谬。因为我们使用语言而菲多不使用语言就怀疑我们可以知道菲多的体验,这不可能合理。稍微改变一下锡拉丘兹(Syracuse)大学哲学家乔纳森·贝内特(Jonathan Bennett)的论证就可以看到:如果我们因为自己使用语言而狗不使用语言就无法知道犬科动物的任何体验,那我们甚至无法对犬科动物的消化系统做出任何有价值的描述[33]。

可能有这样的回答:不是语言,而是想象力的局限,使得我们无法理解菲多对欲望等的体验如何。我们可能会被告知,我们无法在想象中把自己置于菲多的世界,无法像菲多那样体验这个世界。所有这种努力都注定不会有好结果,因为即便我们可以(比如)想象自己从菲多的眼里向外看待这个世界,我们所能做的一切不过是:想象**我们自己**、而不是**菲多**在通过它的眼睛看待这个世界。由于缺乏必要的想象力,我们根本无法理解:像菲多那样体验事物是怎样的。

这个论证(**想象力论证**)也具有难以忍受的怀疑论暗示。如果我无法想象像菲多那样品尝某物是怎样的,因为我可能做的一切就是:在(想象)进入菲多的身体时想象

---

[33] 乔纳森·贝内特:《语言行为》(Jonathan Bennett, *Linguistic Behavior*, Cambridge: Cambridge University Press, 1976),第18页。

我自己在品尝某物。那么,如果我试图想象的是自己(比如)成为菲德尔·卡斯特罗(Fidel Castro),这又会有什么不同吗?假设我的想象努力和想象力尽可能如你希望的那样强,我也仍然无法具有菲德尔的体验;我具有的最多是我认为类似古巴领导者的那些体验的**自己的**体验。我可以说自己因此无法知道菲德尔想要一根雪茄、或想要品尝某白兰地时是什么感觉吗?如果我关于他体验事物的感觉的知识依赖于、或就在于我想象自己成了他,这样**我**体验到的就是**他的**体验,那我**必定**会这么说。但是,我们当然并未假设怀疑论可以得到如此的放纵。我们并不相信自己会被迫认为:由于没能满足无法被满足的知识要求,我们无法了解某物。因此,因我们无法把他的体验想象为我们的,就在菲德尔如何体验欲望、口味等的问题上持有怀疑态度,这没有道理。因此,以同样理由在菲多的体验上持有怀疑也不可能合理。

某人会反对说(在此我们遇到了**物种论证**),"菲德尔和菲多的情形还是不同。诚然,我无法体验菲德尔的欲望,我只能体验自己的欲望。然而,我对人类的本质具有足够了解,毕竟我对此具有直接熟悉。这样,当菲德尔想要一根雪茄时,我就知道他的体验类似于(比如)我想吸几口气的感觉。菲多的情形完全不同。我与狗并不具有共同的经验储备,因此我并不知道它是如何体验任何事物的。菲多是条狗,不是像菲德尔一样是我自己物种的成员。"

但是,不同个体真的会因为属于不同物种就无法共享任何一般体验吗?如果是这样,我们就会陷入不易察觉的困境,既是实践上的也是理论上的。大概没有人会相信,狗和猫因为属于不同物种就不共享一般体验,比如认为犬科和猫科的痛苦或性欲望是**完全**不同的现象。当然,**逻辑上**存在这个可能:尽管这些动物展现了同样的痛苦和性欲,但它们具有完全不同的伴随精神状态。然而,我们的通常实践和对简约性的尊重都反对把这个可能看作真的。不仅我们的行为方式证明,我们认为不同物种的动物具有相似体验(比如,我们的行动**似乎**表明猫和狗的痛苦是共同的,或具有恰当的相似性);而且我们的这种行为"奏效了"(把猫和狗看作似乎具有同样的或相似的体验,这使得我们能够以实践上有效的方式与它们互动,就像我们为猫的断肢提供类似于为狗提供的同样有效的医学治疗);不仅如此,认为猫科动物和犬科动物的体验具有相关相似性也得到了合理理论的支持,因为我们不应该增加不必要的体验种类(猫科的、犬科的等等)。如果相信不同物种动物具有共同的、或者在相关意义上相似的体验的信念,与动物表现出来的行为一致,那么出于简约理由,就可以合理接受该信念。相信不同物种动物确实具有同样的、或者在相关意义上相似的体验的信念,常常与动物被观察到的行为相符,正因为如此,我们除了具有实践理由来接受这个信念之外,也具有理论的理由。如果我们另作他想,那就是置简约原则于不顾。

但是,把共同体验赋予**人类**和动物,这与人类和动物的行为相符吗?解决这个问题要立足于观察人类和动物的行为表现。

我们想知道的是,当我们知道人类(比如)对水、温度、食物或其他东西具有欲望时,是否动物也确实像人类那样在行动。给定累积论证的其他要旨,并且把对"他心"知识的怀疑抛在一边,那么依照休谟的话:"只能根据动物的外在行为与我们自己行为的相似,我们才可以判断认为,它们的内在结构也与我们相同"[34]。如果它们的行为确实与我们相似,并且考虑到累积论证的其他要旨,那么简约性将再次支持赋予动物与人类共同的体验。现在,当(比如)谈到与刚刚提及的已知人类欲望相联系的行为时,没有人会否认动物的行为确实与人类类似。如果我知道你口渴并对水具有欲望,那么在你做选择时,我自然会预料到你将喝一杯水而不是沙子。人类的口渴行为在动物那里具有对应表现,因此我会预料到动物也将做出相似选择。在声称人类的口渴(或口味等)体验与动物的口渴(或口味等)体验相似时,这一声称的内容与人类及动物行为的可观测事实并无矛盾。因此在这里看到,由于根据简约性理由,我不应该增加不必要的体验种类,因此,我也不应该假定人类的口味体验(比如)完全不同于猫科动物的口味体验。相反,我应该假定一个共有的、一般的口味体验,即便狗和人类不属于一个物种。

这不是说(也无需说)每一人类体验都在动物那里具有对应,或者甚至是每一动物体验都总是在相关意义上与人类相似。并非前者是因为,没有理由假设非多具有类似于我的政治忧虑,或者假设它像我一样对匹兹堡钢人(Steeler)[1]的胜利感到喜悦。并非后者是因为,存在某些形式的动物体验,它们与我们自己的体验相当不同,以致我们不仅没有与它们共享在相关意义上相似的体验,而且甚至无法理解具有那些体验是怎样的感觉。后一点在美国哲学家托马斯·内格尔(Thomas Nagel)的文章"成为一只蝙蝠是什么样的?"中得到了有力表达,这篇文章也引发了巨大争论。内格尔说到:"我们知道"

> 多数蝙蝠(确切说是小型翼手类动物)主要通过声纳或回声定位来感知外部世界:以一定速率接受声纳对特定范围内对象的反射,进行细微调节,然后发出高频尖叫。它们的大脑结构可以把发出的脉冲和随后的回声联系起来,如此获得的

---

[34] 大卫·休谟:《人性论》(David Hume, *A Treatise Concerning Human Nature*, ed. L. A. Seiby-Bugge, Oxford: The Clarendon Press, 1941),第176页。

[1] 著名北美橄榄球队。——译注

信息让蝙蝠能够精细区分距离、大小、形状、运动和质地,如同我们通过视觉做出的区分。但是,蝙蝠的声纳尽管显然是一种感知形式,但它在操作上不同于我们具有的任何感知器,而且也没有理由假设它在主观上类似于我们可以体验或设想的任何东西㉟。

然而,手边这个问题并不是:**某些**动物是否具有**某些**与人类体验完全不同的体验。对此,争论各方可能都会给出肯定回答。问题在于:是否我们有什么理由相信,**有些**动物具有**一些**与某些人类体验在相关意义上相似的体验,尤其是,是否什么动物(包括菲多)以类似于人类的方式在体验欲望和味道。由于相关的动物行为类似于人类行为,由于我们具有独立的理由认为菲多这样的动物具有精神生命,而且由于简约原则要求我们不增加不必要的体验类型,因此有强烈的假定理由(presumptive reason)认为这些动物的体验类似于人类的对等体验。这是一个强的**假定**理由,因为我们允许有些论证**可能**会表明:认为人类和动物具有相似精神状态的推论得不到保证——比如由于在某些情形中,人类和动物的行为并不充分相似。有三个阻止这一推论的论证(如果是合理的)已经得到了考察——语言论证、想象论证和物种论证。每个论证都被发现存在缺陷。当然,还可能存在其他论证。然而,除非、或者直到有人提出某些论证来表明,这个推论在理性上具有缺陷,否则不同物种有意识生命之间的行为相似性,加上累积论证的其他要旨,就保证了这个推论的成立。

行为与信念内容

最后一个反驳针对我们立足动物行为来说明动物信念内容的能力。争论要点不是:动物的行为**本身**是否足以构成基础,来支持认为动物具有被理解为功能状态或心理状态的信念。前面的讨论已经提出:把精神生活赋予动物依赖于动物行为**之外**的考虑(比如关于**愿望、信念、憎恨**等词的通常使用的考虑,同样也依赖于进化理论的含义)。当前的讨论要点涉及所谓的我们能力缺失:无法立足于动物被观察到的行为来说出动物相信的是**什么**,即说明它们信念的**内容**。由于斯蒂克否认我们可以说明动物信念的内容,他因此暗示我们无法立足于动物的行为说出它们在相信**什么**。我们已经考虑并辩驳了这个否认的理由(2.3)。弗雷也处理了这里所讨论的问题并做出了否定回答。即便我们准备假设动物具有信念(功能状态或者心理状态意义上的信念),弗雷

㉟ 托马斯·内格尔:"成为一只蝙蝠会是什么样?"(Thomas Nagel, "What Is It to Be a Bat?"),见《人的问题》(*Mortal Questions*, Cambridge: Harvard University Press, 1979),第168页。

也声称我们无法立足于动物的行为说出它们在相信什么。他的理由如下:

> 我不明白,行为如何可以表明我的狗具备信念 p,除非那个行为与信念 p 以某种方式联系起来,以致同样的行为与信念 q、r 或 s 不相容。因为,如果狗的行为既与信念 p 相容也与这些其他信念相容,那么我就无法理解:如何能够立足于那一行为得出结论说狗具有的信念是 p。比如几个月前,我的狗在主人站在门口时猛摇尾巴,但也在它的午餐将至和太阳将落山时摇了尾巴。就我而言,它在后两种情形下的行为与前一种相同,我也根本不清楚如何可以根据那一行为来得出结论认为:狗的信念就是主人站在门口……㊱

这里产生了许多问题,其中最重要的一个是:弗雷是否足够充分地理解了行为,尤其当这个理解影响到在狗的情形中、或者在其他任何情形中赋予特定信念的行为基础时。假设玛莉(是个人)听到了声音,我们观察到她走向了门口。我们能仅仅根据她走向门口的行为就把某特定信念——相信有某人或什么东西在门口——赋予她吗?我们的回答肯定是:显然不行。但其原因并不是:我们知道了想要知道的关于她行为的一切,但仍然发现自己在理性上无法说出玛莉相信的是什么。原因在于:我们无法独立于行为的广义语境来理解单个行为片断,不管是现在的、过去的、还是将来的语境。如果排除作为行为背景的家,玛莉走向门口的行为就几乎根本不构成**行为**;它不过是指向特定方向的运动系列。但那一运动的目的是什么?那个声音是熟悉的吗?她是在等什么人吗?她在开门前犹豫了吗?在可以合理指出玛莉相信什么人或什么东西在门口之前,这些都是我们必须回答的。如果我们要根据个体的行为表现来合理地赋予特定信念(不仅在动物那里,而且如将要解释的,也在人类那里),那我们就需要一种大概可以被称作行为的整体观、而不是原子观的观点。

我们被告知,弗雷的狗在非常不同的情境下都会猛摇尾巴,不仅是弗雷站在门口的时候。所以,弗雷想知道摇尾巴如何"**可以表明**"菲多相信弗雷站在门口。但这不是一个恰当的提问方式,不仅在菲多那里是这样,在任何情形中都如此。行为如果毕竟要得到理解,那它就必须放在语境中被整体性地理解。当我们说狗相信弗雷站在门口

㊱ 弗雷:《利益与权利》,第 114—115 页。弗雷提出了第二种论证,我并未讨论,因为该论证与我考虑的这个在同样的方面、因同样的理由具有缺陷,也就是:该论证是以一种不恰当的方式来追问动物的行为,因为它是独立地、而不是整体性地来看待这些行动。

时,我们暗示狗具有某种**期待**,这个期待——如果狗有的话——将会被狗的未来行为展示。如果狗具有这个信念,那么它就会期望某个(让我们假定)与它具有亲密关系的人走进来,因此是狗带着愉快的盼望而期待某人。把这个信念赋予菲多只能这样来理解:我们有理由相信狗具有这些期望,而我们之所以有理由相信,这**只能**因为过去在相关的相似情景中观察到的狗行为(或者像菲多这样的其他狗的行为)——比如当楼梯上或门口传来熟悉声音时的行为。因为如果没有这个背景信息,我们就无法可靠说出菲多相信在门口的是什么人或什么事物,就像如果我们同样地无知,我们就无法可靠说出玛莉相信在门口的是什么人或什么事物。假设我们非常了解狗,因此能够解释当它朋友的熟悉声音传来时它摇尾巴的行为。但并非单单是摇尾巴——脱离了一切其他信息而被考虑的摇尾巴,提供了根据来把认为弗雷在门口的信念赋予菲多。提供理由让我们当下把这个信念赋予菲多的是一已知联系,也就是菲多摇尾巴(给定相关方面相似的情境)与下一事实之间的联系:菲多过去在这种情境中的行为已经表明,它具有某种特定期望,这个期望与自己朋友就在门口的事实联系在一起。如果我们有理由相信,菲多现在具有如果它相信门口那个人是它朋友的话就会具有的期望,那么我们把这一信念赋予它就是正确的;这就像如果我们有理由相信,玛莉具有如果她相信门口那个人是她朋友的话就会具有的期望,那么我们把相信朋友诺拉在门口的信念赋予玛莉就是正确的。但是,我们无法仅仅根据玛莉听到声音时走向门口的行为推出她相信这一点,同样,我们也无法仅仅把菲多的摇尾巴看作孤立行为而说出它在相信**什么**。

还有三个进一步的要点,一旦它们得到认识,对赋予动物特定信念所依赖的行为基础的上述说明,就会得到更多支持。首先,这里推荐的说明使得我们可以检验信念赋予的正确性。由于当我们把弗雷在门口的信念赋予菲多时,我们暗示菲多具有某种可以被确认的期望。因此,如果菲多的未来行为表明,它确实具有在门口将出现朋友的期望,那么我们赋予菲多这个信念就是正确的(得到了证明、证实)。如果菲多表现出认识弗雷,表现出看到弗雷回来时的兴奋,以及(比如)进行了其他常规的"仪式性"门口行为,那么我们就有所有理由以及应该被要求的所有理由来指出:菲多确实认为在门口的人是自己的朋友。因为这**恰恰**就是菲多期盼弗雷的表现,而且,如果菲多相信是弗雷在门口的话它就会期盼弗雷。然而,如果菲多是用猛抓、咆哮、吠、和咬上一两口来问候入门者,那么我们就有可获得的所有理由以及应该被期望的所有理由来总结说:菲多并不认为在门口的是弗雷。除非弗雷和他的狗之间存在相当敌意,否则这不是狗认为弗雷将要进来时的表现。在两种情况中,不仅是进门**之前**,而且还有进门**之后**狗的表现,决定了我们赋予狗信念是否正确。进门前狗的行为向我们提供了一个信号,来了解狗的信念和期望;进门后狗的行为则提供了关键的检验,来确定是否我们正确地读出了这些信号。

其次,对赋予动物特定信念的做法的说明也阐释了一点:在意向性语境中谈论把信念赋予动物是什么意思,又如何来检验这种赋予的正确性。让我们假定,只要动物做某件事的目的是让自己可以做另一件事,那它们就是在有意向地行动。比如,如果菲多挠着门出来,立即奔向它看见我们埋了某个东西的地方,开始愤怒地挖,那它的行为就完全具有意向:它想要出门,**目的**是来到埋东西的现场,它在那里挖地,**目的**是找到被埋的东西。可以很自然地说,菲多是因为具有特定信念而采取那些行动的——比如,认为可以找到骨头,**并且**必须出去挖地才可以找到骨头的信念。把这种(意向性)信念赋予狗合理吗?如果我们有理由相信狗具有它会具有的那些期望,如果狗具有我们赋予它的信念,那么这个赋予就是合理的;而且,如果根据过去对狗行为的观察,我们承认狗在相似情境下会采取某种行为,并因此表明它具有在相关意义上相似的期望,那么这个赋予就是合理的。我们的赋予是否准确也可以通过观察狗实际的行为来检验。如果我们埋在院子里的是可乐瓶子,如果菲多是一条正常的狗,那么,它把可乐瓶挖出时的表现就与它找到骨头时应有的表现大不相同,你不需要动物行为学的训练就可以注意到这个差异。如果它期望骨头却发现了瓶子,那么它的行为表现就会和任何一个期望落空的人一样。如果菲多是正常的狗,它的失望就会显而易见。它的行为完全就是如果它发现自己的信念("那儿有一个骨头")错误时我们期望(预见)它表现的那样,因此,如果没有令人信服的反对论证,也没有了弗雷的否认(尽管是从相反方向进行)(2.2),我们就可以相信菲多(以及相似的动物)具有区分正确信念和错误信念的能力。

第三,由于对赋予动物特定信念的理由以及这种赋予的检验的说明具有上述一般特性,因此现在,我们可以比开始时(2.3)更充分地讨论菲多持有偏好信念的问题。当我们说菲多具有这种信念时,我们认为它把握了选择骨头与满足对骨头味道的欲望的联系。但是我们把这个信念赋予菲多正确吗?这取决于我们究竟是否有理由认为:菲多具有对骨头的期望,而这个期望是如果它相信骨头会满足它对特定口味的欲望就会具有的。这些期望包括:把骨头放进嘴里,咀嚼它,舔它,品尝特定的味道,以及发现这些体验的集合通常是愉快的。把这一信念赋予菲多是否正确,这取决于我们究竟是否发现:菲多在依照它具有这些期望时应该表现出来的方式与骨头发生关联。有个简单的检验可以做出判断。弄一个带肉的骨头来,看着菲多,同时让另一个人拉着它,放下骨头。看看它会如何反应。它表达出对骨头的兴趣了吗?它看起来急着要把自己的嘴凑过去吗？还是冲着骨头愤怒地咆哮？睡着了，或者蜷在角落里，看着这个可怕的东西？如果菲多是条正常的狗，我们就完全知道会发生什么，因为我们完全知道菲多想要什么：它想要快乐地啃骨头。因此，我们赋予菲多偏好信念是否正确只能由如下一点确定：我们是否有充分的理由认为，菲多具有如果它具备那一信念就应该具有的期望。正确性检验的关键在于我们放开菲多之后它会做什么。菲多将有机会通过自己的行为表明：它具有我们赋予它偏好信念时所具有的那些期望。

有个要点值得强调：这里谈到的关系，也就是相信 p 和具有特定期望之间的关系，不是一种同一关系。这里没有说"A 相信 p"意味着"A 期望如此这般的事情"。在当前议题下主张同一关系会让人难以理解一点：援引我们的信念如何可以说明或确证我们期望的内容。假设玛莉听到门口的声音时把门打开了，没有先确认谁在那里，一个陌生人闯了进来，偷走了她最昂贵的东西。假设我们问她为什么没有检查就开了门，她回答说自己正在等待朋友诺拉的来访。接着我们完全可以合理地问她**为什么**等待诺拉，我们希望从玛莉那里得到的回答是：叙述一下与她具有那个期望相关的一些信念。现在，如果她的期望所依赖的信念与这个期望本身同一，那么当她在叙述自己的信念时所能做的就是指出：她具有那个期望，因为她具有那个期望。她显然没有这么做。她的信念是她具备期望的基础，她对 p、q 之类东西的相信并不等于她具有的期望。我们说，了解菲多的期望构成了赋予它特定信念的必要基础，我们也进一步说，菲多如果持有我们赋予它的信念就会具有一些期望，而检验这种赋予正确与否的根据在于，菲多是否在依照它具备那些期望的话就应该表现得那样来行动；在这么说时，我们并不是在说：菲多对 p 的信念等同于它的某种期望。就像所有其他人一样，菲多之所以期望它期望的事物是因为它相信自己之所信，但是，谈论它具有的期望不同于谈论它相信的东西，尽管二者相关。

一旦我们依照前面所辩护的方式来理解赋予动物特定信念的做法，一旦我们采取整体性的观点来解释动物行为，弗雷的担心就可以得到缓解。菲多在不同的情境下摇尾巴，这点大家都同意。大家还同意，狗**仅仅**摇着尾巴的举动与赋予它任何数量的不同信念并不矛盾。大家还会同意，我们无法仅仅因为观察到狗在摇尾巴就知道菲多相信的是什么。然而，无法仅仅根据菲多摇尾巴的行为来了解其信念内容，这并不意味着它的行为库中缺乏什么东西，或者说缺乏什么行为基础，使得我们无法据此判断它的信念内容。相反，弗雷假设我们应该只关注狗行为的某个特征，独立于行为的发生背景，以此来**尝试**判断狗的信念内容，这表明弗雷没能理解动物行为的本质，也没能明白，更细腻地理解动物的行动如何能够提供必要基础来赋予动物特定信念，并检验这种赋予㊲。整体性地看待动物的行为让我们得以决定：何时赋予动物以信念，赋予什么信念，我们在某类情形的某一时刻有理由赋予动物的信念，是等同于、还是不同于在另一情形的另一时刻有理由赋予动物的信念。比如，如果菲多是条正常的狗，那么它将具有关于午餐的信念，而这些信念将不同于它对自己朋友具有的信念；因此，当它相信午餐就在手边时具有的信念，就不同于它相信有个朋友在门口时具有的信念；它还会表现出不同的行为，因为它具有不同信念。如果弗雷的狗正常，那么这条狗会去吃午餐，而不是吃掉自己的朋友。

5. 动物意识的复杂性

前面考察了反对赋予菲多以偏好信念的三种不同观点，并表明这些反对都有缺陷。在本节我要简短指出一些更重要的暗示。如果像前面论证的那样，我们有很好的理由赋予狗偏好信念，并且能够可靠地确定这个赋予正确，那么我们就会得出这些暗示。就像我们将看到的，许多这样的暗示对于我们理解动物、而不单单是理解菲多的精神生活来说非常重要，而且，多数这样的暗示就来自菲多具有偏好信念的根本事实。

值得谈到的第一点是，菲多具备偏好信念的论证显然可以被普遍化，为狗的许多其他信念提供内容：不仅有要满足对特定口味的欲望就该如何选择特定事物的信念，而且还有各种其他事物该如何被选择、以满足它其他欲望的信念——比如休息、取暖、结伴的欲望。第二，同样的这个论证显然可以被推广到其他哺乳动物。如果菲多因为具有对骨头的偏好信念而被归入有信念的动物，那么猫、牛、猪、马、骆驼、老虎、长颈鹿、河马、鲸等也离此不远。

在那些像菲多一样具有信念的动物那里，出现了许多涉及认知能力的问题。这些问题通过先验论证的方式被提出：倘若菲多具有偏好信念，那么这是如何可能的？假定菲多生来就具有这个信念是荒谬的。没有人会真的认为狗生来就知道骨头的味道。要知道骨头的味道，菲多必须用嘴去品尝，这和我们一样。假设它用嘴尝了一下，并且假设狗没有记忆能力。那么，菲多就不可能因为相信在骨头的味道和欲望的满足之间存在某种联系而形成偏好信念，或者像它表现的那样行动。它无法做到这一点是因为，偏好信念是关于这种联系的一般信念。如果狗缺乏记忆能力，那它们就无法形成

㊲ 并不是只有弗雷在采用原子主义的行为观，并因此认为我们无法根据某人的行为来判断他/她的信念。弗雷本人所致谢的伯纳德·哈里森（Bernard Harrison）就用同样方式来论证反对乔纳森·贝内特的立场，即行为构成了赋予信念的基础。参见哈里森在《心灵》(*Mind*)，1977年10月刊第600—605页对贝内特《语言行为》的评论。

任何一般信念，因此无法具备偏好信念。由于可以合理认为菲多具有这种信念，因此可以合理认为它有能力记住相关体验，比如品尝骨头味道时的一些体验，即便它不像我们这样能够说出自己具有这个记忆。

然而，如果菲多能够具备偏好信念，那它就不可能只有记忆能力：它必须能够认出骨头。但是，要认出骨头，菲多必须不仅能够感知到每个骨头（不只是"通过知觉而发现骨头"）㊳，而且还必须能够从单个的骨头那里进行抽象，产生一般概念（比如关于骨头的概念），把这个概念运用于特定情形。如果没有这些能力，就没有合理的理由说明菲多如何具有偏好信念。因此，由于我们有充分理由把这个信念赋予菲多，并且在试图说明为什么菲多会采取某些行动时援引这个信念，因此我们同样有充分理由认为它有能力形成一般概念。

但是，菲多具有关于未来的信念吗？如果就像前面论证展示的，菲多对即将发生的事情具有期望，也具有与这些期望相联系的信念，那么它当然具有关于未来的信念；如果考察一下相关的问题，即是否可以合理认为菲多在有意向地行动，那么这个结论就会得到加强。如果我们要合理地认为个体 A 有能力采取意向性行动，那么我们必须表明，可以合理地认为 A 具有实现特定目的的意图（比如满足某种欲望）。菲多有能力采取意向性行动吗？如果我们有充分理由否认菲多具有信念，我们就同样有充分的理由否认它可以有意向地行动；如果我们有充分理由否认能够说出狗的信念内容，那我们同样也有充分理由否认能说出它在依照什么意图行动，即便假定它是在意向性地行动。但我们没有充分理由否认上述任何一点。累积论证提供了可靠理由来认为，菲多和其他哺乳动物像我们一样，具有被理解为功能状态或心理状态的信念，而且动物的行为也为我们提供了必要基础，来指出它们相信的是什么。如果这样，那么逻辑上看就没有什么东西妨碍我们这样看待菲多（比如）：它想要出门是为了可以在它相信藏有骨头的地方挖掘骨头，是为了可以满足自己对骨头味道的渴望而想要出去、去刨地、然后得到骨头。简言之，逻辑上没有东西阻止我们认为菲多在为了实现它的目的而行动。然而，**如果**我们把人类视为具有意向性能动性的存在物（需要再重复一下，意向性能动性是任何道德哲学工作的根本预设），那么我们不仅**可以**认为菲多具有意向性的

㊳ 弗雷在《利益与权利》中写到："感知不仅涉及感觉上的观察，而且涉及心灵的理解……（或者）……把感觉资料包含并因此整理在概念之下"（第 119 页）。因此弗雷认为，没有概念也就没有感知，而只有"感觉的观察"。而且，由于在弗雷看来我们无法说动物具有什么概念，或者甚至无法说出它们是否具有任何概念，因此我们也对它们是否能够感知任何东西表示怀疑。如果前述论证是合理的，那么菲多和类似动物就必定具有一般的概念，至少在某些情况下，我们可以对它们具有的概念内容有所了解。即便接受"感知"和"感觉观察"之间的区别，我们也有资格说菲多和许多其他动物在进行感知。如果不在进行感知，它们就无法形成偏好信念。

行动,而且**也应该**如此认为。一旦我们在人类那里认可这一点,一旦赋予动物以意识和信念的主要质疑得到回答,一旦我们说明了动物的行为可以得到清楚描述,并且可以援引它们的信念和欲望的内容来进行简约说明,**那么**我们就做了理性能够要求我们做的一切,来支持把动物也视为具有意向性行动的个体。而且,一旦做出这样的辩护,那么只要我们赋予人类关于未来的信念,我们也就有更多理由赋予菲多和类似动物关于未来的信念,因为,要在当前做出意在满足未来欲望的行动(就像菲多以某种方式行动来让我们把它放出来,以期通过尝到它相信我们埋下的骨头而满足自己的欲望),这要求菲多和其他类似动物具有关于未来的信念。

承认哺乳动物是具有意向的行动者为我们铺平了道路,来承认它们也应该具有自我意识。对于个体 A 来说,只有我们假定 A 的自我意识达到了一定程度,以致相信**自己的**欲望会在未来因为现在的行为而满足,它才有可能在当前采取行动以满足未来某时刻的欲望。换句话说,只有对于具备自我意识的个体来说,意向性行为才是可能的。菲多以及与它具有相关相似性的动物,可以被合理地看作能够有意行动,因此类似地,我们必定可以合理认为它们具有自我意识,那么在这里,就像在其他情况一样,可以合理认为动物也"体现了"人类的精神能力。就像信念、欲望和意向,自我意识也不是智人独有的特质。之前的论述与加雷斯·马修(Gareth Matthew)的立场相宜,支持我们接受马修的**心理连续性原则**(Principle of Psychological Continuity):"人类的心理大体上是动物心理的一部分"㊴。

前述讨论还有最后一个暗示值得注意。由于赋予动物信念是正确的,并且我们确实能够说出动物信念的内容,这因此支持如下看法:可以恰当地认为动物具备感情生活。这个看法是(比如)达尔文反复坚持的,而我们只要回想一下赫布和他助手的教益(见 1.8)就完全可以巩固这个看法。除了病理情形(这种例子就其本质而言属于例外而不是普遍规则),害怕之情就是担心**某种事情将会发生**,感到愤怒就是因为已经发生的事情而**对某人或某事**生气㊵。通常,如果不相信某事件会发生或可能发生,人们就不会害怕它。毫不奇怪,弗雷"怀疑"动物可以具有或确实具有情感,因为他否认动物可以具有或确实具有信念。不过,尽管当弗雷认为情感、或者"至少……大多数情感㊶"

㊴ 加雷斯·马修:"动物与心理统一"(Gareth Matthews, "Animals and the Unity of Psychology"),载《哲学》(*Philosophy*),53(206)(1978 年 10 月),第 440 页。

㊵ 这不是否认诸如自发出现的焦虑,而不过是坚持认为此种现象是异常的,其原因正好是:它们偏离了正常的情感和感觉,而这些情感和感觉涉及上面描述的那种信念。

㊶ 弗雷:《利益与权利》,第 122 页。

必须以信念为前提才可以存在时,他看起来是对的。但是,他以动物缺乏信念为由否认、或者"怀疑"动物具有情感生活就不再正确了。他没有给出充分的论证来支持这个否定,但存在很强的假定理由赋予动物信念。因此,当达尔文谈到哺乳动物的恐惧、怀疑、感情以及妒忌时㊷,我们无法合理否认他的说法,认为那是放松了科学警惕的活泼的拟人论。照赫布的话,"在人类和动物那里认识到的情感,没有什么根本差别"㊸。

最后有个问题还需讨论,它和上一章考虑的一个问题类似。之前的问题(1.8)涉及:具备意识或认识的动物,与不具备意识或认识的动物界限在哪。回答是:这要诉诸累积论证、包括进化论的含义才能决定。某种动物与具有意识的典型生物(比如正常的、充分发育的人类)之间在解剖生理结构上越相似,我们就越有理由认为这些动物像我们一样具有意识的物质基础;某种动物在这些方面与我们越不相似,我们就越没有理由认为它们具备精神生活。因为某些动物在这些方面与我们完全不同就认为它们完全缺乏意识,这也有其合理之处。就像车库的自动门在显示电子信息时就会打开,或者弹子台显示游戏者的过度攻击状态并亮灯一样,可以合理地认为,有些动物在这个世界上展现着自己的"行为动作",但对此毫无意识。显然,认为某些动物具有意识并不是承认所有动物都有意识。

当前的问题涉及:关于不同动物意识生活的相对复杂性,该如何划分界限。说**某些**动物意识到它们所处的环境,具有信念和欲望,拥有记忆和对未来的期望,能够采取意向性行动来满足自己的欲望或目的,这并不是要让人们认为**所有**有意识动物都具有相似秉赋。依照进化论的要旨,不仅可能、而且很有可能的是:某些有意识动物只具备基本精神生活。我们可以假设,它们生活在永远像是当前的时刻,没有对过去的记忆也没有对未来的有意识期待,但是当某些事情在它们体内外发生时,它们感受到了类似快乐的东西,而当另一些事件发生时则感受到了类似痛苦的东西。如果我们假定了进化论的暗示,即更复杂的有意识生命是从更简单的有意识生命进化而来,那么就肯定存在只具有基本精神生活的动物。在这些情形中,以及在其他情形中,如何划界当然肯定有争议。不过我们尽可以合理地确定,比如,单细胞动物完全缺乏意识,而具有简单中枢神经系统的动物只具有最少的根本意识。然而对于我们的目的而言,关键问题并不在于各种情形该如何划界,而在于我们是不是有充分理由划出某个界限,这个

㊷ 查尔斯·达尔文:"人类与低等动物精神能力比较"(Charles Darwin, "Comparison of the Mental Power of Man and the Lower Animals"),见《人类的由来》第3章和第4章,重印于雷根和辛格编《动物权利与人类义务》,第72—81页。
㊸ 赫布:"人类与动物的情绪",第88页。

界限意味着哺乳动物不仅具有意识和感觉,而且具有信念、欲望、记忆、对未来的感知、自我意识、精神生活、并且可以意向性地行动。这一章就是在寻求阐释和辩护对这一问题的回答,其结果可以总结为:是的,我们可以。

实际上,划界问题比目前为止展示的更复杂。因为,尽管认为哺乳动物像上面描述的那种具有复杂精神生活是合理的,但是在它们身体发育和衰退的每个阶段都如此看待则没有必要,也没有根据。比如,在受孕阶段,或者在遭受严重大脑损伤之后,不管是狗还是猫都无法被合理视为具有信念或欲望、目的或偏好、感觉或情感。它们出生时是否达到如此复杂的意识程度,这仍有争议。在某个哺乳动物的生命历程中,究竟这组精神能力何时出现或衰退(也就是在这一点上究竟我们该如何划界),这是一个与人类身上的类似疑问同样头疼的问题。少数人(如果有的话),甚至包括强烈拥护胚胎生命权的人,认为人类胚胎在(比如)受孕时具备信念和感情,认为身体发育成熟的人类在陷入不可逆昏迷后还具有精细的精神生活。简言之,与哺乳动物一样,人类既可以获得也会丧失这一章讨论的那些精神能力。与这些动物一样,不可否认,在何处划界以确定个体人类是拥有还是丧失了这些能力,这很困难。

但是,尽管不可否认这个问题很困难,其难度却可以得到一定降低,同时不必以任何根本的未决结论为前提。让我们同意,人类胚胎在发育后期是否具备记忆、信念、或欲望是有争议。但是,是否一岁以上的孩子具有这些能力(假定这个孩子没有遭受严重精神损伤),这不会有什么大争议,除非你不幸对信念、欲望等概念做出了错误分析。同样,是否狗的胎儿、或者初生的狗具有这些能力,这大概需要充分讨论;但是,假定前面提出的分析和论证合理,那么这一点在一岁以上的正常小狗那里就不成问题。如果以上论述成立,那我们在划界问题上就可以采纳保守策略,该策略让划界问题在个体层面上不被回答,但是允许我们继续讨论,尽管问题没有得到解决。这个简单的策略就是:从现在开始,当我们谈到不论是人类还是动物时,都让我们假定,我们谈论的个体**完全超出**了任何人可以合理地"划界"、以区分具备所需精神能力和不具备这些能力的人或动物的临界点。也就是,除非特别说明,否则**人类**一词将表示所有一岁以上的,没有严重精神障碍或其他明显精神损伤(比如永久性昏迷)的**智人**。而且,除非特别说明,否则**动物**一词将表示精神正常的一岁以上哺乳动物。在此规定人类和动物两个词的使用,这会让随后的表达更简约,也不会带来误解。保险起见,一些提示将随时给出。在此,为了更好沟通有必要指出:尽管动物权利辩护最终主要针对刚才规定范围之内的动物,但我还是会提出相关的考察来说明,为什么重要的道德约束也适用于其他动物(尤其参见 9.3—9.4)。

6. 总　结

有许多理由可以让我们合理地认为,哺乳动物像我们一样具有信念和欲望。常识和日常语言支持这一点,进化论也支持;动物的行为与这种观点相符;不过关于这些动物的相对精神精度和精神能力的问题,与它们是否具有非物质的不朽灵魂这一问题混乱地联系在一起。这些理由合起来(也就是累积论证),共同构成了"证明负担论证"的基础,这个论证说:除非或者直到有人表明,存在更好的理由否认这些动物具备信念和欲望,否则我们就可以合理地相信、也有资格相信这些动物具备信念和欲望。人们可以说,除非拒绝该理论的人能够表明它失败了,斯蒂克所谓"直觉性的信念—欲望理论"才会获胜。

弗雷是致力于接受这个证明负担的哲学家之一。他认为动物没有欲望,因为它们不可能具有欲望。他认为,动物不可能具有严格意义上的欲望,因为具备欲望涉及具备信念,而只有"具备语言能力"的个体才能够具备信念。弗雷的立场就是,"缺乏语言"的个体不可能具备信念。这个立场被证明是站不住脚的(2.2),其中一个理由就是:它得出了没有人可以对任何事物具有信念的荒谬结论。依照弗雷的观点,不掌握语言(至少指的是构造和理解句子)就无法拥有信念;而由于学习语言要求人们具备一种语前信念,也就是关于被教授的内容的信念;因此我们只能得出结论认为,没有人可以学会一门语言。而且依照他的观念,也就没有人可以对任何事物具有信念。对信念做出某种说明以使得具备信念的集合为空,因此把动物排除在该集合之外,这基本上是杀敌一千自损八百。

斯蒂克代表了把信念—欲望理论运用于动物遇到的第二种挑战。斯蒂克允许信念和欲望作为心理状态而存在,也明确承认,累积论证支持我们认为一岁以上的正常哺乳动物(照他的话说)具有"大量"欲望和信念。但信念和欲望是有内容的:相信某物就是**相信**某物如此。斯蒂克认为,正是在这个联系上,我们无法把握动物的信念。我们就是无法知道动物相信的是**什么**,尽管存在大量理由假定它们具有依照心理状态来理解的信念。人们可以以斯蒂克的名义指出,信念—欲望理论运用于动物时最多也就是半个理论而已。

我表明(2.3),斯蒂克认为我们无法知晓动物的信念内容,其根据依赖于对一个问题并不令人满意的理解:不同个体何时会拥有相同概念。两个个体可以拥有或多或少相同的概念;为了共享关于 x 的同样概念,他们无需具有完全相同的关于 x 的唯一信念。比如,对化学一无所知的孩子,并非具有与我们完全不同的关于牛奶或**奶瓶**的概念。如果这样来看,就可以合理认为一岁以上的哺乳动物与我们共享许多概念。我用菲多的骨头概念来阐述问题的一般要点。由于我们有很好的理由相信,菲多至少**具有**一个向我们传达了骨头概念的信念(即偏好信念:骨头可以被用来满足对特定口味的欲望),由于(假定斯蒂克是对的)我们没有充分理由认为,菲多会否认构成我们概念的关于骨头的任何其他信念,因此可以合理认为狗具备我们的概念,至少是在有限的程度上。因此,原则上可以确定菲多的骨头概念和骨头信念的内容,而且从狗的情形概括开去,原则上也可以确定哺乳动物普遍具有的关于许多其他东西的概念和信念的内容,至少在"一定程度上"可以。在广义的范围内,可以说它们在相信我们之所信。

这个结论会遭受各种质疑。被考察的质疑中(2.4),一种争辩的是:我们是否有能力根据动物的行为来了解它们信念的内容;另一种争辩的是:由于我们能依赖的只有动物的非语言行为,因此不知道我们是否有能力知道动物的体验。关于后一个反对,已经论证指出,增加没有必要的体验种类(犬科动物的体验、猫科动物的体验、人类的体验,等等)不够简约,假定(比如)猫科动物的味觉体验必定与我们不同,会犯不简约之错。对前一个反对的回答认为,要点在于行为必须整体地来理解,而不是原子式地被分割开来。如果我们要通过动物的行为来确定其信念内容,我们必须保证,不要像弗雷暗示的那样把注意力集中于分离的身体动作(比如狗摇尾巴)。我们必须这么问:动物是否像它们被我们赋予了信念后那样有可预见的行动。我们只有花上一点时间,总体性地观察动物的行为才可以就此做出回答(比如,考察一下狗摇尾巴时做了什么别的动作,如何摇尾巴,何时摇的,等等)。我们赋予动物信念是否正确取决于一点(也可以通过这一点得到检验):是否动物的行动表明,它们具有我们赋予其信念后就应该具有的期望。而这一点在原则上可以这样确定:所论及的动物,是否像它们具有恰当信念后可以被合理预计的那样在行动。简言之,至少在多数情形中,动物信念的内容在经验上可以被确证。

假定人类具有信念和欲望(就像通常如此假定的那样),那么,在我们给出理由,支持把诸如菲多这样的动物也视为有信念和欲望的动物之后,一些重要的隐含论点就得以勾勒(2.5)。这些动物被合理地视为能够采取意向性的行动——如果人类被类似地设想的话。**它们**在启动行为,因为它们在寻求这样或那样的事物,并且是为了满足这些欲望而展现那些行动的。它们不是像植物向阳生长那样仅仅对外部刺激做出反应。此外,诸如偏好信念这样的信念,是关于选择与满足欲望的关系的一般信念,因此,这些动物必定不仅能够感知到单个对象(比如这根骨头),而且能够记住对象,并在过往经验的基础上形成一般概念。而且,由于许多这样的信念涉及动物对未来的期望,因此这些动物必定也具有对未来的感知——实际上是对它们自己未来的感知。作为为满足自己未来欲望而现在(也就是当前)启动事件链条的个体,这些动物可以被合理地视为能够把握**自己的**未来(具有关于未来的信念和相关期望)。因此可以合理认为:这些动物不仅具有意识,而且具有自我意识。

感知、记忆、欲望、信念、自我意识、意向、未来感,所有这些都是一岁以上正常哺乳动物的主要精神生活特性。在这个清单上加上并非不重要的感情范畴(比如恐惧和憎恨),以及被理解为对快乐和痛苦的体验的感觉,我们就可以开始公平勾画这些动物的精神生活。假设这在**理论上**可行:否认这些生物具有这种复杂的精神生活,转而支持关于它们行为的(比如)刺激—反应理论,同时断言人类具有复杂的精神生活。但是,这种观点没有提供证据支持区别对待人类和动物,也就是回应累积论证提出的证明负担。本章考察了明确处理动物的信念和欲望问题的主要论证。尽管不是所有观点都得到了考察,而且我也明确承认,在这方面得到讨论的所有争论,并非都得到了哲学上的最后解决;但是我希望,本章的考察和讨论足以表明:这些主要论证都没能应对证明的负担。如果面对这些失败还继续把刺激—反应理论用于动物,同时却支持把信念—欲望理论用于人类,或者更糟糕的,诬蔑支持用信念—欲望来理解动物及其行为的人是"拟人论者",这无异于怀抱偏见,而不是揭示偏见。固执不变地坚持某种世界观——这个世界观容许动物具有"原始的"精神生活,或者否认(我们中隐藏着一些笛卡儿论者)动物具有**任何**精神生活,这不是在以正确概念看待这些动物,正如斯蒂芬·洛克纳油画里的狮子不是在展现真正的狮子。

第三章　动物的福利

哺乳动物具有福利。它们在自己的生命历程中过着或好或坏的生活,而有些动物总体上比别的动物过得更好。所有这一切都司空见惯。但是就像常常看到的,这些寻常事却掩盖了许多困难问题。当前的一个例子是同一性问题。认为菲多在自己的生命历程中经历着或好或坏的生活,这预设了某日的这条狗和次日的以及随后不同时间段里的那条狗是同一条狗。这并非奇怪的说法。如果狗在当前感到不舒服,原因是肚子里有虫子,我们对其进行恰当治疗,狗的不舒服得到缓解,那么我们关注的这条狗,这条在未来不会不适的狗,就不是菲多**之外**的**另**一条狗。我们在关注的是菲多,我们在尽其所能改善**其**生命质量。从常识和日常实践角度判断,菲多在未来应该是与当前的它同样的一条狗,这不是什么特别的结论。如果它是另一条狗倒令人侧目了。

这个并无特别之处的看法并非平淡无奇的哲学问题。关键之处在于一个古老的问题:说明某些事物如何可以在变化着却又保持不变。当狗长到 10 岁时,它身上的每根毛发都与出生时不同,它身体内的细胞在数量上也不一样;行为也变化了;视力也不再敏锐,其他感觉的精确性也在下降。在所有这些变化过程中,我们可以在何处停下,像实际上那样指出:"那就是一直不变的菲多;正是那一点使得今天的狗与昨天的那只狗,很有可能还有明天的那只狗成为同一条狗"?

这个令人困扰的问题与其他同一性问题并无区别,不管这些问题谈的是椅子、树、还是人。但是就像许多其他问题一样,本文不探讨同一性问题。在此我们得假定,个体(包括像菲多这样的动物个体和人类个体)在时间进程中保持同一。假定人类确实在时间进程中保持同一,这对于所有道德理论都是常见的,因此没有成为实质性道德问题(即什么是道德正确或错误,是道德善或恶)的未决前提。因此类似地,当我们假定诸如菲多这样的动物确实在时间进程中保持同一时,这也没有在任何实质性的道德问题上以未决结论为前提。也就是,我们没有恰好通过假设这些动物在时间进程中保持同一来假定说:对待动物的特定方式错误,或者某些动物具有道德权利。然而,由于依照前面一章已经详细提出的理由,像菲多那样的动物具有精细的精神生活——照达尔文的话,这些精神生活与我们在程度上、而不是种类上不同,因此,对于在这些动物的同一性问题上可能出现的说明,我们可以做点评论。当这些理论寻求阐明这些动物的同一性时,这个说明必须顾及这些生物心理的同一,而不仅仅是身体的同一。**仅仅**涉及身体同一性的说明,最多只为这些动物的同一性做出了一半描述,因为它们最多只是处理了动物的一半。

第二个问题将得到略为详细的说明,它涉及动物福利的本质。关于利益、好处和伤害的概念将得到探讨(3.2-3.4),在此之前(3.1),我将确定赋予动物自主性的理由。就像随着论证进行将会逐渐清晰的,作为在时间进程中保持心理同一的个体,动物具有福利,这个福利与它们自主行动(也就是依照自己喜欢的那样行动)的能力并非毫不相干。死亡在分析动物福利时的作用也将得到考察(3.5),两个进一步的问题同样会被讨论:一个是,是否有可能以家长主义方式对待动物(3.6),另一个是,应该如何理解运用于动物的安乐死概念(3.7)。尽管本章不会得出道德结论,但是对于随后的讨论所要辩护的道德结论而言,本章考察的问题具有重要作用。比如,要求对安乐死做出恰当分析不应该被视为小题大做而被忽视。除非我们明确了本章详查的安乐死概念和其他概念,否则我们难以充分理解正等待处理的道德问题。此外,对动物福利概念的分析将说明,在许多根本方面,动物的福利与人类福利相同,这一点也表明了本章的核心目的。因此,对动物福利概念的考察将揭示人类与动物的另一重要相似,对于理解两种福利而言,这个相似并非无关紧要。

1. 动物的自主性

可以通过不同方式来理解自主性。依照一种解释,也就是在康德著作中得到的经典阐述,只有个体能够依照他们愿意让相似情境下的其他人也如此行动的理由行动,他们才是自主的。比如,如果我试图确定,从道德上看自己是否应该守诺,那么康德相信,我必须问一下:我是否愿意让相似情境下的每个其他人(也就是立下诺言的人),都能够因为与我相同的理由而像我那样行动。换句话说,当我问自己应该做什么时,我必须确定其他人会做什么;而且,只有我有能力进行仔细思考,对某种行为方式(比如决定守诺或违背诺言)的价值做出反思性评价,然后根据自己的慎思来做决定,我才可以被看做是自主的个体。

任何动物都不太可能在康德的意义上具有自主性。要具有康德意义上的自主性,动物必须能够在相当复杂的程度上进行推理,必须能够进行这样的考虑:在相似情形中,其他动物(应该是与它们同种的动物)会做什么,或者应该做什么。这种推理要求以中立的观点来评价不同行动的价值。不仅难以确定动物是否具有必要能力来完成这个推理,而且同样难以确定,如果它们拥有这些能力,我们是否可以对此做出证明。毕竟,我们可以根据累积论证而合理赋予动物的东西有个限度,即便该论证得到整体性解释动物行为的补充。至少看起来情况是这样:如果我们把康德意义上的自主性赋予任何哺乳动物,即便是成熟哺乳动物,这个做法也超出了理性允许的范围。

但是康德意义上的自主性不是唯一的自主性概念。另一看法是:如果个体具有偏好,并且有能力为了满足这个偏好而启动一项行动,那他也是自主的。鉴于对自主性的这个解释(让我们称之为**偏好自主性**),个体不需要有能力对自己的欲望、目的等进行抽象,然后以此为基础来追问相似情形下的任何其他个体应该怎么做。只要个体能够因为自己的一些欲望或目的启动行为,并且相信(可能正确也可能错误),依照某方式行动可以满足或实现自己的欲望或目的,这就足够了。康德意义上的自主性要求,个体如果要具有自主性就必须能够进行中立的思考,偏好意义上的自主性并不要求这一点。

康德意义的自主性和偏好意义的自主性,都明确把一些同样个体排除在自主存在物之外。比如,岩石、云朵、河流和植物就缺乏任一意义上的自主性。但是,偏好意义的自主性把一些被康德意义的自主性排除在外的个体包括进来,最引人注目的是许多动物。出于上一章末提出的理由(2.5),至少可以合理认为哺乳动物符合偏好自主性要求。这些动物被合理地视为具备认知上的先决条件来拥有欲望和目的;它们能够感知和记忆,也有能力形成并运用一般的信念。到了这一步就接近于承认:可以合理认为这些动物能够做出偏好上的选择。

两类事实可以说明如此看待这些动物是恰当的。第一类是,当有机会做某事(或另一件事)时,这些动物表现出了一贯的行为方式。比如,假定菲多很饿,最近也没有机会出门玩耍,那么当它要在食物和出门玩之间做出选择时,它通常会倾向于选择吃。如果这样,我们就有恰当的行为基础认为,在这种情形下狗更喜欢吃而不是玩耍,并且它会相应地采取行动(做出选择)。第二类事实涉及由于突发情况而不存在常规行为模式的情境。如果菲多饿了,我们在它面前放一碗通常的食物和一碗煮熟的茄子。如果就像我们预计的那样,菲多选择了通常的食物。那么我们再次有了恰当的行为根据认为,狗更愿意选择通常的食物而不是茄子,并相应地采取了行动(做出选择)。即便这是菲多唯一一次面对这种选择的情况,我们也可以合理地做出上述主张。

一旦依照偏好意义来理解自主性,我们就有理由认为许多动物具备自主性。哪种动物可以被合理地视为具备自主性,这首先依赖于我们是否有合理根据认为,它们具有被理解为欲望或目的的偏好,其次依赖于我们是否会发现,它们在不同情境下的行为表现,可以诉诸其偏好和因此做出的选择得到可理解描述和简约说明。就像其他相似问题一样,在哪里划界当然还有争议。但是至少在一岁以上的正常哺乳动物那里(即便不是在任何其他动物那里),前两章得出的结论,包括整体性看待动物行为的需要,确保赋予它们以偏好自主性是合理的。

因此我们有两种意义的自主性——康德意义的和偏好意义的,二者之间差异甚大。如果可以表明,康德意义的自主性是唯一真正意义的自主性,或者偏好意义的自主性是轻率的、混乱的或更糟,那我们就可以正确地声称动物缺乏自主性。但是这些说法根本就不可能成立。自主性的康德式解释并未提出,如果某个体要具有任何意义的自主性就必须满足某些条件。它提出的是:如果某个体要成为**道德上**自主的**行动者**——也就是可以对自己做出的或没能做出的行为负有道德责任、能够被正确地责备或赞扬、批评或谴责,他必须满足某些条件。康德意义自主性的要旨在于:自主的个体能够超越对个体偏好的考虑,通过在慎思中加入不偏不倚的理由而思考自己的道德义务。这两个看法(一方面是个体偏好,另一方面是个人的道德义务)是不同的。比如,只是从我想让你死或者想让你当众出丑的偏好,并不能推出我或任何其他人有道德义务结束你的生命,或者让你当众出丑。也有许多我在道德上有责任做的是我个人不情愿做的(比如遵守诺言)。假定大家同意,要具备道德主体(moral agent)的地位就必须在康德的意义上自主。(关于道德能动性的其他评论参见 5.2)。这也没有推出:某个体为了能够在**任何**意义上具备自主性,就必须在**康德**的意义上自主。只要个体有能力依照自己的偏好行事,赋予他自主性就可以理解,也可以得到证明。尽管一岁以上正常哺乳动物无法被合理视为道德主体,因为它们无法被合理视为在康德的意义上具有自主性,但可以合理认为它们在偏好的意义上自主。

2. 利　益

承认在智力上可以恰当地认为动物是自主的,这对于恰当理解它们的福利具有重要意义。通过考察福利运用于人类和这些动物时的一般意思,我们可以非常清楚看到这个意义所在。有必要首先注意一下,当我们说某个人(A)"关注"(have an interest in)某物(X)时,这个说法是含糊的,这时我们至少表达了两个不同意思:(1) A 对 X 有兴趣,(2) X 符合 A 的利益。这两种意思在逻辑上完全不同。举个例子,我们的朋友琼斯可能会对并不符合他利益的事情产生兴趣,比如可能会对伤害自己健康的吸毒感兴趣。而我们的朋友史密斯可能会对符合他利益的事情不感兴趣,比如他可能对锻炼不感兴趣,尽管这可以给他带来好处。假定我们用**偏好利益**(preference-interests)和**福利利益**(welfare-interests)来表示这个区分。前者的意思就是个体**感兴趣**的事物,也就是他喜欢、渴求、想要的东西,简言之就是他希望得到的;反之就是他不喜欢、想要回避的东西,简言之就是不希望得到的。美国哲学家拉尔夫·巴顿·佩里(Ralph Barton Perry)所理解的利益就是这个意义上的,也就是偏好利益,因为他把利益描述成"某种特定类型的行为或状态,其特征是得到**支持或反对**"①。不过佩里的描述看起来不够令人满意。他理解的显然是所谓的**一过性利益**(episodic interests),比如:我**当前**处于某种精神状态,一旦被问及我就会把这个状态描述为想要香蕉。然而,某物可以符合个体的偏好利益,但是个体无需在**此刻**处于支持或反对该事物的精神状态,也无需在**此刻**具有某种相应的精神活动。我的一些朋友对植物感兴趣,但是当我说:"唐对植物感兴趣"时,这句话的真假并不依赖于唐当前的精神状态是什么,或者依赖于他当前的精神活动。偏好利益可以是性情上的渴望、喜欢、等等,而不只是某人精神生活的片断,当我说我的朋友唐对植物感兴趣时,指的就是这个意义的偏好利益,也就是性情意义上的偏好利益。佩里的描述似乎忽略了偏好利益的性情特征。

福利利益与偏好利益不同。依照福利利益,说 A 关注 X 不是说(也不必暗示这一点)X 符合 A 的偏好利益,不管是一过性意义上的还是性情上的。那我们说的是什么?是这个:具有 X 或采取 X 将会(或者我们认为会)给 A 带来好处,将对 A 的福祉(well-being)有所贡献。依照这个意义的"利益",严肃谈论某个体关注某物的必要条件是:该个体具有福祉,或者说福利。由于动物和在相关方面类似动物的人类符合这个要求,因此我们可以严肃地说动物具有福利利益。而且依照前几章详述的理由,二者都可以被合理地视为具备欲望,因此我们也可以严肃地说动物具有偏好利益。有些东西**符合动物的利益**,有些是**动物感兴趣的**。那么,由于符合个体 A 利益的就是给 A 带来好处的,而不符合其利益的就是给他带来伤害的,因此,理解个体福利的一般概念要求考察好处和伤害的概念。

3. 好　处

好处让个体在能力范围内可能(或者更有机会)获得某种好生活。使得个体 A 的

---

① 佩里:《价值王国》(R. B. Perry, *Realm of Value*, Cambridge: Harvard University Press, 1954),第 7 页。

福利成为可能的事物对 A 而言就是好处,这个说法的意思是:如果某些特定条件不能满足,A 过得好(对应于 A 可以获得的好生活)的机会就会受损、变小、受限或者被取消。换句话说,如果**能够**过得好的个体要获得过上好生活的真正机会,那就应该满足一些条件,实现一些基本要求。根据个体能力及所处大环境的不同,这些条件具有某种程度的差异。比如,如果 A 是典型的人类,那么,要真正有机会过上好生活他就必须接受一定程度的教育。但是,所需的教育程度也根据个体的生活环境而不同(生活在西藏的村庄、还是生活在纽约的布鲁克斯区),正如一个人需要掌握的知识依赖于他所处的文化氛围而不同(为了坐地铁你无需知晓如何种植玉米,反之亦然)。然而,尽管存在许多可能的差别,对于所有人类和动物来说,如果他们想要获得合理机会来过上好生活,有些条件就是普遍的。适当的营养、居所、水、休息等就属于这种条件,它们构成了人类和动物的基本生物需求。我们可能还记得,弗雷主张,我们可以认为某些事物具有需求,但并不暗示它们具有欲望。这是对的。就像早先(2.2)注意到的,我们可以有意义地说车子和花朵需要水,但是并不暗示它们欲求水。然而,一旦我们超越弗雷对动物欲望的否定,我们就没有理由否认,动物像我们一样,拥有对应于基本需求的一过性利益和性情上的利益。像花朵一样,动物需要水和营养,这是它们的基本生物需求。但是与我们一样,它们也**更希望**这些需求得到满足,而不是不被满足(在这一点上它们与花朵不同)。简言之,动物和我们一样具有与它们的基本需求相关的欲望。它们对食物和水**具有兴趣**,正如食物和水**符合它们的利益**。

可能有些"低等"动物只有满足自己基本生物需求的欲望或偏好。如果这样,那么它们的个体福利就取决于这些欲望得到和谐满足的程度。和谐满足的观念非常重要。如果一个动物得到它所需的充足水分但是没有食物,或者得到充足食物但是没有水分,这对它来说还不够。同样,只是偶尔满足它的所有欲望也不够。相应于个体的能力而过得好就是让个体的不同欲望以一种和谐、完整的方式得到满足,不是偶尔的满足,而是有规律的满足。因此也不仅仅是今天的满足,而是普遍的满足,贯穿个体保持自己心理同一性的整个过程。与人类一样,动物福利的要义在于一般性,它是正在经历、正被体验的生命的首要质量所在,而不是孤立的某个场景。不管是人类还是动物,个体在自己能力范围内过上好生活的机会,依赖于个体能在多大程度上和谐满足自己的欲望。如果动物没有这个机会——不管这是因为自然环境(比如洪水、干旱或者大火)还是人类干预(比如自然栖息地被破坏),它们过上好生活的可能性也就相应减少。

不管在某些非人类的动物那里情况怎样,典型人类所具有的偏好显然超过与基本生物需求相关的那些。明显的例子是:人类的欲望和目的之总体与他们对艺术、音乐、文学的兴趣紧密联系。有意识的有机体越是复杂(也就是欲望和目标数量越多),对他来说过得好的概念也必定越复杂,如果他要有真正机会过上这种生活**也就**需要满足越多条件。由于过得好涉及个体的欲望和目的在时间进程中的和谐满足,因此个体具有的欲望和目的越多,这些欲望也就越难以得到和谐满足。确实,欲望和目的数量越多,内容越复杂,就越难以确定:对于这种个体能得到的好生活的特定本质来说,什么是有益的。在思考对于人类来说怎样才算过得好时,我们遇上了极大困难,它不仅体现为历经岁月累积下来浩瀚文献,还向我们清楚展示了人类的"好生活"概念有多复杂。就像在典型人类那里看到的,欲望和目的之间的关系最复杂。鉴于此,一点也不奇怪的是:应该好好讨论一下人类这种生物的"好生活"的本质。

这个争论无法在本文解决,甚至无法得到恰当说明。我们能够做的是,一般性地讨论除了涉及水和居所这样的基本生物需求之外,与人类福利概念紧密相连的一些更重要的观念。就像我们将会看到的,对这些概念的考察也将对阐释动物福利的概念有所启发。随着文本的展开,一些理由会被提出,以此表明,对于人类的好生活而言超越了基本生物需求考虑的一些基本要素,也会在动物那里具有相应呈现。

心理需求和社会需求

不管有多少人反对人类的"好生活"具有特定本质,大多数人还是同意:典型人类具有同一类型的心理需求和社会需求,包括对结伴、安全和自由的需求。这些需求显然会相互作用。无法结伴的个体(比如被忽视的孩子),在与他人交往时有可能会缺乏安全感,也会担心自己的自由;相形之下,那些在具有强烈安全感的环境中长大并得到结伴支持的孩子,更有可能具备自主行动所必需的信心。这些人类需求在动物那里也有对应。与人类一样真实的是:心理需求和社会需求、而不仅仅是基本的生物脾性,也是动物本性的一部分。比如就像前面论证过的(2.5),动物具有情感生活:爱与憎、恐惧与愤怒、安全和孤独。如果动物的生活环境让它有机会满足自身需求方面的偏好,那就可以说它在这个意义上享有着好处。换句话说,生活在这种环境对于这些动物来说就是一种福利利益。

个体的福利不仅体现在拥有使得好生活成为可能的好处。不管是人类还是动物,如果个体过上好生活,这意味着总体来说他们比较满意自己的生活现状。而这要求这些个体能够不时得到他们想要的、喜欢的、欲求的东西,否则其生活就会充满挫折和挫折感。但是,尽管个体的福利涉及欲望或偏好的和谐满足,这也无法保证,在欲望得到认识的任何情形中,每一欲望的满足都有益于个体的福利,或者说符合个体的利益。

如之前注意的(3.2),个体得到自己向往的东西(想要的或欲求的东西)并不一定符合其利益,有时个体并非能够最恰当地判断自身利益所在,即便她能够很好地判断自己的兴趣。比如,我知道没有人比我更关注我的健康,即使是我的医生也不行;但是就像匹兹堡大学的一位哲学家尼古拉斯·雷舍尔(Nicholas Rescher)说到的,我的医生往往比我更适合于决定:为了恢复身体健康我需要做什么②。当论及福利利益时,美国哲学家约翰·克莱尼希(John Kleinig)认为,所需的是"判断"和"专家","尽管个人自己的感受……没有被忽略,但是这些感受并非决定性的"③。关于什么符合我的利益(我的福利利益)——这不同于我碰巧对什么感兴趣(我的偏好利益),他人有时比我更有发言权。既然这一点在人类那里成立,就没有理由认为它在动物那里不成立。比如,菲多并不能最恰当地判断什么将促进它的生活质量。关于这一点,下面还会论述(3.6)。

承认人类并不总是能够最恰当地判断什么符合自己的利益,这并非要承诺如下看法:我们总是(或可以经常)有资格仅仅因为相信某人的行为会与她的利益相悖,就干涉有行为能力者的生活。换句话说,干涉他人生活的家长主义不能仅仅因为如下一点就得到辩护:有行为能力的人类,有时会干损坏他们个体福利的事。我们应该避免对他人生活做出过分的家长主义干涉,其中的一个原因是:允许最大的个人自由,这本身就是一种益处,这个益处让拥有最大自由的人得以在生命历程中体会一种自我感。因此,允许广泛的个体自由就是允许这一点:个体通过做出充分选择(依照自己的方式来获取所需之物)而得到满足。这是满足感的一种来源,它会随着对个体自由的否定或削弱而被相应否定或减少。同样,如果个体自主性的概念无法被有意义地运用于动物,那么认为动物能够通过广泛的个体自由而获得好处就没有意义。然而,在本章开始(3.1)我们已经辩护表明,在理性上可以合适地认为动物具有某种自主性——偏好自主性:它们能够启动行为来满足自己的欲望和偏好。这样,我们就没有理由不做出如下假设:动物能够不仅从实现自己的目标或欲望中得到满足,还通过"自己做选择"来实现这些目标或欲望而得到满足。一只被俘获的狼如果定期得到投食,那毫无疑问它对食物的欲望得到了满足。但是,对于一只必须付出一定努力和设计才能满足食物欲望的狼来说,它满足的不仅仅是对食物的欲望;原则上没有理由否认,狼在与同伴合作、采取必要行动以满足食物欲望时感到了满足。

---

② 尼古拉斯·雷舍尔:《福利:哲学角度看社会问题》(Nicholas Rescher, *Welfare: The Social Issue in Philosophical Perspective*, Pittsburgh: University of Pittsburgh Press, 1972),第 16 页。

③ 约翰·克莱尼希:"罪犯与伤害概念"(John Kleinig, "Crime and the Concept of Harm"),载《美国哲学季刊》(*American Philosophical Quarterly*), 15(1)(1978 年 1 月),第 38 页。

在人类这里(就像在动物那里一样),应该把好处和满足区别开④。从得利的角度看,好处就是让满足得以实现的东西,或者增加实现满足的机会的东西,而不是满足的状态本身。比如,如果说财富、闲暇、天分对拥有它们的人构成了好处,那这是因为:这些东西扩大了其拥有者在生活中获得满足的资源。这些资源可能会被浪费或忽视,如果这样,它们有可能带来的满足就没有实现,或者说没有得到最大限度实现。我们说这些个体浪费了自己的才智、金钱、闲暇,等等。他们并未充分利用自己得到的好处,因此也没有充分体现自己的生活价值。

尽管好处和满足不同,人们却可以从好处的获取或保障中得到(或发现)满足。如果我渴求财富,或者努力工作希望得到晋升,那么我很有可能会因为实现自己的目的而得到满足(尽管我不是一定会得到满足:有时我们会发现,正是为了实现某个目标的奋斗过程、而并非实现本身,带来了满足。有时我们还会发现,我们为之努力工作的目标一旦实现,它就不再是我们真正想要的,因此不再是满足之源)。还有这种可能:获得某种好处本身构成了满足之源,不必考虑该好处在增加获得者实现满足的可能资源上有什么作用,比如,身体状况很好的人从这种状况中得到了满足。不过,当我们能够、而且有时确实从某种好处的获取或保证中得到满足时,有一点仍然正确:这些好处本身具有某种价值,它无法被单单还原成拥有它们的人可能获得的满足。健康、财富、才智以及类似的人类好处之所以**是**好处是因为,它们扩大了拥有者在生活中获得满足的范围。也正因为如此,我们判断说(比如)富有的守财奴误解并误用了自己的财富。他没能通过最大限度运用自己拥有的好处(金钱)来丰富生活,他把自己生活的满足仅限于拥有好处,因此让生活贫瘠。

同样的区分也适用于对动物福利的考察。动物得到的好处不同于动物的满足。这些好处扩大了获得满足的可能资源的范围。比如,身体健康对于拥有健康身体的动物来说是好处;这个好处对该动物的福利是个贡献。但是,身体健康的主要贡献应该依照它带来的可能性来理解,而不是根据它所属的状态或条件来理解。健康的动物可以比孱弱的动物做得更多,由于可以做得更多,它们就拥有更多实现满足的可能资源。正是这一点使得健康成为一种好处,不仅对于动物来说是这样,对于我们来说也如此。

---

④ 对**好处**一词的一种使用允许我们认为,满足一个欲望对于人来说是好处(也就是对他有利)。本文不是以这种方式使用好处一词,因为这种使用要求我们区分"好处1"(使得满足成为可能、或者说扩展了满足机会的好处),和"好处2"(在某事情上得到满足所带来的有利结果)。关于这个区分,参见本迪特:"好处与伤害"(T. M. Benditt, "Benefit and Harm"),载《哲学与现象学研究》(*Philosophy and Phenomenological Research*),37(1)(1976),第 116—120 页。

详细列出人类过上好生活所需的根本条件超出了本文范围,但还是有可能根据前面的论述做出概括,对人类好生活的条件做出部分形式化的描述。如果人类(1)获得了、或者在追寻自己喜好的东西,(2)在追寻和获得自己喜好的东西时得到了满足,并且(3)他们的追寻或获取符合自己的利益,那么我们就可以说人类过着好的生活。这些条件既适用于正常人类,也适用于具有经验性福利的异常人类。具有残障的人,不管是身体残疾还是精神残疾,追寻他们喜好之物的机会变小了。有时他们甚至不知道:自己所好之物中有些符合他们长远的福利利益,有些不是。尽管在莫测的基因组合和一些突发事件上我们更幸运,这些人类能够拥有的好生活更贫乏一些,但这不过表明我们更幸运而已,并没有表明这些人类缺乏福利,或者说上面的形式化描述不适合他们。

在动物那里同样如此。与我们一样,动物获得好生活的程度取决于在多大程度上它们(1)在追求并获取自己喜好的东西,(2)在追寻和获得自己喜好的东西时得到满足,并且(3)它们的追寻或获取符合自己的利益。在动物那里,获得满足的可能范围比我们更小,但这没能表明它们的福利与我们根本不同,而不过表明:就我们的所知而言,符合我们利益的**某些**东西(比如艺术和科学)对于人类来说是特别的,因此,满足这些利益对人类福利的贡献在动物那里不成立。然而,即便动物与人类确实在某些方面不同,二者的相似也同样值得注意。我们与动物共享一些生物、社会、心理的利益。如果说只要我们和谐地满足这些利益的机会得到增加,我们就受益了,那在动物那里同样也如此。

4. 伤 害

个体的福利遭到严重削减时他们就受到了伤害。并非一切伤害都带来同等后果,并非所有伤害都以同样方式进行。可以区分出两种伤害——折磨与剥夺。

折 磨

急性或慢性的身体痛苦或精神痛苦是典型的折磨。痛苦不只是意味着疼痛。如果我的脚发生急剧而短暂的抽筋,那么我们会感到疼痛,但我并不必然会遭受痛苦。即便我饱受抽筋之苦(也就是如果我的脚容易抽筋),我也未必会感到痛苦。如果我容易抽筋,那表明我比正常人更容易抽筋。但是遭遇特定困境不同于、也并不必然导致某人最终遭受痛苦。痛苦涉及相当强度的长期疼痛。你不可能、也没必要给出精确参数来说明疼痛持续的时间和强度,然后才能说它构成痛苦。在人类那里,典型的痛苦包括严重烧伤、截肢、饥饿、瘫痪、诸如肠癌和肺气肿这样的疾病、残忍的拷打、朋友或爱人的死亡或重病、自尊的丧失、当众受辱、重度抑郁。当我们说这些情况是典型的人类痛苦时,这**不仅**表明我们知道从心理上看遭遇这些苦难的人确实遭受痛苦,**而且**我们毫不犹豫会同情他们的遭遇。在这种情形中,受难者并没有像癔症患者习惯的那样"夸大"痛苦程度。此外,因命运而落入此类苦难的人看上去也受到了伤害;也就是,他们的生活质量或福利降低了,除非他们的痛苦直接导致随后生活质量的提升,并在很大程度上超过如果没有遭受痛苦本来会具有的水平。当然,很难知道这是否在任何可能情形中都正确,甚至也难以说明我们如何能够确定这一点。不过遭受痛苦的人确实这么**说过**。遭受痛苦有时唤醒了人们,让他们认识到自己原来的生活方式多么肤浅,也导致他们进行新的、更充实、更令人们满意的追求。正是在这一意义上,甚至受苦也可以是"好事",是"因祸得福";而且依照对个人福利的总体评价,这种受苦可能带来的未来满足会大大超过补偿苦难所需的程度。然而,并非所有苦难都会带来愉快结局。苦难可以、也常常摧毁人们的生活基础,有时也标志着当事人的福利开始下滑。在这些情形中,遭受痛苦不仅是初步的伤害,而且是真正的伤害。

由于动物与我们一样具有福利,因此如果否认它们遭受的痛苦与我们遭受的性质一样,那就很奇怪。很能说明问题的是,19 世纪的英国哲学家杰里米·边沁(Jeremy Bentham)有一段话被反复引用,在那里他阐明了关于动物道德地位的观点,依据是动物遭受痛苦的概念,而不是动物的疼痛。他是这么写的:

> 会有那么一天,其他动物会获得它们的权利:除了暴君,本来谁都无法夺去的权利。法国人已经发现,黑色皮肤并非一个人类应该被抛弃、并且无法向施与折磨者申冤的理由。有一天人们会认识到,有几条腿、皮肤覆盖怎样的绒毛、有没有骶骨,这些还不足以让某种有感觉的存在物被抛弃、或置于[和黑人]同样的命运。那么,这个不可逾越的界限应该划在哪里?是理性的能力吗,或者可能是交流能力?但是,发育成熟的马或者狗毫无疑问比一天大、或者一周大、甚至一个月大的人类婴儿更具理性,同样也更具交流能力。但是,假设情况不是这样,这会带来什么启发?问题不在于它们是否会推理,是否会说话,而在于它们是否会遭受痛苦⑤。

---

⑤ 杰里米·边沁:《道德与立法原理导论》(Jeremy Bentham, *An Introduction to the Principles of Moral and Legislation*, 1789; reprint, New York: Hafner, 1948),第 17 章,第 1 节,第 311 页注释。

边沁机敏地根据遭受的痛苦、而非疼痛来提出问题。尽管人不能体验疼痛就不会遭受痛苦,但也并非所有的疼痛体验都构成痛苦。轻微头疼、肌肉酸痛、指关节破皮(多少)都让人觉得疼,但是如果有人觉得这造成痛苦,那他应该是有点癔症。疼痛不该被视为引发痛苦的原因,除非它足够严重、持续时间足够长,构成了初步的伤害⑥。

同样说法也适用于动物的疼痛和痛苦。与我们一样,它们不喜欢疼痛。但是让它们疼并不等于、也不会必然导致它们遭受痛苦。它们经受的疼痛是否造成痛苦,这依赖于疼痛的严重程度和持续时间。尽管我们无法精确说出,多长时间和多严重的疼痛必定会给动物造成痛苦,但是像我们一样,在它们那里也有一些典型的痛苦(比如广泛烧伤和很深的伤口)。从这个角度看,边沁根据不同于疼痛的痛苦来提出"不可逾越的界限"问题,这具有新的意义。在动物问题上,可以把他理解为⑦认为问题不仅在于我们是否会导致动物疼痛——除了隐秘的笛卡儿论者,对此的回答都是肯定的。相反,问题在于:我们是否会给它们带来非常强烈和持续的疼痛,令它们遭受痛苦。这是更核心的道德问题,因为如果我们会导致动物痛苦,那么我们的所为不仅可以让它们受伤,而且会伤害它们;如果会伤害它们,那么这就会降低它们在时间进程中体验的生活质量;如果这样,那么我们就必定认为这些动物在时间进程中保留了同一性,并且过着自己或好或坏的生活。边沁使用痛苦而不是疼痛来提出问题,这表明他认识到我们与动物之间更深刻的相似,这个相似超出了二者都会受伤的事实,而从前面的论证来看,它也更接近真理。这个相似就是:二者都会被伤害。

有必要认识到,伤害并不完全是道德概念,而如果"只有人类会带来伤害"⑧,那它就是道德概念。把伤害概念限制于只有人类才会做的事情,这是武断的。大自然、而不仅仅是人类,也会带来伤害。大自然会造成大量的痛苦,包括洪水、飓风、台风、地震、火灾、疾病、先天的畸形,这些东西可以、而且往往是伤害。初看起来,如果一棵倒下的树砸断了我的腿,那么我因此遭受的伤害与我邻居砸断我的腿所带来的完全一样(我的福利受到同等程度的负面影响)。确实,"自然灾害"带来的痛苦并不是什么错误。大自然不是道德主体,既无法做什么错事,也无法做正确的事情。但是,因大自然的事件而最终遭受痛苦确实是受到了初步的伤害。即便待我不公的人确实伤害了我,

---

⑥ 对这些要点的进一步评论,参见比如我的"素食主义的道德基础"("The Moral Basis of Vegetarianism"),载《加拿大哲学杂志》(*The Canadian Journal of Philosophy*),5(3)(1975),重印于汤姆·雷根:《那里的所有居民》(*All That Dwell Therein*, Berkeley, Los Angeles: University of California Press, 1982)。
⑦ 这里并没有说边沁本人持有下述观点,而不过是说边沁在所引用段落中的论述允许他持有这种观点。
⑧ 约翰·克莱尼希:"罪犯与伤害概念",第27页。克莱尼希本人并未把伤害限制于这方面。

也并非所有伤害了我的事都是待我不公,在下面讨论被视为剥夺的伤害时,我们还有机会看到这一要点。

作为剥夺的伤害

个体会以一种没有痛苦的方式遭到伤害。比如,如果一位莽撞的父亲赌输了所有财产,结果他的儿子没有机会接受符合其(他儿子)利益的教育,那么这个孩子的福利初步看就受到了削弱(这个孩子初步看遭受了伤害),即便他没有遭受什么痛苦。或者,如果一位聪明伶俐的年轻女子,因为注射无痛但伤身的药物而陷入无欲无求的低能状态,那么即便没有遭受什么痛苦,她也受到了严重伤害。简言之,造成伤害的方式比造成损伤的方式更多。并非所有的伤害都是损伤,就像并非所有的损伤都造成了伤害。

该如何理解没有造成损伤的伤害呢?看起来最好的办法就是认为,这些伤害**剥夺**了让生活中的满足来源成为可能、或可以扩展这些来源的好处,或者令这些好处丧失了⑨。因此,赌徒的儿子受到了伤害,因为他被剥夺了受教育的机会,这个机会可以扩展他能够获得的满足资源,因此本来应该是他的好处;而那位注射药物的年轻女子之所以受伤害是因为,精神损伤导致她失去了曾经拥有的那些好处(比如,在康德的意义上自主行动的能力)。因此一般而言,如果个体拥有的好处被剥夺,或者,他们的环境(包括别人的行为)令其无法获得必备的好处,以得到真正机会过上与自身能力相称的好生活,我们就说个体受到了初步的伤害。因为种族、宗教情感、性别的原因拒绝孩子接受教育的平等机会,或者以相似理由拒绝具备相应能力成人的就业机会,就是在通过拒绝让他们获取基本好处而伤害他们。这些受害者无需意识到这些伤害,也无需在精神或身体上遭受某种痛苦。"心满意足"的家庭主妇和"快乐的"奴隶可能已经受到了伤害而不自知。实际上,有时伤害恰恰会因为受伤之人**没有认识**到伤害而变得更加深重。

个体可以受到伤害而不自知,这一点在评价我们对待动物的方式上寓意深刻。比如,现代农场(所谓的工厂式农场)在非自然环境下饲养动物⑩。这些动物常常挤在一起,比如笼子里的猪,或者被相互隔离,比如牛犊。由于这些动物只体验过自己生活的

---

⑨ 托马斯·内格尔看起来持有类似立场,见他的"死亡"("Death"),见《人的问题》(出版信息见本书第 2 章,注释 36)。

⑩ 当今对工厂式农场的经典说明是鲁思·哈里森的《动物机器:新工厂式农场业》(Ruth Harrison, *Animal Machines: The New Factory Farming Industry*, London: Stuart, 1964)和彼得·辛格的《动物解放》(Peter Singer, *Animal Liberation*, New York: A New York Review Book, distributed by Random House, 1975, cloth and New York: Avon Books, 1978, paper)。更晚近的,在我看来也是至今最好的研究,是吉姆·梅森和彼得·辛格的《动物工厂》(Jim Mason and Peter Singer, *Animal Factories*, New York: Crown Publisher, 1980)。

人工环境,有时人们会认为:这些动物并不知道自己丧失了什么,故而不会因放弃自己所不知的其他环境而过得更糟。上述假定的意思不是:你不知道的东西不会让你受损伤;而是:你不知道的东西不会让你受伤害。这个假定是错的。如果我在一个舒适的笼子里养大我的孩子,把他和其他人类隔绝,但是完全满足他的基本生物需求,而且尽力确保他不会遭受任何不必要的痛苦,那么人们不会因为我损伤了他而认为我做错了什么。然而,很显然我伤害了他,而且是最严重的伤害。我要是反驳说我的儿子"并不知道自己丧失了什么",因此没有被我伤害,那这个反驳无疑是苍白无力的。他不知道自己损失了什么正是我对他造成伤害的一部分。那么让我们假定,被集中圈养的动物并不知道自己损失了什么。但是这并未表明它们没有被自己的生活环境伤害。恰恰相反,就像在"我儿子"的情形中成立的,我们应当说,工厂式饲养给这些动物造成的部分伤害就**是**:它们不知道自己受到了糟糕对待。

如果我们还记得,许多动物具有超越食物、饮水、休憩等基本生物需求的需要和相应欲望,那么我们就不难明白,伤害可以独立于痛苦而以剥夺的方式呈现,而且动物可以受到这种伤害。我们说人类是社会动物,但我们并非唯一的社会动物。我们对动物所知越多(家养的和野生的),我们就越是对动物生活的社会需求和社会组织特征具有深刻印象。对于不具专业知识的人来说,狼群可能不过是犬科物种狼的集合,任何成员之间既没有感情纽带,也没有狩猎时展示的那种针对共同目标的组织性。曾几何时,声称自己对这些动物甚至具有些许认识的人,都在继续相信这个说法。然而这个时代已经过去了[⑪]。哪怕是像鸡这样"低级"的生物也具有清楚的社会结构,其行动方式也提示了它们的社会需求和相应欲望。把具有这种欲望的动物置于无法满足欲望的境地(就像比如路边动物园里被圈养的狼),这会早已导致它们遭受伤害,不管它们是否遭受痛苦,因为这相当于剥夺了它们满足结伴欲望和自由行动欲望的机会。造成伤害的,不仅是如果(或者当)动物被集中圈养或关在笼子里时遭受的痛苦,过度限制所造成的机会丧失也是原初的伤害。即便这些动物没有遭受痛苦,这也不过表明它们没有受到损伤,但没能表明它们并未受到伤害。此外,如果这些限制并未给它们的福利带来巨大好处(除非被囚禁否则就无法获得的好处),那么这些动物就**确实**受到了伤害,就像前面例子中"我儿子"受到的伤害一样。很难想象人们如何可以否认:遭受孤独或严密囚禁的狼、猪、或其他动物没有受到巨大伤害。

---

⑪ 参见比如,巴里·霍尔斯顿·洛佩斯:《狼与人》(Barry Holstum Lopez, *Of Wolves and Men*, New York: Scribers, 1978)。

被视为剥夺的伤害无需引发或涉及疼痛或痛苦,这一点是明确的。但是,作为剥夺的伤害却常常引发或涉及疼痛或痛苦。换句话说,在许多情况下,剥夺构成了双重伤害。首先,个体由于被剥夺借助各种资源来实现满足的机会而受到伤害;不仅如此,用于剥夺这些机会的手段所导致的痛苦也会造成伤害。孤独地被禁闭的动物再次成为鲜明例子,可以用来说明这两方面的伤害,原因在于:虽然(比方说)被囚禁的狼,可以在即便没有遭受痛苦的情况下(比如受麻药作用而陷入昏迷),仅仅因为被剥夺行使自主性的机会而受到伤害,但是显然,这些狼通常也像动物园的其他动物那样因为被囚禁而遭受痛苦。而且明显的是,尽管痛苦不同于被视为剥夺的伤害,它也会造成包括剥夺在内的后果。比如,农场动物被密集饲养,它们不仅遭受各种消化道疾病带来的痛苦——包括不顾及其生理需求的饮食所造成的溃疡和慢性腹泻⑫,而且它们遭受的痛苦本身和身体状况因此的衰落,又减弱了它们做自己想做之事、并从中得到满足的能力。奶牛站在铁丝网或水泥地板上时遭受着严重痛苦,它们不仅要遭受作为折磨的伤害(站立带来的剧烈疼痛),而且还遭受着活力衰减所带来的作为剥夺的伤害。

5. 死 亡

在动物的死亡和处死动物方面,认识到伤害无需造成损伤具有重要含义。有时人们认为,只要动物被无痛处死,只要它们死亡时没有遭受痛苦,我们就不该遭受道德抗议。争论屠杀动物以提供食物的替代性"人道"方式,以及出于科学目的而使用动物的伦理性时,这个观点常常被提出。比如在后一种情况下,我们常常被告知,如果动物被麻醉而失去感觉,不会遭受痛苦,而且如果在检测、试验或展示之后,动物在恢复知觉之前就"牺牲了",一切就都是道德上光明正大的。这种观点有严重缺陷,本章对好处和伤害的说明可以予以解释。这种观点假设:我们对动物所能造成的唯一伤害就是让它们遭受痛苦。这完全忽略了我们可能施与动物的其他伤害,也就是剥夺带来的伤害。早夭是一种根本的、无可挽回的剥夺。无法挽回是因为,死亡是永久性的;根本的是因为,死亡结束了**一切**获得满足的可能。一旦死亡,怀有偏好、能够获得这样或那样的满足、并且可以自主地执行偏好的人,将无法再做这些事。死亡是根本的伤害,因为死亡是根本的丧失——失去了生命本身。死亡可能不是最坏的伤害。有些状态比死亡还要糟糕,绵延强烈而无法治愈、也没有缓解希望的痛苦就是明显例子。但这并不是说

---

⑫ 参见梅森和辛格的《动物工厂》,第21页以下。

我们必须(应该)认为,选择死亡比继续承受这种生命更可取;或者说我们必须(应该)甚至在这种人愿意继续存在的情况下结束他的生命。这不过是说我们理解:即便死亡是根本的伤害(因为它是根本的丧失),这也不是最坏的伤害。

鲁思·西格曼(Ruth Cigman)辩驳了看待死亡的这种方式⑬。考察一下她的理由会有助益。依照她的用语,死亡要对特定个体构成"不幸",该个体必须能够拥有西格曼追随伯纳德·威廉斯(Bernard Williams)而称为"绝对欲望"⑭的东西。她说,这种欲望:

> 不仅仅是预设了生命的保存(就像饥渴时想要吃东西的欲望),而是回答了是否要继续存在的问题。对这个问题的回答可以是肯定也可以是否定。威廉斯讨论了他所谓理性的前瞻性自杀欲望;该欲望是绝对的,因为它回答了(否定地)、而不是假定了继续存在的问题。人们还可以对这个问题做不同回答,也就是以一种肯定欲望来回答,比如养育孩子或者写一本书。这种欲望为人们提供了继续活下去的理由,为生活给出了所谓的要点或意义。多数人在自己整个实质性生命历程中都具有某种这样的欲望⑮。

西格曼认为,尽管动物"在生命受威胁时表现出巨大恐惧",但它们"是盲目地执著于生命",缺乏怀有绝对欲望的能力⑯。这是因为,动物缺乏怀有绝对欲望所预设的对生与死的理解。一个个体不可能把死亡视为不幸或伤害,除非"他具有关于长远未来可能性的概念,关于作为价值对象的生命本身的概念,关于意识、能动性及意识和能动性的丧失的概念,以及悲剧和类似不幸的概念"。由于"这种理解为具备绝对欲望的主体所必备",由于动物缺乏这种理解,也缺乏获得这种欲望的能力,由此推出:死亡对于动物来说并非不幸——不是伤害⑰。

---

⑬ 鲁思·西格曼:"死亡、不幸与物种不平等"(Ruth Cigman, "Death, Misfortune and Species Inequality"),载《哲学与公共事务》(Philosophy and Public Affairs),10(1)(1980年冬季刊),第47—64页。
⑭ 伯纳德·威廉斯:"马克罗普洛斯事件"(Bernard Williams, "The Markropolous Case"),见《自我的问题》(Problems of the Self,Cambridge: Harvard University Press, 1973)。
⑮ 西格曼:"死亡、不幸与物种不平等",第58页。
⑯ 同上书,第57页。
⑰ 西格曼:"死亡、不幸与物种不平等",第59页。我假定,不幸和伤害运用于人类和动物时具有共同范围。人们无法有意义地说,某物对于玛莉而言是不幸,但是玛莉并未受到这个事物的伤害,或者说尽管她受到了某物的伤害,但是并没有遭受不幸。因此我假定,当西格曼否认死亡对于动物而言是不幸时,她也暗示这对于动物来说并不是伤害。我在这个问题上的看法至少不是古怪的,不管合理与否。除了内格尔("死亡")之外,还参见萨姆纳:"生死问题"(L. W. Sumner, "A Matter of Life and Death"),载《努斯》(Nous), 10(1976年5月刊),第145—171页。

西格曼的说法有许多模糊之处,有些可能难以避免。西格曼认为,死亡要对某个体构成不幸,那个个体必须感受到"长远的未来可能性"。但是,多久是"长远的"? 这个问题并非无聊。前面已经给出一些理由,认为动物对自己的未来具有某种直觉;它们的当前活动怀有一个目的:让未来的欲望得到满足。它们所理解的未来是否长到足以被算作"长远的未来可能性"? 比如,如果狼群往特定方向奔跑数个小时,甚至是数天,然后在到达特定地点后停了下来,此时一群悠闲徘徊的北美群鹿进入视野,那么我们可以简约地认为狼群感觉到了"未来可能性",并据此来描述并说明其行为吗?[18] 如果可以,那么狼群对这些可能性的理解是否完全可以称得上未来导向的? 狼群能满足西格曼要求动物感受到长远可能性的说法吗? 显然我们无法在此明确回答,除非(或者直到)西格曼本人对这个晦涩的观念给出一点提示。

不过,让我们假定动物在这一点上有缺陷,也就是:它们对未来可能性的感觉,从未涉及长远的考虑。那么这会导致什么结论? 结论就是动物无法制定长远计划,或者为自己确立长远目标,然后在当前采取行为,让这些计划付诸实施,或者实现这些目标。借用西格曼的例子,写一本书是长远计划:人们首先为自己确立一个目标,然后必须在未来的日子里依照这个计划工作。如果某人对长远的未来可能性没有一种感知或理解,那么他就无法为自己确立这样的目标。那再清楚不过。但是这没能推出:缺乏长远考虑的人,就不**拥有**长远的未来可能性。相反,即便我们假定,动物还不足以完全把握西格曼意义上长远的未来可能性,它们也确实在时间进程中保持着心理的同一。排除无法预料的事件,明天、后天、遥远未来的菲多与今天的菲多是同一条狗。因此,这样一个动物的早逝确实缩短了个体的生命,而这不仅指的是生命有机体停止了生物学生命,更确切地说,这指的是特定的心理存在停止了活动。正是后一个事实、而不是动物本身是否对长远未来可能性具有感知的问题,在描述动物可能遭受的伤害或不幸时起着决定性作用。当死亡对动物构成了剥夺和丧失时,死亡就成了它们的不幸和伤害,而在动物死去时,与它们福利利益相对立的正是剥夺和丧失,即便我们假定动物不具有保留生命或避免死亡的偏好利益。

西格曼否认死亡对**动物**来说是不幸,其理由并不恰当。此外人们还应注意,倘若她的立场成立,新生或即将出生的**人类**会是什么情况。一切都取决于她如何理解(依照她的表达)拥有绝对欲望的**能力**(capacity)。她的意思可以是**潜在的,**这样(比如)人类胚胎和幼儿就将会具备拥有绝对欲望的能力,尽管它们当下还没有。但是她的意思

---

[18] 洛佩斯的《狼与人》提供了关于狼群行为的许多例子。

也可以是具备这种欲望的**本领**(ability),这样的话,当且仅当个体确实具有这个能力的情况下,个体才具备拥有绝对欲望的能力。她如何理解这个关键的能力概念确实会造成不同。如果后一种解释是她接受的,那么不仅人类胚胎,而且还有幼儿,以及许多精神上衰退和衰老的人类,都会在死亡问题上处于西格曼归于动物的同样范畴;因为与动物一样,这些人类都缺乏拥有绝对欲望的本领,因此他们的死亡将与动物的死亡一样,不会构成不幸。这强烈地反直觉。几乎没有人会赞同幼儿夭折并非伤害和不幸的观点。许多人仍然认为幼儿夭折是最典型的死亡悲剧,是死亡最刺痛人心的丑陋一面。西格曼可以接受潜在的能力解释,因而允许如下观点成立:由于幼儿具备拥有绝对欲望的潜在可能,因此死亡对幼儿来说是种不幸。不幸的是,鉴于西格曼的立场,这种观点带来的问题比解决的问题更多,因为人类胚胎、而不只是幼儿,也具备拥有绝对欲望的潜能。而在西格曼教授那里非常清楚的一点是,她并不认为死亡对胚胎来说是不幸[19]。

不过这里还要提出一个更根本的问题,它涉及西格曼如何理解作为不幸的死亡这个重要概念。她的典型论述是:死亡因为作为一种"悲剧"、一种"悲惨"的事情而成为不幸。以这种方式来看待死亡的话,至少会有许多动物的死亡不算不幸,因为,把每个动物的死亡都看作"悲剧",看作"悲惨"之事,这几乎令人难以置信。不过,我们可以由此推出的结论并不是:动物的死亡对该动物来说不算不幸或伤害;而是:要求死亡必须是"悲剧性的"才能构成伤害,这在某些方面完全令人失望。

把任何**人类**的死亡都视为悲剧会让悲剧这个概念变得廉价。在死亡意味着从持久而无法祛除的痛苦和折磨中得到仁慈解脱的人那里,这一点最明显不过。对于他们,是活着的状态,而不是死亡,更适合于被视为悲剧。一个人的生命是否得到充分展现,尤其是与他的可能成就相比是否得到充分展现,这会影响死亡观。凡·高之死是悲剧,因为他本来会给世界展现更多美妙,但他的生命太短暂。然而人们却不会在比如毕加索的死亡那里看到悲剧。莫扎特之死是悲剧,但亨德尔的死亡不是。肯尼迪兄弟的死亡是悲剧,但怀特兄弟的死亡是悲剧吗?对于多数人来说,最典型的死亡悲剧就是幼儿之死,这种死亡确实是悲剧,因为死亡不可挽回也不可逆转地剥夺了他们享有完整生命的机会。尽管这些孩子还无法具有"绝对欲望",而只是潜在地具有这种能力,但他们的死亡是悲剧,这个事实表明:具有绝对欲望并不是某人之死成为悲剧的必要条件。这正如毕加索之死并不构成悲剧的事实表明:具有绝对欲望,或者在实现这

---

[19] 西格曼:"死亡、不幸与物种不平等",第55页。

些欲望之前死亡,并不是死亡成为悲剧的充分条件。

由此并未得出结论认为:不是悲剧的死亡就没有造成伤害或不幸。这些概念——一方是悲剧、另一方是伤害和不幸——并不等同。说毕加索的死亡不是悲剧,不等于说他的死亡并不构成伤害或不幸。活得长很可能符合毕加索本人的利益,而在这种情况下,他的死亡——不管痛苦与否——构成了伤害,因为死亡意味着生命的丧失。但是,如果用悲剧这个概念来描述毕加索的死亡则有点勉强。所有悲剧性的死亡都构成了伤害或不幸,但是并非所有构成伤害或不幸的死亡都是悲剧。因此,即便假定我们同意西格曼教授的观点,认为动物的死亡从来就不是悲剧(很难说我们是不是应该向她做这么大的让步)[20],这也没有推出:死亡对动物来说不是一种伤害或不幸。动物的夭折如果在无痛情况下造成,那么这种死亡不会给它们带来损伤,但是它们会遭受伤害。正是夭折带来的伤害、而不是常常被使用的痛苦手段,应该引发我们的伦理关注。

6. 家长主义与动物

前面(3.2)已经提请大家注意,我们感兴趣的事物并不总是符合我们的利益,而在什么符合我们利益的问题上,我们自己并不总是最好的法官。不过这些要点都没有证明:在具备行为能力的成人那里,干预他人事务的家长主义是合理的。因为广泛的个人自主性本身是巨大利益,让我们有可能实现规划自己生活所带来的满足。但是如何看待对动物的家长主义呢?显然,放任其行动并不总是符合它们的最佳利益。浣熊可能**想要**得到它发现的食物,但是如果前去获取该食物的话就会被致命的脚夹捕获,这基本不符合其利益。如果我们把浣熊吓跑,我们就以一种符合其利益的方式干涉了它的生活。我们的行动属于家长主义吗?

当代哲学家伯纳德·格特(Bernard Gert)和查尔斯·卡尔弗(Charles M. Culver)否认我们可以在严格意义上对动物采取家长主义行动。尽管同意"我们对待一些动物和幼儿的行为……与家长主义有种**类似**",这些作者坚持说:"允许对动物和幼儿采取家长主义行为不过是从概念上把水搅浑"[21]。卡尔弗和格特认为,动物和幼儿没能满足

---

[20] 举个例子,致力于挽救鲸鱼的人,不会因为哲学家论证说"悲剧"并不适合于动物死亡的观念,就改变自己的说法。这些人倾向于继续提出,商业捕鲸者对鲸鱼的宰杀确实是悲剧。认为这种语言使用方式不恰当多少是对悲剧有点狭隘的分析。

[21] 伯纳德·格特与查尔斯 M. 卡尔弗:"家长主义行为"(Bernard Gert and Charles M. Culver, "Paternalistic Behavior"),载《哲学与公共事务》(*Philosophy and Public Affairs*),6(1)(1976年秋季刊),第53页,强调是我加的。

家长主义行为的必要条件。依照他们的观点,只有当我们相信,对象 S 相信(可能是错误地)自己知道"总体上什么符合自己利益"[22]时,我们才可能对个体(S)采取家长主义行动。动物像人类幼儿一样没能满足这个条件(下面将称为**信念要求**),因此依照卡尔弗和格特,我们不可能对它们采取家长主义行动。

以这种方式把动物和幼儿排除在外的学者不只是格特和卡尔弗。美国当代政治科学家安·帕尔梅里(Ann Palmeri)坦言,她"并不拒斥"信念要求。她写道,"对于甚至无法思考何物符合自己利益的对象,我们显然不可能采取家长主义行动",正因为如此,帕尔梅里像卡尔弗和格特那样认为,"说我给自己种的树剪枝是在采取家长主义行动,因为我常常声称剪枝'对它们来说是好的',这显然过分扩展了家长主义概念"[23]。

这里**有**大量的"概念混乱",不过这个混乱不是发生在卡尔弗、格特和帕尔梅里提到的地方,也无法通过他们提出的方式得到澄清。部分混乱源于把完全不同的个体种类和事物种类混为一谈:幼儿、动物、植物。幼儿和动物都不是**植物,**假定或暗示正常成熟哺乳动物在精神活动上相当于永远处于幼儿阶段的人类,这是非常令人误解的看法。随着论述推进将有越来越清晰的理由可以表明,尽管我们确实无法在严格意义上对植物采取家长主义行动,但我们确实可以在严格意义上对动物采取家长主义行动。

就像卡尔弗和格特认识到的,家长主义概念的核心在于某种动机。要对 S 做出家长主义行动,我必须具有为了 S 的利益或福利行动的动机,但不是为了让我(或者他人)受益。恰当称谓的家长主义行动是指向他人的,而不是指向自身,而且你为了其利益而行动的那个人,必须与受你干涉的那个是同一人。让我们称满足这个要求的行动为**受家长主义激发**的行动。举个例子,法律要求骑摩托车的人戴上安全帽,如果该法律条款指向的受惠者是摩托车手(而不是比方说头盔生产商),并且促成该条款的是公认的符合摩托车手利益的考虑,那么这条法律就是受家长主义激发。当然,这并不能推出:该行为(或任何其他行动)仅仅因为受家长主义激发就会得到辩护。由此推出的不过是:这个行为(以及其他类似地被激发的行为)可以被算作家长主义式行为,不管是否得到辩护。

---

[22] 伯纳德·格特与查尔斯 M. 卡尔弗:"家长主义行为"(Bernard Gert and Charles M. Culver, "Paternalistic Behavior"),载《哲学与公共事务》(*Philosophy and Public Affairs*),6(1)(1976 年秋季刊),第 50 页。

[23] 安·帕尔梅里:"童年的目的:追求孩子的自由"(Ann Palmeri, "Childhood's End: Toward the Liberation of Children"),见《谁的孩子?孩子的权利、父母的权威、国家的力量》(*Whose Child?: Children's Rights, Parental Authority, and State Power*, ed. William Aiken and Hugh LaFollette, Totowa, N. J.: Littlefield, Adamas&Co., 1980),第 107 页。卡尔弗和格特还引用了"为了植物的好处着想"而行动的例子,用来说明这是无法严格运用"家长主义"之处。

依照卡尔弗和格特的看法,具有恰当动机是行为具备家长主义性质的必要条件,而非充分条件。依照他们的观念,同样必要的是信念要求。也就是,不仅我们必须想让受干涉的人受益,也因为想要令其受益而被激发行动,而且我们还必须相信受益人普遍知道什么对他们有利。这就是幼儿和动物没能满足的要求。尽管我们可以、而且有时确实在为了他们的好处而干涉其生活,因此我们的干涉有时具备家长主义行为所要求的动机特征,但是这样的干涉无法被算作真正的家长主义,最多只能被算作是"类似"家长主义。

卡尔弗和格特没有证明动物不能满足信念要求。然而这里需要这个论证。由于动物不仅具有信念,而且有时还被合理视为具备关于自己信念的信念(比如认为某个特定信念为错的信念,见 2.5),因此我们不应该因为动物无法对任何东西具有信念,或者因为动物无法具有二阶信念(关于信念的信念)而**假定**动物无法满足信念要求。此外,尽管动物确实无法通过自己的行为表明,它们具备关于长远自我利益的概念,因此也没能表明,它们相信自己知道什么从长远看对自己有利,但我们还是无法明确认定,动物就不具备关于短期利益的类似信念。显然我们没有充分理由否认:(比如)食肉动物能够记住成功的狩猎策略,或者能够使用这些策略来获得它们当前想得到的东西。那么,为什么它们就**必定**无法相信,自己"通常知道"依照过往成功所确立的信念会在当前"对它们有利"呢?如果我们像卡尔弗和格特那样接受信念要求,并否认动物满足这个要求,那我们就需要给出论证来否认动物可能具有这种信念。

结果表明,我们应该拒斥信念要求,因为它隐含极大矛盾。不仅植物、人类幼儿、以及动物(如果卡尔弗和格特是正确的)无法满足信念要求,儿童也无法满足。因此,如果满足信念要求是家长主义行为的必要条件,那么由此将推出我们无法对**儿童**采取家长主义行为。这是对家长主义概念的曲解,而不是阐明。要更清楚看到这一点,可以想象你三岁的儿子想要从屋顶"飞"下去。你想尽一切办法劝阻,向他指出这种飞翔违反重力,而他不是鸟也不是超人,试图飞翔会受重伤。由于缺乏对世界的了解,想象能力也有限,这个小家伙无法接受或设想他的许多行为在我们看来的可预见后果,尤其是新奇行为,包括他的处女飞。你想要劝阻的尝试失败了;他于是从楼顶跨了出去,相信自己可以飞起来,在最后关头你抱住了他,阻止了几乎将要发生在他身上的不幸。

你对你儿子的干涉是家长主义吗?卡尔弗和格特的立场应该会暗示否定的回答。因为,尽管你可能是受家长主义激发去阻止你儿子依照他的愿望行事,但是非常难以判定**他**是符合信念要求的。因为,如果就像我们假定属于三岁孩子的正常表现那样,你的儿子缺乏对世界的了解,也不具有足够的想象力,那么我们就没有理由相信他形成了关于什么对他有利的概念(也就是什么有利于实现他的总体福利的概念)。由此可以推出,他不可能相信自己通常知道什么符合自己的利益。与任何其他孩子一样,你儿子无法对他自己完全没有概念的东西形成信念。因此,假设你儿子缺乏关于自己利益的概念(看起来是合理的假设),并且依照卡尔弗和格特的说法,"我们无法对自己不知道什么对自己有利的人采取家长主义行动"㉔,那么由此推出,当你阻止儿子飞翔时,你不仅不是在采取家长主义行动,而且也根本不可能采取家长主义行动。

这个结果一定会让我们惊讶,因为它与直觉明显冲突。只是说我们"可以对孩子,尤其是**大一点**的孩子采取家长主义行动"㉕(这是卡尔弗和格特的主张),这还不够。我们**必须**这么说,否则就会面临致命矛盾,即父亲无法对自己的孩子采取家长主义行为,而这是对**家长主义**一词根本意义的十足诋毁(根据《第三版韦氏国际辞典》,该词来自拉丁语 paternus,意思就是"与父亲的关系",用来表明父亲的关心或关怀)。如果我们可以安全地把你儿子的例子普遍化,那么人们必定还会得出进一步结论。人们必定还会说,有可能在**幼**儿那里采取家长主义行动,而依照上面给出的理由,我们可以认为这些孩子没能符合信念要求。简言之,要让行为构成真正的家长主义,信念要求并非可接受的必要条件。

拒斥信念要求本身并没有阐明:为什么你干涉自己孩子的事情被算作真正的家长主义,而不是类似于真正的家长主义。下面列出的一组条件共同构成家长主义,它为卡尔弗和格特提出的家长主义分析提供了一个替代选择,也对他们没能解释的东西做出说明。

那么如果 A 干涉另一个体(S)的生活,并且如下条件得到满足,个体(A)采取的行动是家长主义的

    a) A 知道 S 具有特定偏好;
    b) A 知道,S 有能力相信自己的行动可以满足其偏好;
    c) A 知道,除非受到阻止,否则 S 将会依照让自己的偏好得到满足的方式行动;
    d) A 知道,S 依照这种方式行动会导致 S 的福利受到损害;并且
    e) A 进行了干涉,阻止 S 做出如果 A 不阻止的话就会选择去做的事情,此时 A 相信这种干涉对 S 来说是好事,他也是出于对 S 利益的关心而做出干涉。

㉔ 安·帕尔梅里:"童年的目的:追求孩子的自由"(Ann Palmeri, "Childhood's End: Toward the Liberation of Children"),见《谁的孩子?孩子的权利、父母的权威、国家的力量》(*Whose Child?: Children's Rights, Parental Authority, and State Power*, ed. William Aiken and Hugh LaFollette, Totowa, N.J.: Littlefield, Adamas&Co., 1980),第 54 页。

㉕ 同上书,第 53 页。强调是我加的。

你进行干涉以阻止儿子跨出屋顶的行为就满足这些条件,因此依照这里推荐的观点,那是真正的家长主义行为。但是,"为了植物的好处而行动"不属于真正的家长主义,因为我们没有恰当理由相信植物具有偏好(欲望),更别说它们能够采取行动以满足这些偏好了,因此我们没有根据认为(照帕尔梅里的话):"当我给自己种下的树剪枝时我是在采取家长主义行动,因为我常常声称剪枝'对它们来说是好的'"。简言之,这里推荐的观点令人满意地暗示:当我们出于恰当动机而为了幼儿的好处采取行动时,我们是在为他们采取家长主义行动。不过这个观点没有暗示:当我们为了"它们的好处"而对植物做什么时,我们是在采取家长主义行动。

108 动物的情形(比如前面例子中的浣熊)类似你儿子的情形,但是不同于植物的情形。前面已经给出辩护(3.1)来支持一个观点:这些动物不仅在欲求某些事物,而且只要不受阻挠就能够、并确实在采取行动以确保得到自己想要或喜欢的东西,它们可以被合理地看作具有某种自主性,也就是偏好自主性。如果这样,那么显然,我们就能够以挫折其当前欲望的方式来干涉这些动物的生活,实际上也常常在这么做。有时候,我们如此干涉时并未被激发去关心动物本身的福利。举个例子,在加工厂屠宰动物的人,通常不是因为被激发去为了动物利益行动而屠杀的。在这种情形中,人类的干涉只能被错误地描述为家长主义。然而,有时我们的干涉可以是恰当地他人指向的,比如在接受合适医疗服务的过程中,生病或受伤的动物尽管在行为上反抗,但还是被制服,接受痛苦的检查或治疗。在这些情形中,如果我们把自己的行为称为家长主义,那我们有坚实的概念基础这么说——我们"并没有在概念上把水搅浑"。因为在所有相关方面,这些情形都类似于你对自己孩子的飞翔计划进行家长主义干涉的情形,它们满足了上面提出的真正家长主义的所有条件。

有人可能会反对说,在你儿子的情形和动物的情形之间存在有意义的差异,那就是:尽管你儿子缺乏能力接受关于自己长远未来可能性的信念,因此同时也缺乏对自己总体善的概念,但是他具备一些信念,比如期望自己不远的未来会是怎样,相信什么将符合自己的短期利益,即便这个信念碰巧是错误的。在这个意义上,也是在这个程度上,人们可以声称你儿子确实具有关于"自身善"的概念,而且确实相信、或者至少能够相信自己通常知道什么对自己有利。这种反对因此总结说:如果同意那些说法,那么你儿子可以满足信念要求而动物无法满足。

挽救信念要求的这种策略只能以如下代价获得成功:像对待你儿子和其他类似的人类儿童一样,赋予动物以权利。与我们一直在予以特定关注、并将继续关注的动物,也就是一岁以上正常哺乳动物相比,在你儿子那里,我们没有更多理由(可能理由还会更少)假设:如果修正信念要求,把短期利益包括进来,那么你儿子就具备了满足信念要求的所有概念能力和智力能力。因此结果是,如果信念要求得到修正,使得幼儿可以符合该要求,那么这些动物也会满足这个要求;而如果该要求没有得到修正,因此把对待动物的家长主义行为排除在外,那么这也会排除针对幼儿的家长主义行动。看起来可以公平地说,在两种情形中,在家长主义及其含意上(尤其是与动物关系的含意),真理似乎都没有站在卡尔弗和格特一边。

7. 安乐死与动物

前面对偏好自主性、死亡以及家长主义的分析,阐明了运用于动物的安乐死概念。在此很有必要提醒我们看一下据称被执行"安乐死"的动物有多少。保守估计,每年在美国被执行"安乐死"的猫和狗有1500万只。此外可以合理地推测,美国的6000万—8000万只,全世界的2亿只用于科学目的的动物中,绝大多数在并不致死的使用之后被执行"安乐死"。我们在此的兴趣不是要解决安乐死的道德性,而是要理解:是否有意结束动物生命可以被**恰当地归于**安乐死,如果是,什么时候可以。展望即将给出的论证,我们将会明白一点:确切说,据称动物被执行"安乐死"的多数(但不是全部)情况都不属于安乐死。

安乐死(Euthanasia)一词来自两个希腊单词,最好是被翻译成"善终"。让某个体安乐死就是让该个体"善终",方式可以是直接杀死它(所谓主动安乐死),或者任他死亡(所谓被动安乐死)㉖。被动安乐死典型地出现在个体以非常规手段维持生命的情形(比如通过人工呼吸机或者人造肾存活)。解除该病人维持生命的这些根本手段,"拔下插头",就是允许该病人依照自然进程死亡。除了少数例外(比如珍贵的赛马可能会通过人工手段维持生命),在动物身上实施的安乐死都是主动结束其生命,而不是被动允许其死亡。因此我们随后的论述只涉及主动安乐死。

安乐死要求的不只是没有痛苦、或者以最小的痛苦来杀人。如果西德里克杀死了他的姑妈伯莎,同时没有给姑妈造成任何痛苦和折磨(比如在姑妈睡觉时向其血管注射了致死剂量的硫喷妥钠),但是他这么做的目的是获取姑妈的遗产,那么伯莎姑妈的死亡就不是安乐死,而是谋杀。个体的生命必须**因为正当理由**、而不只是通过正当(也

㉖ 对安乐死的当前讨论在很大程度上归功于詹姆斯·雷切尔斯(James Rachels)的文章"安乐死"("Euthanasia"),载于汤姆·雷根编的《生死问题》(*Matter of Life and Death*, New York: Random House, 1980),第28—66页。

就是最不痛苦的)手段被结束,安乐死概念才可运用于主动结束某个体的生命。主动对他人实施安乐死要求:某人杀死他人时相信这符合那个人自己的利益,**并且**也是出于关心那个人的利益而这么做。因此安乐死要求杀人动机是他人指向,而不是自我指向的,还要求利益得到关注的个体就是被杀死的那个。如果西德里克造成了贝莎没有痛苦的死亡,但这么做的目的是让自己的孩子可以得到遗产,而丝毫没有考虑自己会得到什么,那么西德里克的行为是他人指向的,但该行为仍然是谋杀。

因此,要让主动结束某个体生命的行为有资格成为安乐死,至少需满足如下条件:

1. 个体必须以可获得的最不痛苦的方式被杀死;
2. 杀者必须相信被杀者的死亡符合被杀者的利益;
3. 杀者必须出于关心被杀者的利益、好处、或福利而被激发去结束后者的生命。

尽管甚至这些条件也没有得到足够深入的阐述(我马上会补强条件二),它们也足以说明:为什么许多"安乐处死动物"的情形并不算是真的安乐死。在有些情形中(比如狗被放在减压仓中"睡去"),杀死动物的手段并不是可获得的最不痛苦的方式,而在有些情形中(比如实验兔子的脑袋撞在诸如桌角这样的尖角上死亡),动机并不完全是他人指向的。坚称这种行为是"安乐处死动物",这无异于以挂羊头卖狗肉的方式掩盖通常的谋杀。

反思表明,实际上条件(2)太弱了。**我们相信**结束另一个体的生命符合其利益还不足以构成安乐死。信念**必须正确**。换句话说,**实施安乐死**是个成就动词(achievement verb),除非死亡确实对受害者有好处,否则安乐死就没有达成(履行)。"他觉得自己对一个女子实施了安乐死,但其实没有,因为那个女子如果活着会更好",这种说法完全可以成立,而且我们的意思恰恰就是:某人出于关心受害者而无痛苦地杀死另一个人,但是错误地相信死亡符合受害者的利益。尽管触发杀人的动机是对受害者福利的关心,尽管采取的方式是可获得的最不痛苦的方式,尽管杀人是出于受害者的死亡比存活更好的信念,但是只要这个信念错误,杀人就不是安乐死。因此条件 2 应该被修正如下:"杀者必须相信,被他杀死的个体的死亡符合其利益,并且这个信念必须正确。"

就像马上会注意到的,声称在给动物执行安乐死的那些人,往往没有满足这一条件所设定的要求。

讨论安乐死的文献有时会区分(a)自愿安乐死和(b)非自愿安乐死。(如果存在所谓"非自愿安乐死",那么这指的就是违背另一个人的意志而杀死他,公然不顾他表达的意愿。这是谋杀,不是安乐死。正因为如此,下面的分析不会考虑"非自愿安乐死"问题)。最明显的自愿安乐死是这种情形:除了满足条件 1 和条件 3 之外,被杀死的人具有行为能力,他马上要死去,并且请求死亡。这个请求可能表现为不同方式,从正式的书面指令,明确的言语请求,或者可理解的点头,到适当的询问不等。不管我们如何看待在任何特定情形中同意这一明确请求的道德性,显然的一点是:如果我们把自愿安乐死描述为家长主义,那么这在概念上**会**把水搅浑。具备行为能力的个体要求死亡时遵从他的要求,这不可能比某人向你要盐时给他一点盐的情形更符合家长主义。在两种情形中,我们都遵从了个体自己的明确要求,因此不能认为:如果我们遵从了要求就是在采取家长主义行动。

不管某人的死亡要求采取何种形式,显然这种请求只能由这样的人给出:(a)他们明白自己会死,(b)他具备表达自己结束生命的愿望的方式。大概没有任何动物能够满足这两个条件,而且无论如何也无法确定,在所有动物都缺乏或可能缺乏语言能力的情况下,我们能有什么根据来决定动物是否会符合、或确实符合上述条件。用西格曼的话说,尽管动物生命受到威胁时会"执著于……生命",但是并不清楚:它们这么做是为了"执著于生命",还是因为相信自己当前经历的痛苦、恐惧、或伤痛将会结束。由于在这个关键要点上动物行为的性质很含糊,而且也很难处理,因此我们无法根据其行为证明动物能够满足条件(a)和(b)。因此可以合理地认为,通常被理解的自愿安乐死概念并不适用于动物被处以安乐死的情形,因此也可以看到,当动物被执行安乐死时,我们面对的这种安乐死必定是非自愿安乐死。

但这里存在严重的概念问题。非自愿安乐死的典型情形是:主动或被动地结束陷入不可逆永久昏迷者的生命。因为所处的情形,这种个体既无法要求死亡(这在自愿安乐死那里部分上是明确的),也无法允许自己被杀死。因为所处的情形,他们无法要求任何东西。当然,陷入"植物"状态的人类可能之前发布了声明,表明如果自己陷入不可逆昏迷该对自己采取什么行动。如果有这样的声明,如果他们过去请求在这种情形下杀死他们,那么现在杀死他们就有可以成为自愿安乐死,因为这是在遵守他们已知的意愿。然而如果他们之前要求不在这种情况下主动结束他们的生命,那么现在杀死他们似乎就该算作非自愿安乐死。这些考虑加上另外一些问题——涉及我们如何能够知道,人们如果本来可以表达自己陷入不可逆昏迷时的选择,那么他们的愿望**将**是什么——的确让问题变得复杂,任何志在完整说明安乐死的考察,都必须详究这些问题。不过对于我们的目的而言,需要注意的明显事实、也是要被强调的事实是:在人类陷入不可逆性昏迷的情形中,我们所讨论的个体不具有个人偏好体验。他们不是当前的欲望或渴望的经验主体,也没有保留任何相关倾向。从心理学上看,他们不再是这样的主体。从心理学上看,他们已经死亡。恰恰是从这些角度看,典型的人类非自愿安乐死情形不同于我们认为的动物被执行安乐死的标准情形。因为,通常在兽栏或收容所被"处死"以及许多在实验室被"人道处死"的动物,都不是陷入不可逆昏迷的动物——压根就没有昏迷。因此在相关的意义上,杀死它们不同于杀死陷入不可逆迷的人类。尽管这些人类和动物都无法要求死亡,或者要求被允许死亡,因此依照自愿安乐死或非自愿安乐死通常被理解的意义,在不可能接受自愿安乐死或非自愿安乐死上,他们彼此相似,但他们之间还是存在差异,因为这些动物仍然保留心理上的同一性,而植物人已经丧失了这个同一性。把人类和动物的这些情况**都**归为非自愿安乐死,这是在取消、而不是阐明这个重要差异。如果我们要理解对动物执行的安乐死,之前未被注意到的安乐死类型现在需要被考虑。下面就将描述两类这样的安乐死。

尊重偏好的安乐死

有时动物会遭受严重而不可治愈的病痛(比如罹患后期猫科白血病)。这时动物不仅能够知道自己所受之苦,而且渴望尽快解除这些痛苦,这种渴望涉及它们指向自己不远未来的偏好。在这种情形中有个根本事实:除非动物被杀死或通过使用药物进入永久无意识状态,否则它们当前的痛苦会在未来延续,也无法治愈。因此我们知道,它们未来的有意识生命将与现在性质一样,它们最大的未来欲望也将与当前的欲望相同。不管会活多久,它们的主要欲望都是结束这种严重的病痛。杀死这种情形下的动物看起来符合其利益,因为有些遭遇比死亡还要糟糕,而这些动物当前所处情形就是其中之一。对于它们来说,死亡比经历无情的身体折磨更好。假定早些时候分析安乐死时提出的三个条件得到满足,那就是:我们尽可能没有痛苦地杀死这种动物;我们这么做的理由是相信动物的死亡符合其利益;我们结束其生命的动机是他人指向的,是出于对它们利益的关心。根据已提出的理由,仁慈地杀死这些动物并不是自愿安乐死,因为动物本身无法要求死亡;这也不是非自愿安乐死,因为与永久性昏迷不同,这里的动物保留了心理的同一性。因此这里需要一种新的安乐死类型,一种可以被真正运用于这些动物的类型。让我们称所需要的类型为**尊重偏好的安乐死**。下面将辩护表明,为什么如此称谓是恰当的。

我们所设想的动物想要的、也就是所偏好的是:结束自己的痛苦。只要遭受的痛苦继续存在,它们就会继续怀有这样的愿望。这样,由于只要它们还有意识,这种痛苦就不会减轻,所以它们仍希望自己的痛苦在可预见的将来减轻。因此我们能够尊重**它们**首要偏好的唯一办法就是,结束它们作为有意识个体的生命。因此杀死这些动物时我们是在尊重**它们**的偏好。此时我们尊重的不是动物想要结束生命的欲望,因为我们已经同意,动物不可能渴望它们并不理解的事物,因此,假定动物并不理解**死亡**,那么它们就无法渴望自己的死亡。此时我们是在通过做出唯一能够满足它们偏好的事情,也就是杀死它们,来尊重这些动物的偏好——它们当前的偏好和我们预见到它们将继续持有的偏好。正是在这个意义上,也是出于这些原因,对动物执行安乐死,或者进一步说,对生命已退化成严重而无法治愈的身体痛苦的幼儿执行安乐死,可以被恰当视为尊重偏好的安乐死。

尊重偏好的安乐死并非家长主义。如果我们结束个体生命的原因在于,这是能够带来它们现在渴望并将继续渴望的结果的唯一办法,那我们就是在尊重它们的偏好。尽管我们为它们做了它们自己无法做的事情,但我们并没有"为了它们的好处"而**把我们的意志强加给它们**。相反,由于我们做了它们想要满足自己的偏好的事情,因此就像我们都知道的,**我们是在遵从它们的意志**。我们的所为**是**为了它们,但这并非家长主义。

家长主义安乐死

尽管有可能不以家长主义方式来为了动物自身的好处而杀死它们,但是出现这种情况的可能性有限,它也不包括更普遍的、驯养的动物据称被处以安乐死的情形。因为最普遍的情况涉及杀死健康动物,比如迷途和被抛弃的宠物。这些动物与实施了尊重偏好的安乐死的动物相当不同,因此我们需要问一下,该如何理解对那些健康但被抛弃的动物执行"安乐死"的做法。

尽管动物具有偏好,但是它们可能缺乏必要的认知先决条件,以拥有关于它们自己长远利益的概念。假定它们缺乏这个条件,那就可以说,动物本身无法具有关于它们长远未来的偏好:它们无法对自己没有概念的东西具有偏好。除了只能通过结束其心理存在来满足动物当前和未来的首要欲望的情形,也就是,除了对动物执行安乐死是在尊重其偏好的情形,"为了动物的好处"而杀死它们都是家长主义做法:我们向动物强加了**我们**的意志和判断,也就是我们认为这么做是为了动物自己的好处。**家长主义安乐死**是这种安乐死的恰当名称。

与通常的安乐死一样,家长主义安乐死不仅要求:死亡必须由可获得的最不痛苦的方式造成,杀人者的动机是指向他人的,而且杀人者相信死亡符合被杀者的利益。

它还要求这种看法必须正确,否则我们最多是在善意地杀人,而不是实施安乐死。实际上,所有健康的遗弃宠物据称被执行安乐死的情形都不能算作安乐死。由于这些动物是健康的,把杀死它们归为尊重偏好的安乐死必定错误。而且,由于杀死这些动物的人本来可以不这么做,而是可以像少数收容所那样制定一些政策,让那些动物得到庇护,直到有责任心的人来领养,因此认为**这些**动物(也就是已经在收容所里,将会被杀死的动物)死了比活着更好,这完全错误。相反,存在种种理由相信:如果提供庇护的人对它们进行恰当关照直到被领养,那么这些动物活着更好。

反对者将会批评说,前述说法忽略了一个事实:如果提供庇护的人确立了收留这些动物直到被领养的政策,或者只有尊重偏好的安乐死成立时才杀死这些动物的政策,那就会有许多动物无法被庇护所准入,它们就会遭遇悲惨的生活前景。从现实主义角度看,这位批评者主义注意到,庇护者所能提供的空间、预算和人力都有限,因此,尽管前面提倡的政策会给那些足够幸运、能在庇护所找到容身之地的动物提供天堂,但是这也会把许多动物的生活推到只能在大街上自生自灭的悲惨境地。比起满足少数幸运儿的要求,最好还是力图服务更多的无助者。

这个反对没有切中要害。所讨论的并非哪个政策在道德上更可取,也就是:如果被遗弃的动物没有在特定时间段内被收养,那么是健康动物被常规处死的政策更可取,还是不被处死的政策更可取。所讨论的问题是**概念性的**,也就是:如果被庇护的动物在特定时间段内没有被领养,提供庇护者就将其杀死,这是否算作**安乐死**。回答必然是否定的。即便假定这些动物以可获得的最不痛苦的方式被杀死,假定杀死它们的人具备他人指向的恰当动机,假定杀死动物的人相信自己是为了所杀动物的利益行动,他们的**所为**也不是安乐死。认为只要"处死"健康的狗猫是为了给收容所的其他猫狗腾地儿,那它们就是被执行安乐死,这个说法很不正确,这就像是说,只要处死人类收容所的流浪汉是为了给其他流浪汉腾地儿,那他们就是被执行了安乐死。但这并不意味着"把(健康)动物处死"必定错误。这不过是排除了修辞上的一种障碍,让我们能够清楚看到安乐死行为的伦理性。承认这些动物不是被执行安乐死,而是被杀死,这虽然没有解决动物收容所的工作人员遇到的伦理两难,不过,这个承认将会让人重新审视这些问题。

8. 总　结

哺乳动物具备时间进程中的心理同一和身体同一,在通常情况下也保留了这种同一性。因此，当我们谈到这些动物的利益或福利时，我们是在使用真实的语言，而不是在做出隐喻。与我们一样，它们在自己的生命历程中体验着或好或坏的生活。本章的主要目的是分析一种福利概念，这种福利概念能够帮助说明：为什么尽管我们与这些动物不同，人类和动物的福利在类别上并无差异。

对动物福利的分析和考察从自主性开始(3.1)。作为具备欲望和信念、能够采取行动追寻自己目标的个体，动物具有某种自主性——偏好自主性。动物过得是好还是坏，这部分体现在它们能够实践自己自主性的程度，这是因为：剥夺它们采取自己偏爱之举的机会来挫败其意志，这让它们遭受挫折。允许它们做自己想做之事，这让它们不仅有可能获得自己想要的，而且能够通过以自己的方式获得那些东西来实现满足。

偏好自主性提供了一个出发点来思考动物的利益(3.2)。如前面注意到的，动物不仅对许多东西怀有兴趣（也就是想要得到、渴望、偏好那些东西），而且许多事情也符合它们的利益（也就是对它们的利益或福利有所贡献）。这两种利益（分别是偏好利益和福利利益）不同。不过，尽管存在不同，两种利益都在动物（以及人类）福利的分析中发挥作用。这体现为：个体福利的概念部分上可以依照好处与伤害来分析。好处使得个体有可能实现与自己能力相符的好生活，或者增加实现这种生活的机会(3.3)，而伤害取消了这种可能，或者以其他方式减少了这种机会(3.4)。与人类一样，哺乳动物也具有生物学的、社会的以及心理的利益。在这些动物（或我们人类）生活在提供这类好处的环境的意义上，它们（以及我们）获得了好处，而在人类或动物被拒绝这种好处的意义上，二者都受到了伤害。

相应于个体的能力而过得好，这不仅涉及获得好处。个体还必须从获得或使用自己的好处上得到满足，不仅是偶尔的满足，而且总的说是整个生命跨度中都有的满足。过得好就是在考虑了个体的生物学、社会学和心理学利益之后，过上一种让个体的欲望、目的等得到和谐满足的生活。更一般地看，动物（以及人类）的好生活对应于在多大的程度上(1)它们在追求和实现自己喜欢的东西，(2)它们在追求和实现自己喜欢的东西时得到满足，而且(3)它们喜欢和实现的东西符合自己的利益。

伤害可以被分为折磨和剥夺(3.4)。典型的折磨是严重的身体痛苦或精神痛苦。尽管二者都涉及疼痛，但是认为疼痛总是构成折磨或伤害的看法不对。疼痛要被合理地视为折磨或伤害，就必须足够强烈，并且持续足够长的时间。

尽管减轻动物所受之苦是重要的，但根本的是我们要认识到，并非所有伤害都会带来损伤。被理解为剥夺的伤害降低了个体的福利，但这并未带来疼痛或痛苦。作为剥夺的伤害被理解为好处的丧失（比如丧失发展或实践自主性的机会）。这里提出，在人类和动物那里,我们会不知不觉受到伤害,即使我们不会不知不觉遭受损伤。因此,如果你把人类或动物交付给忽视其生物学、社会学和心理学利益的环境,或者交付给以其他利益(比如自主性或社会关系所带来的利益)为代价来迎合某些利益(比如对事物的欲望)的环境,那你无法这样为自己辩护:声称这些个体并不知道自己丧失的是什么,因此根本不会因为丧失这些东西而过得更糟。在这个意义上,如果环境剥夺了人类或动物福利所必须的好处,那这就是在伤害他们利益,不管这种环境是否造成痛苦。

一旦我们认识到伤害可以采取剥夺的形式,我们就得以理解为什么死亡是伤害(3.5)。死亡是最根本的、不可逆转的伤害,因为死亡是最根本的、不可逆转的丧失,它剥夺了实现任何满足的一切机会。不管死亡是慢性而痛苦的,还是快速而无痛的,这一点都成立。尽管存在比死亡更糟的生命状态,但早夭毕竟不符合受害者的利益,不管是人类还是动物的夭折,并且这与受害者是否理解自己的死亡无关,因此也与受害者是否具有让生命持续的欲望无关。尽管幼儿与精神发育程度相似的动物一样,大概缺乏对自己长远福利的任何概念,缺乏表达绝对欲望的能力,也缺乏对自己死亡的任何感觉,但是对于幼儿或动物而言,早夭都是一种伤害。试图要求死亡必须是"灾难性"的才可以构成伤害或不幸,这是在曲解而不是阐明什么时候以及为什么死亡如其所是的那样是伤害或不幸。此外,被视为丧失的早夭对任何个体造成的伤害都与死亡过程中遭受的疼痛无关。比如为了食物而屠杀动物或在科学研究中使用动物的伦理问题,并不单单限于用来杀死它们的方式有多"人道"。在考察这些问题时(在后面的9.1和9.4中,这两个问题分别得到了详细讨论),造成动物早夭是否道德也必须得到考虑。

由于动物具有福利,由于我们有时会以它们的福利利益为名,对立于它们的当前偏好而干涉其生活,因此存在一种强烈的假定,相信我们可以对动物采取家长主义行为。这个假定遭到卡尔弗、格特和帕尔梅里教授的否认,但是我给出论证表明(3.6),他们观点的基础存在缺陷。正如不需要个体具有对长远未来可能性的概念,某物也可以符合该个体的长远未来利益一样,要让他人确实能够对某个体采取家长主义行为,人们无需相信该个体通常知道什么符合自己的利益。当我们因为其行为会伤害自己而阻止动物或幼儿自行其是时,当我们出于对其福利的关心而以它们的名义进行干涉时,我们对它们采取的是真正的家长主义行动,而不仅是一种类似的家长主义行动。

我们可以对动物采取的一种家长主义行动是,当死亡符合其利益时就使其死亡。要考虑这些问题需要分析一下安乐死概念(3.7)。人类那里标准的各种安乐死(也就是自愿安乐死和非自愿安乐死),完全不适合于说明动物的安乐死。由于自愿安乐死要求某人提出死亡请求,动物就被排除在外,原因很简单,它们无法做出相关请求。由于非自愿安乐死通常用于个体因心理死亡而无法做出死亡请求的个体,多数动物也被排除了,原因也很简单,多数据称被执行安乐死的动物在心理上还活着。在努力让用于动物的安乐死概念能够得到理解时,我进一步描述了两种安乐死:尊重偏好的安乐死和家长主义安乐死。二者都假定(1)被执行安乐死的动物可以获得最不痛苦的处死方式;(2)处死者正确地相信这些动物的死亡符合动物的利益;以及(3)这些动物是因为人们对它们关心、为它们利益着想而被杀死。尊重偏好的安乐死发生在以下情形:除了符合上述三个条件,我们还知道该动物在未来将会经受持续的严重疼痛。为这些动物执行安乐死,就是在做满足该动物的当前偏好和可预见偏好必须做的事情。由于这类安乐死对于受害者实现自己的愿望(也就是免除痛苦)来说是必须的,因此它不是家长主义。家长主义安乐死指的是为了动物自己的好处而杀死它们,但是在这种情形中,该动物在可预见的未来并没有遭受持续痛苦。

尽管每年有成百万的动物据称被执行了安乐死,本章的分析结果对这种说法提出了质疑。被杀死的动物之所以并非被执行安乐死,这有时是因为所采用的手段并非可获得的最不痛苦的手段;有时是因为缺乏所要求的他人指向的动机;有时是因为动物死了其实并非好过活着(比如,它们被"处死"是为了给动物收容所的其他动物提供空间)。如果满足了这些条件中的任何一个(或者全部),那么被"处死"的动物就是被杀死,而不是被执行安乐死。坚持认为最终导致这些动物早夭的行为是"安乐死",这不正确,也同样令人遗憾。

如果本章的分析和论证合理,那我们就有非常充分的理由否认人类和动物的福利类别不同。动物和人类都具有偏好利益和福利利益,有些是生物学意义上的、有些是心理学意义上的、有些是社会学意义上的;二者都会受益,也会受到伤害,如果受到伤害,都可以因为被置于某种体验而受伤害(作为折磨的伤害),也可以因为被拒绝了什么而受到伤害(作为剥夺的伤害);二者都过着充满快乐或痛苦、满足或挫败的生活;而且,不管是动物还是人类,他们生活的总体品味或质量,多多少少都取决于符合其利益的那些偏好的和谐满足。诚然,多数人类可获得的满足来源要比动物更丰富多样;诚然,依照密尔的那句名言,"做个不满足的人好过做一头满足的猪"㉗;然而,阐明了人类福利的多数一般特征的某些思想范畴(利益、好处、伤害,等等),同样适用于动物福利。尽管有人会觉得这种相似出乎意料,但他们不应该这么想。考虑到我们自己的动

㉗ 密尔:《功利主义》(John Stuart Mill, *Utilitarianism*, New York: The Liberal Arts Press, 1957),第14页。

物性,相反的情况才应该出乎意料,也就是,认为人类的福利在**类别上不同于**动物的福利,这才会令人惊异。鉴于此,本章的主要结论正确与否至少可以有个小小的检验,那就是:我们最终发现它并不出乎意料[23]。

---

[23] 我就本章所考察的主要观点与悉尼·根丁(Sidney Gendin)进行了讨论,从中受益匪浅。

第四章 伦理思考与伦理理论

前三章考察了关于动物本质的一些问题。可以证明有些动物缺乏意识,其他动物具备意识和感觉,但显然缺乏信念和以信念为基础的所有精神要素。还有一些动物,不仅具有意识和感觉,而且我们还可以通过赋予它们信念和欲望、记忆和未来感、情感生活、某种自主性(也就是偏好自主性)、意向性和自我意识来清楚描述并简约说明其行为。应该在哪里划界以区分三类不同的动物,这是个困难的问题;不过至少在一岁以上的正常哺乳动物那里,前面的论证支持我们认为它们属于最后这类。此外,鉴于我们可以没有道德争议地假定动物**在时间进程中**保留了同一性,因此可以合理地把动物视为具备福利的心理—生理(psychophysical)个体。具备福利这个概念,或者过着或好或坏的生活这个概念,可以清楚运用于在时间进程中过得或好或坏的生物个体,这在逻辑上与这些个体是否是任何其他个体的利益对象无关。可以认为,动物的福利在种类上与人类的福利没有区别。

从本章开始,我们要关注一系列新问题,也就是道德上的问题。处理方式如下:我将首先描述一些对道德问题的无效回答(4.1)。接着要论述理想的道德判断这个概念(4.2)。后一个问题反过来把我们引向道德或伦理(moral or ethical,我将交替使用这两个词)原则,这将迫使我谈谈道德原则或伦理原则可以如何得到合理评价(4.3)。之后我将阐述一些主要的伦理理论(4.4,4.5),并且指出,前面提出的关于评价道德原则的看法,可以如何运用于评价相互竞争的伦理理论(4.6)。本章不会就这些理论的恰当性下任何结论,该问题会在随后的章节中处理。本章是要为后面的探究奠定基础。

1. 对道德问题的无效回答

道德判断与个人偏好

有人喜欢古典音乐,有人不喜欢。有人认为波旁威士忌很棒,有人讨厌它的味道。有人愿意折腾,在海滩的烈日下度过整个下午,有人认为这糟糕透顶。所有这些情形中都存在偏好上的歧义。有人喜欢某些东西,有人不喜欢。道德歧义,也就是关于某事在道德上对错与否的歧义,与偏好上的歧义相同吗?

看起来并不一样。首先,当某人(比如李)说他喜欢某物时,他不是在驳斥不喜欢此物的另一个人(比如是简)。假定李说"我喜欢波旁威士忌",而简说"我不喜欢波旁威士忌"。那么显然简不是在驳斥李的说法。要驳斥李的说法,简应该说的是"你[李]并不喜欢波旁威士忌",而她没这么说。因此在通常情况下,当两个人表达相互对立的个人偏好时,某人并不是在驳斥另一个人。两个对立的个人偏好表达完全有可能同时成立。

然而,当两个人表达相互对立的道德判断时,这里的歧义具有重要不同。假设李说"堕胎必定是错的",而简说"堕胎绝不是错的"。那么简就是在驳斥李的断言,她是在**驳斥**认为堕胎必定错误的说法。因此如果简的说法是对的,那么李的说法就必定错。有些哲学家否认这一点,认为道德判断应该被理解为个人偏好的表达。尽管这种观点值得尊重,但是其正确性可疑。当人们说某件事情在道德上正确或错误时,我们总是可以恰当地要求他们给出支持理由,即提供理由让我们接受其判断的正确性。而在个人偏好那里,这种请求是不恰当的。如果李说他喜欢去海滩,那么强迫他给出支持理由似乎不太恰当;实际上,看起来他根本就不是在做出**判断**。然而,如果李说堕胎必定错误,那他就表达了一个判断,也就很有必要让他给出理由来说明其想法。如果他回答说没有理由,不过就是不喜欢堕胎,那我们可以抱怨他的说法令人误解。在提出堕胎错误时,李引导自己的听众相信他对堕胎做出了一个判断,而不只是在表达某些关于他自身的事实。如果他的意思不过是他个人并不喜欢堕胎,那他就应该说自己不喜欢堕胎,而不是说堕胎错误。

相互对立的偏好表达与相互对立的道德判断的这个差异,指出了对道德问题的一种无效回答。倘若道德判断并不只是在表达个人偏好,那么由此可以推出,道德对错不可能取决于某特定个体(比如李)个人偏好上的事实。这一点对于我们自己的偏好也成立。我们个人的偏好固然重要,但是表达自己的好恶并没有回答道德问题。

道德判断与感受

与个人偏好紧密相连的是个人感受(feeling)。有些哲学家认为:**正确**和**错误**就是我们用以表达自己对事物的感受的方式。依照这种观点,当简说堕胎不可能错误时,她要传达的是:她对堕胎具有明确的正面感受(或者至少她对此不具有任何反感);而当李说堕胎必定错误时,他表达的就是:自己确实感到对此不赞同。这种立场遇到与前一节一样的一些问题。你总是可以恰当地要求某人为自己的道德判断提供支持,而在仅仅表达感受的情形中,要求提供支持却不恰当。确实,如果李是真诚的,那么人们会知道他对堕胎具有强烈的负面感受。但是,李认为堕胎必定错误的提法看起来并不只是在表达感受。个人感受与个人偏好一样,二者本身都不去回答道德问题。

为什么事实不同于个人想法

人们的个人想法同样如此。李完全抛开了个人感受,他(如果他是真诚的)确实认为堕胎必定错误。然而,如果他的判断("堕胎必定错误")是关于堕胎为错的道德判断,那么他的意思不可能是"我[李]认为堕胎是错误的"。如果是这个意思,那么他就不是在断然驳斥简认为"堕胎绝非错误"的看法,李和简就只是在陈述各自对某事物的想法,那么显然有可能出现这种情况:李确实认为堕胎必定错误,同时简**也**真的认为堕胎并非错误。因此,如果李是在驳斥简,那么他不可能只是在陈述自己认为堕胎必定错误的想法。因此,李认为堕胎错误的个人想法与他对堕胎持有的某种感受一样,与确认堕胎本身的错误无关。我们碰巧持有的想法也是一样。我们认为某立场正确或错误并不表明事实如此。

统计学是不相干的

有人可能会认为,尽管某人在道德问题上具有的想法或感受没有解决问题,所有人或多数人具有的看法或感受会解决问题。单个人只能发出一个声音,而多数人或所有人的想法或感受发出的声音要大得多。人多力量大。因此,回答对错问题的正确方式就是,看看多数人或所有人对此的想法或感受;应该进行民意调查,给出统计数据。那样就可以揭示事实。

处理道德问题的这种方式存在缺陷。一切调查所能揭示的就是:所有人或多数人在某些道德问题上——比如死刑在道德上是否正确——碰巧持有的想法或感受。这种调查无法确定:所有人或多数人在这个问题上的看法是否合理,或者所有人或多数人对此的感受是否恰当。人多力量可能是大,但真理并不由人数多寡决定,至少并非必然如此。这并不是说我们所想的(或感受的)与回答道德问题无关。实际上后面(4.3)将会表明,只要满足特定条件,我们的想法就可以提供一个出发点来探究道德对错,也提供了一个方式来检验相互竞争的伦理理论恰当与否(4.6)。不过,**仅仅**证实所有人(或多数人)认为(比如)死刑在道德上得到辩护,这并没有证实死刑**确实**可以得到道德辩护。在过去,许多人(可能甚至是所有人)都还认为地球是平的。可能多数人

(或所有人)会对地球具有这种形状的想法感到愉悦或快慰。但他们的想法和感受并未证明地球真是平的。地球的形状问题无法通过仅仅了解多数人的想法或感受来回答。没有理由相信道德问题与此不同。道德对错问题无法仅仅通过数人头来解答。

诉诸道德权威

假定我们都承认,我们无法仅仅通过了解某些人(比如李)的想法或感受,或者通过了解所有人或多数人的想法或感受来回答道德问题。毕竟,李这样的单个个体,或者像李那样的多数人或所有人,有时可能会不合理地进行思考和感受。但是,假设存在一个在道德问题上从不出错的人:如果他判断某件事情在道德上正确,那么这件事情就**确实**是正确的,他判断为错的事情也**确实**是错误的。他不会出错。让我们称这样一个存在者为**道德权威**。那么,诉诸道德权威是令人满意的回答道德问题的方式吗?

多数相信存在道德权威的人认为,这样一个存在者不是普通人,而是上帝。这立即就产生了问题。是否存在上帝(或几个上帝)很有争议。把道德对错问题交付给所谓的上帝,这已经是把道德建立于并不确定的智力基础上。然而困难还不止如此,即便存在作为道德权威的上帝,也必定会产生严峻问题:是否人们已经理解(或者能够理解)这个权威关于正确与错误的说法。犹太教徒和基督教徒参阅《圣经》("上帝对人类的启示")时产生的困难可以作为例证。解释问题比比皆是。认为喝酒错误的人觉得自己从圣经中找到了上帝的支持;而其他人认为自己发现证据表明上帝并不这么看。认为上帝宣称同性恋不正确的人,引用了他们认为支持自己看法的章节和段落;而其他人引用表明上帝并不觉得同性恋不正确的章节和段落,或者他们引用同一段落,但是认为这些段落应该得到不同解读。这些解释问题和类似问题的严重性不应该被低估。即便存在道德权威,即便犹太教徒和基督教徒所崇敬的上帝恰好就是这个权威,这也不会让了解对错的问题变得简单。如何了解上帝在这些问题上的想法仍然是个困难。鉴于长久以来在正确解释《圣经》上的根本分歧,这将不是一件简单的事情。

抛开解释问题不谈,回答道德问题的正确方式显然不等于发现道德权威的说法。即便存在道德权威,并非道德权威的人也没有理由认为存在道德权威,除非所谓道德权威的判断的正确性或合理性可以得到检验;而除非这种正确性或合理性可以独立于所谓权威的说法而被知晓,否则这个检验就不可能进行。然而,如果有某些独立的方式来知道什么道德判断正确或合理,那么引入道德权威就没有成功地为道德问题提供解答方式。那个方式必须能够阐明,道德对错如何可以独立于所假定的道德权威而被认识,而不是道德对错如何可以依赖于这种权威而被知晓。正因为如此,本书将通篇不再考虑对道德权威的诉诸。

2. 理想的道德判断

到此为止的论证结论大多是否定的。这些结论涉及对道德问题的**无效**回答。如果我们要在道德思考上有所进步,我们就不能只有否定的结论,我们必须提出关于如何处理理道德问题的肯定说明。那就是我们现在必须面对的挑战。我将首先试图回答一个问题:要成为理想的道德判断,必须满足什么要求?也就是说,理想地看,任何人要得出尽可能没有缺陷和错误的道德判断必须满足什么条件?就其本质而言,**理想的**道德判断不过就是一个理想。或许没有人曾经满足或将会完全满足理想状态所提出的要求。但是这并没有让尽可能接近这个理想的努力变得不理性。即便永远无法完全到达终点,我们也仍然可以从起点前进一小步。

对理想道德判断的描述必须至少包含六个观念,下面对其分别讨论。

概念清晰

概念清晰的重要性显而易见。如果有人告诉你安乐死必定错误,那么在理解何谓安乐死之前我们无法判定他的陈述是否正确。类似的评论也适用于其他争论。比如在堕胎那里,很多人认为问题归结于胚胎是不是人;而那个问题的回答将依赖于什么是人,也就是"人"这个概念应该如何被分析。清晰可能还不够,但是如果没有清晰,思想就无法前行。

信　息

我们无法关起门来回答道德问题。道德问题在真实世界中产生,如果我们要严肃探求对道德问题的理性回答,道德问题得以产生的真实背景就很根本。比如,在关于死刑是否道德的争论中,有些人认为犯下谋杀罪的人应该被执行死刑。因为如果不是这样,他们就有可能(而且常常)会被假释,而如果被假释,他们就可能比其他被释放的重刑犯更有可能再次杀人。这个说法正确吗?这符合事实吗?我们必须走出自己的阁楼才能回答(或者才能看到其他人基于自己研究得出的其他结论);而如果我们要对死刑的道德性做出知情判断,就必须回答这个问题。了解事实、充分知情的重要性无论如何并不限于死刑,它完全适用于绝大多数道德探究。

合理性

合理性是难以分析的概念。不过基本上,合理性涉及一种能力,它让你认识到不同观念之间的联系,并且理解:如果一些陈述是正确的,那么某些其他陈述就必定正确,而另一些其他陈述必定错误。逻辑学中确定了一些规则,告诉我们什么时候某些陈述会从其他陈述那里被推导出来。正因为如此,理性之人常常也被称为有逻辑头脑的人。因此,当我们说人们需要理性时,我们是在说我们需要遵守逻辑规则。因此,要得出理想的道德判断,我们必须不仅努力在充分知情和概念清晰的背景下做判断,而且还必须注意考察:我们的信念如何与我们所相信或不相信的事情逻辑地联系在一起。比如,设想李认为所有的堕胎在道德上都不正确,而他的妻子玛丽最近堕了胎。那么,如果李相信玛丽的堕胎并非不道德,那么他就不是理性的,或者不符合逻辑。理性上看,李无法既相信妻子的堕胎是道德的,又相信我们假定他相信的其他结论(堕胎不道德)。逻辑上看,下面两个陈述不可能同时成立:(1)所有堕胎在道德上都错误,(2)玛丽的堕胎并非道德上错误。只要某人持有一组不可能同时成立的信念,我们就可以说他陷入了矛盾。因此李陷入了矛盾。因承诺于矛盾而没能做出理想的道德判断,这其实是在有意放纵自己不符合理想。

不偏不倚(中立)

偏袒指的是更喜欢某人或某事胜过其他人或其他事物。比如,如果父亲在对待自己的几个孩子上持有偏袒态度,那么他就会倾向于给自己偏爱的某孩子多于其他孩子的关照。或许有时偏袒是好事,但是,甚至把对他人的考虑或关注都排除在外的偏袒,绝非是理想的道德判断所需要。比如,某人受到的伤害通常看起来是相关的考虑,不管我们是否喜欢这个人。因此,在努力正确回答道德问题时,我们必须尽可能提防极端的、未受审查的偏袒,否则我们就会陷入让自己的判断被固执和偏见所蒙蔽的危险。

不偏不倚是通常所谓**正义的形式化原则**的核心所在,该原则认为正义就是类似个体类似对待,而不正义就是类似个体区别对待。这个原则之所以被认为表达了正义的形式原则是因为,该原则本身并没有说明,在决定什么使得个体相似或不相似上哪些因素是相关的。要确定这一点,人们必须对正义进行实质性或规范性的解释,以补充这条形式原则。不同的解释将会在第七章得到评估。不过即使在这里我们也可以看到,正义的形式原则在道德对错的论证上具有巨大潜力。比如如果有人提出,导致人类遭受痛苦是错误的,但是在动物那里并非如此,那我们就可以恰当地问这个人两种情形区别何在。因为如果像假定的那样,区别对待得以成立,那么这两种情形必定存在不同。如果对这个问题的回答是:不同在于一种情形中遭受痛苦的是人类,而另一情形中遭受痛苦的是动物;那我们同样可以合理地问:为什么生物学上的差异,也就是人类和动物碰巧所属物种的差异,可以在两种情形中造成对待上的道德差异呢?如果造成伤害是错误的,那么不管谁受到伤害,这都是错误的。如果试图把这里的错误限制于人类,那么这表明此人对自己所属物种的成员怀有未受省察的偏袒。尽管正义的形式原则本身没有告诉我们,在确定某种对待何时相似何时不相似上,哪些因素是相关的,但是如果我们要做出理想的道德判断就必须遵守该原则。不遵守该原则意味着偏见,如果我们要做出最好的道德判断就必需认识并克服这种理性缺陷。在下面的许多场合我还会再次提到正义的形式化原则。

冷　静

人们会在愤怒之下做出一些事情,但事后感到后悔,对此我们非常了解。毫无疑问,我们也有这样的经历:兴奋之余做了某些事,事后却追悔莫及。感情具有巨大力量。尽管如果没有感情,生活就会是一潭死水。但我们还是应该认识到,感情的巨大波动会误导我们;强烈的感情并非采取最佳行动(做出最佳判断)的可靠向导。这让我们认识到"冷静"的必要。**保持冷静**在此的意思是:"不要陷入情感上的兴奋,让心灵在情感上保持冷静。"这里的要点是:我们越狂热(越充满感情),我们就越容易得出错误的道德结论,我们越冷静(越沉着),我们就越有可能避免犯错。

这个立场得自日常经验。处于狂热状态的人无法保持理性。由于内心深处的情感被搅动,这种人无法保持不偏不倚;由于处于情感上的兴奋状态,他们甚至无法留心所发生的事情或发生的理由。就像"不分青红皂白"这个谚语说的,缺乏冷静很容易让人们先做判断然后才询问事实。因此看起来,冷静在我们的清单上值得拥有一席之地。

有效的道德原则

哲学家以不同方式分析道德原则这个概念。不过至少看起来清楚的是,一个原则要能够被称为**道德**原则(不同于比如科学原则或法律原则),它就必须规定所有道德主体都必须以某种方式行事。这样我们就可以假定,该原则为我们生活中的行为举止提供了理性向导。随后我还会更多地论述道德原则和道德主体的概念(比如参见 5.2)。对于当前目的来说表明这一点就够了:道德主体就是能够用不偏不倚的理由(也就遵守了不偏不倚要求的理由)来决定自己该如何行动的人。缺乏能力来理解不偏不倚的理由，或者无法以这种理由为基础来行事的人(比如孩子)，就不能算作是道德主体：我们无法有意义地说这些人负有责任，或者说他们做了或没能做道德上正确或错误的事情。只有道德主体才具有这种地位，而道德原则只运用于断定道德主体可能会采取的行动。

有效的道德原则这一观念如何与理想的道德判断发生联系呢？在理想的道德判断中，判断建立在完整的信息、充分的不偏不倚、彻底的概念清晰等之上还不够。判断建立在**有效的**或**正确的**道德原则之上也是关键。理想上看，人们不仅想要做出正确的判断，而且希望出于正确的理由而做这些判断。但是在我们可能接受的大量道德原则中，哪些正确、或者最合理呢？我们无法仅仅指出我们**碰巧**喜欢的原则，或者指出所有或多数人**碰巧**接受的原则，或者表明哪些原则被所谓的道德权威所指定来回答这个问题。前面已经指出，回答道德问题的那些方式并非严肃的考虑。我们需要在相互竞争的伦理原则之间进行理性评价、并且做出选择的标准。随后几节将描述各种标准，并对其恰当性做出辩护。我并不认为这里的论述是完备的，我也不会依照份量或重要性来对各种标准做出系统排序，尽管我会在这一点上给出一些暗示。对于当前和未来目的而言，为这些标准的合理性做出辩护就足够了。

3. 评价道德原则的标准

一致性

对于任何伦理原则来说，一致性都是令其成立的最小要求。一致性的意思是：两个或两个以上的陈述**可以共同**成立。两个或两个以上的陈述(让我们称之为**任一陈述集合**)是一致的，当且仅当构成这个集合的所有陈述有可能同时成立。下面是保持一致的陈述集合的例子。(假定"杰克"指的是一个人，而"吉尔"是同一时刻、同一情形下的另一个人)。

集合 A (1)：杰克比吉尔高。
　　　(2)：吉尔比杰克矮。

没有保持一致的陈述集合是：
集合 B (3)：杰克比吉尔高；
　　　(4)：吉尔比杰克高；

集合 A 之所以一致是因为，(1)和(2)可以同时成立：(1)陈述所涉及的事实不会自动或必然使得(2)为假，反之亦然；也就是(1)和(2)的结合不矛盾，尽管(1)和(2)可能都不为真(因为有可能杰克和吉尔一样高)。然而集合 B 是不一致的，因为如果(3)为真，那么(4)必定为假，而如果(4)为真，那么(3)必定为假；(3)和(4)必定无法同时成立；(3)和(4)的组合**是**矛盾的。

有效的道德原则必须一致。之所以这点成立是因为：有效的道德原则旨在为我们提供一个基础，依照这个基础，我们得以理性地确定哪些行动正确哪些行动错误。然而，如果提出的原则竟然不一致，那么这将会削弱确立伦理原则的关键意义，那就是：在确定对错上提供理性引导。

指出某原则不一致的一种方式是，表明该原则暗示同一行为可以既正确又错误。对所谓**伦理相对主义**观点的一种(并非唯一一种)解释就具有这个暗示。依照这种解释，只要某个特定社会中的多数人赞同或反对某个行为，那么该行为就是正确或错误的。在此重要的一点是，弄清楚这个解释会让伦理相对主义得出什么结论。伦理相对主义声称的不是：在某社会中如果多数人赞同某行为，那么该行为就会被**认为**是正确的；也不是：特定社会中多数人都赞同的行为**在那个**社会中是正确的。依照当前考察的这个解释，伦理相对主义声称的是：一旦某社会的多数成员赞同某行为，该行为就**无条件**正确。

看待对与错的这种方式确实暗示同一行为可以既正确又错误。要更清楚地表明这一点，让我们假设有个社会的多数人恰好赞同杀死和吃掉外国人，同时另一社会的人反对这一点。那么依照我们所讨论的对伦理相对主义的解释，可以由此推出，(a)杀死并吃掉外国人是对的，以及(b)杀死并吃掉外国人是不对的。也就是说该原则暗示(a)和(b)都正确。然而，由于(a)和(b)**不一致**，它们因此**不可能**都正确。那么，这里所理解的伦理相对主义也就不可能是有效的伦理原则。

足够的适用范围

另一合法要求是：伦理原则要具有足够的适用范围。只要我们还记得，伦理原则被假定为向我们提供了实践指南来确定何为对错，这一要求的理由就会显而易见。由于我们生活在各种各样需要做出对错决定的环境里，因此，在特定原则能够被运用于这些环境的意义上，它可以成功地成为行动指南，而是否能够运用于这些环境取决于原则的范围。原则的范围越广，其适用潜力越大；范围越窄，适用领域也就越窄。尽管不可能精确地确定，究竟一条原则必须有多广的范围才算恰当，但是，把足够的适用范围当作判定伦理原则的相关标准,这应该是合理的,也将随着论述的展开而变得更清楚。

精确性

我们不期望伦理原则是涉及大范围事例的模糊指引,而希望它是既明确又确定的指引。如果没有这样的精确性,一条伦理原则的实用性就会大打折扣。比如,如果我们没有被清楚有效地告知,"爱"、"伤害"、"邻人"究竟是什么意思,那么被告知要"爱你的邻人"或者"不要伤害别人"就不会有什么帮助。如果一条原则在大量情形中都要求含糊,那我们就无法确定它要求什么;而鉴于我们的不确定,我们就无法确定为了遵守该原则必须做什么,或者无法确定我们过去的行动是否遵守了该原则。因此,合理程度的精确性对于任何伦理原则来说都是合理要求。同时,过于精确或者错误的精确也不合理。伦理学不是几何学。我们不应该期望或要求道德概念(比如"爱"或"伤害")的定义,像几何学概念(比如"正方形""圆形")的定义那样精确。我们也不应该要求道德原则像毕达哥拉斯定理那样精确,或者像它那样得到证明。我们应该总是谨记亚里士多德的明鉴:"受教育者的特征是,在对象的本质所允许的范围内,在每一类事物上追求精确性"[1]。随后的论述中,我们将有更多机会提醒自己注意这个朴素的智慧。

符合直觉

评价相互竞争的伦理原则的最后一个根据是:这些原则是否符合我们的道德直觉。这是目前为止我们将讨论和使用的最具争议性的标准。有些哲学家断然否定这是合理的检验。有些哲学家则坚持认为这条要求有效。不管你持有的或应该持有的是哪个立场,当前的一个根本问题是弄清楚这个说法的意思所在。这不是对语意的无聊好奇。直觉这个概念在道德哲学中有了不同理解,被视为检验伦理原则的合理方式有些理解方式在逻辑上不同于这个概念的另一种含义,因此也不应该与这种意义混淆,这个意义就是"诉诸直觉"(appeal to intuition)。比如 20 世纪具有重要影响的英国哲学家 G. E. 摩尔,他使用直觉一词来称谓那些在他看来"无法被证明"[2]的伦理命题,

---

[1] 亚里士多德:《尼各马科伦理学》(Aristotle, *Nicomachean Ethics*),1094:25。
[2] 摩尔:《伦理学原理》(George Edward Moore, *Principia Ethica*, Cambridge: Cambridge University Press, 1903),第 x 页。

而"当代的摩尔"W. D. 罗斯把道德直觉描述为"自明"的道德真理③。不管人们愿意对摩尔的、罗斯的、或二者的直觉观发表什么看法,非常清楚的是(就像我们随后将更充分地看到的):摩尔意义和罗斯意义上的直觉,都不是当我们问某伦理原则是否符合我们的道德直觉,或者当我们认为符合道德直觉是对伦理原则的理性资格的合理检验时,我们所表达的意思。

"直觉"在道德哲学中有时还会在第三种意义上被使用,那就是用来表示"我们尚未被检验的道德确信",包括我们对困难道德情形的初始反应或当下反应。当人们得知了一些异常情形(比如有人为了生存必须杀死并吃掉自己的孙子,而问题在于他是否应该这么做),之后被问到对此直觉如何时,直觉这个词就在第三种意义上被使用。这种意义的"直觉"当然与摩尔和罗斯的都不同。因为在这里,通过初始反应来回应问题不同于认为自己说的是自明真理,或者无法被证明的东西。更重要的是,这个意义上的直觉是关于对错的**前**反思性判断。换句话说,当我们被问及这个意义上的直觉时,我们不是被要求说出对问题进行大量思考**之后**持有的看法,也就是我们尽最大努力对问题做出理想道德判断**之后**的看法。相反,我们被问的是:对问题做出相当详细的思考**之前**,也就是做出协同努力对问题做出理想的道德判断之前的想法。方便起见,让我们称这种意义上的直觉为**前反思性直觉**。与摩尔和罗斯对直觉的理解一样,这种前反思意义上的直觉,也不是我们要求伦理原则与我们的道德直觉相符时涉及的那种直觉。

所涉及的那种直觉我们可称为**反思意义**上的直觉。在这个意义上,我们的直觉就是:尽心尽力满足前面列出的理想道德判断标准**之后**,我们持有的道德信念。也就是,假定我们已经尽心尽力以冷静、理性、不偏不倚的方式,以清晰的概念,通过尽可能合理获得的相关信息来思考自己的信念。我们在做出这种努力**之后**得出的判断不是"本能反应",也并非仅仅表达了我们碰巧相信的;它们是我们深思熟虑之后的信念,是我们尽最大努力保持不偏不倚、理性、冷静等之时持有的信念,也是只有在这种情况下才可能持有的信念。因此,通过考查它们多符合我们的反思性道德直觉来检验不同的道德原则,就相当于用深思熟虑后的信念来检验这些原则;而且,当两条相互竞争的道德原则在其他条件上同等时(即假定二者在范围、精确性和一致性上都相同),最好地符合我们反思性直觉的原则就应该是被合理选择的那个。

不过从理论上看,某个给定原则有可能通过评价伦理原则的所有检验,但仍然不符合我们最初视为深思熟虑后的信念。不仅如此,事实还有可能是,我们找不到其他

---

③ 罗斯:《权利与善》(W. D. Ross, *The Right and the Good*, Oxford: The Clarendon Press, 1930)。

原则,它符合评价道德原则的恰当标准,还比这条原则更好地说明了这些直觉。在那种情况下,我们应该高度怀疑最初被理解为深思熟虑后的那些信念。如果没有一条在其他方面令人满意的道德原则可以匹配这些信念,那么理智会要求我们同意:尽管做出了努力,我们对这些信念的最初评价出了错。换句话说,我们最初确定为深思熟虑后的那些信念本身,可以被证明需要得到修正、或者被抛弃。借助哈佛大学哲学家罗尔斯[④]的表达,我们必须努力获得深思熟虑后的信念和道德原则之间"反思的平衡"。有些信念必须被打点折扣,因为它们无法符合任何一条在其他方面都令人满意的原则;有些原则必须被摒弃,因为它们没能匹配其他方面都令人满意的原则所包容的直觉。因此,一条原则不会**仅仅**因为没能与每一反思性直觉都匹配而无效。但是,如果一条原则无法与我们在**大多数情况下的直觉**相匹配,那这就可以表明它是无效的——假定诉诸其他相关标准而被确证的另一条原则匹配这些直觉。当"诉诸我们的直觉"被理解为诉诸我们深思熟虑后的信念,而这些信念在前面解释的意义上、以前面解释的方式经受了最佳反思性考虑的锤炼时,我们不应该放弃一个要求:把符合这些信念作为对道德原则有效性的合理检验,除非我们有好的论证反对这么做。

我马上要考察几个批评意见。不过首先值得注意一下,我们可以对反思性直觉进行二次利用。假定我们确立了深思熟虑后的几条不同信念。这样,我们就可以阐明确定这些信念之共同基础的伦理原则,以寻求把这些信念统一起来。比如,如果我们深思熟虑后的信念包括:强迫人们从事与其福利相悖的职业是错误的,剥夺公民讨论当前棘手的政治问题和社会问题的机会是错误的,因肤色或原国籍而剥夺民主国家中某些公民的投票机会是错误的,剥夺类似群体接受教育、参加娱乐文化活动的机会是错误的。如果这样,那就可以合理地认为,下面这条原则(自由原则)确定了这些直觉的相关共同基础,因而把它们统一了起来:在其他条件同等的情况下,限制一个人的自由是不正确的。当然,这条原则之所以恰当并非因其清晰。我们实际上需要仔细检验这条原则,比如探究其一致性,看看它与其他深思熟虑后的信念匹配得好不好。自由原则的合理性并非这里要讨论的问题(它与后面的讨论相关,8.1);之所以在此提到它,不过是为了阐明诉诸反思性直觉在道德理论中的另一个作用。

一些批评

有些批评者反对诉诸直觉来检验道德原则的有效性,他们认为有好的论证驳斥这

---

④ 约翰·罗尔斯:《正义论》(John Rawls, *A Theory of Justice*, Cambridge: Harvard University Press, 1971)。

种诉诸的价值。这些论证中有的相当糟糕,没能在道德哲学使用的不同"直觉"之间做出清楚区分。公平地说,牛津哲学家 R. M. 黑尔(R. M. Hare)和他以前的一个学生、澳大利亚哲学家彼得·辛格提出的一些论证看起来就是如此。黑尔本人不止一次强烈谴责说:诉诸直觉就是诉诸偏见⑤。他的这种做法可以理解,因为就像前面已经解释的,诉诸直觉有时相当于建议我们不对自己的信念进行冷静、不偏不倚的思考就把它表达出来。当诉诸直觉以**这种**方式被理解时,它们就无法与诉诸偏见相区分。但是如果我们对自己的信念进行了深思熟虑,尽心尽力保持合理、知情等等,那么诉诸直觉就**不是**诉诸我们碰巧所想,而是诉诸经受了这种反思检验的信念。让人完全无法明白的是,我们尽心尽力思考之后持有的信念,如何可以被恰当地称为偏见。**偏见**的确切意思就是:没有对接受信念的理由做出批判性思考就接受。如果我们尽心尽力对自己的信念进行完善的思考**之后**,仍然有人认为我们持有偏见,那么偏见这个概念就失去了清楚的、或者有帮助的意义。依照这种理解方式,任何人相信的任何东西都可以被视为偏见。当我们诉诸自己反思意义上的直觉时,我们有充分的理由认为这些直觉不是偏见。

辛格也对诉诸直觉很不耐烦。在最近的一本书《扩展中的领地:伦理学与社会生物学》(*The Expending Circle: Ethics and Sociology*)中,他批评了一些哲学家的一种立场,即相信"哲学所能做的不过就是把我们的道德直觉系统化"⑥;在此,不仅以罗斯这种方式来理解直觉(视之为"自明真理")的人可能持有这个立场,而且以本文支持的方式,也就是用深思熟虑后的信念来理解直觉的人也可能持有该立场。然而,质疑罗斯对直觉的理解以及他处理道德哲学的一般方式的论证,对后一种理解并不构成威胁。因此,如果像辛格那样认为(这里涉及反对诉诸直觉的第二个论证),"发现我们直觉的生物学根源,这可以质疑视直觉为自明道德公理"或者"自明道德绝对的做法"⑦,那么这可能确实会对罗斯所理解的道德直觉产生挑战。不过,这种发现不会动摇在反思意义上诉诸直觉的恰当性,因为这个意义上的直觉并没有被理解为"自明的道德真理",或者"自明的道德绝对"。

反对诉诸直觉的第三种批评认为,直觉助长了道德保守主义。以辛格为证,他反

---

⑤ 参见比如黑尔:"正义与平等"(R. M. Hare, "Justice and Equality"),见《正义与经济分配》(*Justice and Economic Distribution*, ed. John Arthur and William H. Shaw, Englewood Cliffs, N.J.: Prentice-Hall, 1978)。

⑥ 彼得·辛格:《扩展中的领地:伦理学与社会生物学》(Peter Singer, *The Expanding Circle: Ethics and Sociobiology*, New York: Farrar, Straus & Giroux, 1981),第 70 页。

⑦ 同上书,第 70—71 页。

对认为道德哲学应该"与我们既有确信相匹配"的人,谴责说"这种伦理方式是根深蒂固的道德保守主义,易于把文化历史的遗留当作道德基石"⑧。这个批评依赖于一种观点:我们的反思性直觉是由既定时期特定文化的价值体系,与影响我们当前的家庭和社会群体的环境共同铸成。据称这种影响在道德上会带来保守,因为它赋予的价值往往支持当前的道德现状。比如,如果我们生在美国内战前南方的奴隶主白人阶级,那么我们被灌输的价值观就会反应那一阶级的价值,在本质上就会是保守的。我们被教导的将不是威胁道德现状的价值(比如所有人类是平等的),而是助长这个现状的价值(比如白人具有比黑人更高的价值)。一旦这样的教导生根,我们就会认为白人优于黑人"显然正确",这个信念也就会被植入我们的"道德直觉"。

辛格的这个论证激起了两种回应。第一种认为该论证诉诸了**个人偏见**。他的一些批评者批驳其立场的理由恰恰与他驳斥直觉的一样,认为**他的**立场本质上是道德保守主义的。在"功利主义"一文中,美国哲学家丹·W. 布罗克(Dan W. Brock)就以此为根据来驳斥偏好功利主义(preference-utilitarianism),即辛格持有的立场。论证如下:

> 个人欲望或偏好是生物学需求和人们所生活的社会、国家以及各种社会群体的社会化进程的产物。这些偏好在很大程度上由现有的社会设置、社会权力和权威关系,以及个人环境的期望决定,也会倾向于促进这些东西。结果是,被认为要求最大限度满足既有偏好的功利主义,反过来服务于增强现有的社会结构;这种功利主义具有很大的保守主义偏见。比如,种族主义、性别至上主义社会可能会培育其成员的种族主义或性别至上主义偏见,而且偏好功利主义看起来承诺于寻求满足这些偏好⑨。

在随后批判辛格为素食主义责任寻求基础的尝试时,我还会指出,偏好功利主义内在的"重大保守主义偏见"引发了多严重的问题。

第二个,也更根本的回应是:追问道德原则是否"符合我们既有的道德确信",以此来检验道德原则,这并不一定会在辛格严厉指责的轻蔑意义上成为保守主义。信念在

---

⑧ 彼得·辛格:"功利主义与素食主义"(Peter Siger, "Utilitarianism and Vegetarianism"),载《哲学与公共事务》(*Philosophy and Public Affairs*),9(8)(1980年夏季刊),第326页。辛格在他的"西季威克与反思的平衡"("Sidgwick and Reflective Equilibrium"),载《一元论者》(*The Monist*),58(3)(1974年7月),尤其是第515—517页中更详细地提出了这个要点。

⑨ 布罗克:"功利主义"(Dan W. Brock, "Utilitarianism"),见《所有人的正义》(*And Justice for All*, ed. Tom Regan and Donald VanDeVeer, Towota, N.J.: Rowman and Littlefield, 1981),第223页。

拒绝更改的意义上是"保守的"。但是没有理由假定：当我们诉诸直觉时，被诉诸的信念会在这个意义上保守。一旦我们努力花费时间和精力来尽可能做出最佳判断，就会发现有些前反思性信念需要修正，比如这个信念：美国原住民不属于人类，因此有关待人之道的原则不适合他们。我们努力反思之后继续保留或持有的信念，并不只是因为我们被教导去相信自己之所信而被持有；之所以我们保留或持有这些信念是因为，它们通过了用以区分前反思性直觉和反思性直觉的恰当检验。

有个进一步的观点，也反对依照是否符合反思性直觉来检验道德原则的有效性，该观点认为，这种检验会导致道德思考不可避免地成为主观性的[⑩]。据称，并非每个人都具有同样的前反思性直觉或反思性直觉。因此如果运用这个检验，那么我们最多得到符合个人直觉的原则，而不是适合所有人的原则。结果是，只要有多少具有不同直觉的个体，就会有多少"有效的"道德原则。这些批评者认为，这摧毁了有效道德原则的存在可能，因为有效的道德原则必须适用于所有道德主体。

这一反对没能认识到两个说法之间的区别：(a)伦理原则对所有理性存在者都是有效的，(b)我们**认识到**某原则对所有道德主体来说有效。这个区别的重要性可以解释如下。当我们让一条伦理原则接受一致性、范围、精确性、是否与反思性直觉相符的检验，并尽心尽力做出理想的道德判断时，我们就已经做了力所能及的一切，让自己可以得到辩护地认为该原则对所有道德主体具有约束力。然而，由于普遍存在的犯错可能，我们必须承认，我们有可能在确证过程的任一环节出错，比如不小心犯了一个根本的逻辑错误，或者，我们视为反思性直觉的一个直觉可能需要修订。因此，尽管依照我们的最佳判断而被视为通过一致性、精确性等检验的原则，就是我们有合理理由认为对所有人具有约束力的原则，但是我们没有充分理由**声称自己知道**：这些原则的普遍适用性已经被确证。我们有充分理由声称的是：我们以上述方法确证的原则，就是做出理想判断来确定接受什么原则的所有人**将会**接受的原则。换句话说，我们要求的是：在什么原则对所有人具有约束力的问题上，**所有理想判断达成的共识**。

以充分理由宣称这种共识将会达成，这是一回事，宣称知道这个共识将会实现，那是另一回事。由于我们宣称所有理想的判断会达成共识，由于我们永远无法充分满足做出理想判断的所有条件，因此我们永远无法宣称自己**知道**任何一个、或者所有的理想判断将会选择哪些原则。在我这里，我必须认识到，尽管尽了最大努力来做出理想的判断，我可能还是会在选择那些原则上犯了错。而选择了不同原则的你们呢，让我

---

⑩ 辛格："西季威克与反思的平衡"，第494页。

们假定,你们必定也会认识到,在你们那里也会犯下相似错误。但是,承认我们在这一点上会犯错并没有推出:我们接受的原则必定在所讨论的那一批判意义上是"主观主义的"。尽管承认我会犯错,这也并未表明我宣称这些原则**只对我有效**,而你的同样承认也并不表明你支持的那些原则**只对你有效**。只对我或你自己有效的原则**将是**伦理学中最有害的主观主义。但是上述用于确证伦理原则的那些标准,包括对我们反思性直觉的诉诸,并没有包含任何这样的主观主义。当我们尽可能做出努力来确证一条伦理原则,包括用我们的反思性直觉来检验它时,我们每个人都有充分理由宣称,该原则**对所有人有效**。我们并没有宣称自己知道该原则对所有人有效。尽管做出了努力,但是我们永远也无法完全满足理想道德判断的条件,因此我们还没有能力声称自己知道这一点。因此,如果是诚实的,那我们必须认识到并承认,在伦理原则的有效性上有着不可避免的不确定因素。我们所能做的一切已经是我们可以做的最大努力,而这与理想的要求还有差距;但是,认识到我们在这一点上都有极限,这并不是在暗示伦理主观主义,也毫无认同主观主义的意思。不管用反思性直觉来检验伦理原则会遇到怎样的真正困难,包含伦理相对主义的那条指责不可能是其中之一。

反对诉诸直觉来确证伦理原则的最后一个批评,可能也是最基本的批评认为:以这种方式看待直觉是种倒退。我们应该诉诸合理的伦理理论来检验我们的直觉,而不是诉诸直觉来检验我们的伦理理论。这就是辛格宣扬的观点。他写道:"我们应该从健全的理论走向实践判断,而不是从我们的判断走向理论"⑪。辛格的假定是:我们**能够**不诉诸反思性直觉来得出健全的伦理理论。但我们可以吗?我可以做到这一点的证据当然在于某些人已经做到了,因为如果没有人做到过,那么宣称我们可以、也应该以辛格指引的方向来工作就缺乏确凿的支持。即便辛格本人真的(实际上没有)始终成功地不依赖"我们的直觉"来检验伦理理论⑫,他也没能为我们提供一个"健全的理论",理由将会在随后考察辛格的理论时(6.3以下)详细解释。

上述段落对辛格的回应可以依照证明负担论证来总结阐述:这里的证明负担公平地落在了像辛格一样,要求我们不诉诸直觉来构建健全伦理理论的人身上。辛格必须表明(a)我们能够发展出不诉诸反思性直觉的伦理理论,并且(b)他提出的理论是健

---

⑪ 辛格:"功利主义与素食主义",第327页。
⑫ 参见彼得·辛格:《实践伦理学》(Peter Singer, *Practical Ethics*, Cambridge: Cambridge University Press, 1980),第87页。

全的。由于就像我们随后要提出的,辛格没能满足条件(b),而且,鉴于反对把诉诸直觉视为确证伦理原则的合理手段的前述说法具有缺陷,因此我们有可靠根据拒绝辛格的抗议,尽管这个根据还不是决定性的。

4. 后果主义伦理理论

最后一个批评促使我进入伦理理论的话题。伦理理论寻求给伦理思考带来最高秩序,而就像这种事业的本质特征所展示的,这里不乏各种选择,竞相等待理性的认同。习惯上,可以区分出两类主要的伦理理论:后果主义伦理理论(有时也被称为目的论),非后果主义伦理理论(有时也被称为义务论)。我将首先描述和说明前一种理论,然后讨论后一种理论(4.5)。

后果主义伦理理论认为:我们的所作所为正确与否最终依赖于行为带来的后果(效果、结果),并且**仅仅**依赖于后果。这类理论让我们得以区分(a)什么是道德责任所在,(b)什么是道德上正确的,以及(c)什么是道德上错误的。要更清楚地看到这一点,让我们假定必须在三个行动中选择一个,其中一个会带来比其他两个更好的后果。在此暂时不对"更好的后果"做出说明,那么后果主义理论认为,我们有积极的道德责任采取那一行为,有消极的道德责任不采取另两个行为。相反,假定有两个行为选项带来了同样的善,并且都产生了比采取第三个行为更好的后果。那么我们就有道德责任不采取第三个行为,但我们没有责任采取前两个行为中的**某一个而不是另一个**。这两个行为中的任何一个都是道德上正确的,也就是,任何一个所产生的后果都与另一个产生的一样好。因此我们的义务就是采取那些正确行为中的一个,但是我们没有义务采取某一个而不是另一个。

任何想要发展后果主义伦理理论的人都可以有很多选择,第一个选择涉及:决定哪个行为选项具有最佳后果时,谁的后果应该被考虑。伦理利己主义(有时也被称为理性利己主义)认为,只有个体行动者的后果才具有直接道德意义。依照这种观点,当我问自己在道德上应该怎么做时,答案就在于确定我能做出的选择中哪个将给我带来最佳后果,而当你问自己这个问题时,答案就在于确定哪个选项会给你带来最佳后果。我的行为将如何影响到你,这在道德上无关,除非我对你的影响会最终影响到我。关于你的行为如何影响我也是一样;你的行为对我的影响与你该如何行动无关,除非你对我的影响最终影响到你。我将在下一章更详细考察伦理利己主义(5.3)。

功利主义是后果主义者的另一可行选择。功利主义不是把具有直接道德意义的后果仅限于个体行动者,而是认为:不同选择给所影响到的每个人带来的后果,都具有直接道德意义。对于功利主义者来说,是**效用原则**(principle of utility)决定了道德正确、错误以及责任:从道德上看我们应该采纳的,就是给行为结果所影响到的每个人带来最佳总体后果的行为,而不只是给采取行动的行动者带来最佳后果的行为。

功利主义者面临的一个问题涉及"所有相关者"的范围。这个范围包括哪些个体?功利主义的一些评论者认为该理论是以人类为中心,因此被包括在"每个人"范围内的就是人类,也只有人类被包括进来。这一说法在多大程度上符合对功利主义主要形式的正确论述?在考察了后果主义者所必需的内在价值理论之后,这一点会变得更清楚。

支持任何一种后果主义理论的人,都必须提供一个关于内在价值的附带理论。这是因为后果主义者认为道德对错和道德责任依赖于最佳后果,而什么使得一些后果优于另一些后果,这最终取决于哪个后果内在地更有价值(善),或者没有价值(恶)。内在价值的定义有很多种,包括:"为了其自身缘故而被欲求的","即便没有任何其他东西存在也是善的","本身得到珍视或偏好的"。尽管论述不同,这些定义都试图区分如下二者:(a)某些事物**只是**作为获得其他事物的手段而具有正价值;(b)某些事物**不必**作为其他事物的手段就是善的。具有工具价值的那些事物属于第一类范畴;具有内在价值的事物属于后一类。既作为手段有用,本身也是善的事物,既有工具价值又具内在价值。

依照后果主义,什么东西具有内在价值或者没有内在价值呢?并不是所有的后果主义者都给出了同样的回答。对于我们的目的来说,功利主义者给出的两个回答非常重要,因为在随后第 6 章对功利主义的讨论中,二者都会得到关注。第一个回答就是**价值享乐主义**(value hedonism)。依照这种观点,只有快乐(pleasure)是内在地具有价值的,只有痛苦是内在地不具有价值的。这就是经典功利主义者杰里米·边沁和约翰·斯各特·密尔所宣扬的价值理论。第二种理论我们该称之为**偏好理论**(the preference theory)。该理论认为:具有正内在价值的是被理解为欲望或目的的偏好的满足,具有负内在价值的就是偏好的挫败。这就是近来的功利主义思想者,特别是辛格和黑尔所暗示的价值理论。接受任何一种价值理论都为功利主义者提供了根据,来驳斥认为功利主义者"以人类为中心"的看法。这种看法不可能是对功利主义思想核心的准确描述,因为(a)多数功利主义者要么同意价值享乐主义,要么认可偏好理论;而且(b)这些功利主义者承认非人类的动物也会体验痛苦或快乐,或者具有可以被满足或挫败的偏好⑬。简言之,在功利主义者"给所有相关个体带来最佳总体后果"的指令中,"相关个体"的范围不该被理解为仅限于人类,而是应该被解读为:或者包括所有可以体验快乐与痛苦的个体(享乐主义功利主义的观点),或者包括所有能够具有可以被满足或挫败的偏好的个体(偏好功利主义的观点)。

　　功利主义者之间的区别不止于此。他们不仅提出了相互冲突的观点,用以说明什么使得某些后果优于其他后果,而且还在如何使用效用原则上持有不同的、不相容的看法。大致上说,所谓的**规则功利主义者**认为,效用原则应该被用来确定怎样的行为规则是所有人应该遵循的;而所谓的**行为功利主义者**认为,效用原则应该被用来确定在每一具体情况下必须做的行为:正确的、错误的行为是什么,无须诉诸规则功利主义所支持的那些规则。这两种描述都有点粗糙,对于行为功利主义者或规则功利主义者可能持有的精细立场而言,这些论述有点不太公平。在随后对这些理论的讨论中,它们将会继续得到批判性考察,这一点也会显得更清楚(对行为功利主义的考察见6.2—6.3;对规则功利主义的考察见7.7)。当下的目的只要求我们认识到,功利主义者不仅在什么使得某些后果"最好"上存有差异,而且在效用原则应该诉诸什么来评价上有所不同:是每个行为的道德性质(行为功利主义),还是特定规则的道德性质(规则功利主义)。

5. 非后果主义伦理理论

　　非后果主义伦理理论可以通过否定的方式来定义。这些理论否认道德对错和道德义务**仅仅**取决于我们行为的后果所具有的价值,不管是我们自己的后果(伦理利己主义),还是行为所影响到的每个人的后果(功利主义)。不过,关于后果在决定我们应该采取的行为上具有的作用,并非所有非后果主义理论都持有同样看法。有些理论(我们可以称为极端义务论)认为,后果的价值与这个决定完全没有关系,有些理论(温和义务论)认为,尽管后果的价值与这个决定有关,但是其他东西也与之有关。德国哲学家伊曼努尔·康德(1724—1804)是极端义务论的一个例子。康德认为存在一条至高的道德原则,他称之为"绝对律令"("the categorical imperative")。他认为这条原则

---

⑬ 多数(但不是全部)功利主义者支持这两个观点中的一个。摩尔举出了一个重要的反例,表明特定意识状态的内在价值无法被还原成这些状态所包含的快乐或满足。本文后面并没有考察这种形式的功利主义。关于对这个观点的批评,参见我的"对功利主义的反驳"("A Refutation of Utilitarianism"),《加拿大哲学杂志》(*Canadian Journal of Philosophy*)即出。

可以通过相互不同但等价的方式阐述。被称为**普遍法则公式**(the Formula of Universal Law)的阐述认为:我们应该如此行动,以致我们会愿意让自己的行为准则成为一条普遍法则。行为"准则"在康德那里指的是我们采取行动的理由或意向。因此这条公式要求我们问问自己,是否每个人都可以依照我们的行动理由或意向来采取行动。如果我们不愿意让每个人都采取我们的行为,也就是不愿意让我们的准则成为每个人都遵循的普遍法则,那么我们的行为就是错的。我们行为的后果——不管是对自己的后果还是对所有人的后果——具有什么价值,在此毫不相干。至少依照绝对命令的这一公式,最终检验就是我们是否能够让自己的准则成为普遍法则。

　　康德自己举的一个例子可能会令其立场更清楚。假定我请求你借给我一些钱,但是,尽管承诺要还你,我心里其实并不想这么做。那么,要确定我的欺骗性承诺是对是错,我必须做的不是问问自己,如果成功地从你那里借来钱,那么我会得到什么有益后果(伦理利己主义的建议),也不是去问,这个交易的结果会给每个人带来怎样的好后果,包括你的快乐或偏好受到了什么影响(功利主义的方式)。相反我必须问问自己,如果我的准则成了普遍法则,每个人是否会去遵守它。也就是是否会有这样一条普遍准则:依照这个准则,每当人们想要某东西时(比如钱),他们就可以向另一个人借,但是根本不想还。康德相信我们要做的就是提出这个问题,这样就可以看清楚:这种法则不可能成立。如果任何人在想要某东西的任何时刻就向别人要,承诺会归还或偿还它,但是从来没想过要兑现自己的承诺,那么就没有人会先相信任何人的承诺。确实,如果真的(很有可能是真的)甚至没有人可以做出承诺,那么把我的准则当作普遍法则就会摧毁立下承诺的可能。因此依照康德,立下虚假承诺是不正确的,其不正确性可以完全独立这种承诺在任何情形中可能带来好或坏结果。依照康德,在确定我们的义务时,后果的价值完全无关。

　　非后果主义伦理理论的第二个例子是我们称为**权利观点**的理论。依照这种理论,特定的个体拥有一些道德权利(比如生存权),这些权利独立存在,无须认识到这些权利所带来的后果具有什么价值。换句话说,依照权利观点,权利比效用更根本,也独立于效用而存在;因此比方说,谋杀不正确(如果不正确的话)的首要理由在于,它违反了受害者对生命的道德权利,而不在于谋杀会导致谁得到或无法得到快乐或痛苦,或者谁的偏好会得到满足或挫败。认同权利观点的人不需要认为:在它们决不会被其他道德考虑压倒的意义上,所有道德权利都是绝对的。比如人们可以认为:如果尊重大多数人权利的唯一办法就是压倒少数人的道德权利,于是压倒这些权利就得到了辩护。然而即便人们被告知,少数人道德权利可以在这种情况下被压倒,这也不等于说认可这些权利的非后果主义基础就得先妥协。依照权利观点,个体拥有自己的道德权利,其理由独立于后果的价值,不管是对他们自己的后果还是对其他人的后果。

6. 对伦理理论的评价

与前面提及的其他理论一样,康德的观点和权利观点都会在随后章节得到更详尽考察(分别是第5章到第8章)。对这些理论的简要描述对于当前目的来说就够了,因为这个描述为非后果主义的伦理理论提供了范例。此外,我描述的四种理论清楚表明,在不同的伦理理论上,我们遭受了资源过多之害。**许多**这样的理论、而不是一个,在竞相等待我们的理性认同,我们遇到的问题是给出理由——合理的标准——来评价这些不同理论。有了这样的标准,至少就有可能在不同理论中挑拣出通盘考虑后最合适的那个。要是没有这样的标准,对理论进行合理评价的使命甚至无法开始。但什么标准**是**恰当的,或者是合理的?早先讨论过(4.3)适合于评价任一道德原则的标准,这部分回答了该问题,那些标准是:一致性、适用的范围、精确性、符合我们的反思性直觉。这些标准之所以成为恰当检验是因为:(1)这是任何道德原则都必须满足的标准,(2)所有伦理理论都提出了它们自己支持的道德原则,认为从理性上看这些原则比与之竞争的那些更可取。因此,依照范围、一致性、精确性、符合反思性直觉这些标准来评价和检验被视为根本道德原则的那些原则,这完全合理,正如依照这个标准来评价和检验任何其他道德原则是合理的一样。不过,在评价相互竞争的伦理理论时,至少还有一条其他标准可以被合理援引,这就是简单性标准。这个标准在评价道德理论时起到的作用可以被说明如下。

相互竞争的科学理论,有时以同等的精确性对同样范围的事实做出了说明。如果某理论能比另一个理论更好地预知未来事实的发生,从而具有所谓更强的预知效力,那么具有更强预知效力就构成理由,来支持选择这个理论而不是与之竞争的理论。不过有时,两个相互竞争的理论在一致性、范围、精确性、预知效力上都确切相似。这时通常援引另一标准来评价相互竞争的理论,那就是**简单性原则(也被称为简约原则)**。如前面所解释(1.3),该原则断言,在其他条件同等的情况下,应该选择更简单的理论。更简单的理论就是做出最少假设,或者要求我们接受最少未被证明、甚至可能无法被证明的前提的理论。简单性标准看起来相当明智。毕竟,如果更少的假设就能解决问题,又何必做出更多假定(在科学中,是关于存在事实的假定)?如果可以证明,对于人们想做出的说明而言某些东西没有存在的必要,那你又何必让这些多余的东西充斥世界?

简单性也是评价伦理理论的一个相关标准。理论上看,所要求的伦理假定和伦理原则越少,这个理论也就越好。需要的原则越多,我们得记住的东西也就越多,原则之间发生重大冲突的可能性也就越大,这就会让我们的伦理决策陷入混乱。当耶稣被要求总结先知们立下的律法时,他的回答是个很好的例证。大家还记得,耶稣的回答只引用了两条律法:爱上帝,爱人如己。耶稣暗示,如果人们要行事正确、避免犯错,那么遵循这两条律法就足够了。想到有两百多条不同伦理原则被视为先知们的律法你就会发现,这个总结确实是走向简单性的根本一步。当然,从耶稣的总结并没有推出:他所设定的两条原则构成了通盘考虑后的恰当理论(这两个原则首先缺乏精确,除非仔细解释爱的概念)。简单性尽管是评价伦理理论的**一条**标准,但不是唯一标准。然而,在两个相互竞争的伦理理论的其他条件同等的情况下(也就是假定二者都同等地符合评价这种原则的其他标准),更简单的理论,也就是做出了最少未被证明(可能还有无法证明)的假定的理论,应该比更复杂的理论更值得选择。在评价相互竞争的伦理理论时,这个原则与它运用于评价相互竞争的科学理论时一样明智,也具有合理的恰当基础。

7. 总 结

本章展示了我思考道德问题的初步方式。我考察了回答道德问题的一些无效方式(4.1),接着描述了做出理想道德判断需要满足的一些条件(4.2)。理想的判断不仅是正确的判断,而且是因为正确理由而正确的判断。伦理理论试图说明:对于判断行为的对错及责任来说,什么是"正确的理由"。这种理论主要分为两类。后果主义理论(4.4)认为:对错和责任取决于行为的后果的价值,并且**仅仅**取决于后果的价值。非后果主义理论(4.5)认为:对错和责任并不只是取决于后果的价值——要么根本就不取决于这个价值(极端非后果主义理论),要么并不完全取决于这个价值(温和非后果主义理论)。本章探讨了两种后果主义理论,伦理利己主义(认为对错和责任由行为给个体行动者带来的最佳后果决定),以及功利主义(认为对错和责任由行为给所有相关个体带来的最佳后果决定,而在主要的功利主义理论那里,"相关个体"不仅包括了人类,也包括了非人类的动物)。本章还论述了两种内在价值理论(4.4):价值享乐主义——认为只有快乐具有内在价值,只有痛苦是内在地恶的;以及偏好理论——认为偏好(被理解为欲望或目的)的满足具有内在价值,而偏好的挫败具有负内在价值。在两种非后果主义伦理理论中,一种理论(康德的)认为:完全不考虑行为带来的后果的价值,只需知道我们是否愿意让自己的行动准则(行动的理由或意图)成为普遍法则,就可以决定道德对错与道德义务。第二种非后果主义理论(权利观点)断言:特定的存在者具有特定的道德权利(比如生存权),而且,承认他们具有这些权利的根据与功利主义或其他后果主义考虑无关;依照这种观点,行为只要违背个体的权利就是错误的。

鉴于大多数伦理理论都各自声称,它们确定了判断行为对错和责任的正确理由,因此我们需要一些标准来合理地在理论之间进行选择。本章列出并说明了五个标准(4.3,4.6):(1)一致性、(2)适用范围、(3)精确性、(4)符合我们的直觉、(5)简单性。第四条标准带来一些歧义,有些哲学家否认它是对特定伦理理论和普遍道德原则的合理检验,而有些哲学家捍卫这个标准。对此,重点放在了弄清楚"诉诸直觉"是什么意思,尤其区分了我们的前反思性直觉(我们的"本能反应")和我们的反思性直觉(我们深思熟虑后的信念)。本章指出,如果以后一种方式来理解,诉诸直觉就具有对道德原则进行合理判断的恰当作用。这种观点的主要反对论证被证明有缺陷。构建并检验我们支持的伦理理论的一般方式因此可以总结如下。我们首先会考虑我们的前反思性直觉,也就是我们碰巧具有的关于对错的信念。然后我们尽心尽力对这些判断进行最好的评论:涤清思想中的不一致和未受审查的偏倚性,以最大的概念清晰度、立足于我们能够找到的最相关的信息,来尽可能理性并冷静地思考。以诚实的努力来满足这些要求之后持有的那些道德信念,就是我们深思熟虑后的信念,是我们的反思性信念,任何未能在多数情形中满足我们深思熟虑后的信念的伦理理论,就无法被合理地判断为通盘考虑后的最佳理论。依照恰当的理解,伦理理论**可以**依照它们在多大程度上"系统化了深思熟虑后的信念"来评价。通盘考虑后,做出了最佳系统化的理论就是最好的,而做出了最佳系统化的理论是这样的:(1)系统化了最大数量深思熟虑后的信念,因此具有最大范围;(2)以一种融贯的方式对其进行系统化,因此是一致的;(3)这么做的时候,并没有牺牲任何道德原则合理期望和要求的精确程度;以及(4)设立了满足这些其他评价标准所需的最少可能假定,因此符合简单性标准。

第五章　间接义务观

没有一位严肃的伦理学家会认为,我们可以随心所欲地对待动物[①]。所有伦理学家都同意,可以从道德上合理约束我们对待动物的方式。不过一旦我们开始探究这些约束的根据,一致很快就让位于冲突,同时我们也面临一个任务:反思性地评价相互竞争的观点哪个更恰当。尽管本章和下一章所考察的立场在一些重要的方面存在差异,但它们都有一个重要特征。这些立场都断言或暗示:我们可以无需诉诸动物的权利就能恰当说明错误对待动物的做法。从本章起,我要开始批判性考察忽视动物权利的一些重要、但显然并非唯一的尝试。

1. 间接义务观与直接义务观

忽视动物权利观点的主要选择可以被分成两个阵营——如果我们可以这么来描述问题的话。第一种可以被称为**间接义务观**。这些观点的共同之处在于这个提法:我们不对动物怀有直接的义务,动物只是一种媒介,我们通过它来履行或违背对非动物生命负有的那些直接义务,这些生命可以是自己、其他人类,或者依照某些人的观点,是上帝。依照这些观点,我们因此负有与动物**相关**的义务,但是不负有对动物的义务。另一角度出发的例子可能有助于更清楚说明这一点。可能有人会认为(也确实有人这么认为)[②],我们并不对艺术品,比如毕加索的名画《格尔尼卡》(*Guernica*)负有直接义务。相反,在这种情况下我们是对人类,包括人类的未来后代,负有一项直接义务,即保存和保护我们当前看管的那些最伟大的艺术品。因此,我们确实负有一项与《格尔尼卡》**相关**的义务,但它并不指向那件艺术品本身。保存绘画的义务是对人类的一种

[①] 一个提醒:除非另有说明,否则动物一词指的是一岁以上正常的哺乳动物。
[②] 有观点认为,对艺术品、建筑以及自然的义务是我们对人类——包括未来人类——负有的间接义务,这种观点可以在比如芬伯格那里找到,见"动物权利与未来世代"(出版信息见本书第二章,注释11)。芬伯格并不持有关于动物的间接义务观。

间接义务。因此依照间接义务观，与动物相关的义务也具有类似的间接性。比如，在关于稀有动物或濒危动物的问题上，如果说我们负有保护这些动物的义务，这也不是我们对动物本身负有的义务，而是对比如人类负有的直接义务。我们对当前和未来的人类负有一项义务，即采取必要手段确保目前的濒危动物物种继续存在，这样人类就可以（比如说）从观赏这些动物中获得快乐，或者通过研究这些动物而扩宽对世界的认识。

与权利观点相异的第二种主要理论可以被称为**直接义务观**。与将被考虑的间接义务观点一样，直接义务观试图不诉诸动物的权利来确立我们道德对待动物的根据。不过与间接义务观不同，直接义务观认为我们对动物负有直接义务。这些观点在什么意义上是直接义务，以及为什么我们负有直接义务上可能会有歧义。比如，关于我们保护稀有物种或濒危物种的义务的根据，两种直接义务观点可能会给出相互冲突的说明，但是它们都会同意，诸如保护西伯利亚虎是我们对这些动物负有的直接义务，而不只是我们直接对人类或上帝负有的义务。直接义务观最值得注意和最具影响力的例子有两个：一个是功利主义，另一个把我们对动物负有的义务建立在残忍和友善方面的考虑之上。这两个立场会在下一章考察。本章只限于反思性评价代表性的间接义务观。

2. 道德主体与道德病人

有必要首先区分一下道德主体（moral agent）和道德病人（前一概念在上文得到了简要说明，见 4.2）。道德主体就是具备各种复杂能力的个体，其中尤其包括这一能力：借助不偏不倚的道德原则来决定通盘考虑后在道德上应该做什么，并且在做出这个决定之后，可以选择也可以不选择依照自己认识到的道德要求来行动。由于道德主体具备这些能力，因此我们可以公平地说，道德主体能够对自己的行为负责——假如行动者在特定情况下采取行动的环境没有特别情况的话。如果行为是因为强迫、威胁、不可避免的无知、或者心理上的损伤（比如暂时的不清醒），我们就可以公平免除这些个体对他们那些行为所负之责。不过，如果没有这样的借口，就应该公平地认为，道德主体对他们的行为负有责任。由于是他们自己在最终决定要做什么，因此也是他们必须为采取（或不采取）这些行为承担道德责任。人们确信，正常成人人类是典型的道德主体。要证明这个信念会让我们偏离当前的探讨，让我们陷入一些争论，这些争论不仅涉及比如自由意志的存在，也会涉及一个问题：在多大程度上，我们能够通过让理性支配决策而影响自己的行动。尽管这是个很大的假定,但我还是接受它,认为正常成人人类是道德主体。在当前情况下做出这样的假定并不会在理论上有什么偏袒,因为本章和下一章所考察的所有理论都做出了这个假定。

这样,道德主体不仅自己可以做出正确或错误的行为,而且可以说,他们还是其他道德主体的正确或错误行为的接收终端。因此在道德主体之间存在一种交互关系。我可能采取正确或错误的行动,我的任何一个行动都会影响或涉及你;你也可能会采取正确或错误的行动,你的行动也会影响或涉及我。让我们给**道德共同体**概念下一个定义,认为它由受到直接道德关注的个体构成,或者换个说法,由道德主体对其负有直接义务的那些个体构成。这样,关于谁属于道德共同体的问题就可以有一个说明:**所有并且只有道德主体属于**道德共同体。这是所有间接义务观持有的道德共同体概念。依照这些观点,每个非道德主体都被排除在直接道德关注的范围之外,任何道德主体也不会对非道德主体负有任何直接义务。涉及非道德主体的一切义务,都是对道德主体个体的间接义务。

与道德主体相反,**道德病人**缺乏一些先决条件,即:令其能够以对自己行为负有道德责任的方式控制自己行为的条件。道德病人没有能力在思考一系列可能行动方针中哪个正确、或者哪个适合采取时,确定出一些道德原则,更别说运用这些道德原则。总之,道德病人无法采取正确的行动,也不会做出错误的行动。诚然,他们的行为对他人福利可能有害,比如可能会造成严重的痛苦甚至死亡;诚然,在任何既定情形中,道德主体都有可能需要用武力或暴力来防止这种伤害,不管是为了自我防卫还是保卫他人(见8.7)。但是,即便道德病人给他人带来重大伤害,他也没有犯错。只有道德主体才会犯错。人类的婴儿、幼儿以及任何年龄的精神错乱或精神受到创伤的人,都是典型的人类道德病人。有争议性的是:人类胚胎和未来的人类是否应该被算作道德病人。不过对于我们的目标来说,只要有些人类可以被合理视为道德病人就够了。

身为道德病人的个体在关涉道德的意义上也有差异,其中尤其重要的是如下二者之间的区别:(a)具备意识和感觉(也就是能够体验快乐与痛苦),但是缺乏其他精神能力的个体;(b)具备意识和感觉,也具备前面几章讨论过的其他认知能力和意志能力(比如信念和记忆)的个体。出于已提出的理由,有些动物属于范畴(b),有些动物很有可能属于范畴(a)。范畴(a)的动物将在随后几章处理(7.4,9.2,9.4)。这一章和下两章关注范畴(b)动物的道德地位。因此,当下面的讨论说到**道德病人**时,这个概念应该被理解为运用于范畴(b)的动物,以及与这些动物类似的其他道德病人,也就是这样的个体:他们具有欲望和信念,有感知有记忆,能够采取有意行动,具有包括自己的未来在内的未来感（也就是自我认识或自我意识），具有情感生活，在时间进程中保持心理同一，具备某种自主性（也就是偏好自主性），也具有第 3 章阐明的那种经验性福利。有些**人类**道德病人满足这些标准，比如幼儿，以及尽管遭受各种精神障碍因此无法被视为道德主体，但是具备刚刚列举的那些能力的人。在具备与不具备这些能力的人之间如何划界，这当然是困难的问题，可能也无法划分出精确界限。（关于这个问题参见 9.4）。但是在人类那里，处理这个问题的方式与动物那里的一样。对于既定人类来说，我们想要知道的是，他/她的行为是否可以依照描述动物的那些能力（欲望、信念、偏好等）来精确描述，并得到**简约**说明。如果我们能够可靠使用这些能力来描述并说明某人类的行为，如果我们还有进一步的理由否认那一人类具有道德能动性所必需的能力，那么就可以说，我们有理由以看待动物的同样方式把那一人类视为道德病人。如前面所宣称的，有些人类在类似的意义上**是道德病人，在这一章和下一章，当提及"道德病人"时，所指的仅仅是在这一意义上作为道德病人的个体（也就是具备前面列举的能力的个体），不管这些个体是不是人类。**

我们已经说过，道德病人的行为无所谓对错，在这一点上他们与道德主体具有本质区别。但道德病人可以是道德主体的正确行为或错误行为的接收终端，因此在这一点上又与道德主体类似。比如，对孩子施以残忍殴打是错误的，即便孩子不会做错事，这正如照顾一位老年痴呆者的基本生物需求是正确的，即便他已无法再做正确之事。与道德主体之间的关系不同，道德主体与道德病人的关系不是相互的。道德病人无法做出影响或涉及道德主体的正确或错误之事，但是道德主体能够以影响或涉及道德病人的方式做出正确或错误之事。

我们已经说过，间接义务观把道德共同体的成员限于道德主体。因此依照他们的观点，道德病人并不具有直接的道德意义，即便是典型的道德病人（儿童和精神障碍者）；我们对他们并不负有直接义务。相反，如果我们只负有关于道德病人的义务，或者当我们负有这种义务时，即便这里说的是人类道德病人，我们也是负有间接义务。

在这个背景下我们就能理解，为什么间接义务观不认为动物是受到直接道德关注的个体。动物之所以处于道德共同体范围之外是因为：依照这些观点，动物是道德病人。而且只有道德主体，只有处于道德主体相互具有的交互关系中的个体，才是道德共同体的成员。这不是说我们对动物的行为不受道德约束，正如这不意味着我们对人类道德病人的行为不受道德约束。这不过是说，我们可以以某种方式、而不是其他方式对待动物的理由（就像我们如此对待年幼的人类一样），并**不**在于我们的行为会对它们造成什么直接影响。只有我们对待动物的行为影响到道德主体，我们才有道德根据来决定:对待动物的某些方式可被允许,而其他方式不被允许。

这里所理解的间接义务观并不是**物种主义**③——如果我们把该词理解为试图**仅仅**依据生物学考虑来划分道德界限的话。至少从典型的物种主义立场来看,它会宣称没有一种动物是道德共同体的成员,因为动物不属于"正确"的物种,"正确"的物种也就是**智人**。不过,以动物不是道德主体为由否认它们的道德共同体成员身份,并不等于仅仅因为动物不属于正确的物种,这一否认的理由是动物缺乏一些必要的认知条件和其他先决条件,而在间接义务观看来,这些条件支撑着只有道德共同体的成员——也就是道德主体——之间才具有的交互关系。以这种方式断定哪个个体才是直接道德关注的对象,这不是物种主义。一旦我们想起,即便**有些人类**是**智人**也无法被视为道德共同体的成员,这一点就会变得无比清楚。在试图把道德共同体成员限制于道德主体时,可能还有其他偏见在起作用,但是物种主义——至少是典型的物种主义——并不属此种偏见。

间接义务观招致了不同批评,有些批评针对个别的间接义务理论,有些指向所有这种理论。后一种反对最根本,不过也最具争议性,因为它依赖于反思意义上的直觉。而在上一章(4.3)我们已经看到,有些哲学家认为这样的说明程序存在缺陷。我要把这些基本的反对先搁置一旁,直到考察了代表性间接义务观的所有优点。我的**基本目的**是,不诉诸直觉来展示代表性间接义务观的不足之处,或者,只有被考察的哲学家认识到诉诸直觉合法时,我才诉诸直觉;这样,我就不会被指责为事先做了什么手脚,意图暗算间接义务观的支持者。

有两个基本要点得说一下。第一个涉及完备性。显然,除了下面将考察的那些观点之外,还存在其他间接义务观。因此,就所考察理论的数量来说,我的考察必定会被判断为不完备。不过,就所论立场的相对重要性而言,这些讨论还算完备,因为我们将考察的立场是间接义务观中最强的、而不是最弱的那些。

第二个是,尽管摆在面前的多数讨论都致力于处理动物的道德地位,但是成问题的并不只是动物的道德地位。依照间接义务观,人类道德病人在相关方面与动物相同,与这些动物处于同样位置。在努力击溃间接义务观,使得我们能够认识到动物的直接道德意义时,我们也是在为人类道德病人做同样努力。"为了"动物着想不等于

---

③ 赖德(Richard D. Ryder)首次引入了这个用语,用来理解对动物的一种偏见,他和其他学者相信这种偏见在本质上类似于种族主义偏见和性别主义偏见。见她的《科学中的受害者:研究中的动物使用》(*Victims of Science*:*The Use of Animals in Research*,London:Davis-Poynter, 1975)。关于对物种主义的进一步评述,见8.11。

第五章 间接义务观

"反对"人类,尽管许多批评关注动物道德地位的人显然没有认识到这一点。相反,驳斥间接义务观不仅能部分上面确保我们恰当理解动物的道德地位,而且还有助于我们理解人类道德病人的道德地位。要"反对"的不是人类,而是这一假定:**某些**人类,也就是作为道德主体的人类,在道德地位上享有特权。确保我们更好理解为什么这个假定本身是武断的,这无法保证动物或人类道德病人被道德主体更好对待,但它看起来是有益的,可能也是我们对待动物或人类道德病人的道德进步的根本前提。

下面将考察三个间接义务观,它们是:(1)当代加拿大哲学家简·纳维森提出的理性利己主义,(2)约翰·罗尔斯理解的契约论,以及(3)康德的立场。我们将依照这个顺序考察各个立场,并评价其价值。随后(5.6)会说明并捍卫对所有间接义务观都致命的一个反对。

3. 纳维森的观点:理性利己主义

纳维森宣扬的观点被他称为**理性利己主义**,在他看来,这种观点支持间接义务观。依照这种立场,"每一理性存在者都在试图让自己获得的效用最大化,不管他们是怎样的存在者,也就是说,他们都在试图满足自己的欲望、利益,等等"④。在纳维森看来,接受这种立场使得理性利己主义者认识到,有必要与其他理性利己主义者达成协议,"来约束(每个人的)行为"⑤,因为这样做有助于个体利己主义者最大化自己的效用。纳维森想让我们相信,这套约束代表了我们当前所谓的"道德"。依照纳维森,权利也建立在自我利益(self-inerest)的基础上。他说,"谈论权利……就是在不同程度上谈论我们以自我利益为由提出的要求的基础"⑥。至于为什么其他理性利己主义者应该认可某利己主义者的要求,这是因为(如人们可能想到的)据称这么做符合他们理性的自我利益:"让我们在与他们相关的情形中尊重他们,这符合他们的利益,这个利益合理地引导他们像实际上那样达成协议,也令他们承诺于付出让我们尊重他们的代价"⑦。

纳维森的立场带来一个后果:那些无法达成协议,无法提出符合自我利益的要求,无法采取恰当压力来确保这些要求得到他人认可的人,不可能拥有权利。那么依照纳

---

④ 简·纳维森:"动物权利"(Jan Narveson, "Animal Rights"),载《加拿大哲学杂志》(*The Canadian Journal of Philosophy*),7(1)(1977年3月),第177页。
⑤ 同上。
⑥ 同上。
⑦ 同上。

维森,由于动物无法符合这些要求,因此它们无法被视为权利的拥有者。不仅如此,纳维森还认为动物无法得到道德所构成的约束的保护。如纳维森谈到的:"这种看法(也就是理性利己主义)把动物排除在道德范围之外,同时完全不否认动物具有痛苦等感受。相反,此种看法提供了一种基础,来坦率而无情地否认动物的痛苦与我们相关"⑧。

对纳维森的肤浅解读会让人觉得,纳维森甚至否认动物的道德病人资格。但是纳维森的其他说法表明,他允许动物的道德病人地位。他注意到:"该理论(也就是理性利己主义)完全容许人们提出,(比如)我们最好还是尊重动物,或者说,动物确实非常可爱,因此如果把它们当作宠物、而不是食物来看待会更好。"⑨这些论述,包括"等等"的展开——比如理性利己主义可能对动物具有美学的、科学的、情感的、或者生态的兴趣——清楚表明,纳维森并不否认我们对动物负有任何义务,他不过是否认我们对动物负有任何直接义务。对动物造成的折磨,以及更普遍的,给动物带来的伤害,本身并不具有道德意义;只有伤害动物影响了**我们**的利益时,我们才有理由反对这种行为,尽管这是一种间接的理由。

尽管纳维森在此的立场不像人们可能希望的那样清楚,但是他关于我们对动物负有的义务的说明,根本上类似于他关于我们对某些人类负有的义务的说明——由于缺乏正确的"理性装备",这些人类也没能被视为理性的利己主义者。所讨论的人类是幼儿,以及所有年龄段的精神不健全者。我们对他们所负有的义务是间接义务,纳维森说明了我们对这些道德病人所负义务的根据。如果我们能够表明,他在人类道德病人上的观点具有缺陷,那么关于他在类似这种人类的动物上的观点,我们也可做出类似断言。这就是下面要进行的批判性论证所采用的主要策略,不过我也会顺便提出一些其他反对。

纳维森认识到,我们对孩子和所有年龄段精神缺陷的人类负有间接义务,其理由在如下段落得到陈述:

> 存在一些直接的理由,允许我们把道德的范围扩展到诸如婴儿和低能者的人类那里。我们之所以希望扩展到婴儿是因为,我们多数人希望让自己的孩子受到保护,等等,而且允许侵犯他人的孩子实际上没有任何好处;他人的孩子得到恰当

---

⑧ 简·纳维森:"动物权利"(Jan Narveson, "Animal Rights"),载《加拿大哲学杂志》(The Canadian Journal of Philosophy),7(1)(1977年3月),第178页。

⑨ 同上。

关照之所以符合我们的利益是因为，我们不希望他们长大以后成为罪犯或者行为不良，等等，（我们确实希望他们成为有意义的、有用的人）。我们之所以也会希望精神缺陷者得到普遍尊重，这既是因为我们自己可能会成为这样的人，也是因为尊重他们的一些理性的亲属——这些亲属对他们的境况具有感情上的关注⑩。

纳维森的立场有多恰当呢？并不是很恰当。我们知道，纳维森对利己主义的说明有个特征，那就是他的这个信念：并非所有人类都能够达成某种协定——纳维森把这种协定带来的结果等同于道德准则。比如，刚出生的婴儿就无法做到这一点。要达成这种协议要求一定程度的精神、心理和情感成熟，而幼小的人类生命还未达到这一点。长大的孩子究竟什么时候达到所要求的成熟度，这可能不太好说，不过似乎可以可靠地说，四岁大的孩子还没有达到。

纳维森提出许多理由来说明：为什么这个年龄正常孩子的利益应该受保护。上面引用的那一长段就展示了这些理由。不过在这里还是让我们问一下：如果这个年龄的孩子碰巧具有精神缺陷，但还没有严重到到缺乏动物所具有的欲望、信念、情感和其他能力的程度(2.6)，那么这种孩子的利益为什么应该得到保护呢。纳维森给出的理由之一是，"我们自己可能成为精神上有缺陷的人"，因此，保护精神缺陷者的利益符合我们自己的利益。但是纳维森这里说的"我们"指的是谁？只能是理性利己主义者，换句话说，就是那些达到一定的成熟度，能够确定什么东西通盘考虑后符合自己利益，并因此能够达成有利协议的人。假定我们同意一个事实：如果理性利己主义者达成导致自己在精神缺陷时无法受保护的协议，那么这不符合他们的自我利益。这样我们就可以问一下，这一事实是否给身为理性利己主义者的我们提供了理由，来保护其他具有类似缺陷者的利益。

回答是否定的。因为如果理性利己主义者达成另一个协议（并且这种协议得到遵守），那他也不会以一种导致自己在精神缺陷者时无法得到良好对待的方式行动。这个协议就是：成熟到足以根据自我利益而立下协议的人类，如果一旦随后陷入精神缺陷，其利益应该受到保护，但是该保护不扩展至在成熟到足以根据自我利益而立下协议**之前**，就具有缺陷或陷入缺陷的人。达成这种协议（假定这个协议得到兑现）不会违背理性利己主义者的利益，不会令其陷入精神缺陷时利益不受保护，因为**他**达成该协

---

⑩ 简·纳维森："动物权利"（Jan Narveson, "Animal Rights"），载《加拿大哲学杂志》（*The Canadian Journal of Philosophy*），7(1)（1977 年 3 月），第 177 页。

议的能力确保自己**已经**属于利益受协议保护的人类。他似乎可以花费很小代价而获得大量保障。比如，先天具有缺陷的人将会失去大量保障这一事实，未必会动摇理性利己主义者的理性或良知。之所以未必会动摇其理性是因为，从理性利己主义者的角度来看，保护曾经能达成符合自我利益的协议但现在精神有缺陷的人的利益，同时不保护从来无法达成这种协议的人的利益，这在逻辑上没有什么不一致；之所以未必会动摇其良知是因为，假定他是利己主义者，那么他应该做的不过就是自己试图去做的事，即达成确保自己利益得到最大化的协议。这样，如果要让理性利己主义者提供一个基础来保护所有精神缺陷者的利益，包括那些生来精神有缺陷的人，那么这个基础必须到别的地方去找，不能指望利己主义者的利益关注，他关注的不过是：如果他碰巧有一天成为精神有缺陷的人，他自己会得到良好对待，他的利益会得到保护。

这把我们引向了纳维森的第二个理由，那就是：作为理性利己主义者，我们有理由保护儿童的利益，包括那些精神有缺陷的儿童，因为这些孩子得到良好对待符合其理性亲属的"感情利益"，而且一般而言，支持对这种利益的任何形式尊重也符合我们自己的利益。此外（纳维森并没有指出，但是本该指出的一点），如果我们碰巧与这些道德病人沾亲带故，我们也会希望他们受到保护，而且作为理性的利己主义者，我们不可能期望他人做出我们自己并不愿意做的事。后一个理由将与纳维森本人的考察一并得到探讨。

试图根据他人的"感情利益"来保护正常孩子和有缺陷孩子的利益，这会遇到致命反对；但是鉴于纳维森的第一个理由有问题，他就必须如此尝试。诉诸"感情利益"会导致保护这些道德病人的义务**完全取决于**一点：他仍然具有并继续具有对这些人的"感情利益"。如果缺乏这种利益，利己主义者的义务基础也就随之失去。而显然的事实是（尽管这是令人遗憾的事实），这种感情利益不仅可能缺乏，而且有时实际上很明显地缺乏。假设史密斯对孩子的生活和福利没有兴趣，比如他有一个自己很鄙视的有精神障碍的儿子。再假定，如果把自己的儿子用于非常痛苦但是微不足道的研究，史密斯就会获得大量利益。那么利己主义的支持者**能够**给出什么论证来说明，为什么史密斯不应该自愿献出孩子？或者说，如果帮助史密斯"达成交易"符合我的利益，为什么我不应该帮助他？他会说，参与这种很不道德的行为不可能符合自我利益吗？这种回答很天真。因为，正确行为并不严格要求我们不可以通过错误举动而收获自我利益。他会说，从我们孩子的生活和福利上获得"感情利益"是人类本性，因此所想象的情形永远不可能发生吗？这是在公然无视人类生存的严酷现实。即便在所谓正常的孩子那里，被遗弃、没有得到爱、没有被照顾的孩子也不在少数；这种情况在智力障碍的孩子那里也没有什么不同。那么他会说,即便这些都是对的你也无法确定伤害孩子会符合人们的利益吗?那他低估了人类的狡诈和精明。可以存在、也确实存在一些情形,在这些情形中你完全可以确定,伤害孩子、或者允许别人伤害孩子将会让人们的效用最大化。假定史密斯和我对他孩子都不具有任何"感情利益",假定允许他儿子受到伤害对我们有利,同时像上面论证的那样承认,纳维森的第一个理由没能提供合理基础来保护精神障碍孩子的利益,那么由此可以推出,依照纳维森那种利己主义的要旨,史密斯和我都没有义务保护他儿子的利益。

可能有人会反对认为:没有一种伦理理论本身能够确保人们行为正确、不会犯错,而前面的反对就假定了这种要求。然而这种看法误解了前述论证的力量所在。前面所论证的是:纳维森为我们对精神缺陷者负有的义务(他承认并试图说明这些义务)确立基础的尝试,在理性上存有缺陷。这并不是说,他的理论没能做到任何理论都不会被要求去做的事,即确保每个人都行为正确、不会犯错。而是说,即便把他的说明本身的价值都考虑进来(也就是,**即便假定**这些义务都是间接义务),他的理论也没能令人满意地说明我们对精神缺陷人类负有的义务。(同样的论证也可以用来反对这一尝试:以他人的"感情利益"为基础来说明我们对"正常"儿童负有的义务)。

纳维森想把道德简化为理性利己主义者的命令的尝试,还遇到一些其他问题,涉及该理论在对待道德主体时将允许的行为。依照纳维森的观点,某位理性利己主义者想要与他人达成怎样的协议,这取决于这位利己主义者把什么判断为符合自我利益(大概是长远的利益)。设想这位利己主义者恰好享有财富、闲暇等利益,也接受了教育,享受着最好的医疗服务,还有其他标志着上层阶级生活的好处。假定多数其他的理性利己主义者也享有类似好处,而少数人缺乏这些利益,生活在赤贫之中。最后再假定多数人都判断认为,通盘考虑后,如下协议会最好地服务于他们的利益:制定政策,支持保留他们的财富,支持接受教育的机会等好处,同时拒绝为当前缺乏这些好处的少数利己主义者提供这些利益。此外,他们还对严格的阶级或等级制度达成一致,其中包括一些必要社会机制和法律机制,这些机制让处于不利地位者维持现状,同时会促进处于有利地位者的目的。那么有人可能会质疑:这种安排真的符合当前碰巧处于有利地位的利己主义者的长远利益吗?然而,没有理由认为这不可能符合他们的利益,即使大家都同意,那些当前处于有利地位的人,为了保证自己的安全必须付出相当大的代价,因为(比如)处于不利地位的人总是有可能会反抗。当前处于有利地位的人还得放弃自己的一些时间和财富,用以保证训练有素并忠诚的法律工作者、法制执行官员以及立法者会有效确保处于有利地位的理性利己主义者的利益。尽管需要付出这些代价,通盘考虑后,这种协议仍然符合每个处于有利地位的理性利己主义者的自我利益,而且他们也都会如此判断。

这种协议带来的暗示必定会冒犯我们的正义感。偏袒既得利益者的利益,同时无视弱势群体利益的社会结构和政治结构,可能并非在所有情况下都不正义。但是,如果一个社会的首要目的是支持既得利益者,让他们可以获得机会来确保自己享有的利益(比如财富和体面的医疗服务),同时否认其他人的这种机会,那么这种制度**设计**就是典型的社会不公和政治不公。这种安排武断地歧视某些人,而目的是促进其他人的利益,因此展示了一种严重不平等、严重不正义的社会制度和政治制度。如果既定的道德立场暗示,这样的社会结构和政治结构在道德上可以被允许,那我们就有根据对其提出最严厉的道德反对。

纳维森的理性利己主义就暗示了上述结论。作为处于有利地位的理性利己主义者,我与其他理性利己主义者达成协议的决定,以及达成什么协定的问题,**可以**仅仅取决于什么符合我的自我利益,或者说取决于我把什么判断为符合我的利益。如果这样,我们将看不出有什么令人信服的理由,可以阻止我只与碰巧也处于类似位置的理性利己主义者立定协议,一致同意让少数其他理性利己主义保持当前的不利地位,因此也一致同意构建必要的压迫措施来完成这个目的。因此,至少纳维森那种理性利己主义包含了无法被接受的暗示,即便我们只关注该立场在对待**道德主体**上的暗示。"对道德的说明",如果无法容纳并非理性利己主义者的人类道德病人,而且也无法确保平等对待属于理性利己主义者的正常人类,那么它就无法被称为令人满意的道德理论,因此也无法构成令人满意的根据来"把动物排除在外"。

有个非常明显的回应可以答复最后这个反对,也可以答复前面提到的、对纳维森在我们对精神缺陷者所负义务上的观点的批评;但是纳维森却无法做出这样的回应。该回应认为:我们关于何种行为错误或不正确的直觉,在评价道德理论的恰当性上不应起作用。尽管有些哲学家持有这样的立场,但是纳维森并非如此。纳维森对诉诸直觉持有一般性的同情,他相信直觉为我们提供了合理出发点来构建我们的理论,一旦理论被构建,直觉还给出了可靠的标准来检验该理论⑪。由于承认了这些,因此纳维森既不会、也无法驳斥一个做法的合理性,即:依照与直觉的符合程度来评价他的理论。纳维森应该会承认,要是自己的理论无法与直觉相符,这是个严重的缺陷。

---

⑪ 简·纳维森:"动物权利"(Jan Narveson, "Animal Rights"),载《加拿大哲学杂志》(*The Canadian Journal of Philosophy*),7(1)(1977 年 3 月),第 164 页。

4. 罗尔斯的立场：契约论

对纳维森式理性利己主义的最后一个批评认可这一点：处于有利地位的理性利己主义者会就某种社会安排达成一致，这种安排不公正地促进了对利己主义者的偏袒，让他们不公正地接受某些好处（比如财富或闲暇），同时拒绝他人得到这些好处。然而假设我们关注的理性利己主义者不是生活在一般世界的人。我们可以设想，这些理性主义者是脱离社会的人，存在于社会之外，或者在社会形成之前就已存在。进一步设想这些人面对的使命是挑选出正义的原则，以支配有一天他们将"化身"于其中的社会的基本结构。最后设想一下，当处于这种脱离状态时，这些人并不知道自己化身社会中后将会成为怎样的人。与纳维森的理性利己主义者不同，这类理性利己主义者并不知道，当既定时刻来临，自己将进入必须为其选择基本正义原则的社会时，自己是会成为（比如）黑人还是白人，男性还是女性，富人还是穷人。他们甚至不知道自己什么时候会进入这个社会，尽管他们都知道，自己有一天将会成为其公民的社会具有极为丰富的物质。由于这些理性利己主义者并不知道，自己最终是否会获得促进或减损自己个人福利的各种好处和限制，因此他们几乎不会做出像纳维森式理性利己主义者那样的选择。纳维森式的理性主义者会选择不公正地促进自己的利益，而非当前处于不利地位者的同等利益的社会结构和政治结构。而这种新的理性利己主义者不能这么做。由于他们并不知道自己将会处于什么位置，这些理性利己主义者如果要以符合自我利益的方式行动，他们就不能选择那些武断地（比如）偏袒富人而不是穷人的正义原则。实际上，由于他们并不知道自己将是富人还是穷人，对他们来说，选择偏袒某一阶级而非另一阶级成员的原则不太可能明智。因此，如此看待理性利己主义者的话，似乎就可以避免对纳维森式理性利己主义者的最后一个反对。

熟悉约翰·罗尔斯的《正义论》(*A Theory of Justice*)的人会发现，上述想象提供了一种方式来解释罗尔斯的"原初状态"（"the original position"），也在一定程度上有助于提示，为什么罗尔斯会引入这个启发性的设置。罗尔斯处理一般性正义理论的方法基础是，对正义原则的选择能够不偏不倚。如果我们允许选择正义原则的人知道，自己（比如）会成为有闲阶级中受教育的白人男性；那么，倘若他们依据最有可能促进自身利益来选择正义原则，那么他们选择的就会是促进自身所属群体的利益的原则。然而，如果原初状态的个体身处"无知之幕"（"the veil of ignorance"）背后，因而对关于自己以后身份一无所知，那么他们就无法选择会武断地偏袒自己特定利益的原则。因此,无知之幕确保选择基本正义原则的基础是不偏不倚的。

处于原初状态的人对自己未来身份一无所知的要求继续扩展,也要求他们对自己可能遭遇怎样的"自然运气"一无所知。他们所知道的仅仅是,自己会生来漂亮或者丑陋,具有智力天分或是低能,身怀运动天赋或者身体残疾。由于个体还没有**做**任何事情,使得自己进入社会时有资格拥有某些自然能力(或者缺乏这些能力),因此拥有(或缺乏)这种能力无法成为选择基本正义原则的公正基础。要确保不偏不倚,这些个体在身处无知之幕背后选择正义原则时,就必须不知道自己在具备这些自然能力上的可能情况。依照罗尔斯的观点,他们**确实**知道的包括:他们将会在某一时刻成为某社会的成员,他们要确定这一社会中基本的正义原则,作为这个社会的未来成员,他们将会是人类。

依照上面的论述,人们会认为,处于原初状态者选择的正义原则将适合**所有**人类,包括人类道德主体和道德病人,而且正义的直接义务也会被归于所有人类。然而实际上罗尔斯显然不这么想。在《正义论》之前的一篇文章中,罗尔斯明确把正义的直接义务只归于道德主体。他写道:成为正义这一直接义务的对象的"必要充分条件"是,"在最小程度上能够具有正义感"⑫。也就是,如果个体要成为正义义务的对象,他就必须至少在最小程度上理解什么是正义,并且能够相应地把对正义的考虑引入自己的慎思和行动中。或者,依照前面说明的用语也可以这样来表达要点:个体要得到其他道德主体对其负有的正义义务,他自己必须是道德主体。由于并非所有人类都是道德主体,或者是罗尔斯意义上的"人",因此依照罗尔斯在早期文章中表达的观点,我们并非对所有人类负有正义义务。

罗尔斯在《正义论》中的一些说法暗示他与早期立场有所背离。在此最重要的是,罗尔斯声称自己"并不认为,要被亏欠(be owed)正义义务就必须具备正义感"⑬(或者是道德能动性的能力——依照这里的解释是一个意思)。但是这一声称必须符合罗尔斯对缺乏正义感的个体的继续谈论。他写道:"我们**似乎**不必把严格的正义提供给缺乏正义能力的生物"⑭。就像新奥尔良大学哲学家爱德华·约翰逊(Edward Johnson)对罗尔斯的批判性讨论中注意到的,"这令人困惑,尽管得到正义对待并不要求拥有正义感,但是如果我们'不必把严格的正义提供给缺乏正义能力的生物',那么接下来呢?

---

⑫ 约翰·罗尔斯:"正义感"("The Sense of Justice"),载《哲学评论》(*Philosophical Review*),72(1963),第284页。
⑬ 罗尔斯:《正义论》(出版信息见第4章,注释4),第512页。
⑭ 同上书,强调是我加的。

'松散'的正义,还是根本就没有正义?"⑮这里的怀疑是:罗尔斯一时取消的东西随后又被他重新证实。因为**似乎**只能是这样:如果具备正义能力**似乎**是被亏欠正义义务的必要条件,那么我们就不对缺乏正义能力的生物负有严格的正义义务。因此,尽管罗尔斯的《正义论》与他之前的文章不同,没有明确指出要被亏欠正义义务就必须具有正义能力,但还是有证据表明,他仍然倾心于这种观点。如果我们注意到罗尔斯在《正义论》中的一个声称,那么这个怀疑还会得到额外支持,该声称认为:"唯一能起决定作用的偶然因素"(也就是在谁该被亏欠直接正义义务上起决定作用),"就是是否具备认识正义的能力"⑯。但如果这是起决定作用的**唯一**因素,那么具备该能力就不只是被亏欠这些义务的充分条件;它还必须被视为必要条件。因此尽管罗尔斯本人有所摇摆,但还是可以这样来解释:他继续假定,具备认识正义的能力、或者说道德能动性的能力,既是成为被亏欠正义义务的那类个体的必要条件,也是充分条件。

由于罗尔斯在这个重要问题上的立场并不明确,出于公平和谨慎,我们还是区分一下他可能持有的两个立场,一个是强的,一个是弱的。强的立场是:成为道德主体是被亏欠正义义务的充分必要条件。弱的立场是:成为道德主体是充分条件,但仅仅"似乎"是必要的。在任何一个立场中,关于动物的推论都没有太好的前景,这与它们在现实世界中的遭遇相同。由于动物不是道德主体,强的立场暗示我们对动物不负有正义义务,而弱的立场暗示"似乎"我们不负有这个义务。随后将会提出,两种立场都不符合罗尔斯本人对他所谓"自然义务"的描述,在处理正义问题时,两个立场都依赖于武断否认动物及类似动物的人类的直接道德意义。不过在处理这些问题之前,有个进一步的解释问题要关注。

依照罗尔斯的观点,上述弱的立场和强的立场都没有说我们不对道德病人负有义务,包括动物⑰。罗尔斯没能说清楚的是,我们对动物负有的那些义务究竟是直接义务还是间接义务。因此并不清楚,罗尔斯是不是应该被视为间接义务观的支持者。不过随后我就会证明,如果罗尔斯的总体立场(依照他自己的理解)⑱——是一致的,他就

---

⑮ 约翰逊:《物种与道德》(Edward Johnson, *Species and Morality*),普林斯顿大学哲学博士学位论文(Ph. D. dissertation, Philosophy, Princeton University, July 1976, University Microfilms International 1977: Ann Arbor, Michigan),第155—156页。我从这个作品中受益匪浅,推荐给大家。

⑯ 罗尔斯:《正义论》,第511页。

⑰ 同上书,第517页。

⑱ 对原初状态的重新解释可能会提供一个罗尔斯式的基础,使得我们对那些具有福利的动物负有直接义务。关于这一点,见范德维尔:《野兽、人与原初状态》(Donald Van DeVeer, "Of Beast, Persons, and the Original Position"),载《一元论者》(*The Monist*),62 (1979),第368—377页。这篇文章给了我很大帮助。但是我相信,和罗尔斯一样,范德维尔的立场会遭受下面提出的对所有契约论形式的反驳。

是承诺了间接义务观。为了表明这一点,我将首先假定,依照罗尔斯的假设,勿残忍的义务是项直接义务[19]。接着我会表明,这个假定会让罗尔斯的总体立场(还是依照罗尔斯自己的理解)陷入矛盾。之后我将继续诊断罗尔斯武断之处的根源——这种武断影响了他关于一般道德病人和动物的道德地位的观点。

《正义论》中罗尔斯注意到,"似乎我们确实不必把严格的正义"赋予并非道德主体的生物,之后他继续提出:

> 这并没有推出:关于它们(也就是动物)就不存在任何要求……显然,残忍对待动物是错误的,毁灭整个物种也是一种巨大的恶[20]。

因此尽管动物并不是道德主体,因此并没有被亏欠——或者至少"似乎"没有被亏欠——严格的正义,但我们确实对它们负有义务,尤其包括不残忍对待它们的义务。如果我们暂时假定,后一种义务是我们直接对动物负有的义务,那么罗尔斯的立场就是:我们对动物负有一些直接义务,尽管它们不是道德主体(也就是人类),但我们并不对它们负有正义的义务,或者至少我们"似乎"不负有这项义务。

可以看到,我们对其负有正义义务的那些个体,与我们对其负有勿残忍义务的个体是有区别的。但这个区别与罗尔斯在《正义论》其他地方对这些义务的说明矛盾。在《正义论》第19节("对个人的原则:自然义务"),罗尔斯对他的**自然义务**做出了两个描述。首先,"这些义务无需考虑我们的自愿行为而运用于我们";其次,"这些义务独立于人们遭受的制度安排而在人们之间成立","在作为平等道德个体的所有人之间成立"[21]。第一个描述把自然义务与采取自愿行为所产生的义务、比如守诺的义务相区分;第二个描述把自然义务与我们在制度安排中的特定位置所产生的义务、比如雇员对雇主的义务相区分。

罗尔斯列出了自然义务的例子。对于当前的目的来说尤其重要的是,这个清单把"勿残忍的自然义务[22]"和"正义的义务[23]"都包括在内。罗尔斯必须面对的两难已经出现了。他认为,自然义务在**人与人**之间成立——"在作为平等道德个体的所有人之间

---

[19] 尽管我反对谈论不残忍对待动物的直接义务,但是我允许下面的讨论采用这种谈论方式。关于我的反对,见下一章对禁止残忍—要求友善这一观点的讨论(6.1)。
[20] 罗尔斯:《正义论》,第512页。
[21] 同上书,第114—115页。
[22] 同上书,第114页。
[23] 同上书,第115页。

成立"。但动物并不是人,正因为如此,我们不必,或者至少"似乎不必"向它们"提供严格的正义"。然而,如果勿残忍的义务和正义的义务都是自然义务;如果自然义务在所有人之间平等地成立;如果动物不是人的事实动摇或削弱了我们对其负有的正义的自然义务;那么动物不是人的事实,应该**也**动摇或削弱了我们不残忍对待它们的自然义务。但罗尔斯要求我们负有不残忍对待动物的义务。然而,如果动物不是人的事实本身,并**没有**表明我们无需不残忍对待动物的义务,或者没有质疑这种义务,那么同样的事实本身,也无法表明我们不负有正义对待动物的自然义务,或者无法质疑这种义务。然而罗尔斯否认我们对动物负有正义的义务(强的立场),或者断言说至少我们"似乎"不具有这项义务(弱的立场)。因此罗尔斯必须面对的两难是:他完全无法二者兼得。**要么**成为人类是确定我们对其负有或"似乎"负有自然义务的决定性考虑,这样他就不会认为我们对动物负有不残忍对待它们的义务。**要么**成为人类不是决定性的考虑,那样,他就无法拥护在动物和正义义务上持有的不管是强还是弱的立场。不管罗尔斯做出哪个选择,他只能选择其中之一,不可得兼。

寻求化解这个两难的两个回答值得看看。首先可能会有这样的反驳:正义义务只能在能够相互负有该义务的个体之间存在,这一点正是正义义务和勿残忍义务的重要区别。这种反对认为,关于后一种义务,我们对动物是负有此种义务的,尽管动物并不负有对我们的义务(或任何其他义务)。而关于前一种义务,我们并不对动物负有此种义务,因为它们无法对我们负有这种义务。

该回答无助于捍卫对这里讨论的两种自然义务的两种不同理解。需要说明:动物无法对他人负有勿残忍义务的事实,如果没有排除(或者至少"似乎"排除)它们被亏欠那一义务的可能;那么,动物无法对他人负有正义义务的事实,却排除了它们被亏欠那一义务的可能(或者至少"似乎"被亏欠那一义务)。刚刚描述的反驳没能提供这样的说明,也很难想象它可以如何做出这样的说明。依照罗尔斯对自然义务的分析,看起来可能最有前途的两种说明罗尔斯却无法采用。我们无法提出说,自己不对动物负有正义义务是因为,动物处于特定的现实政治安排或其他制度安排之外;自然义务具有的约束力并不依赖于此种安排。我们也不能说,自己不对动物负有正义义务是因为,作为在现实世界中现实地存在的人,我们自己没有与动物立下任何"协议";自然义务的存在本身,并不依赖于现实世界中的任何一方采取或没有采取任何自愿行为。如果我们同意上述论述,有一点就应该是清楚的:不管诉诸**我们**的行为还是**我们**的制度,都无法提供依据剥夺动物享有正义的自然义务或任何其他自然义务的权利。

第二种反驳把现实世界的偶然性放到一旁,转而借助原初状态的假设情形。依照第二种回答,动物被亏欠不被残忍对待的义务、而不是正义的义务是因为,这是处于原初状态的人将会做出的决定。毕竟,处于原初状态的立约者都是自利者,他们知道自己"化身"于现实世界时都会是人类,他们会以能够促进自己作为人类(他们知道自己将会成为人类)的自我利益的方式看待正义义务。因此,把动物从享有正义义务的个体中排除出去,这基本不会与原初立约者的自我利益相对立。

169　　对这种反驳可以有两个回答。首先,诉诸原初状态者立下的协议完全无法解决前面提出的两难——这个协议大概会断言我们具有不残忍对待动物的自然义务,但是否认我们具有对动物正义的自然义务。不管立下什么协议,原初立约者至少必须在达成协议的根据上一致;但是,如果他们没有援引任何相关差异就**断言**,成为人类是确定谁被亏欠某项自然义务(正义)的决定性考虑,但否认成为人类是确定谁将被亏欠另一自然义务(不残忍对待)的决定性考虑,那么他们在达成协议的根据上就没有保持一致。仅仅诉诸身处原初状态的人所立下的那些假设协定,这没有援引、更别说捍卫所讨论的两种自然义务在适用范围上的相关差异。因此这种诉诸也就没能逃脱罗尔斯面临的两难。其次,如果我们依照罗尔斯,假定处于原初状态的人知道,自己"化身于"真实世界时会成为人类,那么我们需要问一下,原初立约者会具有怎样的可能基础来一致认为,勿残忍的自然义务包括了不残忍对待动物的**直接**义务。这些立约者将会认可什么义务必定取决于:认可怎样的义务会符合他们的自我利益。但是如果**依照假定**,处于原初状态的人绝不会变成动物,并且他们也知道这一点,那么,他们就不可能具有任何自利的理由来认可不残忍对待动物的**直接**义务,一种**独立于**人类利益而存在的、直接对动物负有的义务。因此,如果勿残忍义务是自然义务——罗尔斯就这么认为;而且,如果我们直接对动物负有此种义务——这是我们假定罗尔斯会相信的;那么,询问身处原初状态中的人相互达成的"假定协议会带来什么结果",这无法为我们直接对动物负有的自然义务提供根据。如果选择义务的基础就是人类利益这个标尺,那就不可能出现把针对动物的直接义务包括在内的契约。因此,鉴于对第二个回应所提出的两种反驳都有问题,罗尔斯无法借助原初状态所公布或没能公布的内容来摆脱反对他的两难。

170　　如果像罗尔斯认为的那样,不残忍对待动物的义务是我们直接对动物负有的义务,那么上面提出的两难似乎就很难解除或减缓。只有罗尔斯把这项义务当作间接义务,那么两难才可避免。他是否确实如此看待这项义务并不清楚。在《正义论》中罗尔斯说道:"动物感受快乐与痛苦的能力,以及采取自己能够采取的生活方式的能力,显然向我们施加了"**某些**义务,其中包括不残忍对待它们的义务㉔。对这个说法的自然解释是:关于动物的这些**事实本身**为我们施加了特定的义务,在这种情况下,这些事实所施加的义务看起来是我们对动物本身负有的直接义务。那么,罗尔斯或许是**想要**以这种方式来看待关于动物的一些义务,也就是视之为直接义务。然而依照前面已经举出的理由,罗尔斯无法如此看待,除非他付出让自己的立场(他自己所理解的立场)陷入矛盾的代价。那么如果我们假定罗尔斯面临两个选择,要么(1)抛弃自己在正义与动物问题上弱或强的立场,要么(2)抛弃自己假定的认为对动物的某些义务是直接义务的观点;假如他会选择给自己所理解的总体立场带来最小损害的那个;那么,认为罗尔斯将会做出第二个选择并非不合理。如果罗尔斯做出这个选择,人们可能会承认,当涉及我们关于动物和其他道德病人的义务时,罗尔斯至少采取了明显一致的立场。但是关于他立场的恰当性,仍然存在一个严重问题。

首先,罗尔斯之所以把**人类**道德病人从被亏欠正义义务的个体中排除,这是因为他没能清除区分两种能力:(1)在不同的正义原则之间做出**选择**就必须具备的能力,和(2)被**亏欠**正义义务就必须具备的能力。罗尔斯当然是正确地相信,那些处于原初状态、被召唤去选择正义原则的人,必须对正义具有认识,也知道总体生活计划所表达的自身善概念,尽管每个人并不知道,自己进入真实世界时会有怎样具体的实际生活计划㉕。即便承认这点也无法推出,只有道德主体才可以被亏欠正义义务,甚至无法推出"似乎"只有道德主体才可以被亏欠正义义务。实际上,不仅这一点无法被推出,而且还有充分的理由相信,处于原初状态的人具有符合自身利益的理由否认这一点。因为我们可以看到:身处原初状态的人并不知道,自己"化身"之后自然运气会给他们带来什么。他们所知道的一切不过是,自己在化身之后可能最终会成为人类道德**病人**,尽管在化身前的状态中他们具有成为道德主体的能力。如果我们假定,身处原初状态的人选择正义原则时心里想的是,什么原则符合自己"化身"**之后**的自我利益;那么,他们就会极力选择承认对人类道德病人的直接义务的原则。不这么选择就会冒巨大的风险,那就是:如果自己成为比如低能的人,那么自己在化身后状态下的自我利益就无法得到恰当保护。此外,身处原初状态的人如果化身之后是人类(不管是不是正常的人类),那么他们在生命的某一时刻**将**会是孩子。明理的立约者会选择**即便**对人类孩子也施以正义义务的原则,而不是像比如纳维森的观点认为的那样,让这些人得到的保

㉔ 罗尔斯:《正义论》,第512页。
㉕ 同上书,第506页。

护道德依赖于他们长辈的"感情利益"。尽管**选择**这些原则的人必须具备对正义的认识,但是**被亏欠**正义义务的人却不必如此。被亏欠这种义务的充分条件是个体具有福利,也就是个体作为生活的经验主体,过着对他来说或好或坏的生活,不管他是否具有关于这个福利本身的概念。对于任何一名作为关注自身利益的立约者而处于无知之幕背后,被召唤来选择正义原则,并且决定谁将被亏欠正义义务的人来说,承认这一条件的充分性都相当合理。只有处于原初状态下的人知道他们自己会成为道德**行动者**,而不是道德**病人**时,他们才有出于自身利益的理由断言说:正义原则适用于前者而不是后者。但是如果无知之幕要确保对正义原则的选择(包括决定什么人适用于这些原则)是不偏不倚的,那么这样的知识就不会被允许。

一旦我们承认,身处原初状态的人有理由要求人类道德病人被亏欠正义义务,那我们也就可以看到,在相关方面与这些人类相似的动物,无法不武断地被排除在享有这些同样义务的范围之外。原初立约者以不同方式来判定动物的唯一明显理由就是:像罗尔斯那样假定,身处原初状态的人知道自己会成为人类,不管是人类行动者还是人类病人。但是这等于一开始就持有偏见,反对认可对动物的正义义务。允许身处原初状态的人知道自己将属于什么**物种**,这无异于允许他们知道自己将属于什么种族或性别。如果说关于后一细节的知识应该被无知之幕排除,以确保选择正义原则的公正程序,那么关于前一细节的知识也应该被排除在外。如果拒绝让人们知道关于自己生活的诸多特定可能,因为这些知识会给正义原则的选择带来偏见,但同时却允许人们知道自己将会在化身之后属于**智人**,那么无知之幕就还不够厚实。依照罗尔斯对自己理论的理解,动物没有、或者至少"似乎"没有被亏欠严格的正义,这不太让人奇怪。原初状态做了不利于动物的手脚。

可能有人会反对说,如果假定处于原初状态下的任何人都有可能成为非人类的动物,这会让原初状态的要点本身变得不融贯。由于身处原初状态的人被要求选择基本的正义原则,而这些原则和其他东西一道,将会奠定社会制度和政治制度的基础,来给本身可以被有意义地视为受益者的个体分配好处和伤害,因此动物可以不被考虑。不管我们可能对动物做出其他什么评论,大概可以说,动物不可能具有"好的生活",因此无法在相关意义上成为受益者。因此否认对它们负有义务就不是武断的。

这个回应在某种程度上有道理。比如蚱蜢或跳蚤,作为个体在过着(或者没有过着)对它们来说或好或坏的生活,确实值得怀疑。不过,涉及其他动物的情况完全不同。前面已论证表明可以认为:特定哺乳动物具有意识和感觉;具有可以被满足也可以遭挫败的欲望或偏好;具备各种高阶认知能力,包括记忆能力和形成信念的能力,其中还有与它们自己的未来建立联系的信念;在它们可以采取有意行动来寻求满足自己的欲望或偏好的意义上,它们是生活在这个世界中的行动者;它们也在时间进程中保持心理同一。因此在这些动物那里,完全可以合理地认为它们具有个体福利,即它们在自己的经验生命中过着或好或坏的生活,并且这在逻辑上独立于是否他人关注它们的生活遭遇。因此这些动物**可以**具有对应于其本性的好生活,可以在相关意义上成为受益者,即便它们确实因为智力能力的限制,无法形成关于自己长远福利的概念,或者无法认识正义,无法具有绝对欲望,或者采纳理性的生活计划。相应地,假定身处原初状态的人将选择的正义原则的一个关注点是,如何分配对于个体过上好生活而言的根本伤害和好处。那么,该选择只会把某些动物排除在被亏欠正义义务的范围之外。一岁以上正常的哺乳动物将会(或者至少应该会)被包括在所选原则的适用范围之内。关于武断性的责难还是没有解决。

　　作为对此的回应,可能有人会反驳说,把动物从被亏欠正义义务的范围中排除的不是正义,而是形而上学。可能有人会声称,假定身处原初状态的人会"化身为"狗或黑猩猩,这违背了同一性标准方面的形而上学观点。从形而上学角度看,狗或黑猩猩不可能与原初状态中占据一席之地的人是同样个体。因此可以提出,把动物排除在被亏欠正义义务的范围之外并不独断,因为即便是原初立约者也会被允许知道一些形而上学事实,其中包括:不管他们"化身"时现实世界可能发生什么其他事情,他们也完全不可能会成为(非人类的)动物。

　　就像在第3章开始时评论的,同一性诚然非常重要,但是其重要之处对当前的讨论双方都起作用。如果确实像罗尔斯大概会允许的那样,任何身处原初状态的特定个体,都有可能在进入真实世界时最终成了低能人或者更糟,那么拥有道德人格的决定性关键特征(认识正义),就不会是个人同一性的标准。如果那样,有什么理由可以阻止处于原初状态的人"化身"为狗或黑猩猩呢?断言一个低能儿与处于原初状态的那个人仍然是同一个人,尽管作为低能儿他无法认识正义;但又否认狗或者黑猩猩可以与原初状态的某个人是同一个体,因为从它们认知能力和道德能力的贫乏来看,这些动物缺乏对正义的认识;这明显是在采取双重标准。此外,试图假定处于原初状态的人"就是知道"他们会成为人类,不管是多么有缺陷的人类,以此来避免这种武断,这不过是在回避问题,而不是回答问题。因为所讨论的问题正是:如何可以**不武断**地把动物排除在被亏欠正义义务的个体之外。假定原初立约者"就是知道"自己"化身"之后会成为什么物种的个体,以此来回避这个问题,这完全就是在重复问题,而不是回答问题。无知之幕**武断**地允许身处原初状态的人知道自己将属于哪个物种,这一责难还是没有得到解决。

上面考察了罗尔斯关于我们对动物负有的义务的说明,这个考察可以被总结如下:罗尔斯否认我们对动物负有直接的正义义务,或者说,他允许我们"似乎"不负有这种义务;这与罗尔斯认为我们有义务不残忍对待动物的观点矛盾——假定这项义务是我们对动物直接负有的义务。罗尔斯可以这样来回避矛盾:声称我们对动物负有的所有义务——包括不残忍对待动物的义务——都是间接义务,并且在处理与这些动物具有相关相似性的人类道德病人的义务时,也提出类似立场。但是,尽管如果提出间接义务观他的立场就可以在这一层面保持一致,罗尔斯的立场在其他方面还是存在问题。尤其是,罗尔斯赖以确定谁将被亏欠直接义务的方式("原初状态"下关注自身利益的立约者将达成的协议),将会或者应该会导致一个结果:**具有经验性福利**的人类道德病人会被亏欠直接正义义务。因为,确保这些立约者在真实世界中成为人类道德病人时(比如是孩子)受到正义原则的保护,这符合原初立约者的自我利益。不过一旦认可这些结果就会产生一个问题:具有经验性福利的非人类动物,如何可以不武断地被拒绝亏欠这个同样义务。允许原初立约者知道他们将会成为人类,这是思考上的偏见,是对人类的偏袒,应该被无知之幕过滤。如果试图否认身处原初状态的人会成为动物,理由是这违背了关于同一性的形而上学法则,那么这显然与罗尔斯本人关于同一性的暗示矛盾。因此,即便我们同意,通过提出间接义务观罗尔斯的立场就会一致,会因此通过恰当的伦理理论必须通过的检验,我们也仍然有原则性的理由否认其观点通过了另一重要检验,也就是不偏不倚性检验(见4.2以下)。罗尔斯把动物排除在可以被亏欠正义义务的个体集合之外,这么做的理由仅仅是武断的。如果某个理论被表明是武断的,那么该理论就无法成为通盘考虑后最合理的那个理论,因此,满足于罗尔斯的理论也就是满足于并非最好的理论,尽管其理论具有许多其他优点。如果罗尔斯的理论要保持一致,那他要求我们对动物负有的义务就是间接的,这是其理论的重要缺陷之一,而不是其理论的主要优点所在。

5. 康德的立场:作为目的本身的人性

关于我们对动物负有的义务,罗尔斯认真考虑的观点顶多是模糊的;与他不同,康德明确地向我们论述了他的间接义务观。康德持有这种观点不应该令人奇怪,这是他的道德理论的直接产物,其主要观点可以被简要地、尽管也是粗糙地再次总结如下(参见4.5)。依照康德的观点,他用来表示道德主体的理性存在物是目的本身(自身具有独立价值,完全与他们对别人偶然具有的用处没有关系)。这样,就没有一位道德主体会**被仅仅**当作手段来对待。这并不是说,我们永远无法像对待比如技术工人、水管工或者外科医生那样,利用道德主体能力范围内的技能或服务。而是说我们绝不能以强迫、威胁、或者欺骗的方式来把我们的意志强加给任何道德主体,让他们做事而我们从中获益。如此对待道德主体是在把他们当作自身没有价值的人来看待,或者换句话说,当作物来看待。就像康德说道的:"依赖其本质、而非我们的意志存在的存在物,如果是非理性的,那么它就只具有相对的价值,并因此被称为物"㉖。道德主体不是非理性的,不是"仅仅具有相对的价值",也不是物。道德主体(理性存在者)是目的本身。

　　康德相信,他所谓的"绝对命令",是确定不完美的理性存在者应该如何对待自己或他人的正确原则。正如之前描述康德的观点时看到的,在我与其他道德主体的交往中,绝对命令要求:我绝不要出于我不愿意让每个其他理性存在者也采纳的理由行动,以致让自己成为例外。比如,我希望从撒谎中受益,并且把我的理由(康德称为我的"主观准则")普遍化。因为如果所有的道德主体都如法炮制,那么就没有人会相信承诺。如果我把自己的例外(立下虚假承诺)普遍化,这就会破坏规则(立下可靠的承诺)。因此,如果我无法把自己做出虚假承诺的理由普遍化,那么这么做就是错的。要确保我不做错事,我必须遵守表述绝对命令的第一公式,也就是普遍法则公式:"我绝不应采取行动,除非我愿意让自己的准则成为普遍法则。"㉗

　　康德认为,也可以依照道德主体所拥有的价值来考察立下虚假承诺的不道德。就像上面提到的,理性行动者的价值并没有杜绝对他们技能或服务的利用。它所杜绝的是,认为他们只有被利用的价值。比如,如果因为想要从他们的不知情中获益,我向道德主体隐瞒他们做出判断所需的信息,那我就做了恶。举个例子,如果我向安许诺归还向她借的钱,但是隐瞒了我实际上不想归还的意图,我就向她隐瞒了她做出判断所需的相关信息。而我之所以这么做是因为,我可以从她的不知情中获益。(如果她知道我不想还钱,可能就不会借钱给我)。因此,以这种方式对待安就是认为,她仅仅作为对我目的而言的手段才具有价值,仅仅是物而已。康德相信,以这种方式对待她是错误的。因为依照康德,我们总是"把不仅包括自己,而且包括他人在内的人当作目的,而非仅仅手段来看待"㉘。康德为绝对命令提供的这个第二表述,被称为**目的本身**

㉖ 康德:《道德形而上学基础》(Immauel Kant, *The Groundwork of The Metaphysic of Morals*, trans, by H. J. Paton, New York: Harper and Row, 1964),第96页。
㉗ 同上书,第70页。
㉘ 同上书,第76页。

公式。

康德认为两个绝对命令表述是等价的,原因在于他相信**只存在一条**至高的道德原则,而不是多条。他相信,其准则无法通过可普遍化检验(普遍法则公式)的行为,也无法通过目的本身公式的检验,反之亦然;**而且**,其准则通过了前一检验的行为也会通过后一检验,反之亦然。他认为,没有一个行为会通过(或没能通过)其中一个检验却没有通过(或通过了)另一检验。在我们总结康德的立场时,绝对命令的两个表述之间被假定的这个等价将会成为关注重点。

与纳维森和罗尔斯不同,康德对道德基础的理解不是利己主义的。我们不必认为道德就来自于、或者就在于:遵守关注自我利益的理性个体因为符合其长远利益而达成的协议(契约)。实际上对于康德来说,认为道德根植于自我利益完全是在剥夺道德的生命力。在康德看来,道德预设的是:个体道德主体会做正确之事是**因为这是正确的事情**,与自我利益的任何考虑无关。只有当个体**因为那是自己的义务**而履行义务时,他们才做了具有道德价值的事情。像纳维森和罗尔斯那样假设道德的基础就是个人利益,这摧毁了康德所理解的道德。此外在康德看来,由于我对任何道德主体负有的根本直接义务,也是任何道德主体对我负有的同样义务,因此在这个意义上,道德主体确实处于互惠关系之中;但是,我对应于你独立的价值而尊重你的责任,却并不依赖于你以一种互惠的方式对待我。如果你没能履行对我的义务,我对你负有的直接义务也不会因此就消失或减弱,反之亦然。在纳维森这样的观点看来,你没能履行对我的义务会破坏我们之间的关系的基础,但是依照康德,这不会造成任何障碍。可以说,我并不是在为了从游戏中获益而参与道德游戏,因此,你蔑视游戏规则并伤害我的行为不会废除或减弱规则的有效性。在我这里,我必须继续出于对正确之事的尊重,而不是为了自我利益来依照道德要求行事。

尽管康德的道德理论并不是一种利己主义,但是在说明人们对哪些人负有直接义务时,康德与纳维森的理性利己主义和罗尔斯的契约论却有密切关系。如我们所知,依照理性利己主义模式,是那些、也只有那些本身能够订立"协议"的人才会被挑选出来,相互调节个体理性利己主义者的行为;一般的道德病人和动物都被排除在外。在康德的立场下也是如此,尽管理由不同。道德主体**只对**道德主体负有直接义务,不管是自己还是他人。依照康德,这是因为,非理性的存在者"只具有相对的价值",因此没能成为目的本身。由于它们不具有独立价值,那么依照目的本身公式,我们就不对它们负有如下直接义务:以我们理应如此对待作为目的本身的存在者(理性存在者、道德主体)的方式,来对待它们。如果说我们对非理性存在者负有什么义务的话,那也是间接的义务,或者说,是间接影响我们履行对道德主体(自己或他人)直接负有之义务的义务。

因此我们可以期待,面对我们对动物负有的义务的问题时,康德会选择间接义务观。除此之外的任何期望都与康德关于道德本质和基础的观点相悖。康德的说法符合这个期望,他写道,"对动物"

> 我们并不负有直接义务。动物不具有自我意识,只是作为达到目的的手段而存在。那个目的就是人类……我们对动物负有的义务仅仅是对人类的间接义务。动物的本性与人类的相似,通过履行我们对展示了人类本性的动物所负有的义务,我们在间接履行自己对人类的义务。因此,如果一条狗长久地服务于他的主人并忠心耿耿,那么它的服务就与人类的服务类似,就值得回报。而且当这条狗老得无法再看家护院时,它的主人应该继续留着它直到它死去。这种行为有助于支持我们自己对人类负有的义务,此时人类是我们的义务所在。那么,如果动物的任何行为都与人类相似,并且源于同样的原则,那么我们之所以对动物负有义务是因为,我们因此培育了对人类的相应义务。如果一个人因为自己的狗无法再看家护院就把它杀死,那他没有辜负对狗的义务,因为狗没有判断能力,但他的行动是不人道的,也玷污了仁爱,而仁爱是他应该向人类履行的义务之一。如果他自己的人道情感尚在,那他必定会善待动物,因为残忍对待动物的人在对待人类时也会显得无情……(而)……对无言的动物展示柔情也会培育出对人类的仁爱之心㉙。

在评估康德关于我们对动物的义务的一般说明之前,有三个基本批评值得看一下。首先,康德认为"动物不具有自我意识"是不对的。前面已给出论证(2.5)来明确地把自我意识归于动物。第二,依照对"判断"一词的一种解释,认为狗和类似的动物(依照康德的暗示)"无法做出判断"是错误的。如果判断某物是骨头要求(a)具备关于骨头的概念(甚至是我们的骨头概念),以及(b)把这一概念运用到特定情形,也就是用于判断(相信)"那是一根骨头";那么依照第 2 章给出的理由,认为"动物没有判

㉙ 康德:"对动物和神灵的义务"(Immanuel Kant,"Duties to Animals and Spirits"),见《伦理学讲座》(*Lecture on Ethics*, trans, Louis Infield, New York: Harper and Row, 1963),第 239—241 页,重印于雷根和辛格编的《动物权利与人类义务》(出版信息见本书第一章,注释 2)。

断能力"就是错误的。如果康德心里想的是其他判断,尤其是如果他的意思是,动物无法通过援引绝对命令来做出**道德**判断,那么康德毫无疑问就是对的。然而,这对于一般的道德病人来说也成立,因此康德不能因为动物无法做出道德判断,就剥夺它们作为直接道德关注的对象的资格,除非他也同意剥夺所有道德病人的资格。而且就像下面将会论证的,剥夺**人类**道德病人的资格实际上会给康德的一般立场带来严重问题。

第三,在刚才引用的段落中,康德没能证明自己的这一断言:动物"仅仅是作为达到目的的手段"而存在,这个目的就是"人类"。而且很难看到,康德为此提出有说服力的论证。一旦我们开始认识到,动物与在相关方面相似的人类一样,也过着对它们来说或好或坏的生活,并且这在逻辑上独立于它们对其他人具有的效用,那么,认为动物只是在服务于人类目的时才具有价值的看法,就不那么有道理。因此看起来完全不清楚,认为动物的价值可以毫无保留地还原成它们对人类的效用的假设,如何可能正确,除非有人愿意对与这些动物具有相关相似性的人类做出同样判断。康德是不愿意如此判断的。我很快就会更充分地发展这一论证思路。

把这些问题放在一边,该如何看待康德关于我们对动物负有的义务的一般说明?尽管存在一些著名例外(有些纳粹分子对动物非常友善),康德的心理学观点大致是正确的:给动物造成的伤害而无动于衷的人,有一天会养成无动于衷的习惯,因此可能也会对自己给人类招致的痛苦同样无动于衷;对待动物时感情敏锐的人,可能也会养成感情敏锐的习惯,并且也体现在他们对待人类的情形中。这个要点当然是有论据的,而且提倡更好对待动物的一些著名人士,比如萧伯纳(George Bernard Shaw),看起来也会反对在科学研究中使用动物,而他的观点也建立在与康德相似的立场之上。萧伯纳写道:"我们必须使用人格方面的检验,不是仅仅问我们自己,'如果我做了这件特定的事情(实验)将会发生什么?',而是问:'如果我这么做了,我就会变成怎样的人?'"[30]依照萧伯纳的观点(就像康德认为的),正是我们对待动物的特定方式给我们的品格造成的影响,提供了根据来从道德上赞同或反对我们对待动物的特定方式,而在康德那里(可能在萧伯纳那里也是这样),是我们的品格给我们对待动物的方式所带来的影响,提供了这一根据。

当代英国哲学家亚历山大·布罗迪(Alexander Broadie)和伊丽莎白·派伯斯(Elizabeth M. Pybus)从两个方面反驳康德的立场,但是二者都没有质疑康德心理学思考

---

[30] 引自约翰·维维安的《科学的黑暗一面》(John Vyvyan, *The Dark Face of Science*, London: Michael Joseph, 1971),第29页。

第五章 间接义务观

的正确性。(在后面的不同语境中将给出康德心理学论证的不同形式,9.1,9.4)。首先他们声称,康德的立场,"与我们如何对待动物的一种合理观点矛盾,这种观点认为:鉴于动物具有感受痛苦的能力,它们是直接道德关注的对象"㉛。其次他们认为,康德关于我们对动物所负义务的观点,导致了荒谬的结论,也与其伦理理论的其他原则具有内在不一致。尽管前一个批评具有合理基础,但是后一个就难说了。布罗迪和派伯斯列出第二个批评的理由如下:

> 简单说,[康德的]论证大致是:如果人类虐待动物,那么这会导致他们趋向于把理性(他们自己或他人的理性)当作手段来使用。但是依照康德,动物在技术的意义上是一种物,因此恰好是我们应该当作手段来使用的。他的论证因此是:如果我们使用特定的物(也就是动物)作为手段,那这会导致我们也把人类当作手段使用㉜。

这里存在错误。康德从来没有说,把**动物**当作手段来使用(比如当作载物的牲畜)是错误的。他确实提出:虐待动物是错误的,因为这导致这么做的人也会以同样方式对待人类。而显然,康德并没有像刚才引用的段落中布罗迪和派伯斯错误地假定的那样,假设虐待动物和把动物当作手段使用是同等概念,或者是逻辑上等价的说法。因为依照康德的观点,我们可以把动物当作手段来使用,但同时并不必然会虐待它们,正如(比如)一位盲人使用导盲犬,但是全身心对狗好一样。

这两位作者在自己的论证的紧要关头,指责康德陷入了荒谬和不一致,而这个指责的基础也犯了同类错误。他们写道:

> 因此,如果[康德]要使用这个论证,即把动物当作**手段**来使用会导致我们把理性也当作手段来使用,那么他必须把这个论证普遍化,并且指出,鉴于我们的行动对他人所造成的影响,我们绝不该把任何东西当作手段来使用,我们具有间接义务不这么做。这个结论不仅是荒谬的,而且与他的技术命令(imperative of skill)矛盾。(强调是后加的)㉝。

㉛ 布罗迪与派伯斯:"康德给动物的对待"(Alexander Broadie and Elizabeth M. Pybus, "Kant's Treatment of Animals"),《哲学》(*Philosophy*),49(1974),第345页。
㉜ 同上书,第382页。
㉝ 同上书,第383页。

然而关键在于,康德并**没有**说,把动物当作**手段**来使用会带来成问题的后果;他所说的不过是,**虐待**动物会带来这种后果。因此布罗迪和派伯斯无法论证说,由于康德认为我们具有不把动物当作手段来使用的间接义务,因此康德的立场会导致荒谬结论,即我们不能把任何东西都当作手段来使用。他们也无法提出说,康德在此的观点与他的技术命令不一致。因为康德的说法推出的并不是:我们具有不把任何东西当作手段来使用的间接义务;而是:我们具有不**虐待**任何东西的间接义务,这么做会导致我们把自己或他人的理性仅仅当作手段使用。

布罗迪和派伯斯回应了为康德进行辩护的这种尝试。他们写道,"对于康德来说"

> 任何本身不是目的的东西,都无法成为直接道德关注的对象。但是康德认为动物不是目的本身。因此如果我们像康德认为的那样谈论虐待动物,那我们就是在谈论虐待某种本身并非直接道德关注的对象的东西。那么,鉴于虐待涉及不符合某对象的本质来对待此种对象,因此虐待是一道德概念。但是,如果动物不是直接道德关注的对象,那么虐待动物指的又是什么呢?㉞

可以从这个段落得出的推论是,康德的立场使得他无法说明动物可能被如何虐待的问题。但事实是这样的吗?似乎不是。

应该强调一下,问题并不在于,康德是否提供了关于动物可以被如何对待的可行说明;而在于,康德的伦理理论究竟是否允许说明的**可能性**。看起来是有这个可能的。康德可以主张,错误对待那些仅仅作为手段而具有价值的事物指的就是,以一种将其价值还原成手段的方式对待它们,而依照**它们**所具有的价值,这个方式"并不符合**它们**的本质"。康德接着可以主张,由于**物**仅仅是作为手段而具有价值的,因为当它们以一种"并不符合其本质"的方式被对待时,人们并没有对**它们**做出道德上错误的事情。相反,关于不当对待某物何时在道德上是错误的,以及为什么错误的问题,其说明在于:当这么做导致道德主体也错误对待作为目的本身的存在物时,这就是道德上错误的。

有个例子可以让这一点变得更清楚。愤怒的孩子砸碎了绘画文具,他并没有毁坏作为目的本身而存在的事物,他毁坏的是作为手段而具有价值的事物。现在,仅仅作为手段而具有价值的它,**已经**以一种"不符合其本质"——其本质就是用来绘画——的方式被对待。但是,没有人因此就对这些**文具**做了什么道德上错误的事情;这个孩子

㉞ "康德及对动物的虐待"("Kant and the Maltreatment of Animals"),《哲学》(*Philosophy*),53(1978),第 560 页。

没有违背对这些文具负有的直接义务。不过这并未推出,要么他的行为与道德无关,要么无法依照康德的指引来试图说明,为什么孩子的行动应该被遏制在萌芽状态。毕竟人们不应该受自己感情控制,不仅因为这会导致人们在盛怒之下做出某些傻事(比如弄坏绘画文具,但是之后又后悔),而且因为,这种举动的反复出现,最终会导致当事人以不道德的方式抨击他确实负有直接义务的人。大概可以说,无端毁坏仅仅作为手段而具有价值的东西,就**是**以一种"与其本质不符"的方式对待它;不过反对这种毁坏行为的**道德**根据,**可以**说明显具有康德意味。因此尽管存在相反的反驳,康德在错误对待仅仅作为手段而具有价值的事物上,可以保持立场一致。那么依照**康德**对动物的看法,如果认可这个结论就不难明白,他在错误对待动物这一问题上的立场,也与其伦理理论的一般原则一致。这是因为,如布罗迪和派伯斯注意到的,动物在康德那里就是**物**,"仅仅具有相对的价值"。在康德看来,动物首先是为了其他个体——也就是人——而存在的;那么就物而言,如果我们以某种降低其作为人类工具的价值的方式对待动物,那我们就是在错误对待动物。依照康德的观点,以某种降低动物对我们的效用的方式对待动物,实际上是以"不符合其本质"的方式对待它们,因为它们的本质就是作为实现我们目的的手段而存在。但是,康德可以前后一致地持有的反对虐待动物的根据不是:以这种方式行动与我们对动物的任何直接义务对立。相反,与毫无理由地弄坏绘画文具的情形类似,康德所具有、也是他可以前后一致地持有的理由,在于这种行为将给我们品性带来的(可能)影响,以及(照康德的观点)这种行为因此最终造成的可能后果,那就是:要是养成残忍对待动物的习惯,我们就不会履行自己对那些我们负有直接义务的人(也就是我们自己和其他人类)的直接义务。

依照康德的假设来试图捍卫其立场的内在一致性,这是一回事;捍卫其立场是否恰当则完全是另一回事。假设动物是**物**,动物具有的价值相应地"仅仅在于达到目的的手段",这是不恰当的,而康德的立场也一样不够恰当。认为动物是物的假设是错误的。根据第3章给出的理由,可以合理地认为动物具有福利,而且这个福利在逻辑上并不与它们促进人类目的的用处相关。此外,诚然动物确实缺乏道德能动性所要求的那种自主性,但认为它们缺乏任何意义上的自主性却是错误的。因为动物不仅具有偏好,而且还可以自己采取行动来满足这个偏好。像康德那样把动物视为绘画文具那样的物,因此像绘画文具一样,仅仅具有满足人类欲望和目的的价值,这完全歪曲了动物的本质。尽管我们与布罗迪和派伯斯相反,承认康德的立场是一致的,这也没有表明我们可以认为该立场是恰当的。

康德的假定没有合理依据,依照他的假定只要考察一下人类道德病人所具有的道德地位,这一点可能就会更清楚。依照假定,人类道德病人并不是道德主体,因此依照康德的原则他们也不是理性存在者。由于他们不是理性存在者,他们自身也就不具有价值,因此必定会被视为物,"仅仅作为达到目的的手段"而具有价值。由此推出,我们不会对任何人类道德病人做出道德上直接错误的事情。关于我们对这种人类的道德行为,可以指出的不过是:我们对他们的义务就是对理性存在者的间接义务。因此,如果我连续几小时折磨一个**孩子**,那我并没有对这个孩子做道德上错误的事情。反对我这么做的道德根据必须从别的地方寻找,也就是这么做将会影响我的品性,而依照康德观点的假设,这会导致我在对待人类道德主体上变得"无情"。但是,假定我一生中只折磨过一个道德病人。假定尽管我开始时感到恶心,但我硬起心肠,一改往日的多愁善感,发挥一切想象力来恐吓孩子。并且假定,因为欣喜地发现自己的推测可能是对的,也就是知道自己没有折磨孩子的嗜好,于是我释放了我的俘虏,再也没有沉迷于折磨任何人类。残忍的习惯最终并未长久占据我的心灵。我们是不是因此可以说,我没有对我唯一的受害者做出任何错事呢?不管看起来多么不合情理,康德的立场确实暗示我们可以给出肯定回答。

但是康德的立场还不只是不合情理,他的立场是武断的。为了论证方便让我们假设,因为从折磨道德病人中获得了快乐,我养成了虐待的习惯,这反过来导致我总是去折磨道德主体。在此至少可以说,如果道德病人和道德主体对我的对待不具有类似反应,那么就很难合理认为,我对前者的做法会导致我也那么对待后者。比如,如果没有行为学上的证据表明,拷打人类道德病人会让他们遭受伤害,那么我如何可以合理地推出,在人类道德主体身上这么做,也会给他带来作为虐待狂的我所享受的那种痛苦呢?要让这里的因果关系最终合理㉟我们必须假设:人类道德病人与人类道德主体一样会遭受痛苦,**而且**,他们能够以类似道德主体遭受痛苦时表现的方式来表达痛苦。也就是,要想让我给道德病人造成的痛苦导致道德主体产生痛苦,二者的行为表现必须类似,然而如果这样,就可以合理地相信他们的痛苦也类似。如果痛苦类似,那么,倘若给人类道德主体造成的痛苦违背了我们对他们负有的直接义务(康德允许我们负有此种义务),我们如何可以**不武断地**回避一个结论:给人类道德病人带来痛苦,也会违背我们对他们负有的直接道德义务。如果回答说,人类道德主体会依照绝对命令行动而人类道德病人不会,那么这个回答本身虽然正确,但却无关。问题涉及二者**共有的**体验痛苦的能力,而不是二者的不同能力。如果不让道德主体无端遭受痛苦是我们

㉟ 我相信,是我与同事卡特(W. R. Carter)就康德观点的讨论让我首先弄清楚了这一点。

直接对他们负有的义务，那么，不对人类道德病人做出同样行为的义务也必须是同种义务。否则我们就是在无视形式化正义的要求：我们在具有**相关**相似性的两种情形中采取了不同对待。康德的立场确实违背了这一要求，而且就像我们随后就会更充分地看到的，这个违反是康德理论中的武断性无法避免的。

康德的捍卫者可能会反对说，康德被误解了。他会说，仅仅作为手段才具有价值的事物，包括动物，并非**仅仅为了人类道德主体**存在，而是为了**一般的人类**存在。因此依照这种观点，**所有人类**，而**不仅仅**是道德主体，都作为目的本身而存在，这样一来，上面最后一段的论证就被表明是没有根据的。那么注意，康德可能会**认为**所有人类，包括人类道德病人，都作为目的本身而存在，但是他无法保持**前后一致**。因为，既然人类道德病人缺乏道德能动性的理性条件，那么他们"只能具有相对的价值"，因此依照康德对这些问题的理解，他们必须被视为物。因此，捍卫康德的这个尝试并不成功，只能让康德必须面对的困境更为突出，他必须在二者之间做出选择：要么把人类道德病人视为目的本身，这样一来，成为道德主体就不再是成为目的本身的必要条件（尽管可以是充分条件）；**要么**认为道德病人作为物"仅仅具有相对的价值"。如果他选择前者，我们就可以对道德病人负有直接义务；如果他选择后者，我们就无法负有这项义务。两个选择对康德都不利。如果前者被选择，那么康德就不得不放弃他伦理理论的重要要旨，也就是**只有**理性存在者（作为道德主体的人）才作为目的本身而存在。如果选择后者，那么康德就会招致道德武断的指责。

尽管两个选择对于康德论者来说都不受欢迎，但是选择不武断的那个还是明智一点，也更有道理。人类道德病人**不是物**，他们**本身**是具有经验福利的个体，道德能动性并**不是**受到直接道德关切的必要条件。然而逻辑不会有任何偏袒。同样的东西在其他道德病人那里也无法成为必要条件。如果人类道德病人被亏欠直接义务，那么，在相关方面与人类道德病人类似的动物也会被亏欠这项义务。否认我们对具备经验福利的动物负有直接义务，但却断言，在相关方面与这些动物类似的人类道德病人享有这种义务，这**将**预示一种没有根据的，也无法找到根据的物种主义理解。

还有最后一个要点是我们继续讨论之前值得注意的，它可以清楚表明康德的独断性究竟到了什么程度。如同前面谈到的，康德提出了另一个他认为可以选择的、也是等价的绝对命令公式。任何通过普遍法则检验的行为，也会通过目的本身检验，反之亦然；任何没能通过一个检验的行为，也无法通过另一检验。我们可以表明这是错误的。假设我在考虑是否成为素食者，原因不在于素食与我健康的关系，而是因为我认为在农场密集圈养动物是错误的，而之所以错误是因为动物被对待的方式。如果我运用普遍法则公式,那么我当然可以把一个相关的个人准则普遍化:任何人都不要通过从这些农场购买肉类而支持密集圈养农场动物。但是,假设我又去参考目的本身公式,那一公式教导我总是把**人性**,不管是我自己还是任何其他人类的人性,当作目的来看待,绝不仅仅当作手段。那么,我该如何依照绝对命令的**那一**公式来评价我对农场圈养动物的道德反对呢?由于我关注的存在者并不是人类,这个公式无法给我提供**可能指导**。但是如果它无法为我提供可能指导,那么两个公式——普遍法则公式**和**目的本身公式——就根本不等价。因为,尽管反对密集圈养动物的个人准则通过了普遍法则检验,可支持密集圈养动物的道德性甚至无法用目的本身公式来检验,更别说通过这个检验了。因此,道德武断作为康德立场的特征出现在了最根本的层面——在他解释道德根本原则的层面。只有毫无根据的偏见才会导致康德假定:基本道德原则的扩展公式(普遍法则公式,它允许我们直接检验关于动物该被如何对待的准则),会等价于道德基本原则的限制公式(目的本身公式,它对动物该被如何对待的问题没有直接影响)。把最高道德原则的直接范围限于**人类**应受的对待,这是在武断地偏袒这些个体,就像它武断地把其他个体排除在外一样。

6. 所有间接义务观的道德武断

前面三节考察了代表性的间接义务观点,发现它们都有缺陷,理由通常都专门针对被考察的立场(比如刚刚注意到的,康德绝对命令的两个公式不等同)。不过,对所有三个立场的讨论中都出现了一个主题,那就是道德武断。在这最后一节,有必要更充分地阐明这个主题,这不仅可以让我们对间接义务观的考察更周全,而且可以为下一章对直接义务的考察做准备。将要给出的论证涉及对我们直觉的诉诸。我们知道这个程序在哲学上是有争议的,正因如此,前面讨论代表性间接义务时对每一观点的批评,并不涉及这种诉诸。然而,如果允许诉诸直觉,那么我们不仅可以通过诉诸直觉来辩驳纳维森、罗尔斯和康德那里的间接义务观(在恰当的地方,我们已经通过诉诸直觉来辩驳各个观点),而且可以发起对任何一个间接义务观都致命的论证。我们现在准备集中关注的就是这个论证。

一个恰当起点是看看罗斯的评论:"如果我们认为自己应该以某种方式对待动物,那我们基本上是出于对动物感受的考虑才应该如此;我们并不认为动物本身是美德的实践根据(practicing-ground)。"㊱罗斯的论述可以得到进一步详述,扩展到在相关方面

㊱ 罗斯:《权利与善》(出版信息见第四章,注释3),第49页。

第五章 间接义务观

类似动物的所有道德病人(也就是具备信念、欲望、记忆、心理同一性、福利等的个体)。比如,幼儿或者有缺陷的人都不是道德主体追寻美德的"实践根据"。如果我们认为以某种方式对待这些人类是错误的,我们"基本上是出于对"他们**福利**的"考虑"(与罗斯阐述要点的方式有所不同)。罗斯暗示这些人类和动物都受到了直接道德关注,而且被亏欠了某些直接义务。

关于一些人对动物的道德地位的想法,以及依照罗斯的暗示,关于这些人对在相关方面类似动物的人类的道德地位的想法,罗斯的描述当然看起来是正确的。问题在于,显然并非每个人都这么想。尤其是,间接义务观的支持者显然并不相信这一点。间接义务观暗示,不管如何对待任何道德病人,这不是在履行我们直接对那一个体负有的任何道德义务。有点夸张的说法是,依照间接义务观,我们对待道德病人的方式,不过是道德主体之间严肃道德游戏的一种道德热身。不过间接义务观确实承诺了一点:我们对待道德病人的方式不具有直接道德意义。

然而问题并不只是在于谁怎么看待道德病人的道德地位。问题在于,我们所面临的哪个选择是最合理的观点——是道德病人具有直接道德意义的看法,还是不具有直接道德意义的看法。罗斯对"我们的想法"的描述就没有回答这一问题。因为,许多人、可能甚至多数人偶然认为我们对道德病人负有某些直接道德义务,并不表明我们确实负有这些义务。我们的前反思性直觉并没有四处张扬说自己是合理的。但是,尽管我们具有前反思性信念并未保证我们在当前情形的前反思性信念合理,但还是可以举出一些理由支持人们慎重认可前反思性直觉。

上一章(4.3)描述的对前反思性直觉的检验程序,也与这里的讨论相关。这个程序假设我们承诺于尽心尽力做出最佳判断,而且,我们是依照力所能及地合理获得的相关信息,在注意合理一致地进行思考的情况下,通过努力不偏不倚并冷静地考虑前反思性直觉而做到这一点的。然后我们就开始对自己的直觉进行反思性考察,以决定哪个直觉(如果有的话)可以经受这个批判性评价的锤炼。在当前情形中,只要我们做出这种努力就会看到,如下信念有资格被视为深思熟虑后的信念:在其他条件同等的情况下,杀死道德主体是错误的,让道德主体遭受痛苦是错误的,在道德主体欲望的满足符合其自我利益时,剥夺他们满足这些欲望的机会(比如确保基本的身体健康,或者获得技能、教育、必要的法律咨询的机会),这也是错误的。这些信念(以及其他信念)共同具有一个重要特征,即禁止伤害道德主体。因为就像在前面章节(3.3)论证的,伤害的形式可以是折磨,也可以是减损个体福利,它要么导致个体遭受无端痛苦(由折磨造成),要么拒绝个体享有满足欲望的机会,或者是满足促进自己福利的目的的机会。

由于这些信念具有这个共同特征,因此有可能阐明一条把这些信念联结起来的一般原则(伤害原则)。这个原则指出,我们具有**不伤害个体的直接的初始义务**。说我们具有直接义务意味着,我们对该原则适用范围内的个体本身负有不伤害他们的义务;说这个义务是初始的意味着,尽管该义务可以在一些情况下被压倒(比如自我防卫),但是必须由否认该义务的人表明该义务为什么以及如何可以被压倒。后面(8.7 以下)会更详尽探究这条原则什么时候以及如何可以被压倒。目前我们的兴趣是考察伤害原则的适用范围,尤其是:是否这条原则适用于所有道德主体,并且只适用于道德主体。

如果我们具有罗斯的前反思性直觉,我们就不可能相信这条原则只适用于道德主体。如果具有那些直觉,那么我们相信的是:我们具有初始的直接义务不让道德病人遭受痛苦,或者以其他方式受到伤害,而且,这么做之所以错误**在于给这些个体造成的伤害**,而不是其他人(比如,关注孩子的亲属或者宠物的主人)对伤害的感受。接受间接义务观的人必定会认为这种直觉是错误的。我们可以如何合理地判定这个歧义呢?首先,如果间接义务观的倡导者可以表明道德病人**不会受到伤害**,那么我们的直觉、而不是倡导者的观点将被抛弃。如果这些个体不会受到伤害,那么显然我们无法合理地认为,伤害原则适用于我们对这些特定个体的道德处理。然而第 3 章已经做出辩护表明,在诸如动物无端遭受痛苦的情况下,或者,在偏好自主性的行使符合动物利益、但是动物却被剥夺行使机会的情况下,动物不仅会遭受伤害,而且确实遭受了伤害。因此你推翻不了这一前反思性直觉:我们对这些动物以及类似这些动物的人类负有初始直接义务。

可能有人会反驳说,尽管道德病人会遭受伤害,他们的伤害永远比不上道德主体遭受的伤害。可能有人会声称,否认道德主体行使自由的机会,或者杀死他们,这比起否认道德病人行使自己偏好自主性的机会,或者杀死他们来说是远远更严重的伤害。因此,认为道德病人的道德地位与道德主体的道德地位同等,这是一个错误。不伤害的义务是我们直接对道德主体负有的义务。由于道德主体的道德地位与道德病人的并不同等,因此不伤害的义务在道德病人那里是间接义务。

此种回答包含一个重要的混淆。所争论的问题不是(比如):在其他条件同等的情况下,杀死道德主体和杀死道德病人是否带来同等伤害。问题在于,是否我们对道德病人负有什么直接义务。该问题在逻辑上不同于这个:以某种方式伤害道德主体和以类似方式伤害道德病人,两个伤害的**相对量级**分别有多大。因为确实存在这个可能:伤害任何一方都是直接伤害,然而当我们对道德主体采取某行动(比如杀死他)时,所造成的伤害确实比我们对道德病人采取同样行动造成的伤害大很多。相比于我折磨你数个星期最终导致你死亡,我把你关在储藏室里整整两天是**更小**的错(尽管确实是错误),但是单单这个理由还无法表明:**只有**在前一种情况下我才违背了对你负有的直接义务。我在两种情形中违反的义务究竟是直接还是间接,两种行动所致伤害的比较并没有带来任何解决。这个事实正是我们所考察的回答没有认识到的。(下面的 8.10 还会更充分地考虑我们给道德主体和道德病人带来的伤害的程度问题)。

还有一个观点也否认我们对道德病人负有直接义务,这种观点并不否认道德病人可以被伤害,但否认道德病人可以以我们伤害道德主体的同样方式遭到伤害。这个反对观点认为,作为道德主体的个体可以遭受的伤害包括:被剥夺接受进一步教育的机会,或者被剥夺在政府事务上的同等发言权。道德病人无法遭到这些方式伤害。因此这个反对总结说,对道德主体造成的伤害是直接对他们造成的错误,而对道德病人造成的伤害则不是。而且,在前者那里的义务是直接义务,在后者那里的义务是间接的。

这种辩护在某种程度上是正确的。由于我们所具有的高阶智力和其他能力,道德主体可以以道德病人不可能遭受伤害的方式遭受伤害。但是,二者确实也可以以类似的方式遭到伤害。剥夺不管是道德主体还是道德病人的基本营养维持,或者对任何一方施以无端的痛苦,或者造成任何一方早夭,这对于双方都同样确定无疑**是**一种伤害。尽管我们承认,道德主体遭受伤害的某些方式是独特的,但我们也可以正确地坚持认为:道德主体遭受伤害的某些方式,与道德病人遭受伤害的方式相同。当我们面对这些共同伤害时,如果我们断言自己对道德主体负有不伤害他们的直接义务,但否认我们对道德病人负有此种义务,那么这是在公然违抗形式化正义或者不偏倚性的要求,也就是如这种断言所做的那样,让类似情况得到不同对待。那样就远远无法得出理想的道德判断。

鉴于为相反结论提供的论证失败了,并且假定没有更好的论证被提出,那么我们就可以合理地承认:伤害原则的范围包括了动物,以及在相关方面与动物类似的人类道德病人。把道德病人排除在这条原则的范围之外必定是**武断**的。相应地,即便我们并不持有罗斯关于这些道德病人的前反思性直觉,即便我们**起初**持有的观点是,我们并不对这些道德病人负有不伤害他们的直接义务,但是如果我们要保持一致,如果我们要接受伤害原则,我们刚刚进行的批判性反思就会要求我们改变观点。

援引做出理想道德判断的要求可以增强这里支持的立场,即不伤害道德病人是我们对他们直接负有的义务。让我们逐条考虑这些要求。我们"冷静地"评判了原则的含义吗?很难想象相反的指责如何能够成立。这里没有做出感情化的声明;没有使用富于激情的言辞。自始至终我们都努力以一种克制的、低调的方式来为如下观点辩护:不进行伤害的义务,是我们对一岁以上的正常哺乳动物负有的直接义务,也是对在相关方面与这些动物相似的道德病人负有的直接义务。因此,做出理想道德判断的第一条要求得到了满足。

第二点要求是一致性,也就是我们不应该断言或暗示相互矛盾的命题。人们并非总是能够对自己的理性缺陷做出最佳判断,包括自己的不一致。因此可能最好还是等待他人来判断,是不是可以从最后这一节的论证中找到什么不一致。不过从自传体评论的角度看,我在这里还看不到、也想不到有什么关于不一致的指摘可以成立。

第三点要求是不偏不倚,我对此的解释是:与形式化正义原则相符,类似情况类似对待。这个要求并没有被忽视。相反,前面讨论的三个间接义务观的共同失误就是,**它们**没能符合这个要求。实际上,一旦我们做出辩护表明道德病人可以被伤害,而且可以在某些情形中以类似道德主体遭受伤害的方式被伤害,那么遵守不偏不倚就要求我们类似地判断对二者的伤害性对待。结合语境来理解,正是否认我们对道德病人负有直接义务的人,而不是认可这一点的人,犯了没有符合这一要求的错误。

第四点要求是,充分获取可得到的相关经验考虑,并理解这些考虑。理想上看,我们当然必须对**所有**相关的经验问题都具有把握,而且我并不认为,前述讨论完全实现了这个理想。然而关键的一点是注意到:把动物视为具有经验福利的个体的经验考虑,已经在前几章得到确认和捍卫。这些动物,以及在相关方面与它们类似的道德病人,具有意识和感觉,具有欲望和偏好,具有各种包括记忆和形成信念在内的认知能力,这些信念还包括对自己未来的信念;在他们能够有意地、或者有目的地行动以满足自己欲望或偏好的意义上,他们是行动者;他们还具有自我认识或自我意识,具有时间进程中的心理同一,等等。以这些方式看待动物的经验基础已得到详查,质疑这些发现的代表性论证也得到了考虑,并且发现它们是有问题的。这本身并未构成毫无争议的证据,可以捍卫这里支持的看待动物的方式,但是可以公平地说,为如此看待动物所给出的辩护,已经得到了比(比如)康德更深入的探讨,也得到了更大关注。尽管"完全知情"的理想没有实现,但它也没有被忽视不顾。

做出理想道德判断的第五条要求是:判断依赖于正确的、或者有效的道德原则。前一章描述了一些最重要的评价道德原则以及这些原则所构成的理论的标准,用这些标准衡量一下伤害原则是很有帮助的。第一条标准是:如果道德原则不一致,尤其是,如果道德原则暗示同样的某行动可以既正确又错误,那么该原则就不可能恰当。伤害原则没有这个暗示。依照伤害原则,不管个体是道德主体还是道德病人,无端地给能够感受痛苦的个体施加痛苦都是错误的,不管施以痛苦的是负有道德责任的哪些行动者,是什么时候、或者在哪里实施。比如,并非在英格兰施以这样的痛苦就是错误的,而在加利福尼亚这么做就完全正确。

第二条标准是范围足够充分。是否所讨论的原则通过确定共同基础而把大范围的情形都囊括进来了,使得我们能够在许多需要做出决定的情形中诉诸并依赖这些原则?原则的适用范围越广,其潜在的运用价值越大。伤害原则确实具有相当广度,它可以运用于我们对**任何**道德主体或道德病人的对待方式。当然这没能推出该原则本身足以涵盖所有道德问题,而且出于随后章节将会给出的理由,也存在一些根据来否定这个推断。不过,尽管如此,伤害原则具有相当广度仍然是事实,因此你无法以该原则的运用性过于狭窄、无法用于多数情形为由驳斥它。

评价道德原则的第三条标准是精确性。这是一个根本要求,因为除非我们知道某条道德原则的意思是什么,否则我们无法清楚确定什么是该原则所要求的。伤害原则具有你可以合理地期望、并要求道德原则具有的那种精确程度。伤害的概念得到了详细说明,因此理解那一说明的任何人也会知道,这个原则把什么行动排除在外、什么视为初始错误的。诚然,伤害概念并没有像几何学中的一些概念那么精确,在几何学中,比如说正方形的概念就得到了精确定义。但道德不是几何学,要求伤害概念依照数学的精度来定义也不合理——当亚里士多德评论受教育者会期望、并且应该期望不同学科具有多大精确性时,他也暗示了这一点。

所确定的最后一条标准是:与我们(深思熟虑后的反思性)直觉相符。关于这一点已经说了非常多。通过确定相关的共同基础,伤害原则涵盖了我们大量的反思性直觉。许多这样的直觉都涉及我们对道德主体负有的直接义务(比如,杀死道德主体或剥夺其自由初步看都是错误的)。因此,如果放弃伤害原则,也就是驳斥伤害原则,人们就会面临一个挑战:找到在相关方面(也就是适用范围,一致性,精确性,以及与我们反思性直觉相符)与伤害原则同等的,或者更好的**另一条**原则。存在这样的原则在**逻辑上并非**不可能,声称尽管存在这种可能、但实际上找不到同样好的或更好的原则,这在当前的论证阶段还无法得到辩护。不过与此同时,证明的负担必定落在并不如此认为那一方。由于已经给出了很强的佐证,证明伤害原则符合评价道德原则的相关标准,因此,表明存在同样好或者更好地满足这些标准的另一原则的挑战,必须由那些否认该原则、或者想要取代该原则的人来承担。

前述说明没有构成对伤害原则的严格证明,也就是几何学可以给出的那种证明。但是,正如期待道德定义如几何学定义那样精确并不合理一样,对伤害原则具有同样的证明期望也不合理。这并非意味着我们必须认为这条原则是自明的。我们**可以给**

出理由来接受该原则。这正是当前一节已经在尝试的。在"表明"的最大限度上表明伤害原则满足了评价道德原则的恰当标准,并且如第 4 章第 6 节那样,对我们所诉诸的最具争议的标准,即符合反思性直觉的标准做出捍卫,这差不多是最高的合理期望了。我们没有声称这条原则是自明的,但我们具有**很好的理由**来接受伤害原则,尽管我们无法给这条原则提供可媲美几何学的证明——实际上也不应该对我们有如此的期望。

鉴于该辩护所涉及和暗示的所有内容,为接受伤害原则辩护就是在削弱任何间接义务观的可信性。把伤害原则的范围仅限于所有道德主体必定是武断的,该原则必须运用于所有这样的个体:他们的经验福利可以因为伤害而受到不利影响,不管伤害表现为折磨还是剥夺。由于道德主体可以以这些方式受到伤害,因此我们对他们负有不伤害他们的初步直接义务。但是动物也会以这些方式受到伤害,就像在相关方面与动物相似的道德病人可以受到这种伤害一样。因此,我们已经在人力所能及的范围内提供了道德证据来承认:我们在动物和道德病人那里也具有不伤害他们的初始直接义务。鉴于伤害原则的合理性,否认这一点只能表明一种道德武断。由于依照定义,**所有**间接义务观都否认我们对道德病人负有任何直接义务,因此没有一个间接义务观可以为我们提供恰当的道德理论。武断性主题在我们早先对代表性间接义务观的讨论中反复出现,这因此证实:必定会给所有间接义务观带来麻烦的道德武断性确实存在。(下面的 8.12 对间接义务观的道德武断性做出了更深入分析)。

7. 总　结

本章首先区分了直接义务观和间接义务观(5.1)。直接义务观认为,至少我们对动物负有的一些义务是直接的;间接义务观认为,所有我们对动物负有的义务都是我们对其他人(比如上帝)负有的间接义务。我们只对间接义务观进行了讨论。如果间接义务观否认我们对动物负有直接义务的理由是动物并非道德主体,那么这种观点不是物种主义,因为许多人类(比如孩子和精神障碍者)也缺乏道德主体的地位。与动物一样,这些人类都属于道德病人(5.2),他们做出的事情无所谓对错,但是可以说,他们能够成为其他人做出的正确行为和错误行为的接受终端。间接义务观试图说明我们对道德病人负有的义务,但否认我们确实在对他们直接做出、并且能够对他们直接做出正确或错误的事情。

本章考察并驳斥了代表性的间接义务观,其间的理由如下:简·纳维森(5.3)的观点会认可在道德主体之间极不正义的制度安排,在罗尔斯(5.4)的契约论中,处于原初状态的人武断地被允许知道"化身"之后自己不会成为动物,而康德对人类的尊重(5.5)依赖于对动物本质的贫乏理解。

　　间接义务观明显具有武断性,这提供了一个背景来确定一条道德原则(伤害原则),它既可以运用于我们对道德主体的对待,也运用于对道德病人的对待(5.6)。该原则确立了一条初始的直接义务:不伤害任何在相关方面相似的、能够被伤害的个体,即任何具有信念和欲望,能够有意地行动,因此具有经验福利的个体。我们提供了证据来接受这条原则:我们谈到,该原则成功地符合了评价道德原则的相关标准(一致性、足够的适用范围、精确性、符合我们的反思性直觉),我们还说明,对该原则的有效性的判断,遵守了可以被合理期望的、关于理想道德判断的相关条件(不偏不倚、理性、知情以及"冷静")。该原则不能像(比如)欧氏几何的毕达哥拉斯定理所能得到证明那样被证明,尽管如此,支持伤害原则的论证还是提供了很好的理由来接受该原则。任何一个伦理理论,如果没能说明不伤害**道德主体和道德病人**的初始义务,就无法成为通盘考虑后的恰当理论。因此,间接义务观必定无法博得我们的理性认同。是否有哪个直接义务观通过了这一检验,这是下一章的核心问题。

第六章　直接义务观

与前一章考察的观点不同,本章要处理的这些观点至少承认,我们对道德病人负有一些直接义务。这些观点因此不会招致对所有间接义务观都致命的道德武断性批驳。不过与间接义务观相似,直接义务观公开支持或暗示说:我们可以恰当说明对道德病人负有的义务,但无需诉诸他们的权利。因此,要为道德病人的权利做出辩护,就很有必要表明直接义务观是不恰当的。就如前面对间接义务观的讨论那样,不是所有的直接义务观都可以在此得到考察,但是同样,得到考察的都是最强的而不是最弱的理论。

有两种观点将得到考察:(1)行为功利主义,(2)一种试图通过禁止残忍、要求友善来说明我们对动物负有的义务的立场。后一种立场没有统一名称,不过起个名字还是很有用的。让我们称之为**禁止残忍—要求友善的观点**,其缺陷将首先得到展示。

1. 禁止残忍—要求友善的观点

在那些与致力于更好对待动物的机构打交道的人那里,这种立场主要被表达为:我们不应该残忍对待动物,而是应该友善对待它们。表达这种观点的人并非像康德那样承诺于这一点:我们应该以某种方式而不是另一方式对待动物的理由在于,这种对待会影响到我们对待人类的方式。这些观点的支持者可能会相信,很多时候也确实相信,勿残忍表述了我们对动物的消极义务(它们**不该**被如何对待),而善待动物的命令表述了我们对动物的积极义务(动物**该**如何被对待)。只有以这种方式理解的禁止残忍—要求友善的观点才与我们相关。

并不清楚,认同禁止残忍—要求友善观点的人是否引申了该观点,把类似动物的人类道德病人遭受的对待也包括进来。但是很难看出,他们如何可以回避这个引申而不陷入武断。如果我们对动物负有禁止残忍—要求友善的义务的原因在于动物是道德病人,而不在于它们是动物,那么我们也直接对人类道德病人负有同样的义务。当然,我们对人类道德病人还负有其他义务,比如给孩子们提供接受教育的机会。但是,不管我们对人类道德病人具有或不具有许多别的什么义务,都可以合理地假设:我们对人类道德病人所负有的某些义务,与我们对动物负有的相同,**并且**在这些共同义务中,禁止残忍—要求友善观点的支持者会认可手边这两项义务。不过对于下文的讨论目的来说,根本之处不在于:禁止残忍—要求友善观点的倡导者认为我们亏欠动物的直接义务与人类道德病人亏欠的一样。这一观点的支持者相信如下两点就够了:(a)我们直接对动物负有消极义务和积极义务,(b)这些直接义务可以诉诸禁止残忍和要求友善而分别得到说明。随着讨论展开,越来越清楚的理由将会表明,该观点没能提供令人满意的基础,来支持我们对动物负有的不管是消极义务还是积极义务。我们首先可以展示残忍禁令的缺陷,以此来表明这个事实。

残　忍(cruelty)

很难找到一个支持残忍的人,每当个人和组织通过谴责残忍对待动物而支持关心动物福利的事业时,他们都会激起迅速的道德认同。然而理论上看,如果我们把对待动物的消极义务建立在勿残忍之上,那么这些义务就不会具有恰当根基。一旦我们更清楚地明白残忍观点本身,这一点就会明确起来。

残忍以各种不同方式展现。人们可以因其行为或者无作为而被正确判断为残忍,也可以因其具有或者不具有的感受而被正确判断为残忍。残忍的典型例子莫过于洛克①恰当表述的情形:从导致他人痛苦中获得"一种表面上的快乐"。虐待狂可能是这种残忍的最明确例子:他们之残忍不在于他们造成了痛苦(牙科医生和其他医生也造成了痛苦),而在于他们从中取乐。让我们称之为**虐待的残忍**。

并非所有残忍之人都在这一意义上残忍。有些残忍之人在造成他人痛苦时没有感受到快乐。实际上他们似乎对任何东西都没有感觉。他们的残忍之处就在于,对遭受他们折磨的个体的苦难,没有表现出任何诸如同情或怜悯这样的恰当感受,而不在

---

① 洛克是这么写的:

我在孩子那里经常看到,当他们得到不管怎样的可怜生物时,他们都乐于糟糕地对待这些生物:常常折磨、非常粗暴地对待落入他们手中的幼鸟、蝴蝶以及类似的其他可怜生物,并且看起来从中得到了快乐。我认为对此应该留意,如果他们表现出任何这种残忍的倾向,就应该教导他们不要这样。因为,折磨和杀死兽类的习惯,将会逐渐让人们甚至在对待人类时也变得冷酷;而且,从低等生物的痛苦和毁灭中得到快乐的人,将不会乐于同情或友好对待自己的同类……

——洛克:《教育漫谈》(John Locke, *Some Thoughts Concerning Education*, 5th ed., London: printed for A. and C. Churchill, 1905),也参见阿克斯菲尔:《洛克教育作品集》(James Axfell, ed., *The Educational Writings of John Locke*, Cambridge: Cambridge University Press, 1968, sec.116),第225—226页。

于他们引发痛苦时获得的快乐。我们可以说,这种人对自己施加的痛苦毫无感觉,不为所动,好似根本就没有意识到,或者无法认识到那是**痛苦**,就如(比如)狮子看起来没有意识到,因此无法感受到它们给猎物带来的痛苦。确实,恰恰因为预料到动物会无动于衷,而人类会表示怜悯或同情,对自己招致的痛苦毫无感觉的残忍之人才会被称为"动物"或"畜牲",他们的品性或行为也被冠以"兽性"或"野蛮"之名。因此举个例子,可怖的杀戮会被称为"兽性",其寓意在于:为人类的同情或怜悯所打动的任何人,都不会做出此等事情。面对给别人带来的痛苦无动于衷、而不是从中取乐的残忍,我们称之为**兽性的残忍**。

不管是虐待的残忍还是兽性的残忍,它们都可以在积极行为和消极行为中体现。消极行为包括忽视和疏忽;积极行为就是犯下残忍之罪的行为。一个并未发怒就把狗打昏的人,体现了积极的残忍;如果因为疏忽而没有喂自己的狗,以致狗的健康受到危害,那就是消极的残忍,这种残忍之处不在于做出的事情,而在于没有做的事情。积极残忍和消极残忍都有一些模糊的边界。比如,如果一位女子偶尔忘记喂自己的猫算不上残忍,如果她时常不喂自己的猫那就**是**残忍了。但是,尽管没有精确次数和确定比例来借以判定,达到哪些次数和比例就可以被视为残忍,否则就不是;但还是有一些规则可循。

我们至少看到了两种残忍(或者说**残忍**这个词至少有两种意思),也看到了表现残忍的两种方式。因此理论上看,残忍至少可以被分成四类:(1)积极的虐待残忍,(2)消极的虐待残忍,(3)积极的兽性残忍,(4)消极的兽性残忍。让我们同意,所有类型的残忍都应该受到谴责和制止。那么剩下的问题就是:反对残忍的任何方式或所有方式,能够为我们对动物负有的消极义务提供恰当基础吗?回答是否定的。因为任何形式的残忍都必然涉及个人的精神状态,即某人是否因导致或允许他人遭受痛苦而得到乐趣,或者无动于衷。因此,如果反对残忍被当作我们对动物负有的消极义务的基础,那么这可以推出:只要我们不残忍对待动物,也就是,只要我们不因招致或允许动物受到伤害而获得快乐,或者对此无动于衷,我们就履行了自己对动物负有的消极义务。这显然不恰当。某人对自己行为的**感受**在逻辑上不同于对某人**行为**的道德评价。更具体地说,人们如何感受自己给动物造成的痛苦,这在逻辑上不同于让动物遭受痛苦是否错误。让动物遭受痛苦不会仅仅因为人们不对动物的痛苦无动于衷,或者因为人们不从折磨动物中取乐而得到辩护。换句话说,让动物遭受痛苦不会仅仅因为造成这些痛苦的人并不残忍——任何形式上的残忍——就得到辩护。因此尽管我们可以同意,残忍会遭受谴责也应该被阻止,但是我们必定不会同意:勿残忍为我们对动物负有的消极义务提供了令人满意的基础。

友　善(kindness)

在对待动物的问题上,友善的作用可能仅次于残忍。我们都被要求"友善对待动物",而且几乎没有人(如果有的话)会反对这一命令的精神。但与勿残忍的禁令一样,友善指令并不具备有些人希望赋予它的那种份量。友善完全无法为我们对动物负有的积极义务确立基础。

与**残忍**一样,**友善**及其同源词被用来评价和描述人们的行为或品质,表达的是道德赞美。友善的人趋向于(倾向于)为了促进他人利益而行动,这么做不是为了得到好处,而是出于爱、感情、或者对利益得到促进的个体的同情。总之,友善之人不是自私的,不是那种只有(或只要)对自己有利才会(或就会)去促进他人利益的人。

那么,友善对待动物的指令究竟表达了什么? 它的含义要么是:当面临这样或那样的行动时,我们应该怀抱促进动物利益之心对待动物,这不是出于自私的动机,而是出于爱、感情,或者对动物的同情;**要么**是:我们应该通过一个一个的行为,培养出为此而以这些方式对待动物的倾向。不可否认,要求友善的命令(不管以哪种方式解释)为我们呈现的理想具有道德价值。不过,友善对待动物的命令,也没能为我们对动物负有的积极义务提供令人满意的基础,在很多情况下,其理由与勿残忍无法为我们对动物负有的消极义务提供基础的理由并无二致。

首先,与残忍一样,友善与"行动者的心灵"具有概念上的联系,也就是与行动者的动机和意图相关。这会给涉及友善的情形招来在残忍情形中得出的贴切评述:人们行为的道德性(行为的正确或错误)在逻辑上不同于,也不应该混同于人们的"精神状态",包括发起行为的动机或意图。尽管友善行动的人值得道德称赞,其中原因却不在于他们做了正确的事情(他们可能做了正确的事情、也可能没有),而在于他们展示了自己作为人而具有的善。因此,正如残忍之恶必须在逻辑上区别于把残忍行为判断为错误一样,友善之善也必须区别于把友善行为判断为正确。

第二,友善对待动物的命令必定无法把握或说明这个观点:我们**有责任**以某种方式对待动物,而且以这种方式对待它们正是我们应该做的。所讨论的命令之所以无法把握或说明这一点是因为,友善并不是我们**有责任**对任何人做出的事情,也不是**任何人**应得的东西。从友善之举中受益毫无疑问通常是恩泽,但没有人有权得到任何他人的友善。友善不是正义,而在动物应该受到公正对待的意义上(见下文 7.6 以下),我们无法指望友善对待动物能够成为一条原则,可以说明我们对动物负有的公正对待义务,甚至无法期望它有助于说明这种义务。鉴于这些理由,友善对待动物的命令与不残忍对待动物的禁令一样,无法成为我们对动物负有的直接义务的根据。

禁止残忍—要求友善的观点,无法为我们对动物负有的义务提供恰当基础,这带来一个启示。任何要求我们参照行动者的内心(行动者的动机或意图)的观点,都无法恰当说明这些义务。不管我们如何评述本章将要考察的第二种观点功利主义,该观点倒是没有因为这个理由出问题。

200 　　从前面对功利主义理论的描述(4.4)中我们已经知道,谈论被称为功利主义的**观点**,实际上是在面对有些松散的看法。功利主义者都同意,只有后果才确定了我们行为的道德性。他们也都同意,我们应该引发的后果是行动结果给受影响的每个人带来的"最佳"后果。但是并非所有功利主义者都一致认同,什么东西使得某些后果优于另一些,也没有一致认同,效用原则是应该直接运用于单个行为还是用来确证规则。为了让考察更有序,我将首先探讨享乐主义功利主义,也就是边沁和密尔的功利主义。然后我将讨论功利主义的当代形式,也就是彼得·辛格(6.3)提出的**偏好功利主义**。尽管大家并不总是能够确定,所讨论的功利主义应该被解释为行为功利主义还是规则功利主义,本章将把考察限制于行为功利主义。因此,只要本章出现功利主义及其同源词,它们都将被理解为"行为功利主义"及其同源词的缩写。规则功利主义将在下一章考察(7.7)。

2. 享乐主义的功利主义

古典的功利主义者都是享乐主义者(Hedonistic)。他们认为:快乐、也只有快乐才是内在的善,而痛苦、也只有痛苦才是内在的恶。以他们的想法,要确定任何既定情况下什么是最佳后果,我们必须确定:可行的哪个选择会给所有相关者带来快乐之于痛苦的最优平衡。如果有某选项将会带来这个最优平衡,那它就是我们有义务选择的那个行为。如果两个选项将会产生同样好的结果,没有一个优于另一个,那么我们选择哪一个就不重要,从道德上看,我们应该做的不过就是二选一。我们绝不应该做的,也是永远错误的事情就是,选择并非最优的那个选项。

给所有相关个体带来快乐与痛苦的最大平衡,这展示了所有功利主义共有的**积聚本质**(aggregative nature)。我要问的不是,什么将会给我个人带来最好的结果,那是理性利己主义立场才会提出的问题,我必须问的是,什么会给所涉及的每个人都带来最好的结果。给每个人带来最大的**积聚**结果的选项不同于给我个人带来最好结果的选项。这可以通过如下抽象的例子来阐明②。假设我用加号("+")标记每一快乐,用减号("-")标记每一痛苦;假设有四个人(黑、白、黄、红)将受到所采取的行为的影响;假设白的那个人必须做出决定,在两个选项(A_1, A_2)之间选择一个;假设选择 A_1 和 A_2 分别会带来如下后果

选项 A_1 的后果

个体	快乐	痛苦	每个个体的净值
黑	+5	−20	−15
白	+30	−10	+20
黄	+5	−20	−15
红	+5	−20	−15

选项 A_2 的后果

个体	快乐	痛苦	每个个体的净值
黑	+15	−10	+5
白	+10	−15	−5
黄	+20	−25	−5
红	+20	−25	−5

对于白个人来说,选择 A_1 显然比选择 A_2 可以带来更好的后果(A_1 的结果是 +20,A_2 是-5)。但是依照享乐主义的功利主义,这并不是白要选择的选项。每个道德主体需要做的是,选择那个(如果有的话)将会带来最佳积聚结果的选项,即对于结果所影响的**每个人**来说快乐之于痛苦达到最大平衡的那个。那将要求白选择 A_2。把所有正值和负值(不仅是白一人的、而是所有被牵扯到的四个人)相加以后,就可以明白这一点。A_1 产生的正负总值是 +20 和 −45,净值是 −25;A_2 产生的正负总值是 +5 和 −15,总值是 −10。因此选择 A_2 将会带来痛苦和快乐的更大**积聚性**平衡,即便白选择 A_1 对自己来说更好。因此从**道德上**看白应该做的是 A_2。他可能不想这么做,可能不喜欢这么做,可能会抱怨。但依道德要求行事并非总是轻松的。而且不管享乐主义还是其他形式的功利主义都不否认,它们可以要求我们去做某些我们不想做的事情。道德上看,我们应该去实现的是最佳的积聚性平衡,而不是对于个人来说最好的事情。

---

② 这里和随后的讨论所处理的都是所谓的总体功利主义(total utilitarianism)。对其他形式功利主义(比如所谓的平均功利主义)的讨论会没有必要地让论证变得复杂。关于所有形式的功利主义都具有的困难,布罗克在"功利主义"(出版信息见本书第四章,注释9)中给出了非常清楚的强调。

202　任何一个认为我们对动物负有直接义务的人都会觉得，享乐主义的功利主义会符合其思想。毕竟，我们行为结果所影响的**每个人**的快乐和痛苦，都必须被计算在内。这个立场不允许我们只考虑某些人（比如我们的朋友或同胞）的快乐或痛苦，却忽视其他人（比如陌生人或外国人）的快乐和痛苦。倘若认为动物具有快乐和痛苦的感受是合理的，那么把**每个人**的快乐与痛苦都计算在内的立场暗示，动物的快乐和痛苦也该被计算在内。此外，不偏倚性要求我们对相关方面相似的情形做出相似判断。如果动物的痛苦和快乐确实与道德主体的痛苦和快乐具有相关相似性，那么在计算时我们就必须认为，动物的快乐和痛苦具有与道德主体的快乐与痛苦同等的价值。由于在某些情形中，尤其是身体严重痛苦的情形中，动物和道德主体的体验具有相关相似性，因此，它们的体验所具有的正价值或负价值，不仅必需被计算在内，而且应该被**同等地计算**。强的**平权主义**（egalitarianmism），也就是不认为存在任何物种界限的观点，就是典型的享乐主义功利主义。依照边沁的名言："每个人只能算作一个，没有人可以算作更多。"从享乐主义的功利主义观点看，在维护世界平等的道德事务中，只要动物与道德主体的快乐或痛苦是同等的，二者就具有同等的选票。潜藏在康德观点中的典型物种主义，在这种功利主义内部找不到立脚点。**所有**有感觉的生物，不管是人类还是动物，都是道德共同体的成员，我们都直接对他们负有某些同样的义务。

很大程度上仰仗其悠久的名望，古典功利主义者发起了维护动物福利的事业，其恩泽遍及所有为促进动物对待而努力的人。然而，尽管有这些人富于意义的努力，尽管平权主义者解放动物、将其纳入道德共同体的做法具有根本吸引力，享乐主义功利主义还是面临无法克服的反对。面临这些反对是好事；因为尽管表面上看，这种形式的功利主义为动物以及在相关方面类似动物的人类提供了绰绰有余的保护，但表面现象是会骗人的。享乐主义的功利主义之所以具有这种久旱之甘霖的表象，那不过因为间接义务观给动物留下的土地过于贫瘠罢了。一旦更仔细看看享乐主义功利主义给我们呈上的礼物，我们就会三思了。

道德主体之死

203　为了做出评估，我将首先考察享乐主义功利主义关于道德主体的暗示。我们负有不伤害道德主体的直接义务，包括不杀害他们的义务。这个立场在前面章节得到了辩护（5.6）。任何恰当的伦理理论都必须能够说明这一义务的严厉性。享乐主义功利主义无法给出这样的说明，如下论证将表明这一点。

享乐主义功利主义方式会如何质疑杀死道德主体的做法？受害者的快乐与痛苦当

然必须考虑在内,包括他如果没有被杀死将会拥有的可预见的快乐与痛苦。但是,受害者的快乐与痛苦并不比任何他人的同等快乐与痛苦具有更大份量。更多地考察某一特殊受害者的快乐或痛苦的做法,会被平权主义排除在外,而前面谈到,平权主义是古典功利主义的优点之一。由于"每个人只能算作一个,没有人可以算作更多",因此可以说,在确定杀死他是否错误的问题上,受害者本人的份量不可能多于一票。假定杀死讨论中的行动者可以确保快乐与痛苦最大的**积聚性**平衡,那么,享乐主义功利主义者不仅无会认为杀死该行动者有什么道德错误,而且他信奉的理论还会断然要求他这么做。

这样的结果与我们关于杀人之错的反思性直觉冲突。在我们看来,杀死道德主体是异常严重的道德错误,只有在非常特殊的情形下才能得到辩护(比如自我防卫,见下面的 8.10 以下)。享乐主义功利主义者的立场使得杀人太容易得到辩护。不仅在**例外**情形中杀人可以得到允许,而且在**普通**情形中也会被允许。

享乐主义功利主义者并不是没有意识到,他们的理论会与道德信念的根基背道而驰,他们也提出一些精巧无比的论证来试图挽救其理论,而这恰恰表明他们自己认识到了问题的严重性。他们的主要论证如下。作为道德主体的我们对道德具有自己的认识。我们明白,自己注定不可能拥有永恒的生命,至少在这个星球上不可能;有时我们会为此发愁,也因此产生一些不快或者痛苦的精神波动。我们知道道德主体有时会**杀死**另一道德主体,这也是导致我们担心自己死亡的情形之一。这种认识在我们与他人的交往中带来不安全的感觉,而对于为所有相关者带来快乐之于痛苦的最大平衡的目标来说,这种不安全对享乐主义功利主义是有害的。因此,要评价杀人的道德性,我们必须计算的不仅有直接相关者的快乐与痛苦,也就是杀人者与被杀者的快乐与痛苦。我们还需要把意识到杀人已发生的那些人所产生的忧虑、焦虑和不安都考虑在内。享乐主义功利主义指出,一旦如此,我们就会认识到杀人是错误的,其理由很大程度上在于杀人带来的**副效应**,也就是意识到杀人已发生的幸存者所产生的焦虑和其他不快。悖谬的是,杀死道德主体之所以错误的主要原因,并不在于它给受害者带来的伤害,而首先是它给幸存者带来的伤害。

这个回答无法产生享乐主义功利主义希望它具有的份量。其缺陷可以通过考察秘密杀人的情形而凸现。秘密杀人若是成功,它就不会造成享乐主义功利主义说明杀人之错时起重要作用的负效应。假定凶手秘密杀了人,那么普通大众便不会认识到杀人已发生,也就无法一想到杀人就睡不着觉。如果我们设想有个未被发觉的谋杀,它给所有相关者带来了快乐之于痛苦的最大平衡,那么享乐主义功利主义者就没有道德根据反对这种杀人;实际上相反,**其**理论为这种杀人做出了**辩护**。这个结果也与我们关于杀人之错的反思性直觉冲突。谋杀的秘密进行不会给谋杀的错误带来什么不同；如果有什么不同的话，那实际上是增加了其错误，而不是减轻。由于秘密谋杀者应该为自己的行为遭受惩罚，但是由于其行为的隐秘，他们绝不会被发现或惩罚，因此正义在此无法得到伸张，这增加了其行为的道德罪恶。享乐主义功利主义者因此在两方面的说明都失败了：**既**没能说明秘密杀人的错误所在，**也**没能说明未被发现的罪犯逃脱惩罚所附带的错误。由于享乐主义功利主义者本身试图表明，其理论可以阐明我们关于杀人之错的直觉，因此诉诸这些直觉来评价其理论的恰当性——即便这种诉诸无法得到独立的辩护——完全就是合适的。

道德病人之死

对于相信杀死道德病人同样引发了严重道德问题的人而言，享乐主义功利主义者无法说明杀死道德主体的错误是个严重失败。如果享乐主义功利主义者对杀死道德主体的说明是恰当的，那么这很难避免一个暗示：该理论也为杀死道德病人提供了令人满意的解释。对于那些想要找到坚实基础来反对杀死道德病人的人来说，这可不是好结果。因为我们可以这样考虑。如果杀人的道德性可以依照杀死某个体给他人带来多少精神痛苦而衡量，那么这就为许多杀死道德病人——既有人类道德病人也有动物——的情形打开了大门，尤其是没有痛苦发生的情况。边沁在动物那里清楚看到了享乐主义功利主义的这个暗示，他写道："比起不可避免的自然死亡来，它们（也就是动物）在我们手中遭受的死亡通常更快，可能也总是会更快，因而更不痛苦。"③但动物并非符合这一点的唯一道德病人。没人爱的弃儿，给人带来负担、精神不健全的任何年龄人类，都可以依照同样标准而被"人道地"杀死：他们无痛苦的死亡会"比他们不可避免的自然死亡更快，因此更不痛苦"。确实，你找不到理由阻止同样的论证被扩展到"仁慈地"杀死**任何**幼儿，因为就像边沁认识到的，"最懦弱的想象也不会感到"杀死幼儿"本质上有什么不平等"④。就像彼得·辛格观察到的："一旦我们长大到足以理解政策，我们就长得太大了，不会受到政策的威胁。"⑤但是，尽管依照边沁的思路杀死人类道德病人将会得到辩护，动物的地位还是需要特别注意。毕竟，由于人类不必太担心国家屠宰场——暂时以农场动物为例——有一天会转而屠杀人类，我们

---

③ 边沁：《道德与立法原理导论》，第 17 章第 1 节。
④ 同上书，第 264 页。
⑤ 辛格：《实践伦理学》（出版信息见本书第四章，注释 12）。

知道这些动物被杀也不会在心中引发"什么不平等"。此外,在这些动物被屠宰时,生死离别(小牛犊离开自己的母亲)给**其他**动物带来的痛苦,早就已经在切切实实地发生;因此,这些动物被杀的事实,完全不太可能给那些活着的动物带来任何(或许多)苦恼或不安。享乐主义功利主义**看起来**的吸引力就在于,它——看起来——挺吸引人。

作为容器的个体

如果我们同意,享乐主义功利主义让杀人太容易得到辩护,那我们可能会继续问,该立场何以导致了这个令人不快的后果。照辛格的绝妙术语,对享乐主义功利主义根本弱点的一个断定就是:它假定,道德主体和道德病人,都**仅仅是**具有正价值(快乐)或负价值(痛苦)的**容器**。他们本身并不具有价值;具有价值的是他们容纳的事物(也就是他们所体验的东西)。做一个类比会有帮助。假定我们认为道德主体和道德病人是杯子,我们可以向里面倾倒甜汁(快乐)和苦汁(痛苦)。在任何时刻,每个杯子都会具有特定味道:其中的液体或甜或苦。那么依照享乐主义功利主义,我们想要做的就不是:给这个或那个特定个体制造味道最好的液体。我们的目的是:给我们行为所影响到的每个人,带来甜之于苦的最佳累积性平衡。我们要实现的是甜之于苦的**最佳总体平衡**。如果这样,就没有理由可以说明,为什么没有必要重新分配任何既定杯子的内容,或者为什么没有必要完全摧毁一个既有杯子("容器")。假定(如通常发生的那样)甜汁和苦汁在所有杯子中都得到考虑,并被同等计算,那么,如果对于产生甜与苦的最佳积聚性平衡来说是必要的,享乐主义功利主义就无法驳斥这种重新分配或破坏。正是出于这个原因,享乐主义功利主义可以认可得逞的秘密杀人:一个容器(一个"杯子")被破坏了,使得受该结果影响的诸杯子得到比其他情况更大的甜(快乐)与苦(痛苦)的积聚性平衡。因此从根本上看,正是享乐主义功利主义看待享有直接道德关切的个体的方式,加上功利主义要求产生最佳后果的指令,导致了这个令人不快的道德暗示。从这个角度就很容易理解,为什么有些人可能会认为:如果抛弃享乐主义,也抛弃它(依照暗示)把享有直接道德关切的个体仅仅视为容器的观点,功利主义就可以避免这些暗示。辛格提出的正是这样一种功利主义,我们下面将考察其明确立场。

3. 偏好功利主义

辛格把自己的立场称为**偏好功利主义**。依照他的观点,我们应该致力于产生的后果(即"最佳"后果)是:总的来说"促进了受影响个体的利益(欲望或偏好)"的后果。

辛格认为,尽管与"古典功利主义"不同,这个立场也"是一种功利主义"⑥。假定这个立场是功利主义,那么这种功利主义将如何说明杀人是错误的? 在辛格看来,偏好功利主义说明的关键之处在于承认一点:有些个体不仅在此刻偏爱某些东西,而且他们还具有对自己未来的偏好,尤其是**继续活下去的偏好**。因为偏好功利主义认为,"对立于任何存在者的偏好的行为都是错误的,除非这个偏好被更强的相反偏好压倒"。由此推出:在其他条件同等的情况下,杀死"更愿意继续活下去"的个体因此是错误的。辛格继续认为,与传统功利主义不同,"偏好功利主义使得杀人成为**对被杀者犯下的直接错误**,因为杀人是对立于他或她的偏好的行为。受害者大概不会在被杀之后哀叹自己的偏好被忽视,但这一点与讨论无关"⑦。

因此依照辛格的观点,杀死任何个体 A 算不算直接对 A 犯下的错误,这取决于 A 是否想要(更愿意)继续活下去。换句话说,具有这个**特定**欲望既是使得杀人为错的必要条件,也是充分条件。由于让这个欲望成为必要条件,辛格将无法说明,为什么我们具有不(通过杀死它们)伤害动物以及动物道德病人的直接初始义务。想要继续活下去预设个体具有关于自己死亡的概念,即某个体可以预见或预计到自己的最终消逝。而这进一步预设一点:考虑了自己死亡将带来的后果,并连带考虑了自己所预期的生活前景之后,个体想要继续活下去的欲望胜过死亡。非常可疑的是,所讨论的道德病人是否有这种智力来设想自己的死亡,或者做出辛格要求的那种比较判断。就像我们前面讨论死亡的初步伤害时注意到的,动物"反抗死亡"的现象不足以证明,它们具有关于自己的死亡的概念。这一点辛格也承认。在写到鱼儿挣扎着想要甩掉鱼钩时,他评论道,动物"对危险和痛苦地挣扎并没有提示鱼有能力偏爱自己未来的存在、而不是不存在"⑧。但是,如果鱼儿的行为不足以确定鱼儿具有这个**特定偏好**,那么**其他**动物的行为又如何能够表明它们具有这个偏好? 像我们前面那样指出,对一些动物的行为的某种清楚描述和简约说明暗示,它们具有关于自己未来的**某些**偏好;可是由此断定它们具有在辛格看来决定性的**特定偏好**,也就是继续存在而不是死亡的偏好,这完全是另一回事。

关于什么动物可以被视为具有偏好的问题,存在这些重要限制,尽管如此,辛格还是认为杀死一些动物是直接的错误。他认为有些动物具有自我意识,或者自我认识。

---

⑥ 辛格:《实践伦理学》(出版信息见本书第四章,注释12),第12页。
⑦ 彼得·辛格:"动物与生命的价值"("Animals and the Value of Life"),见《生死问题》(出版信息见本书第三章,注释26),第238页,强调是我加的。
⑧ 辛格:《实践伦理学》,第81页。

它们认识到自己"与这个世界的其他实体不同","认识到自己在时间进程中存在",具有"过去和未来"⑨。而其他动物尽管具有意识,但是不具有自我意识。这些说法在前面几章已经得到澄清和捍卫。因此辛格到目前为止还是对的。然而,当他说杀死具有自我意识的动物是对它们犯下的直接错误时,他对这种直接错误的分析,却没能支持这个说法。因为,尽管有自我意识的动物确实具有某些与自己未来相联系的欲望,但它们完全不像是也对自己的死亡具有概念;在这种情况下,它们就不可能具有在相关意义上"继续活下去的欲望"。如果辛格想要持有的观点是:杀死具有自我意识的动物是直接的错误,那他必须修正自己的要求。但是如何修正呢?最明显的修正,而且从前面讨论死亡的初步伤害时提出的理由看(3.5)最合理的修正,是这样的:杀死A成为对A犯下的直接错误的一个充分条件是,继续存在**符合A的利益**,也就是给A带来好处,而对于具有自我意识的动物来说这个好处就是,继续存在使得动物可以满足符合其自身利益的欲望。以这种方式修正之后,辛格的立场就**将**暗示:杀死具有自我意识的动物**是**直接错误,即便动物自己并不"想要继续活下去"(确实辛格可以继续认为,使得杀害成为直接错误的另一充分条件是:受害者具有他所特指的欲望,也就是继续活下去的欲望。但是除非他以所提示的方式改变自己的立场,否则该立场无法提供根据把杀死具有自我意识的动物视为直接错误)。

作为可替换容器的个体

如果辛格像提示的那样改变自己的立场,他的立场就因此变得恰当了吗?能否成功取决于辛格是否避免了享乐主义功利主义的根本缺陷,即认为受直接道德关切的个体**仅仅**是价值的**容器**。辛格明确否认具有自我意识的个体仅仅是容器。他在多大程度上避免了享乐主义功利主义的含义因此取决于,以他的方式看待具有自我意识个体的理由是否恰当。因此让我们考察一下他这么看的一些理由。

辛格相信,具有感觉但不具有自我意识的存在者(下面称之为**有意识存在者**),仅仅**是**好的东西(快乐)与坏的东西(痛苦)的容器。它们是"杯子",无时无刻不盛着苦的(痛苦)或甜的(快乐)的东西,摧毁这些存在者仅仅是摧毁盛有(体验着)有价值之物的器具。为了阐明这个一般观点,设想有个既定的有意识存在者X,其生命具有的快乐值是+25,痛苦值是−4,净值是+21。进一步设想,如果杀了X,我们能导致另一个体Y存在,Y的总体生命值是+21或者更高。那么如果我们杀了X,就不会有价值

---

⑨ 辛格:"动物与生命的价值",第235页。

的任何损失,X 的总体快乐值等同于 Y 的净总值,或者被后者超过。正是在这个意义上,也是出于这些理由,辛格把有意识存在者视为**可替换**的价值**容器**。具有自我意识的存在者的地位则被与之不同。辛格写道:不同于"有意识但不具有自我意识"的存在物,即"可以被恰当视为苦乐体验的容器,而非过着自己生活的个体"的存在物,"理性的、具有自我意识的存在物过着自己的生活……不只是盛着一定数量快乐的容器"[⑩]。尽管杀死有意识存在物与其偏好毫不冲突(依照定义,仅仅具有意识的存在物在辛格看来不具有偏好),但是杀死具有自我意识的存在物就挫败了其偏好,是直接对他们犯下的初始错误,即便我们同意,这些存在物一旦死去就不再受所挫败偏好的烦扰。因为具有自我意识的存在物具备关于自己未来的偏好,因此他们不仅仅是容器。

　　这种论述问题很大。如英国哲学家 H. L. A. 哈特(H. L. A. Hart)首先注意到的,辛格并未论证他认为有自我意识的个体不只是容器的观点。尽管具备偏好不同于体验快乐,但哈特指出,辛格形式的功利主义——也就是偏好功利主义——暗示:具有自我意识的存在物"在某种意义上只**是**容器,实际上不是快乐和痛苦的容器,而是偏好的容器"[⑪]。鉴于辛格的立场实际上是一种功利主义,即命令我们采取导致最佳后果的行为(通盘考虑后,导致偏好满足之于偏好挫败的最佳积聚性平衡),因此哈特提出:"没有任何东西可以表明,由数量和强度来评估的这种偏好,不会为了偏好功利主义的目的而被其他偏好取代并压倒"[⑫]。为了更清楚看到哈特关于可替换性的观点,让我们设想既定的具有自我意识的个体 A,他在偏好得到满足后的生活总值是 +80,而偏好被挫败后的生活总值是 -15;如果 A 度过他的自然生命,那这个净值就是 +65,如果 A 被杀死净值是 +50。进一步设想,我们可以通过杀死 A 而创造另一个具有自我意识的存在物,其生命总值将会超过上面任何一值,比如说是 +93。那么在其他条件同等的情况下,偏好功利主义必定会认为我们应该杀死 A,因为依照其观点,A 可以被 B 取代,也应该被 B 取代。

　　此外,尽管辛格做出了相反声明,但是如哈特断言的,依照偏好功利主义的立场,具有自我意识的存在物确实也**是**"容器"。诚然,在决定应该做什么之前,大家必须把这种存在物的偏好考虑在内,并且进行平等的考虑。然而没有理由可以表明,为什么

---

⑩ 辛格:"动物与生命的价值",第 235 页。辛格在"杀死人类与杀死动物"("Killing Humans and Killing Animals"),载《探索》(*Inquiry*),22(1—2)(1979)中做出了类似声称。"具有自我意识的存在物……不只是容纳着特定数量的快乐的容器,也不是可替换的。"

⑪ 哈特:"死亡与效用"(H. L. A. Hart, "Death and Utility"),见《纽约书评》(*The New York Review of Books*),27(8)(1980 年 11 月 15 日),第 30 页。

⑫ 同上。

在做出这个考虑之后,杀死 A 不会真的产生偏好满足之于偏好挫败的最大平衡。当哈特说,依照偏好功利主义,偏好必须"由数量和强度"来评估时,他就持有这个观点。而且这也是辛格本人暗示的,他写道:"在其他条件同等的情况下,与任何其他存在物的偏好冲突的行为都是错误的,除非这个偏好被更强的相反偏好压倒"。这里的关键词是:"除非这个偏好被更强的相反偏好压倒"。**谁的**偏好?不可能只是特定个体的偏好(比如 A 继续活下去的偏好)。由于功利主义要求我们考虑**所有**相关者的偏好,因此"相反的偏好"可以是这种人的偏好:他们通过导致 A 死亡而让自己的偏好得到最大满足。如果把每个人的偏好计算在内并进行平等计算之后我们发现,杀死 A 会带来通盘考虑后偏好满足上最大的积聚性平衡,那么依照偏好功利主义的立场,那就是我们应该做的。简言之,依照其观点,A 不过**是**具有价值的东西(比如偏好的满足)的容器,本身并不具有任何独立价值。

辛格本人试图提供一种比享乐主义功利主义更可取的功利主义形式,但是偏好功利主义暗示具有自我意识的个体是可替换容器,这可对辛格不利。如我们已经看到的,享乐主义功利主义的主要问题是,如果所有相关者得到快乐胜过痛苦的最大积聚性平衡,那么杀死具有自我意识的存在物就会得到辩护。**那**使得杀人太容易得到辩护。辛格显然希望避免这一点,而他认为,我们可以通过保留功利主义、同时抛弃享乐主义而避免这一结论。但是辛格的立场并没有避免这一点。在偏好功利主义那里,具有自我意识的个体与在享乐主义功利主义那里一样,都**成了**可替换的容器。不同之处在于:在前一种情况下是偏好的可替换容器,在后一种情况下是快乐与痛苦的可替换容器。在这一点上,偏好功利主义并没有显示出对享乐主义功利主义的改进。二者都没能通过我们的反思性道德直觉这一检验。

我们知道,辛格不认为伦理理论应该接受我们直觉的检验,不管是前反思性直觉还是反思性直觉(见 4.3)。如果要符合自己的立场,那么在遇到偏好功利主义产生的暗示时,可以说辛格只能硬着头皮应付。如果我们指出,在其他条件同等的情况下他的立场允许一个结论:如果道德主体被具有同等偏好满足的其他行动者取代,或者,只要另有道德主体的偏好因此得到最大满足,那就可以杀死这些道德主体;并且如果我们指出这个结论是错误的,那么辛格会回答说,是我们的直觉,而不是他的理论需要改变。此外,即便我们像前面的章节(5.6)那样给出论证,把认为这种杀人错误的直觉从前反思性推进到反思性的地位,辛格也可以仍然持有这个立场。

辛格反对诉诸直觉的理由已经在前面考察过了,也被判断为具有缺陷(4.3)。不过,从辛格无法合理辩驳其有效性的角度来质疑他的立场,而不只从辛格当即就能质疑其有效力的出发点来反驳其理论，可以带来更好的效果。这个无法辩驳的角度就是一致性，任何伦理理论如果想要博得我们的理性认同，就必须满足这条没有争议的最低要求（见4.6）。严格说辛格的理论没能满足这一要求。即便以一种克服了上述缺陷的方式来解释，辛格的立场也仍然得不到捍卫。简单说，这就是我下述论证的目的。

辛格的两难

对功利主义的攻击通常依赖于这一点：功利主义可以认可伤害（恶）与好处（善）的不平等分配。由于功利主义理论设立的目标是积聚性的（通盘考虑后，我们应该致力于给受行为结果影响的每个人带来好结果之于坏结果的最大总体平衡），批评者指出，遵守这条件原则会要求某些少数个体遭受大的损失，这样余下的每个人就可以得到一些小收益，多数人得到的积聚收益将大于对少数人损失的补偿。这是攻击功利主义的普遍思路，前面对杀人之错以及这个错误给功利主义带来的问题的讨论，就属这个思路的特例。（我将在6.5和8.10以下对这点给出更多论述）。但是，除了在平等分配的争论中出现的平等概念之外，还存在其他的平等概念和原则，它们也更基本。平等分配涉及善与恶在个体之间进行分配的正义性，这个争论假定，在关注分配之前，受影响的个体都得到了平等对待。平等对待的这个**前分配性**要求就表达在边沁那句名言——"每个人只能算作一个，没有人可以算作更多"，照辛格的话说，对平等的这个理解，"被从边沁到J.J.C.斯玛特（Smart）的功利主义者视为……决定道德问题……的公理"⑬。在匆忙根据功利主义令人不快的分配暗示来发起对它的反驳时，批评者没有留下公平机会，以展示这种边沁式平等概念给功利主义理论带来的一般问题，以及给辛格式功利主义带来的特定问题。这些问题是什么呢，我们现在就要着手处理它。

边沁的平等概念在辛格的思想中显得尤为重要。我们的第一个问题就是如何理解这一概念。这不是实际上的平等。比如，当我们说人类平等时，其意思并不是我们具有同样的能力、发色、或者同样数量的手臂。如果这就是我们想说的，那平等所宣称的内容就显然有问题。相反，辛格心里想的那种平等，表达了他所谓"平等的基本道德原则⑭"，这个原则不是"对人类实际上具有的平等的描述，而是对我们应该如何对待

---

⑬ 辛格：《实践伦理学》，第10—11页。
⑭ 彼特·辛格："所有动物都是平等的"（"All Animals Are Equal"），载《哲学交流》（*Philosophical Exchange*），1 (5)（1974年夏），重印于雷根和辛格编《动物权利与人类义务》（出版信息见本书第一章，注释2），第148页。所引用的页码指的是该文在后一文集中的页码。在更为新近发表的文章中，辛格把平等描述为一条道德原则或伦理原则。见他的《实践伦理学》第18页，那里他写道："平等是条基本伦理原则，而不是对事实的断言"。

人类的规定"⑮,而且辛格还提出,这也适用于我们对许多非人类动物的对待。这个原则规定:"受某行为影响的每个存在者的利益都得到考虑,并且被赋予与任何其他存在者的利益同等的份量"⑯。方便起见,让我们把刚刚引用的那条原则称为**平等原则**。那么依照辛格,该原则(a)是规定性的,而不是描述性的;(b)是基本的;(c)是属于道德的;(d)涉及被考虑的利益的范围("某行为所影响到的每个存在者的利益都应被考虑");(e)规定了平等的利益应该得到平等考虑。

依照辛格认为平等原则是基本道德原则的观点,他可以有两个可行选择:要么依照"基本"的逻辑意义来把该原则视为基本道德原则,这意味着该原则无法从任何其他原则推出⑰;要么依照非逻辑的意义来看待该原则,这意味着即便这个原则可以从别的原则推导出来,它也具有特别重要的道德意义。奇怪的是,辛格的许多表达强烈提示,他倾向于持有前一个选择,证据如下:

> 我持有的唯一平等原则是,受某行为影响的每个存在者的利益都得到考虑,并且被赋予与任何其他存在者的利益同等的份量……功利主义预设了这条原则。⑱

最后这句话表明,辛格认同平等原则与效用之间的逻辑关系。当他说功利主义**预设**了平等原则时,他暗示了一点:除非我们假定平等原则的有效性,否则功利主义就不具有道德或逻辑的根基。简言之,所引用的段落暗示,并非平等这一道德原则依赖于效用,相反的情况倒是真的:效用原则依赖于平等这条更根本的道德原则。

但是,没有一个一贯的功利主义者能够相信这一点。如果效用像功利主义者必须认可的那样,并且如辛格所提出的那样,"是道德性的**唯一**(道德)基础"⑲,那么所有其

---

⑮ 彼特·辛格:"所有动物都是平等的"("All Animals Are Equal"),载《哲学交流》(*Philosophical Exchange*),1 (5)(1974年夏),重印于雷根和辛格编的《动物权利与人类义务》(出版信息见本书第一章,注释2),第152页。

⑯ 同上。

⑰ 我假定,效用原则和平等原则之间的逻辑关系的问题,对于"认知主义"的功利主义者和"非认知主义"的功利主义者都存在,因此该问题无法被辛格式倡导非认知主义元伦理学的功利主义者回避。当我假定非认知主义功利主义者可以、而且将会接受不同道德命令之间的逻辑关系时,我的假定是功利主义者本身公开承认的。关于这一点,见黑尔:《道德语言》(R. M. Hare, *The Language of Morals*, Oxford: The Clarendon Press, 1952),尤其是第2、3章;也参见斯马特(J. J. C. Smart)在《功利主义:赞成与反对》(*Utilitarianism: For and Against*, Cambridge: The University Press, 1973)中的论述,尤其是第7—9页。

⑱ 辛格:"功利主义与素食主义",第328—329页(出版信息见本书第四章,注释8)。

⑲ 同上书,第329页。

他道德原则就必定都可以从效用原则推出,而该原则反过来不可能预设任何其他更基本的、或同样基本的道德原则。对于一个功利主义者来说,任何其他提法都会使得功利主义不融贯。因此,辛格必须不遗余力回避第一个选择。

第二个选择可能更具吸引力[20]。如果像该选择认为的,平等原则像效用原则之外的所有道德原则一样,可以从效用原则本身推出,那么,这个选项至少可以允许人们提出看起来融贯的功利主义形式。但是,第二个选择的吸引力是个假相。把平等原则建立在效用原则之上,这会导致它在运用于利益时被严重歪曲。两个个体 A 和 B 的利益是平等还是不平等,这取决于他们各自的利益对**他们**来说有多重要;如果二者的利益对于 A 和 B 各自具有同样的重要性,那么 A 的利益和 B 的利益就是平等的,否则 A 和 B 的利益就不平等。他们利益是平等还是不平等,这不可能取决于:A 和 B 的利益平等与否对其他人利益的影响。要是如此来决定,那我们就可以随意地把 A 和 B 的**同样**利益看作在某一时刻平等,而在另一时刻又不平等,因为在这些不同时刻不同地看待 A 和 B 的利益,会不同地影响他人的利益。这会让平等的概念在运用于利益时产生摇摆。然而,如果尊重平等原则是从效用原则推出,就恰恰会导致对平等利益的这种理解。因为,平等地计算 A 和 B 的利益所带来的效用,会随情形的不同而变化,尽管他们的利益本身没有改变。因此,如果效用是我们的指南,那我们就会被允许在某一时刻把一些利益算作是平等的,而在另一时刻又把同样利益算作是不平等的。这歪曲了平等利益的概念,让它变得无法识别。

上述说明结果对辛格的立场不是好兆头。这种立场必须面对的两难是:在效用这一道德原则与平等这一道德原则的关系上,要么提出一种让功利主义陷入矛盾的观点(依照反对第一个选择的论证),要么提出一种避免矛盾的说明,但只是以严重歪曲平等利益的概念为代价(依照反对第二个选择的论证)。应该强调的是,对于像辛格那样认为平等原则是**道德**原则的功利主义者来说,在这两个选择之间抉择无法避免。那样,平等原则必定要么被设想为非派生性的,此时就可以指责其矛盾;要么被设想为派生性的,此时就要面对歪曲平等概念的指责。因此不管怎样,如果功利主义者像辛格那样把平等原则视为道德原则,那么平等原则就无法在功利主义内部找到位置。

---

[20] 即便这是一个可能的选项,但我知道没有一个功利主义者选择它。值得称道的是,辛格显然没有接受这个选项。如果接受的话,这造成的结果之一就是削弱他对动物解放的辩护,因为,当你认为动物避免痛苦的利益与人类避免痛苦的利益相同时,这会产生截然不同的效用。

作为形式原则的平等

对于包括辛格在内的功利主义者来说,有个明显办法可以尝试避免这个结果。那就是把平等原则视为形式化的道德原则,而不是实质性的,也就是把它视为这样的原则:它本身并未确立关于我们应该做什么的道德责任,而是规定了确立这种责任的任何实质性道德原则都必须满足的条件。换句话说,依照对平等原则的这种理解,该原则至少包括一种部分上的检验,用以确定什么时候某条原则是道德原则,以区别于非道德原则。在那一意义上通过这个检验的原则有资格成为道德原则;没能通过的就不能被算作道德原则。因此效用原则有资格成为道德原则,而恰当考虑的话,理性利己主义——至少是纳维森理解的那种理性利己主义(5.3)——就无法被算作道德原则。

把平等原则视为形式化道德原则确实避免了辛格面临的两难,即把该原则视为实质性道德原则的功利主义者面临的致命两难。但是如此来捍卫功利主义会遇到的麻烦是:依照前面解释的意义,把平等原则视为形式化道德原则是错误的。回顾一下,平等原则(1)涉及被考虑的利益的范围("某个行为所影响到的每个存在者的利益都被考虑在内"),(2)规定平等的利益应该得到平等考虑。如果平等原则被视为形式化的道德原则,那么任何没能符合(1)和(2)的原则就无法成为道德原则。但这个结论是错误的。比如康德论证认为,关于辛格所想的那种利益考虑——也就是偏好利益(3.2)——与确定道德义务并无关系,那么依照上述说法,康德提出的道德形式可能就会有缺陷。但是即便对康德最严厉的批评者也不会认为,康德的绝对命令不能被算作是道德原则:这个命令可能是错误的,但至少它一定应该被视为错误的**道德原则**。(下一章会解释并捍卫一条非功利主义的道德原则,即尊重原则,它就没有符合功利主义者所解释的这个平等原则)。由于没能符合(1)和(2)的原则也有可能成为道德原则,因此,认为平等原则在所解释的意义上是形式化道德原则,这是错误的。

作为有条件的形式化原则的平等

如果平等原则不是形式化的道德原则,而且,如果依照前面讨论辛格观点时给出的理由,这条原则无法合理地被视为功利主义理论的实质性道德原则,那么功利主义者会怎么回应?边沁式的条款"每个人只能算作一个,没有人可以算作更多",被称为功利主义的"公理",但是看起来它却荒谬地无法在功利主义理论内部找到位置。

除了抛弃功利主义之外,还存在最后一个选择,那就是让功利主义者把平等原则视为有条件的形式化原则。说这个原则是有条件的也就是认为,该原则只有满足特定条件才能奏效。辛格提供了关于这些条件的可能线索,他谈到:我们中的每个人都"有一个非常自然的关切,那就是让自己的利益得到关注"[21]。假设我们承认这个自然倾向,那么我们当然就会希望他人关注我们自己的利益,并且平等地权衡这些利益,也就是,不会仅仅因为这些利益不是他们的就对其重要性打折扣。如果我在 x 上的利益与你的一样,那么我会希望:你对我的利益所赋予的份量,与你赋予自己利益的份量同等。如果不是这样,那你就退化成了利己主义者,也就相当于你没有采取道德的观点。因为采取道德的观点要求人们愿意把自己对价值的判断普遍化。然而这也是对我的要求,而不只是对他人的要求。如果我给自己在 x 上的利益赋予特定价值,那我必须也承认任何人的类似利益的价值;如果我要他人关注我的利益——因为这些利益对我来说是重要的,那我必须也关注他人的利益,认识到这些利益对于他们来说也很重要。通过这种方式我们就获得了平等原则,不过现在被视为有条件的形式化原则。

让我们把看待平等的这种方式称为**有条件的平等**,并且把这个原则表达如下:如果我想让他人考虑我的利益,并平等看待这些利益,如果我要采取道德的观点,那么我就得承诺去考虑受影响的所有人的利益,并且平等对待平等的利益。那些像康德那样,认为个体的偏好利益与确定我们的义务无关的人,有可能不太赞同看待平等原则的这种方式。他们会争辩说,我们不应该把考虑这种个人偏好利益与采取道德观点混淆。但是,假定我们为了当前讨论先把这种争论放在一边,并且假设有些个体 A 不仅理解、而且实际上接受有条件的平等;也就是假设:A 会让他人考虑自己的利益并且平等地看待这些利益,A 会采取道德的观点。并且假定,作为这两个假设的后果,A 确实同意他自己必须认真考虑他人的利益,并平等对待平等的利益。做出所有这些假定之后我们就可以继续追问:A 可能会如何看待效用原则。

有两个选择。第一个是认为接受有条件的平等符合功利主义。这是一种弱的立场,因为表面上看,这个选择没有提供理由让人只选择功利主义,而不选择与有条件平等一致的其他实质性道德观点,比如罗斯认为存在很多关于初始义务的规则的观点。第二个选择更强,认为接受有条件平等的原则就是**逻辑地承诺了**效用原则。这个选择本身可以采取两种形式——SO_1 和 SO_2[1]。SO_1 认为,接受有条件的平等也就是承诺了接受效用原则,同时排除任何其他的实质性道德原则;SO_2 认为,接受有条件的平等也就是承诺于把效用原则视为最小道德原则,同时保留一个可能——除了效用原则之

---

[21] 辛格:《实践伦理学》,第 12 页。
[1] Strong Opinion 的缩写。——译注

外,人们还**可以**一致地接受**其他**道德原则。黑尔可能接受的是 SO_1。必须说"可能"是因为,完全不清楚黑尔在这一点上的成熟观点是什么㉒。不过辛格显然是接受 SO_2 的,因为他做出了如下声称:

> 功利主义立场是最小的立场,是我们把符合自我利益的决策普遍化后得到的第一步。如果我们要进行伦理思考,我们就无法拒绝接受这第一步㉓。

在此,辛格允许**可能**存在除了效用原则之外的其他道德原则,但是他认为,如果我们从个人利益出发来接受道德观点,那我们就必须接受效用原则。因为,从自我利益角度出发采取道德观点会让我们承诺于有条件的平等,而这反过来表明了我们的功利主义立场。对下面段落中有关功利主义的关键论证来说,这看起来至少是最自然、也最公平的解释。

> 假设我开始进行伦理思考,并且在一定程度上认识到:我自己的利益无法仅仅因为属于我就被算作重于他人利益。那么,我就必须把受我决定影响的所有人的利益都考虑在内,以取代对我自己利益的考虑。这要求我评价这些利益,并采取最有可能让所有受影响者的利益最大化的行动方针。因此我必须选择这样的行动方针:总体上看,它对所有受影响者而言都具有最佳结果。这是一种功利主义。它与古典功利主义的区别在于,"最佳后果"在这里的意思被理解为:总体上看促进了受影响者的利益的东西,而不仅仅是增加了快乐和痛苦的东西㉔。

㉒ 在有个地方黑尔评述说,功利主义"符合"他对"正确"与"应该"等词的道德使用意义的看法,这因此提示他会接受我所谓"弱的选择"。见他的"原则"("Principles"),载《亚里士多德学会学报》(*Proceedings of the Aristotelian Society*),1972—1973,第 15 页。但是在另一处,他又主张我所谓有条件平等的原则"导致"或"产生"了功利主义,这又提示他会接受"强的选择"。见他的"伦理理论与功利主义"("Ethical Theory and Utilitarianism"),见《当代英国哲学》(*Contemporary British Philosophy*,ed. H. D. Lewis, London 1976),第 116—117 页。辛格尝试在有条件平等的原则之外来推导功利主义,而我相信(尽管我没有在此进行论证),黑尔的论证会遭受所有(并且更多)对这一尝试的反对。还值得注意的是,尽管(比如)辛格承认,从有条件的平等推出功利主义的方法要归功于黑尔,但他清楚指出,自己并不认为这里的论证差不多表明了黑尔的假设。"基于偏好或利益而对功利主义进行的尝试性论证,大多要归功于黑尔的'伦理理论和功利主义',尽管该论证并不与那一文章中的完全一样。"(《实践伦理学》,第 222 页)。因此辛格显然把黑尔解释为选择了我称为"SO_1"的观点,也就是"强的选择"。我相信是这对黑尔最合理的解释。
㉓ 辛格:《实践伦理学》,第 13 页。
㉔ 同上书,第 12—13 页。

因此,正是通过刚刚引用的论证可以看到,辛格明显相信我们能够支持 SO_2——再说一次,这个观点认为:接受有条件平等的原则就是承诺于接受至少作为最小道德原则的效用,尽管不必是唯一的实质性道德原则。

假定这是对的。我们得出了什么结论呢? 充其量是得到了**一条**后果主义原则,即我们应该认可**一条**道德原则:依照总体上促进了受影响者的利益(比如欲望)的方式来行动。逻辑上看,这实际上远离了功利主义,即(依照辛格的话)认为效用是"道德性的**唯一**(道德)基础"的观点。因为我们都知道,辛格本人也承认,可能还有其他不同于功利主义的道德理论,也可以接受他得出的后果主义原则。此外,这个论证所能表明的不过是:**如果**我们从促进自己利益的角度出发开始道德思考,**如果**我们采纳道德的观点,那么我们就会承诺于辛格所确认的后果主义原则[25]。这个论证没能表明的是:我们应该从个人的自我利益角度出发开始道德思考。为什么要假设,从这个角度出发而承诺的道德原则是**有效的**道德原则呢? 这个论证的什么地方表明了这一点? 公平起见,必须指出辛格没有为我们说明这点,而且他应该弥补这个疏漏。我们还可以从其他地方开始道德思考,而如果我们从其他地方开始,我们就会得到其他原则。康德为我们提供了另一种方式,也得出了另一种原则;下一章将会提出康德之外的第二个选择。

现在情况是这样。没有一位一致的功利主义者可以把平等原则视为道德原则,而那些已经表示不支持后果主义道德原则的人,不会接受功利主义者的这一解释:把平等原则视为任何(以及所有)道德原则都必须满足的形式化原则。此外,即便我们承认,如果我们要让他人考虑自己的偏好、并平等地看待这些偏好,如果我们要采取道德的观点,那么我们就会承诺于辛格阐述的后果主义原则,这也没有推出我们会承诺于功利主义——再次重复一下,也就是认为效用原则是"道德性的**唯一**(道德)基础"的观点;或者推出:我们应该从这个角度出发进行伦理思考;或者推出:我们以这个方式开始得出的原则是有效的道德原则。鉴于这些理由,作为一种充分成熟的功利主义形式,偏好功利主义还是缺乏令人信服的支持。这对致力于更好对待动物的人来说是好消息,其理由我现在就要开始说明。

---

[25] 出于我在其他地方已经提出的理由,我并不认为有人会承诺于这种后果主义原则,即便我们同意辛格的假定。实际上偏好功利主义依赖的是价值的偏好理论,在这个意义上,不仅辛格的后果主义原则并非源自他用于支持该原则的理由,而且该原则实际上也和价值的偏好理论不一致。关于这个问题,见我的"平等与效用:一些被忽视的问题"("Equality and Utility: Some Neglected Problems"),《价值探索杂志》(*The Journal of Value Inquiry*)即出。即便我弄错了那篇文章所提出的不一致指责,也有大量充分理由不接受辛格所捍卫的后果主义原则。参见比如下面的 8.12 给出的论证。

4. 辛格支持素食主义的根据

纵观本章,我一直都把辛格的立场解释为直接义务观的例子,这种观点认为我们对动物负有一些直接义务,但否认动物享有任何权利。了解辛格关于动物的一些早期作品的读者可能会认为他被误解了。比如在他著名的文章"所有动物都是平等的"("All Animals Are Equal")中,辛格引用了边沁的名言:"问题不在于,它们(也就是动物)是否会推理?是否会**说话**?而在于它们是否会**遭受痛苦**?",辛格接着做了评论:

> 在这段话中边沁指出,遭受痛苦的能力是让一个存在物有权得到平等考虑的关键特征。㉖

当前对辛格的解释因此会遭到一个反驳,认为辛格在此提出了一种特定能力,也就是遭受痛苦的能力,或者如他在几行之后说的,"遭受痛苦和/或者享受快乐"的能力,把这个能力当作了有权得到平等对待的基础。这里没有提到功利主义的考虑。相反,可以自然地把辛格解释为:他认为特定存在物的利益有**权利**得到平等考虑,**因为其本质**表明,他们具有遭受痛苦或享受快乐或者二者兼具的能力。因此应该可以认为辛格持有这一看法:有感觉的动物具有基本道德权利,也就是让自己的利益得到平等考虑的权利。

这项权利并非辛格提到的唯一权利。为了避免种族主义的偏见,我们必须"允许在所有相关方面(与人类)相似的存在物具有类似的生存权"㉗。至少有些动物在"所有的相关方面"**确实**与人类具有充分相似性;因此辛格暗示,至少有某些动物是享有生存权的。但是如果我们问一下,使得所论及的人类和动物得以平等享有生命权的那些属性是什么,那么可以说,这就是那些存在物的本质能力,而且可以认为,这些能力进一步支持对辛格的一个解释:他相信,至少有些动物像所有或至少多数人类一样,具有特定的自然权利或基本权利——在此就是生存权。

尽管这个解释看来自然,辛格却明确表明,这没有抓住他所认真考虑的立场。一位批评者抱怨辛格对权利的本质论述不多,辛格回应如下:

㉖ 辛格:"所有动物都是平等的",第148页。
㉗ 辛格:《动物解放》(出版信息见本书第三章,注释10),第21页。

> 我对权利的本质论述不多,这怎么会令人奇怪?它只是对这样的人来说是奇怪的:这些人假设我对动物解放的辩护建立在权利的基础之上,尤其是,建立在把权利扩展至动物的想法之上。但这根本就不是我的立场。我之所以对权利论述不多是因为,权利对我的论证来说并不重要。我的论证建立在平等原则的基础之上,对这个原则我确实说了不少。我的基本道德立场是功利主义的(我对快乐与痛苦的强调,我对边沁的引用可能已经让[读者]觉察到这一点)。我在《动物解放》中很少使用"权利"这个词,而且我可以很容易就完全抛开这个词。我认为我曾经赋予动物的唯一权利就是,其利益得到平等考虑的"权利"。通过谈论这种权利而做出的任何表达,都可以依照如下这个断言而得到同样清楚的阐述:动物的利益应该得到与人类的利益类似的平等考虑。(借助于事后的认识,我感到遗憾的是,自己允许权利概念毫无必要地在此闯入我的思考;如果我没有对通俗的道德修辞做出这个让步,我就不会被误解了。)
>
> 因此,对于那种认为我把动物权利问题卷入了动物解放争论的指责,我要做出无罪辩护。而对于那些可能的真正罪人……㉓

这一段落没有给出多大余地来怀疑辛格的想法。他认为,自己之前谈到的"动物权利"不仅对于他的功利主义立场来说不必要,而且是不幸的,是某种他现在"遗憾"地认为是"对通俗道德修辞的让步",而不是理性诉求的东西。

可能是这样的。可能"诉诸动物权利"必定会招致辛格如此来评价其早期工作。不过在此做出这样的判断为时尚早。承认动物权利的肯定论证仍然应该被考虑。我们当前的任务限于考察这一点:一旦动物权利从他的"修辞"冗余中被删去,辛格为我们对动物负有的义务提出的辩护会成功吗?辛格的功利主义立场是不恰当的,这可以通过关注他认为我们具有的一个责任,也就是成为素食主义者的责任得以阐明。一旦认识到他的立场在处理这个议题时是不恰当的,人们就可以很容易看到,这个立场运用于其他议题时也会具有类似的不恰当,比如在科学中使用动物的议题——辛格本人也对这个使用表达了道德反对。

任何对待动物议题的作品必定都会格外感谢辛格。公众之所以日益认识到农场圈养动物的可怕之处,这在相当程度上应该归功于辛格的作品、尤其是《动物解

㉓ 辛格:"狐狸寓言与未解放的动物"(Peter Singer, "The Parable of the Fox and the Unliberated Animals"),载《伦理学》(*Ethics*), 88(2)(1978年1月),第122页。

放》，它们理应博得了大量读者。我们所有人现在都知道，或者至少有机会发现：鸡是在极度拥挤、异常的环境中被饲养；小牛崽是有意用导致贫血的食物被喂养，它们甚至无法充分活动来清洁自己，生命中的多数时间都在黑暗中度过；还有数量越来越多的其他动物，包括猪和牛，在拥挤的环境中被饲养。但是把这些发现归功于辛格，并不表示他对素食主义立场的道德论证就是恰当的。辛格依照如下方式来论证：

> 由于如我已经说过的，任何这些做法（密集饲养动物）都不可能迎合我们的些许口腹之乐，因此显然，我们为了食用而饲养并杀死其他动物的做法，是为了满足我们微不足道的利益而牺牲其他存在者最重要的利益……我们必须停止这些做法，我们中的每个人都有道德责任不再支持这个做法[29]。

这个段落有很多问题。第一个问题涉及辛格的这个判断："我们的口腹之乐"是"微不足道的利益"。包括卓越思想者在内的很多人都不如此看待问题。许多人费心尽力来准备可口的食物，或者寻找提供这种食物的"最佳餐馆"。辛格可能会说，如此重视食物口味的人怀有一种被扭曲的价值感。可能的确如此。但如果他们是，这个事实也需要得到更清楚的论证，这个论证在辛格发表的任何作品中都没有出现。这并不是说，我们在食用美味上的利益，与我们（或动物）规避痛苦或死亡的利益一样重要。这不过是说二者是否一样重要并没说清楚，而且辛格没有给出论证来表明：我们食用美味的利益——照他的话说——是"微不足道的"。

现在让我们同意辛格的假定，认为从享用美食中得到的快乐是微不足道的利益，那么第二个问题是，我们看不清楚作为功利主义者的辛格如何可以论证表明：我们有道德责任停止密集饲养动物（辛格随后称这个做法为 p），理由是关于 p **的目的**的某些陈述。功利主义者必须回答的问题并不是(a) p 的目的是什么？而是(b) 通盘考虑后，p 导致的后果是什么，相比于选择和支持 p 之外的选项将会导致的后果，p 是更优还是更差？因此，当辛格依据 p 没有"迎合我们的些许口腹之乐"而反对 p 时，他给出的是对(a)的回答，而不是像我们期望从功利主义者那里看到的对(b)的回答。这两个问题及回答是不同的，这一点并非不重要。因为，尽管 p 的目的可以被正确地描述为迎合我们（微不足道的）口腹之乐，但这**既**没有推出，这是可以反对

---

[29] 辛格："所有动物都是平等的"，第155页。

p 的功利主义反驳(这不是功利主义式的反驳),**也**没有推出:当明确地提出功利主义反驳时,该反驳会依赖于辛格对 p 的目的的描述。从功利主义的角度看,辛格的描述还遗漏了许多内容,这些内容必定会被判断为与确定 p 的道德性密切相关。

动物产业是非常大的商业行当,无法确切估计有多少直接或间接从业者,但显然必定数以百万计。首先,也最显眼的是实地从事动物饲养和销售的人;不过除此之外还包括数量庞大的食物供应商和零售商,兽笼生产商和设计师,生长素和其他化学用品制造商(比如避免或控制疾病的化学物品),屠宰、包装和运送肉、蛋、或辛格所反对的动物产品的人(就像讨论成排鸡笼生产的鸡蛋时看到的,辛格确实对此提出了反对),以及大量围绕动物产业谋生的人员和兽医。还要考虑一下依赖这些雇员或雇主而生活的家庭成员。密集饲养动物的"正常营业"给这些人带来的利益完全超过了口腹之乐,也远非微不足道。动物产业给这些人带来了休戚相关的利益,这些利益非常根本、也很重要,如同获得工作、支持家庭、为孩子的教育或自己的退休而储蓄一样根本和重要。如果我们或他们发现他们或我们的做法是错误的,因而成为素食主义者,那么这些人该怎么谋生,怎么来养活自己或家人?不过显然,辩称许多人从中受益还无法为不道德的做法辩护。以奴隶制为例,我们不会仅仅因为被告知种植园主从中受益就停止谴责它。但是我们知道,辛格对诉诸道德直觉非常轻蔑,因此他不会诉求之。此外,作为**偏好功利主义者**的辛格,在密集饲养动物是否道德的特定问题上不能说:这一产业所牵扯那些人,那些当下生活质量依附于该产业的人,他们的利益是无关的。如果偏好的满足是对错之标尺,那么**每个人**的偏好就必须都得到计算,并且是平等计算,这意味着:不仅是该产业的反对者的偏好,而且该产业者的参与者与支持者的偏好,都必须被计算在内。由于更愿意让这一产业存在的人远远多于反对这一产业的人,因此根本不清楚,后者的偏好如何可以压倒前者的偏好。就算把农场动物的偏好加上,情况最多也是模糊的。动物产业涉及的那些人,并不只是出于微不足道的理由而想让该产业继续并繁荣。利害攸关的是**他们的重大**利益,正是在这一点上,前面(4.3)暗指的偏好功利主义**极大的保守主义偏见**出现了,当该理论的倡导者召唤人们对自己的生活方式做出重大改变时,这个偏见让这种努力变得无力。偏好功利主义者可能会认为,自己可以表明人们有义务成为素食主义者,同时不否认人们当前的食谱和其他偏好也与确定其义务相关;但是看起来可以公平的说,还没有一个偏好功利主义者证明了这一点。

诸如辛格这样的偏好功利主义者所面临的困难,实际上比前面展示的还要复杂许多。出于这种功利主义的特征,辛格必须坚持**负效应**的相关性,这个负效应就是:改变动物产业给**每个人**的利益、而不仅仅是与该产业直接相关者的利益造成的影响。比如,很多人突然或逐渐变成素食主义者带来的短期和长期的全球经济影响,必须得到任何一位功利主义者的严肃考察。如素食主义者时而所为的,指出以前被用来密集饲养动物的谷物现在可以被供给大量饥饿人群,这是不够的;功利主义者必须持有扎实的数据以表明,这个至少会发生可能性,并且从功利主义角度判断是可取的。辛格和加勒特·哈丁(Garrett Hardin)关于从功利主义原则看救济饥荒是否可取的争论,与此相关。这个争论指出,想把素食主义建立在功利主义基础上的任何人,都会面临巨大任务㉚。尽管所涉及的问题非常复杂,在此甚至无法触其皮毛,但有一点可以肯定:通盘考虑后,如果密集饲养动物的方式被摒弃,我们所有人(或者多数人)也成为(当即或逐渐地)素食主义者,这并不一定**显然**会给波及的每个人带来更好的积聚性后果。必须进行更仔细的计算才能表明这一点;否则立足于功利主义的素食主义者就无法博得我们的理性认同。即便是最同情辛格的读者,即便是素食主义运动的"同路人",也无法从辛格的作品中找到任何必要的计算。那里干脆就没有做出这样的计算。

辛格或者其支持者可能会提出抗议,认为功利主义如他所理解的那样,会接受利益平等原则,依照该原则:"受某行动影响的每个人都应该被考虑在内,并且给予与任何其他存在者平等的份量"。我们已经看到,辛格在偏好功利主义内部为这条原则寻找位置时遇到了困难。这些困难在此同样困扰着他。该原则的一个问题是,它并没有告诉我们:一旦把所有相关各方的利益考虑在内,并且对平等的利益进行了平等考虑,我们应该做什么。该原则告诉我们的不过是,这就是我们必须做的事情。即便除了该原则之外我们还有效用原则可兹使用,我们也仍然离素食主义责任尚有距离;因为如上面所论证,我们必须知道而辛格没能告诉我们的是:所有或多数人采纳素食主义生活方式,结果是否比不采纳该方式更好。仅仅坚持说平等利益是平等的并不能表明这一点。

辛格的支持者可能会反驳说有个重要论证被忽略。在许多地方辛格提出:我们不会允许对低能人类做出我们对智力更高的、更具自我意识的动物做出的事情。比如,我们不会允许在这些人类身上进行价值不高的、痛苦的试验,然而我们确实允许在灵

㉚ 参见加勒特·哈丁:"救生艇伦理学:反对帮助穷人"(Garrett Hardin, "Lifeboat Ethics: The Case Against Helping the Poor"),载《心理学动态》(*Psychology Today*),(1974 年秋季刊);辛格:"饥荒、富裕与道德"("Famine, Affluence and Morality"),载《哲学与公共事务》(*Philosophy and Public Affairs*),1(3)(1972 春季刊)。两篇文章都重印在《世界饥饿与道德责任》(*World Hunger and Moral Obligation*, ed. W. Aiken and H. LaFollette, Englewood Cliffs, N. J.: Prentice-Hall, 1977)。

长类动物身上做此类实验㉛。在这个方面和类似的方面,我们犯下了持有严重偏见(物种主义)的错误,从道德的观点看我们严重地自相矛盾。

辛格的这个看法并非不够道德份量,不过它并没有增强辛格为素食主义公然宣布的功利主义基础,或者更普遍地说,为人道对待动物所提供的基础。(下面的 8.11 提出了非功利主义对物种主义的批评)。要让这个道德一致性论证为更人道对待动物提供**功利主义**基础,辛格必须表明:**依照功利主义**,以某种方式对待动物恰恰与类似方式对待人类一样错误。然而辛格首先未能表明,依照功利主义,以其所描述的方式对待动物是错误的(他只是认为这么做不对,鉴于他自己对这种简单做法的批评,辛格的这个举动是反常的);其次辛格未能表明,依照功利主义,以这些方式对待动物恰恰与对待人类一样错误。简言之,辛格未能给他质疑物种主义做法的论证提供功利主义基础,以判断已知的或可能的后果。

对辛格的另一种捍卫仅仅假设,区别对待讨论中的人类和动物会违反利益平等的原则。这个捍卫同样也没能提供所需的基础。这个结论需要在功利主义的基础上被阐明,而不是被假设,因为没有理由表明下面这种情况为什么不可能发生:比起那些在相关方面与之相似的人类来,被密集饲养的动物的利益得到了平等考虑,那些人类也有可能会在相似环境中作为食物来源被密集饲养,但是以这种方式对待动物产生的结果最佳(也就是产生善之于恶的最大积聚性平衡),而密集饲养这些人类得到的结果并非最佳。更一般地看,对具有平等利益的存在物采取**不同对待**,完全可能产生相当不同的结果。因此,即便承认,我们不赞同以通常对待动物的方式来对待人类,即便假定,人类和动物本身在避免痛苦和死亡上具有平等的利益,这也没能推出:我们具有功利主义的基础成为素食主义者,或者更为人道地对待动物。辛格隐含地接受、但是没有证明这一要求:在特定情形下(比如科学研究中),除了平等计算他们的利益之外,还**类似地对待**动物和人类道德病人。

辛格的矛盾

到此为止的讨论限制于一点:辛格没能为做一名素食主义者的责任提供恰当的功利主义基础。现在还需要表明,他想要提供这个基础的尝试导致了极为矛盾的后果,从方法上看,这个后果一开始就注定了这项事业本身的命运。许多批评者谴责说,在很大程度上,成为素食主义者必定只是个别功利主义者的象征性姿态,因为某个人对

㉛ 参见比如辛格:"所有动物都是平等的"。

肉类的抵制,还无法撼动改变动物在工厂遭受的对待。对这种谴责辛格回应说,在比如鸡的情形中:"必定存在某个拐点,在这个拐点上,素食主义者的数量将会影响禽养殖业的规模。必定存在被市场分配体系掩盖的一系列阈值,它们决定着应该存在多少禽养殖场。在这种情况下,多一个人成为素食主义者根本不会造成什么改变,除非那个人加入已有的素食主义者行列后,对禽肉的需求会降低到开办新禽类养殖场的阈值之下(或者在禽类养殖业已经萧条的情况下,降低到现存养殖场继续生产的阈值之下)"㉜。对于当前目的来说,我们是否知道这个"阈值"在哪里,这仍然有待争议。现在需要强调的是,辛格为素食主义责任提供的这种功利主义基础具有矛盾的本质。这个基础带来的结果是:**只有**在足够多的其他人碰巧也成为素食主义者,他们抵制肉类的效果与我的抵制结合起来,碰巧造成本来会在养殖场被饲养的鸡免除那一命运的情况下,成为素食主义者才是在做应该做的事情。如果反过来,我们的共同抵制碰巧没能给密集饲养的鸡带来任何数量上的变化,那么在我们成为素食主义者时,我们就不是在做应该做的事情,其原因并不在于我们这一方的失败(比如我们非常努力地说服他人但是没有成功),而在于其他人(也就是非素食主义者)的决定所带来的结果——这些人对肉类的需求远远抵消了我们抵制肉类所带来的影响。但是,让素食主义行为的正确性,取决于素食主义者所谴责之对象的决定(辛格的观点确实暗示了这一点),这是矛盾的看法。如果我们停下来看一下,依照这种观点,为了确保自己能够逃避成为素食主义者的责任(这由素食主义者对养殖业的影响所决定),非素食主义者需要做的就是继续做他们当前在做的事情,也就是吃肉!那么这个矛盾就愈发明显。因为依照这种观点,如果禁食肉类的人太少,那么就不存在禁食肉类的责任,以此那些吃肉的人也就没有什么错。而且,如果素食主义者的规模可能扩展到一定程度,以至在其他条件同等的情况下,他们对畜类养殖业的集体影响会导致某处密集饲养活动停止,那么依照辛格的立场,非素食主义者仍然可以采取行动来逃避素食主义责任,因为这个责任是由素食主义者对工厂式畜牧业的影响来评估。非素食主义者需要做的不过就是**吃更多的肉**,以此抵消素食主义者的集体影响,因此(依照辛格的观点)也抵消食肉者成为素食主义者的责任。人们不会认为在这种情况下食肉者是在做正确的事情。完全相反,人们将会指出,辛格无法诉诸不同饮食对工厂式畜牧业的影响来证明食肉行为错误。诚然,素食主义者的数量,确实会对工厂畜牧业中饲养动物的数量有所影响;诚然,素食主义者必定深深希望,他们自己和集体的努力会最终减少如此被饲养的

㉜ 辛格:"功利主义与素食主义",第335页。

动物的数量;然而,成为素食主义者的责任无法建立在这些考虑之上,除非以辛格观点所固有的矛盾为代价。至于如何来为这个责任确立基础,后面(9.1)将会做出说明和捍卫。

5. 功利主义与物种主义

之前(6.3)我们注意到,功利主义常常会受到的攻击是:它可以认可非常不平等的善恶分配。由于这种理论所设立的目标是积聚性的,要求我们的行为给所有相关者带来善之于恶的最大平衡,因此批评者认为:这样的话,有些个体就会被要求担负不平等的恶,以使得他人可以集体性获得最多善。享乐主义功利主义和偏好功利主义都面对的、关于杀人是否道德的挑战,就属于这种反驳。某个体被杀,结果带来了整体上最佳的积聚性结果。幸存者获得了好处,受害者丧失了一切。这种情况必定会让我们震惊,它太不公平了;然而,如果包括副效应在内的后果最佳,那么行为功利主义者(这是我们贯穿本章都涉及的功利主义形式)必定会承认,这种情形不会引发任何道德控诉。行为功利主义还允许许多类似的不平等对待(比如,允许无辜的人遭受惩罚,以确保获得通盘考虑后的最佳结果)。我们不再重复所有这些反对。与这里的讨论相关的是要提请注意:辛格这种立场会支持该立场表面上拒斥的一个东西,那就是物种主义。

表面上看功利主义似乎最公平,所涉及的偏见最小。每个人的利益都得到考虑,并且没有人的利益比任何他人的类似利益被考虑更多。问题是就像我们已经看到的,每个人都遵守平等原则与每个人的利益都得到平等促进之间,并不存在必然联系,也没有预先设定的和谐。相反,对效用原则的依赖,会允许人们以某种方式让一些个体的利益受严重损害,比如让某些个体被杀死,因为这会带来最佳的积聚性结果。功利主义的批评者指出,功利主义原则潜在的允许对善恶进行不平等的分配,这甚至会导致容许制度性的不正义,比如种族主义和男权主义,而且对平等原则的尊重也无法排除掉这种可能。这些偏见会采取不同形式,以不同方式得到表达。有种形式甚至否认某些种族或性别的利益是适切的;另一种形式会考虑这些人的利益,但不认为他们的利益与"高级"种族或性别的利益同等重要。功利主义信赖平等原则(假定这种信赖可以得到辩护),它不会允许这两个观点中的任何一个。然而这些偏见还可能以第三种方式存在。依照这种方式,"低等"种族或性别的利益得到了考虑,而且得到平等计算;不过凑巧的是,通盘考虑后,如果我们以某种方式分配善,让特定种族或性别得到关照,但是让"低等"种族或性别受到损害,那么总体人群积聚起来的善就会得到最大促进。这样的话,信赖平等原则的功利主义所拒斥的偏见,即种族主义或性别主义,就会复活;而且如果在分配善时,"高级"种族或性别比"低等"种族或性别得到更多照顾确实会带来通盘考虑后的最佳结果,那么这种偏见还会得到辩护。如果功利主义者此时回答说,以这种方式分配善恶必定会违反利益平等原则,因此依照其观点将会遭到禁止,那么我们可以提醒他:区别对待并不等于、也不必然导致违反那一原则。举个例子,理论上看很有可能发生这种情况:平等考虑黑人和白人的利益(这是尊重平等原则),但是在遇到社会所得的问题时,仍然在种族之间保留歧视,让白人获得最大的利益份额,而黑人只得到余下的部分,其理由是,在利益**分配**上的这种歧视会促进功利主义者的目标。功利主义者是否可以表明,这类在现实世界中曾经得到辩护的情况并非事实,这仍然不确定,下一章(7.7)会在稍微不同的语境中对此进行考察。这里要做出温和一点的强调是:尽管注重平等,但如果事实恰巧以某种方式发生,那么功利主义会认可一些公认的性别主义和种族主义形式。

涉及物种主义的情况也是一样,只不过更糟糕些。作为一名功利主义者,我们必须把动物的利益考虑在内,并且平等地计算它们的利益;因此,特定形式的物种主义应该被排除在外(比如甚至不认为动物的利益与我们无关的一种物种主义)。但是,尊重平等原则并未确保:依照效用原则,遇到分配问题时动物会得到平等对待。比如,动物被密集饲养而人类没有被如此对待这一事实,就没有进入**功利主义**的论证,来反对以这种方式饲养动物。因为,以这种方式对待动物可能会带来整体上的最佳后果,而以类似方式对待人类则不会。因此理论上看,功利主义可以提供基础来捍卫一些公认的物种主义行为。至于功利主义是否确实提供了这样的基础,这必须依赖于:以这种方式对待动物是否带来通盘考虑后的更好结果。举个例子,由于辛格未能向我们提供必要的经验数据来表明,如果我们不再密集饲养动物,那么**所有**相关者的利益会更好。因此可以推出:就我们的所知而言,依照辛格这种形式的功利主义,对待动物的这种方式有可能确实能够得到辩护——后面将会充分表明(8.11),这种对待确实是**一种**物种主义形式的反映。通盘考虑之后可以看到,像辛格这样的立场确实还不足以为真正的"动物解放"提供根据。在对规则功利主义的考察(7.7)中,我还会回到这个主题。

6. 总 结

本章考察了代表性的直接义务观。得到评论的那些观点尽管远未完备,但似乎最有希望不诉诸权利来说明我们对道德病人的一般直接义务,以及对动物的特殊直接义务。我在本章指出(6.1):禁止残忍—要求友善的观点失败了,由于通过假定行动者的精神状态或倾向(他们的动机或意图)来决定其行为对错,它混淆了对道德主体价值的考虑和对其行动的道德性的考虑。行为功利主义,不管是享乐主义功利主义还是偏好功利主义,避免了这个混淆,但没能为勿伤害这一严格的初始直接义务提供恰当基础(6.2—6.3)。在任何行为功利主义都必定会面临的几个问题中,秘密杀人被特别强调。由于是秘密杀人,因此无法援引杀人所造成的负效应(生者心中的焦虑和不安),行为功利主义者被迫独立于这种考虑来说明秘密杀人的不道德之处。享乐主义功利主义也失败了,因为受害者丧失的快乐可以被罪犯收获的快乐大大弥补;偏好功利主义同样无法说明为什么这种杀人错误,因为受害者一方所损失的偏好满足,在此被其他人得到的偏好满足大大补偿了,包括罪犯的偏好满足。

第二种主要论证思路寻求表明:对于那些致力于更好对待动物,以及类似动物的人类道德病的行动者来说,禁止残忍—要求友善的观点及各种行为功利主义形式即便被接受,也无法提供他们所寻求的坚实基础。如果像禁止残忍—要求友善的观点假设的,我们对这些道德病人负有的直接消极义务不过是,不要以虐待或野蛮的残忍对待它们,那么心怀体谅或怜悯地伤害这些个体的人就不会受到道德谴责:他们的**行为举止**没有在道德上出错。此外,在所有被考察的功利主义那里,只要给道德病人造成的伤害,会给所有相关者带来善(比如快乐)之于恶(比如痛苦)的最大积聚性平衡,这个伤害就不会受到道德谴责。在有些情况下,由于不会引发焦虑(比如杀婴和为了食物而屠杀农场动物),这种论证模式还会得到进一步加强。因此,不管是禁止残忍—要求友善的观点还是功利主义,都没能为我们对这些个体负有的直接义务提供令人满意的基础。

功利主义常常因为倡导平等主义而受到称赞:每个人只能算作一个,没有人可以算作更多。因此功利主义的倡导者假设,功利主义以这种方式避免了性别主义、种族主义以及物种主义带来的有害偏见。所有这些听起来确实都很不错。可是,当我们追问功利主义者**如何**获得根植于平等观念的这条原则,这条原则在功利主义内部又具有什么地位时,问题就出现了。功利主义者无法认为人们**有责任**考虑相关者的利益(偏好、快乐),并且平等计算那些平等利益,因为这个责任要么是(a)基本的(非派生性的)要么是(b)非基本的(派生性的)。如果这个责任被视为基本的,那么功利主义就会招致矛盾,因为效用、**也只有效用**才是功利主义的基础所在;如果该责任被视为非基本的,那么平等概念就会被歪曲,因为任何两个利益(或快乐等)的平等或不平等,必须取决于这些快乐或利益本身,而不是取决于把它们视为平等或不平等所带来的效用。认为平等原则是形式化原则的看法也具有同样问题,因为在提出道德原则时,非功利主义者首先可以不需要接受功利主义对平等的解释。功利主义者所理解的平等原则，充其量只能被视为有条件的形式化原则：**如果**人们想要让他人平等考虑自己的利益，并且**如果**人们想要采取道德的观点，**那么**就可以说，人们承诺了后果主义的行为原则来推进相关者的利益。然而即便我们承认，满足上述的条件人们就是在承诺后果主义原则，这也没有推出，人们是在承诺**功利主义**（认为效用是道德性的**唯一**基础的观点），**或者**推出，人们所承诺的原则是有效的道德原则，**或者**推出，（从人们自身欲望等出发）确认道德原则的方式就是有效的方式。当我们立足于接受有条件平等的原则来为功利主义辩护时，所回避的问题多于被回答的问题。

最后，我考察了辛格把素食主义责任建立在功利主义之上的尝试（6.4）。这里注意到，由于平等原则（假定该原则符合辛格的偏好功利主义）是一条**前**分配性原则，因此该原则与如下做法一致：在决定如何带来善之于恶的最大积聚性平衡时，以完全不同的方式对待不同个体——这是一种分配性的关注。因此人们无法假定：如果人类愿意以不同方式对待动物，以及相似的人类道德病人，这就违反了平等原则。作为功利主义者，辛格必须承认，各种个体（即便是在利益上具有相关相似性的个体）遭遇不同对待的问题，必须依赖于后果来解决。因此，在密集饲养农场动物的特定情形中，对于任何功利主义者（包括辛格）而言，这种对待是否错误都是未决的道德问题，人们也无法假设说：如果愿意容忍动物遭受此种对待的人，不愿意容忍类似的人类道德病人遭受类似对待，那么动物遭受这些对待就是错误的。因为并没有理由表明，这两种情形造成的**后果**相同。而对于任何功利主义者来说，假定平等原则得到满足，那么后果就具有道德决定性。

因此，要从偏好功利主义角度表明我们具有成为素食主义者的责任，辛格必须表明：比起不成为素食主义者来，成为素食主义者会带来通盘考虑后的更好后果。辛格没能表明这一点，原因很简单：他没能举证出必要的经验细节。此外，即便辛格强烈驳斥物种主义（以及性别主义和种族主义），但实际上他的立场也会认可公然的这些偏见（6.5）。如果我们要避免物种主义，那么平等考虑比如猪和孩子的利益并不够，还有一点是根本的，那就是在做出此种考虑**之后**我们公平地对待了二者，而这一点是仅仅尊重平等原则无法确保的。最后我表明，当有指责认为，从辛格的偏好功利主义立场来看，成为素食主义者的个人决定在很大程度上不过是象征性姿态时，辛格的回应导致了矛盾的结果：食肉者完全可以通过吃更多肉的权宜之计来回避成为素食主义者的责任。如果反对辛格的这些批评都是公平而切题的，那么不管你是想要给成为素食主义者的责任寻求坚实根据，还是想要寻求一个合理的理论，你无法从辛格的偏好功利主义那里找到答案。

第七章 正义与平等

理想道德判断的一个条件(见4.2)是不偏不倚,指的是遵守形式化的正义原则。该原则要求所有个体得到他们应得的东西,如果相似个体得到不同对待,那我们就没有做到不偏不倚。该原则之所以被视为形式化原则是因为,它本身并没有说明个体所应得的**是**什么。该原则只是暗示:如果在没能指出与道德相关的不同的情况下,个体遭到了不同对待,那么正义就没有得到伸张,不管这个对待是什么。

只是把正义理解为形式化原则显然不够。除非我们有合理基础来确定个体应得的是什么,否则我们就缺乏原则性的基础来决定,两个或更多的个体什么时候在**与道德相关**的意义上相似(或者不相似)。而且由于缺乏这个基础,我们也找不到原则性的根据来决定:作为严格的正义问题,每个人应该得到的是什么。因此有必要对正义进行规范性的解释①。

毫不奇怪,对正义的解释或者关于正义的理论不止一个。在任何学科中,存在各种不同选择的理论都有此种本质,这并非道德哲学特有。存在异议不该促使我们相信,没有理性的方式来分清良莠。实际上本章的主要目标就是区分良莠。我将这样展开论述:说明并批判性评价对正义的三种解释(7.1—7.2);拒斥其中的两个(至善论和功利主义),捍卫第三个(个体的平等)。最后这种解释依赖于一个假定:特定个体具有特定的价值(固有价值)。本章将说明这一价值的本质,以及赋予此价值的标准(7.2—7.5)。这些考察将为接受尊重原则奠定基础(7.6),该原则规定:我们对所有具备固有价值的个体都负有一项直接义务。本章将论证指出,该原则可以运用于我们对道德主体和道德病人的对待,而且是平等地运用于二者,因为依照随后将给出的理由,道德主体和道德病人必须被视为具有平等的固有价值。接下来,我将考察并驳斥想要摒弃尊

---

① 这一章对正义和平等的讨论要感谢理查兹(David A. J. Richards)在这个问题上的一篇文章,参见他的"正义与平等",见《所有人的正义》(出版信息见本书第4章,注释9)。不过我不是想说理查兹教授将会同意本章的结论。

重原则及其基础(固有价值假定)的企图,尤其是规则功利主义提供的选择(7.7)。最后,尊重原则将得到捍卫,被当作有效的道德原则(7.8),该原则与伤害原则之间的关系也将得到说明(7.9)。

1. 关于正义的功利主义理论和至善论

前一章其实接触到了功利主义对形式化正义的不同解释,尽管没有以"形式化正义"的名字出现。回顾一下,功利主义非常看重"每个人只能算作一个,没有人可以算作更多"这一理念。那个理念看起来在精神和内容上都是一种正义,一种明显的**平等主义**:没有任何个体,有资格享有多于或少于相似的其他个体享有的关注。那么关键之处是要强调:对于功利主义者来说,平等考虑是一种**前分配性**要求。比如对于享乐主义功利主义来说,如果个体的快乐与痛苦得到考虑,并且被视为在重要性上与任何其他个体的类似快乐与痛苦平等,那么这些个体就得到了平等对待,就像正义所要求的那样得到了对待。这就是在正义问题上每个个体所应得的,而依照享乐主义功利主义,那些自己的同等快乐被拒绝考虑和权衡的人,可以正当地声明(或者已经在声明)自己遭到了不公正对待。我在本章将更多地说明功利主义对正义的解释(尤其参见7.7)。

功利主义并非对正义的唯一规范说明,也不是所有理论都像功利主义期望的那样是平等主义。比如,古希腊哲学家亚里士多德和19世纪的德国哲学家尼采就提出了**至善论的正义理论**(perfectionist theory of justice),依照该理论,在正义问题上个体的应得取决于:他们在多大程度上拥有某些特定的美德或卓越品质,包括智力和艺术上的才能,以及在英雄事迹或伟大事迹中体现的品格。在正义问题上,比起那些只在有限程度上具有这些美德、或者根本就不具有这些美德的人,具有许多此种美德的人应得更多。因此,接受至善论的正义理论也就很容易接受一点:允许用不同方式对待在不同程度上具有此种理论支持的美德的个体。大家应该不会感到奇怪,由于倾心于这种正义概念,亚里士多德认为,有些人类在本质上就是奴隶,也就是宛如生来就是奴隶,甚至严重缺乏艺术、智力和其他美德上最低微的能力。**这些人**的功能就是服务于有德者更高级、更有价值的利益,比如从事诸如种植粮食或收垃圾这样的工作,他们因为智力和审美能力上的贫乏而天生适合于这些工作,这些工作使得有德者可以免于在这种低等事务上浪费时间,因此拥有必要闲暇来最大限度发展他们的艺术美德和智力美德。被置于服务自己天然主人之命运的奴隶,不会埋怨缺乏正义。他们得到了自己恰恰应得的东西。因为正义的社会提倡能够促进美德之完善的制度安排,缺乏所需美德的人因此无法埋怨说:自己服务于艺术精英和智力精英有什么不正义。

正义的至善论理论在道德上是有害的,因为这些理论实际上为最糟糕的社会、政治和法律歧视提供了基础——比如私人奴隶制、严格的社会阶层体制,以及同一国家的公民在生活质量上的巨大差距。但是至善论理论可以在更深的层次上被反驳。个体是否具有获得有利美德(比如从事高等数学的能力)所必需的才智,这不是他们能够控制的。回到罗尔斯很有帮助的一个用语,个体具有什么样的自然才智是"自然运气"的结果。生来具有智力天分或艺术天分的人,本身并没有做出任何使得自己应该得到更好对待的事情,而生来缺乏这些天分的人,也没有少做什么,以至自己应该被剥夺对于他们福利来说根本的利益。任何一个正义理论,如果把正义建立在如此偶然的基础之上,并且以允许**以正义的名义**推进某些人的"高级"利益,忽视其他人的根本利益,甚至到了后者可以成为前者的奴隶、因此严重损害自己的自由和其他利益的地步,那这样的理论不可能是恰当的。尽管在哲学坊间达成一致的情况很少,但出于以上理由(尽管不是唯一的理由),当今很少有(如果有的话)哲学家会捍卫正义的至善论理论。在随后的论证中,我们还有机会提醒自己至善论的有害之处,以及为什么有必要避免陷入至善论。不过还要提示一点:在不同的语境下,在一些特殊情形中(8.13),个人能力的数量和类型方面的考虑还是具有道德相关性的。

在正义的至善论理论的背景下,边沁关于"每个人只能算作一个,没有人可以算作更多"的宣言,自然被视为一股清新的平等主义空气,也毫不奇怪,功利主义哲学的这一视角起到非常重要的作用,带来了政治、法律、经济上朝向更平等社会的重要变革,尤其是在19世纪的英国。尽管从今天看,功利主义宣扬平等所带来的实际后果仍然值得称道,但是就像上一章说明的(6.3),平等原则在功利主义理论内部的地位却是另一番光景。那些论证在此不会被处理,尽管到后面会与我们相关(7.7)。我在这里准备做的是,提出对形式化正义的另一个解释,它明显不是至善论的,也不是功利主义的,尽管是平等主义的。随着论述的推进,大家将会逐渐看清:我对正义的解释与至善论和功利主义正义理论有何不同。对那一解释的捍卫也有待清楚论述(7.8)。

2. 具备平等价值的个体

这里支持的对形式化正义的解释将被称为**个体的平等**(equality of individuals),它认为特定个体自身就具有价值。我称这种价值为**固有价值**(inherent value),对固有价值的讨论将首先关注被赋予道德主体的固有价值。

对于个体道德主体具有的固有价值,我的理解是:它在概念上不同于被赋予其体验(比如他们快乐或偏好的满足)的内在价值(intrinsic value),既无法被还原成这一价值,也与之不可通约。固有价值无法被还原成个体的生活体验的内在价值,这意味着:我们无法通过合计道德主体的生活体验所具有的内在价值,来确定道德主体的固有价值。更快乐或者更幸福的人,并不比生活较不快乐或较不幸福的人具有更大固有价值。具有更多"高雅"偏好(比如艺术和文学偏好)的人,因此也不具有更大的固有价值。个体道德主体的固有价值与他们(或任何他人)的体验的内在价值不可通约,这意味着:这两种价值无法比较,也无法相互交换。就像俗谚中的苹果和橙子一样,两种价值并不具有同样的比较尺度。人们无法问:某个体的固有价值抵得上多少内在价值,或者这个固有价值等于多少内在价值?任何特定道德主体的固有价值,都不等于任何内在价值的总和:不等于该个体的生活体验的内在价值,也不等于所有其他道德主体的生活体验的内在价值总和。因此,认为道德主体具有固有价值意味着:他们并不仅仅是具有内在价值的东西的容器,也胜过这种容器。他们自身具有价值,这个价值不同于、不可以还原成、也无法通约于他们作为容器而盛有或经历的体验的价值。

回忆一下杯子类比(6.2)可能会更清楚看到:看待道德主体的功利主义式容器价值观,与固有价值假定之间区别何在。依照价值的容器观,有价值的是**杯子里盛的东西**(比如快乐,或者偏好的满足);杯子本身(也就是个体自身)并不具有价值。固有价值给出了另一个说法。杯子(也就是个体)具有价值,**而且**是一种不可以还原成、也无法通约于杯子里盛的东西(比如快乐)的价值。杯子(个体)确实"含有"(体验)一些有价之物(比如快乐),但是杯子(个体)的价值不同于它盛有的任何有价之物,或者这些事物的总和。正是依照固有价值假定,而不是依照功利主义所承诺的容器观,**个体道德主体本身具有独立的价值**。具有价值的是杯子,而不是杯子里盛的东西。

关于道德主体具有的固有价值可以有两种看法。第一种看法认为,道德主体可以在不同程度上具有这个价值,因此,有些道德主体可能比其他道德主体具有更多的固有价值。第二种观点认为,道德主体可以平等地具有这个价值。后一种观点理应被选择。如果道德主体被视为在不同程度上具有固有价值,那么就必须有一些根据来确定:某个道德主体会具有多少固有价值。理论上看,这个根据可以是任何东西——比如属于"正确"种族或性别的财富或者财产。更有可能的是,这个根据可以是拥有某些美德或卓越品质,比如亚里士多德所热衷的那些美德。依照对固有价值的后一种说明(至善论),拥有较高智力或艺术技巧的人,将比拥有较少智力或艺术技巧的人具有更大固有价值,而后者又比完全缺乏这些美德的人具有更大固有价值。如果接受关于道德主体的固有价值的这种观点,这就为正义的至善论理论铺平了道路:可以要求具有更少固有价值的人服务于具有更多固有价值者的需求和利益,即便这不符合提供服务者的利益。被压制的那些人没有理由控诉自己遭受的不公正对待。由于具有更少的固有价值,他们将接受其应得的对待。对正义的此种解释无法被接受。因此,支撑此种理论的关于道德主体的固有价值的任何观点,也同样无法被接受。千万不要认为道德主体拥有不同程度的固有价值的观点。只要道德主体拥有固有价值,那么他们的固有价值就是平等的。

刚刚的结论推出三个值得注意的观点。第一,道德主体的固有价值不是他们可以靠自身努力获取的,也不会因为他们做了什么或没做什么而丧失。如果一名罪犯和一位圣徒都是道德主体,并且如果道德主体具有固有价值,那么罪犯就不比圣徒的固有价值少。第二,道德主体的固有价值不会随他们对他人利益的效用而涨落。最仁慈的慈善家,也不比(比如)不择手段的二手车销售员具有更多或更少固有价值。第三,道德主体的固有价值独立于他们作为他人利益之对象的地位。涉及固有价值时,重要的不是某人是否被他人喜爱、倾慕、尊重,或者以其他方式被他人赋予价值。孤独者、弃儿、招人讨厌和不被爱的人,并不比与他人处于更友善关系中的人具有更多或更少固有价值。因此,认为所有道德主体具有平等固有价值是确凿无疑的平等主义,而非至善论。

但是可能有人会问:"为什么该优先选择认为所有道德主体具有平等固有价值的观点,而不是选择与功利主义相联系的平等主义呢?既然二者都是平等主义,为什么要优先选择**固有价值假定**(我用它来称谓在此被拥护的观点),而不是功利主义呢?"这个问题实际上已经对功利主义做出了额外让步,因为依照上一章给出的理由(6.3),功利主义内部很难**有余地**(如果竟然有的话)说明自己推崇的平等。不过,功利主义的暗示与固有价值假定之间还有个进一步的区分,这个区分增强了后一理论,同时削弱了前者。回顾一下行为功利主义令人不快的一些道德暗示,尤其包括功利主义对秘密杀死道德主体的辩护。对于行为功利主义者而言,如果我们杀死一名道德行为者,其目的是为了给所有相关者带来善之于恶的最大积聚性平等,那么只要每个人的利益都被考虑并且得到了平等考虑,我们就没有犯下不正义之错。这种伦理判断方式假定,正义所关注的唯一价值类型就是容器中"盛有"的价值(比如快乐体验)。然而依照固有价值假定,对正义的关注必须依赖另一种价值。如果道德主体具备固有价值,那么在试图确定什么对待正义什么对待不正义时,我们就无法忽视这个价值。尤其是,由于这种价值不同于、无法被还原成、也不可通约于容器中"盛有"的那种价值,因此,如果认为对行为的辩护仅仅在于行为的工具性作用,即它会给所有相关者带来比如快乐之于痛苦的最大积聚性平衡,那么我们就不可能是依照正义的要求在对待道德主体。因此,如果对杀死道德主体之举(不管是否秘密进行)的辩护,假定了道德主体仅仅是容器,那么这种行为不可能正义。这并不是说杀死道德主体必定总是错误。这里的意思是:**如果**道德主体具有固有价值,**如果**对行为的辩护采取的是行为功利主义的形式,那么杀死道德主体无法符合正义的要求。那种辩护假设道德主体仅仅是容器,而依照固有价值假设,道德主体并不是容器。行为功利主义在处理秘密杀死道德主体的情形时,陷入了反直觉的推论,而固有价值假定使得我们能够避免这个推论;这一事实当然应该算作是支持、而不是反对把道德主体视为具备固有价值。

在为道德主体给道德主体带来的其他伤害做辩护时,类似的评论也适用。比如,导致道德主体遭受痛苦,或者剥夺他们的自由,这无法仅仅诉诸(比如)对所有人而言快乐之于痛苦的更大平衡来辩护。反对这一看法再次相当于假设:道德主体**仅仅**是有价值体验的容器,因此能够以导致这些价值最大化的方式被对待,同时受害者没有遭受不正义。依照功利主义的理由,确保正义对待所要求的不过是,所有相关者的偏好(快乐等等)都得到了考虑,并且平等的偏好(快乐等等)得到了平等考虑。但是,如果道德主体具有的价值无法被还原成、也不可通约于他们自己或任何他人的有价值体验,那么如果道德主体要得到平等对待,该如何对待他们的问题就无法**仅仅**通过考虑所有相关者的欲望做出平等权衡,给所有相关者带来善之于恶的最大平衡的行为选项得到支持。反对这一看法就相当于假定:正义对待的问题可以不考虑个体道德主体的价值而得到回答。如果道德主体在固有价值上是平等的,这个假定就完全错误。此外,由于所有道德主体都具有平等的固有价值,因此只要任何个体具有这个价值,适用于某些道德主体该如何被公正对待的要求,就适用于所有个体,不管其种族性别为何。依照固有价值假定,对任何道德主体的伤害,都不可能仅仅根据它给所有相关者带来的最佳后果而被辩护。因此,如果我们拒绝道德主体的容器观,假定道德主体具有平等的固有价值,我们就得以避免行为功利主义的反直觉暗示。

3."所有动物都是平等的"

到此为止,我对固有价值的评论一直限于道德主体。可能有人会认为,固有价值概念和一些相关观念(比如把道德主体视为"目的本身"),适用于所有道德主体,而且只适用于道德主体——确实有人这么认为,其中最著名的是康德,理由就是前面一章(5.5)提到的那些。但是,把固有价值限制于道德主体的企图是武断的。正如我们前面讨论间接义务观时(5.6)看到的,任何立场,只要它否认我们对一直受关注并将继续受关注的道德病人(一岁以上的正常哺乳动物,以及在相关方面与它们相似的人类道德病人)负有直接义务,它就会具有理性缺陷。我们对动物的一些义务是我们直接对其负有的义务。此外,正如前面所论证的(5.6),这些道德病人遭受的一些伤害,与道德主体遭受的伤害在类型上相同。因此我们无法一致地声称:道德主体和道德病人不可能以类似方式受到伤害。他们会遭受类似伤害。因此,如果我们认为所有道德主体都具有平等的固有价值;如果我们根据对这些个体的价值的这种说明,来避免行为功利主义的反直觉暗示,否认道德主体遭受的伤害可以仅仅根据它给所有相关者带来的最佳后果而得到辩护;如果道德主体遭受的这些伤害中,有些与道德病人遭受的一样;并且,如果不以这些方式伤害道德主体和道德病人,都是对双方直接负有的初始义务;那么,认为道德病人缺乏固有价值,或者假定他们仅仅具有相当于容器的地位,这就是武断的。简言之,如果我们假定了道德主体的固有价值,那么我们就无法不武断地否认道德病人具有固有价值。

有些人可能会承认,如果我们在道德主体那里假定了固有价值的存在,那么道德病人也必定具有一些固有价值,但是这些人否认道德病人的固有价值与道德主体的同等。然而,该立场的论证基础不可避免会把个体的固有价值与下列东西混淆:(a)个体的体验所具有的比较价值,(b)个体对一些有利美德(如智力或艺术上的卓越)的拥有,(c)个体相对于他人利益所具有的效用,或者(d)个体成为他人利益的对象的地位。可以证明,任何人如果想要捍卫道德病人比道德主体具有更少固有价值的观点,上述混淆都会给他带来致命打击。道德主体具有的固有价值,并不随**他们**相对的幸福或者**他们**快乐之于痛苦的总和而涨落。因此,因为**他们**(也就是道德病人)比道德主体具有更少的幸福生活,或者因为**他们的**快乐之于痛苦的总值小于后者,就认为道德病人比道德主体的固有价值更小,这是武断的看法,即便道德病人确实比道德主体具有更少的快乐—痛苦总值——在有些情况下也未必如此。此外,有人假定道德主体具有不同程度的固有价值,这个价值取决于他们拥有一些有利美德的程度,或者取决于他们拥有的相对他人利益而言的不同效用。然而该假定必然会造成一个后果:纵容拥有更多美德或效用的人不公正对待拥有更少美德或效用的人(名声不好的至善论正义理论就允许这种对待发生)。因此,当人们认为道德病人具有多大固有价值取决于他们拥有多少相关美德,或者拥有多少对他人而言的效用时,这种看法必然是武断的。道德不容忍在相关方面相似的情形中使用双重标准。如果假定道德主体拥有固有价值，并且承认，必需认为**他们**是平等地拥有固有价值的，那么理性就会迫使我们在道德病人那里也采取类似假定。**所有**具备固有价值的存在者，因此都平等地具有此种价值，不管他们是道德主体还是道德病人。在"动物"和"平等"的概念得到恰当理解的情况下，所有动物都**是**平等的——在此，"动物"指的是所有（至少是陆生的）道德主体和道德病人，"平等"指的是他们平等拥有固有价值②。固有价值因此是**绝对概念**，要么拥有它，要么没有，不存在中间状态。此外，所有具备固有价值的个体都是平等具备的，不可能出现程度问题③。

4. 固有价值与尊重生命

像康德一样把固有价值限于道德主体就是认为，具备对于道德能动性而言的根本能力的个体才具备具有价值——尤其是出于不偏不倚的理由而做出行为决定的能力。而固有价值假定所涉及的固有价值概念更普遍，它也适用于缺乏道德能动性所必需的能力的个体（比如人类道德病人）。如果要抛开道德主体和道德病人的差异，承认二者具备平等的固有价值，那就应该要求我们引证二者之间的相关相似性，使得赋予他们以平等固有价值的做法可以被理解，也免于武断。理所当然的是，这个相似不可能是依个体而变的属性，因为那会允许个体所具有的固有价值相应地发生变化。因此，身体上的特征（比如有两只眼睛或五根手指）无法成为相关相似性的标志；物种身份（比如属于**狼**或**灵长类**动物）也不够充分；更普遍性的生物学分类（比如属于某种动物）也难以承担这个作用。所有道德主体，以及我们关切的所有道德病人，他们共同具有的特征就是，他们**活着**。有些思想家明确相信，正是拥有这个特征划分出了个体是否具备固有价值的界限。阿尔伯特·施韦泽（Albert Schweitzer）大概是持有此种立场的最著名思想者，他提出了"尊重生命"的著名伦理信条，在关于我们应该如何生活的讨论上

---

② 辛格写了一篇激动人心的文章，名为"所有动物都是平等的"（"All Animals are Equal"）（出版信息见本书第六章，注释14）。辛格的平等是他的平等原则确立的平等，因此涉及对平等利益的平等考虑。个体的平等——自身具有平等固有价值——并不是辛格说"所有动物都是平等的"时所指的平等，它是我这里要指出的平等。
③ 在我的早期文章中，我提出的一些观点与这里的并不一致。那时我写道："可以并非不合情理地假定，正常的成人人类本身，可以比那些严重精神障碍的人具有更大的固有价值，因为他们能够过一种严重精神障碍者无法获得的、价值丰富（比如拥有道德美德）的生活"（"关于动物权利论证的考察与捍卫"["An Examination and Defense of One Argument Concerning Animal Rights"]，载《探索》[*Inquiry*]，22[1-2][1978]，第210页；重印于雷根《那里的所有居民》[出版信息见本书第三章，注释6]，第137页）。这让我不自觉承认了正义的至善论理论，现在我拒斥这种看法，实际上我早就该拒绝这种看法。

赢得了广泛声援;这里的应该如何生活不仅涉及我们应该如何相互对待,即作为道德主体的交互关系,也涉及我们应该如何对待其他有生命物,包括道德病人。但是施韦泽的原则不论是在范围还是精确性上都有问题,有些问题施韦泽本人可能无意中揭示了,但没有解决,这体现在如下段落:

> 真正的哲学,必须从最直接和最易理解的关于意识的事实开始。这个事实可以阐释如下:"我是具有生存意志的生命,我存在于具有生存意志的生命之间"……我自己的生存意志会渴望长久生命,渴望意志中被称为快乐的神秘兴奋,在面临毁灭、面临被称为痛苦的对生存意志的伤害时会恐惧;同样,所有我身边的生存意志也具有同样的渴望和惧怕,不管它们是否能够表达自己,得到我理解的生存意志,还是在无言中展现自身的生存意志。
>
> 伦理学的本质因此就在于:我体会到,自己必须尊重一切生存意志所属的生命,恰如尊重我自己的生存意志所属的生命。在那里,我看到了所需的基本道德原则。维系并珍爱生命就是善,破坏和阻碍生命就是恶……只有一个人遵从自己身负的约制,去帮助自己能够提供援助的所有生命,并且不畏艰难地避免伤害任何生命,他才是真正道德的。他不问这个或那个生命作为有价值的存在物有多值得同情,也不问这个生命是否有感觉。对他来说生命本身都是神圣的。他不会弄碎阳光下闪烁的冰晶,不会从树上扯下一片叶子,也不会摘采任何一朵鲜花;在行走时,他会小心不踩到任何一只昆虫。在夏日的黄昏借着灯光工作时,他宁愿关上窗户,忍受沉闷,也不愿看到一只只的小虫子被灼伤,折翼在他的书桌④。

这段话有多处模糊,其中之一是,为什么被盼咐要尊重所有**生命**的人,应该小心不要弄碎一块冰晶呢;你说不出在怎样的明确意义上冰晶是"有生命的",或者展示出了"生存意志"。或许可以表明(尽管并不容易),冰晶是美丽的,尽心的旅人通常也不会无故破坏冰晶的美丽,或者是无生命的大自然!但是,**如果**我们被盼咐不要破坏自然秩序之美,甚至在美的对象没有生命时也如此,那我们就需要比"尊重(所有)生命"更具普遍性的原则。更重要的是,依赖更具普遍性的原则会暗示:**拥有生命**并非某物具备固有价值的必要条件。这样的话,"尊重生命的伦理信条"就并非其支持者暗示的那

---
④ 施韦泽:"文明与伦理学"(Albert Schweitzer, "Civilization and Ethics"),见《文明哲学》(*The Philosophy of Civilization*, trans. C. T. Champion, 2d en., London, 1929),第246—247页。

样,是**唯一**的根本原则。

在回应这些困难时可能有人会提示,**具有生命**是个体具备固有价值的**充分**条件。这个立场可以避免把具有生命视为必要条件遇到的内在问题,但是,这种立场要获得成功还需要相当多的分析和论证。并不清楚,为什么我们对比如一片草叶、一颗马铃薯,或者一个癌细胞负有直接义务,或者,我们如何可以被合理地认为负有这些义务。然而它们都是有生命的。如果这些东西都具备固有价值,那我们就对它们都负有直接义务。同样不清楚:为什么我们应该对这些个体的集合,也就是草地、马铃薯地、肿瘤负有直接义务,或者,我们如何可以被合理地认为具有这些义务。如果在回应这些困难时,我们被告知只对一些、而不是所有生命负有直接义务,并且被告知,正是这些有生命物子集的成员才具备固有价值,那么我们不仅需要某种方式来区分是否具备这些价值的有生命物,而且对于当前的目的来说更重要的是,我们不得不放弃认为有生命是具备这种价值的充分条件。不管是认为具有生命是拥有固有价值的必要条件,还是认为这是充分条件,二者都普遍具有这些困难。因此,假定道德主体和道德病人共有的重要特征就是具有生命,那也很难提供一种辩护来支持人们认为:这就是二者共有的那个相关相似性,也是二者得以具备平等固有价值的那种相似性。

5. 固有价值与生命主体标准

除了把具有生命看作相关相似性之外,还有另一个选择,被称为**生命主体标准**(the subject-of-a-life criterion)。依照这一表达将被使用的意义,成为生命主体涉及的不仅是具有生命,也不仅是具有意识。被称为生命主体的个体具有本文开篇几章探讨的那些生命特征,也就是,个体如果具备以下特征就是生命主体:信念和欲望;感知、记忆以及未来感,包括对自己未来的感觉;情感生活,同时伴随对快乐和痛苦的感受;偏好利益和福利利益;启动行为来追寻自己欲望和目标的能力;时间进程中的心理同一;某种意义的个体福利——个体体验着或好或坏的生活,这个体验在逻辑上独立于个体对他人所具有的效用,也无关乎他们自己成为任何他人利益的对象。满足生命主体标准的个体自身具有特殊价值,也就是固有价值,并且没有被视为或仅仅当作容器。

满足这一标准的个体所具有的价值,在**逻辑**上独立于他们对他人的效用,以及他人的利益;但这个说法必须和另一明显的事实相区分(也不要与之混淆),那就是:满足这一标准的个体所具有的福利,与他们自己的效用及他人的利益具有**因果**联系。主动伤害不管是道德主体还是道德病人(比如无端让他们遭受痛苦),都会导致他们个人福利降低,正如主动给任何一方提供利益(比如给任何一方提供机会来符合自己利益地满足自身欲望),初步看都会促进其福利。在人类道德病人那里尤其如此,由于这些个体在不同情况下各自在不同程度上无法照顾自己,因此,他们会遭遇怎样的生活尤其取决于我们对他们采取的行动,或者为了他们而采取的行动。比如,幼儿和各年龄段精神迟滞的人,缺乏一些必要知识,有时甚至缺乏满足其基本需求和相应欲望的必要身体能力。如果我们不站在他们一边,他们的生活就会变糟。但事实是,即便这些个体也拥有福利,也是生活的经验主体(这个生活**对于他们来说**或好或坏),并且这在逻辑上独立于他们对我们具有的效用,独立于我们从他们那里得到的利益;而且,这一事实在因果关系上并不依赖于我们对他们做的或者为他们做的事情。实际上,我们可以做出或好或坏地影响其经验福利的任何事情的可能性,恰恰**预设**了一点:他们本身就是这种生活的经验主体。对于能够照顾自己、无须人类干涉的道德病人(比如野生动物),以及身为道德主体的人类来说,这一点也都成立。我们作为道德主体而相互采取的行动,会影响我们自己的生活遭遇;然而我们是这种生活的主体这一事实,却并不依赖于他人对我们做的或者为我们做的事情。我们自己本身就在这个世界上拥有生活主体的地位,正如不管是人类道德病人还是动物道德病人也具有这种地位;**逻辑上看**,对于我们或他们而言,具有这种地位是在这个世上**存在**的一部分。

生命主体标准确认了道德主体和道德病人的一种相似性。这种相似性是相关的吗?它使得我们能够可理解地、也免于武断地认为他们具备固有价值吗?做出肯定回答的根据如下:(1)被假定具有平等固有价值的所有个体的相关相似性,必须标志着被视为具备固有价值的所有道德主体和道德病人的共有特征。生命主体标准满足这项要求。我们所关切的**所有**道德主体和所**有**道德病人,**都是**他们自己生命的主体:在前面所解释的意义上,他们自己过着或好或坏的生活,并且这在逻辑上独立于他们对他人具有的效用,也无关乎他们成为他人利益的对象。(2)由于固有价值被认为是绝对价值,没有程度之别,因此任何被假定的相关相似性也必须是绝对的。生命主体标准满足这项要求。这个标准并没有断言或暗示:依照他们在多大程度上具有或缺乏一些有利的能力或长处(比如从事高等数学的能力,或者与艺术上的卓越相关的那些长处),符合该标准的个体在更大或更小的程度上具有生命主体的地位。在前面所解释的意义上,一个个体要么**是**生命主体,要么**不**是。所有作为生命主体的个体都平等地享有这个地位。因此,生命主体标准划定了我们关切的所有道德主体和道德病人共有的绝对地位。(3)道德主体和道德病人之间的相关相似性必须多少有助于说明:为什么我们对二者负有直接义务,为什么我们没有理由认为,我们对既非道德主体也非道德病人的个体负有直接义务——甚至包括与我们心中的道德主体和道德病人一样有生命的个体。生命主体标准也满足这项要求。并非一切有生命物都在上述意义上是生命主体;因此依照这一标准,并非一切有生命物都被视为具有同样道德地位;而且,当我们相信自己对某些个体(生命主体)负有直接义务,对其他个体(非生命主体)不负有直接义务时,其间涉及的差异至少在部分上得到了阐明,因为前者满足了生命主体标准而后者没有。出于以上这些理由,生命主体标准可以得到捍卫,被视为证实了道德主体和道德病人之间的相关相似性,而这个相似性使得赋予二者固有价值的做法既可理解,又免予武断。

在我阐述和捍卫建立在固有价值基础上的正义原则之前,还有三个进一步要点应该注意。第一,尽管满足生命主体标准标志着一种相关相似性,也让赋予道德主体和道德病人以固有价值的做法既可理解又免予武断,但是这里并没有声称(前面的任何论述也没有暗示):满足这一标准是具备固有价值的**必要**条件。**可能**存在一些个体,或者个体的集合,它们尽管在上面说明的意义上并非生命主体,但却具备固有价值,也就是,具有一种特殊的价值,它在概念上不同于、无法被还原成,也不可通约于诸如快乐或偏好的满足这样的价值。这里的问题相当复杂。就像我在其他地方已经提出的,发展出**关于**环境、而不是**为了使用环境**的真正伦理体系的可能性依赖于一点:做出辩护表明,自然对象尽管并不符合生命主体标准,但却具备固有价值⑤。有些人试图表明这个提法在概念上行不通,他们的企图不会奏效的;如果你想表明没有必要(尽管可以理解)假定自然对象或自然对象的集合具有固有价值,那也会招致类似命运。然而,很难在这一点上对固有价值做出清晰说明。比如,尽管可以提出标准来说明什么时候一棵橡树本身具有价值(也就是作为一棵橡树的价值),而且该标准不依赖于有价值的橡树具有对他人而言的效用,或者依赖于它是任何人的利益对象⑥,然而一棵橡树本身具有价值的事实,却不比一个癌细胞或一名谋杀者本身具有价值的事实更具道德重要性⑦。同样的说法也适用于橡树的集合(或者是癌细胞,谋杀者的集合)。如果有人准备依照自然对象(树、河流、岩石等等)、或者此种对象的集合所具备的固有价值,来发展出关

---

⑤ 雷根:"一种环境伦理学的本质与可能性"("The Nature and Possibility of an Environmental Ethics"),载《环境伦理学》(*Environmental Ethics*),3(1)(1981年春),第19—34页;重印于《那里的所有居民》,第184—205页。

⑥ 这些观点在我的"芬伯格论什么样的存在物可以具有权利"("Feinberg on What Sorts of Beings Can Have Rights")中得到了更详细的讨论,见《南方哲学杂志》(*The Southern Journal of Philosophy*),14(4)(1976),第485—498页;重印于《那里所有的居民》,第165—183页。

⑦ 在前一个注释所引用的文章中,我在这一点上的想法有点乱,我在注释5引用的文章中尝试澄清这个混乱。

于环境的真正伦理体系,那么这几页谈到或暗示的任何内容都没有阻止他如此去做。因为,生命主体标准是使得赋予个体固有价值的做法既可理解、又免于武断的充分条件,而非必要条件。然而,尽管发展出此种伦理体系的可能性没有向任何人关闭,立志于发展出该理论的人一定还是面临着艰巨的任务。(对环境伦理学的进一步评论见9.3)。

第二点,也是相关的一点是,本节的论证在逻辑上并未排除一个可能:没能满足生命主体标准的人类和动物,仍然具备固有价值。由于我声称的不过是:符合这一标准是既可理解、又免于武断地赋予固有价值的充分条件。因此仍然存在一个可能:具有意识但无法采取有意行动的动物,或者比如陷入永久性昏迷的人类,可以被视为具备固有价值。然而,就像在没有意识的自然对象或此种对象的集合那里看到的,必须指出,根本不清楚如何可以既可理解、又免于武断地赋予这些个体固有价值。前面讨论把具有生命视为具备此种价值的必要条件或充分条件时,暗示了一些困难(见7.5),那些困难也可以说明这里会遭遇的难处。比如,如果动物具有意识和感觉(也就是能够体验快乐和痛苦),但是缺乏记忆能力、缺乏有目的地采取行动的能力、或者缺乏具备欲望或形成信念的能力,那它只能被恰当视为具有内在价值的东西的容器,本身缺乏任何价值。在这一点上人们应该避免教条主义。不管怎样,本文并不尝试去解决所有这些问题,因此就像探讨环境伦理的基础时看到的,当前的工作具有某种不完整。(关于这个问题的进一步评论,见9.3)。但是,当生命主体标准依照上面说明的意义被理解为充分条件时,这一不完整不会影响生命主体标准的恰当性,也不会削弱如下声称的有效:可以既可理解又免于武断地认为,一岁以上的正常哺乳动物,同样还有与这些动物在相关方面相似的人类,具备固有价值。

第三,非常有必要强调的一点是,支持生命主体标准的前述论证并没有犯下"自然主义谬误"——**非常**简单地说,也就是从事实推出价值的谬误。上面所辩护的立场无法被完全还原成如下推论:

前提(1)有些个体是生命主体,他们自身过着或好或坏的生活,这在逻辑上独立于他们相对他人而言的效用,也无关乎他们成为他人利益的对象(事实)

结论(2)因此,这些个体具备固有价值(价值)

自然主义谬误究竟是不是谬误,这里不是讨论它的合适场所。但不管是不是,前几页的论证都远比从(1)到(2)的推论更复杂。认为特定个体(也就是道德主体)具有平等的固有价值,这是一个**假定**——也就是说是个理论假设。然而,就像任何理论假设应该被要求的一样,这个假定并非没有根据。相反,这个假设可以与关于道德主体的各种价值理论相较量,尤其是认为道德主体本身缺乏价值、只是有价值体验的容器的观点(功利主义观点),或者是认为道德主体本身具有价值、但这种价值依照他们拥有的有利美德而具有个体差异的观点(至善论观点)。此外,还**有**一些理由支持接受这个假定。假定道德主体具有平等的固有价值,这一方面提供了理论基础来避免至善论理论奇怪的不平等暗示,另一方面也避免了所有形式行为功利主义的反直觉暗示(也就是使秘密杀人得到辩护)。如果生命主体标准要得到平等看待,那么其作用就必须在这个更大背景下来考察。我们假定所有道德主体和道德病人具有平等固有价值,其理由在逻辑上独立于生命主体标准本身。我们是在指出假定道德主体和道德病人具有平等固有价值的理由**之后**,而不是之前引入那一标准的。因此,这条标准的作用不是"推导出"道德主体**或者**道德病人具有的平等固有价值;而在于说明一种相关相似性:依照论证而被视为具备平等固有价值的所有个体,都具有这个相似性(如果假定所有道德主体都具有固有价值),该相似性也使得我们能够既可理解、又免于武断地把固有价值赋予这些个体。前面已经给出理由表明生命主体标准胜任这项工作。因此,若把前述论证草率描述为从(1)推出(2),那不是在描述,而是在歪曲。

6. 正义:尊重个体的原则

道德主体和道德病人具备平等固有价值这个观点本身,并不是道德原则,因为它本身没有命令我们以什么方式对待这些个体。尤其是,固有价值假定本身没有为正义的形式化原则提供解释——可以回想一下,这条原则要求我们给每一个体他们应得的东西。不过,固有价值假定确实为我们提供了基础来做出这个解释。如果个体具备平等的固有价值,那么,任何一条指出从正义的角度看个体该得到什么对待的原则,都必须把个体的平等价值考虑在内。有条原则(**尊重原则**)就做到了这一点,它指出:**我们应该以尊重其固有价值的方式对待具备固有价值的个体**。尊重原则为形式化正义确立了平等主义的、而非至善主义的解释。该原则不只是适用于我们对待某些具备固有价值的个体(比如具备艺术或智力特长的人),它命令我们以尊重其固有价值的方式对待**所有**具备固有价值的个体,因此要求尊重对待所有满足生命主体标准的个体。不管是道德主体还是道德病人,我们都必须以尊重其平等固有价值的方式对待他们。不过就其当前形式而言,尊重原则还缺乏道德原则应该具有的那种精确性。该原则没有详述这种价值要求的是什么尊重。可以就这一点做出一些一般评论。

首先,从最一般的否定形式来看,我们可以说:就严格的正义而言,一旦我们以**他们似乎缺乏**固有价值的方式来对待具备固有价值的个体,我们就没能以他们所应得的尊重对待这些个体,而且,只要我们认为这些个体**似乎仅仅是**有价值体验(比如快乐或偏好满足)的**容器**,或者**似乎其价值依赖于**他们相对他人利益而言的**效用**,那么我们就是在以他们似乎缺乏固有价值的方式对待他们。因此,如果我们伤害具备固有价值的个体,目的是给这种对待所影响到的每个人带来最大积聚性后果,那我们就尤其没有展示出对这些个体的恰当尊重。有非常明显的理由可以宣称此种对待既缺乏尊重也不正义。仅仅为了确保给所有相关个体带来最佳积聚性后果,就伤害具备固有价值的个体,这不太可能是公正的,也不太可能体现尊重。这种对待之所以没能尊重具备固有价值的个体是因为:此种对待把受伤害的个体**仅仅**视为有价值物(比如快乐)的容器,因此受伤害个体遭受的此种价值的损失,可以被其他个体在此种价值上的总收益补偿,或者超越,而这**对损失者来说却毫无错误可言**。然而,具备固有价值的个体所具有的价值不同于、无法被还原成,也不可通约于诸如快乐或偏好满足所带来的价值,不管是个体自身还是他人的快乐或偏好的满足。**仅仅**为了给所有相关者带来最好后果就伤害这种个体,这**是**错误的,**是**在不公正地对待他们,因为这种对待没有尊重他们的固有价值。借用康德的部分用语,具备固有价值的个体,决不能被**仅仅当作**确保最佳积聚性后果的**手段**而被对待。

作为一条正义原则,尊重原则所要求的不仅仅是:不要为了给所有相关者带来可能的最佳结果而伤害某些人。它还要求一项初始义务:去帮助他人所犯下之不正义的受害者。这条要求并非我们对形式化正义的特有解释。一切具备根本合理性的伦理理论都承认两种义务:自己不实施不正义的义务,以及帮助不正义的受害者的义务。也就是,正义不仅要求不伤害的义务,而且还要求提供帮助的义务,这项义务被理解为帮助那些遭受不正义之害的人。所有具备固有价值的个体都应该得到他们所应得,有时他们应得的东西就是我们的帮助。我将在后面回到这个话题(9.1)。

就像功利主义对形式化正义的解释一样,尊重原则做出的解释也不是一条分配正义原则;二种解释也都没有规定,如果既定行为或原则带来的好处(善)与伤害(恶)的分配要成为正义的分配,必须满足什么条件。不过与功利主义对正义的解释相反,从尊重具备固有价值的个体出发所做出的解释,**提前排除了通过某些方式实现分配的可能**。任何一个具备固有价值的个体,如果仅仅被视为容器,以期为所有相关者带来最佳后果,这不可能是正义的。好处在受惠者那里如何分配,这无关乎评价确保这些好处的不正义。因此,尽管对平等的功利主义解释和尊重原则都是前分配性原则,二者在它们所允许的行为上却有根本不同,这一点随着论述的展开会变得越来越清晰(尤其参见8.12)。

7. 规则功利主义与正义

前一章在驳斥功利主义,并且对照功利主义与本文支持的对形式化正义的说明时,都集中于行为功利主义。但是就像前面对功利主义理论进行基本考察时(4.4)提到的,并非所有的功利主义都是行为功利主义,还存在规则功利主义。后者认为,既定行为的对错取决于它是否遵守了有效的道德规则;依照规则功利主义,如果(大致上说)对这些规则的普遍遵守会促进功利主义者实现其最高目标,也就是给所有相关者带来最大的积聚性后果,那么这些规则就可以是有效的。关于什么被视为"最佳后果"的争论,把行为功利主义者划分成不同派别,同样的争论也在规则功利主义者那里做出了类似区分,因此就有享乐主义的规则功利主义,也有偏好规则功利主义,等等。与这一争论同样重要的是:把规则功利主义相互区分开来的差异,超出了什么东西具有或不具有内在价值的问题。有些规则功利主义者支持"理想的规则功利主义",这种立场认为,**如果**所有人都遵守某规则会带来最佳后果,那么这一规则就是有效的,尽管很多人都遵守规则的可能性很小。有些人支持非理想化的功利主义道德形式,他们满足于问这样的问题:怎样的规则是我们可以合理地相信多数人(通常)会遵守的,或者至少是多数人(通常)认为应该遵守的。对于功利主义寻求确证的规则,还有人给出了更不同的解释。显然,本文不可能评价所有的规则功利主义形式。在这里指出如下几点就足够了:为什么在一些功利主义者看来,规则功利主义——不管是什么形式——比行为功利主义更可取,规则功利主义者将如何回应我对行为功利主义的反驳,规则功利主义者又如何可以认为没有必要假设固有价值,并依赖这种假设来阐述正义原则。接着我将指出,为什么规则功利主义尽管看起来具有力量,但它所声称的恰当性实际上有名无实。

考虑一下秘密杀人的情形。前面已经提出,如果秘密杀人会给所有相关者带来内在善之于内在恶的更大总体平衡,那么行为功利主义就会允许这种杀人。如果受害者的利益(快乐等等)得到考虑,并且得到了和他人的类似利益(快乐等等)同等的考虑,那么受害者的损失——实际上受害者丧失了一切——就不会引起道德恐慌。规则功利主义会提出抗议。反对杀人的规则("你不应该杀人"或者"杀人是不正确的")是有效的道德准则,在秘密杀人的情况下,或者说,在凶手自身收获了内在价值,而这些价值的善大大补偿了受害者损失的情况下,这条规则的有效性不会神秘消失。由于这条规则是有效的,并且秘密杀人即便给所有相关者带来最佳后果也无法成为有效的规则例外(比如自我防卫下的杀人就是有效的规则例外),因此规则功利主义者断言:在这种情形下杀人是错误行为,其错误之处可以得到规则功利主义的说明。

现在规则功利主义可以提出,禁止这些行为发生的依据并不要求假定特定个体具备"固有价值",或者要求依照具备此种价值的个体所应得的"尊重"来解释正义。比如,仅仅为了最大化积聚性后果而伤害任何道德主体都是不道德的,不管是通过杀人还是施加痛苦来造成伤害;而且,完全可以诉诸反对以这些方式伤害任何人的有效道德规则,来说明这种不道德,而这些规则的有效性又依赖于特定规则带来的效用。因此规则功利主义的倡导者会认为,这种理论比假定特定个体具备固有价值的任何理论都更简单,因为它可以说明与之竞争的理论所提供的说明,同时不需要做出额外的、不必要的假定,即假设有些个体具备固有价值。由于在其他条件同等的情况下,更简单的理论应该被选择(见 5.6),因此功利主义胜出。

对规则功利主义的一些反对是大家熟悉的,比如,是否其非理想形式实际上无法和行为功利主义相区别,因此分享了行为功利主义面临的所有反对,其理想形式又究竟是否真正的功利主义。当下我们将不处理这些反对⑧。我们这里要关注对规则功利主义的其他一些更不为人熟悉、但杀伤力一点也不小的批评。

前面捍卫了认为我们对道德病人负有**直接**义务的观点(5.6)。如果道德理论要恰当,它就必须令人信服地说明这些义务。规则功利主义在这一点上是失败的。诚然,如果我们准予规则功利主义承认平等原则(需注意,这是个很大的假设),那么规则功利主义者就能够认为:道德病人的利益(快乐等)必须得到考虑,并且与任何其他个体的类似利益(快乐等)平等地考虑,包括道德主体的利益。但是如我们已经看到的,这是一个**前**分配性的要求,它**本身**并没有确保我们除了考虑道德病人各自的利益,并且对这些利益给出平等考虑之外,还对他们负有我们对道德主体负有的同样直接义务。是否可以根据规则功利主义而认为我们有责任不伤害道德病人(正如我们同意该观点认为我们有责任不伤害道德主体),这取决于:是否存在完全属于功利主义的理由来承

---

⑧ 对规则功利主义的标准反对有一个尤其清楚的阐述,见费尔德曼:《伦理学导论》(Fred Feldman, *Introductory Ethics*, Englewood Cliffs, N. J. : Prentice-Hall, 1978),第 61 页以下。

认某种规则,它宣布了反对伤害道德病人的直接义务。规则功利主义没能表明我们对道德病人负有此种义务。在反对伤害道德**行动者**的情形中,规则功利主义者能够主张的是:如果我们接受某规则,它允许某些道德主体以某种方式受到伤害、同时其他道德主体在这方面受到保护,那么受害者群体自然就会感到愤慨和妒忌,而依照黑尔的说法,这种感受"是一种令人不快的心灵状态,会导致人们做出不友善之举"⑨。允许规则助长并怂恿妒忌和仇恨,以及这些感情所导致的"不友善之举",这基本上不会促进所有相关者的最佳后果。可以论证表明(尽管并不容易):规则功利主义会反对伤害某些道德主体、而非另一些道德主体的规则,因为这会给、而且确实给规则范围外的道德主体造成糟糕结果。

当讨论对象是道德病人时——不管是动物还是与动物具有相关相似性的人类道德病人,规则功利主义就根本无法采用此种论证(让我们称之为**妒忌论证**)。因道德规则准许他人得到更好对待而对此心怀妒忌,或者对自己的境况感到愤慨,这预设了如下一点:当事人能够观察到所涉各方如何被对待,能够认识到规则带来的不同对待,并因为这些认识而感到妒忌或愤恨。道德主体可以做到这些,但道德病人不行,他们完全缺乏复杂智力来这么做。道德病人会因为某些规则而被错误**对待**,但是没有人会说道德病人能够或将会认识到:自己遭受的对待是因这些规则而错误。因此也无法声称:道德病人会感受到在道德主体那里伴随这种认识的妒忌或愤恨。

同样的缺陷也可以在所谓递减的边际效用(diminishing marginal utility)那里看到。黑尔写道:"几乎可以确定的是,在其他条件同等的情况下,如果把金钱或财物从富足者手里拿走,提供给匮乏者,那么总体效用会增加。"⑩严格说,在给道德病人分配金钱的情形中,黑尔的看法是错误的。若把金钱或其他相当财物提供给道德病人,那么我们没有好的理由相信总体效用会增加,倒是有充分理由相信会适得其反。由于这些个体无法认识到金钱相对于自身利益的使用价值,我们没有理由相信,他们会以某种增加自己的利益,因此增加了总体效用的方式来使用这笔意外的经济收入,倒是有好的理由相信他们不会这么做。把金钱和其他相当财物交给黑猩猩或幼儿,这不会带来效用的最大化。

有人可能会回应说,我们当然不会把金钱和其他相当的财物**直接**交给道德病人,而是会把这些财物分配给这些道德病人的监护人(他们具备行为能力)。我们可能会

---

⑨ 黑尔:"正义与平等",第 126 页(出版信息见本书第四章注释5)。
⑩ 同上书,第 124—125 页。

被提请相信,我们恰恰能够以这样的方式把总体效用最大化,并因此提供了必要基础来驳斥会伤害道德病人的规则。用于给道德病人提供机会来满足其欲望或实现其目的金钱,比我们追求其他欲望或目的时可能花费的相当金钱包含更多效用。

就所论情况的本质而言,这种回应是在回避所有规则功利主义都必须回答的重要经验问题。如果金钱和其他相当财物以这种方式分配,这会带来通盘考虑后的什么后果;与反对此种分配所带来的总体后果相比,这些后果又会处于怎样的位置?除非我们知道这一问题的答案,否则我们就是在武断地假定:通过诉诸递减的边际效用,我可以捍卫反对伤害道德病人的规则——多数道德病人永远缺乏通过自己行为来促进效用的能力(痴呆老人可以给"总体福利"做出什么贡献呢?)。因为,如果我们决定不认可反对伤害所有或一些道德病人的规则,那就有可能出现这种情况:给这些道德病人造成的伤害,可以被他人由此得到的好处大大补偿。比如,如果我们允许在低能儿身上做科学实验,这不是会带来通盘考虑后的更好后果吗?当你准备考虑承认或不承认这种规则将会带来的相对总体后果时,为了能够在这个问题上采取有原则的立场,你需要回答相关的经验问题,并且是详细回答。"几乎可以确定"(回顾一下前面在类似问题上对辛格的批评,见 6.4),功利主义者目前还无法给出所需的详细回答。诉诸递减的边际效用因此不会给功利主义立场提供什么支持。只有在关于事实的知识所允许的范围内,诉诸递减的边际效用才会具有效力。一旦知识让步于推测,这些诉诸就丧失了效力。即便允许对边际递减效用的诉诸在某些语境下为功利主义者带来胜利,在目前的语境下,这种诉诸也仍然是无力的、无效的。

那么,规则功利主义者如何说明我们不伤害道德病人的直接初始义务呢?一直不太起眼的一种回答现在可以登场,那就是:尽管道德病人无法感受到歧视性规则带来的妒忌或愤恨,因此从妒忌角度进行的论证无法运用于道德病人,但是可以指出,如果我们不认可反对伤害道德病人的规则,那么**其他**个体**必定会**感到愤怒和愤慨。比如,道德病人的父母、亲属和朋友肯定会具有此种感受,致力于更好对待动物的人,也会以类似的感受来回应此种规则的缺失所允许的物种主义做法。那么,这些感受与妒忌和愤怒一样令人不快,有可能会导致当事人做出不友善之举,而这些事情一旦普遍发生(让我们假定:如果我们没能认可讨论中的那条规则,这种事情就确实会普遍发生),就必定会损害总体功利的最大化。因此有人可能会以这种方式论证说:功利主义者必定会反对伤害道德病人的规则,而且在可以合理要求功利主义者的程度上,这种支持受到经验事实的保障。如果我们没能确立反对伤害道德病人的规则,以此来保护道德病人,那么道德主体就会感到愤怒和愤慨,道德主体将会做出糟糕的举动,我们知道这一事实。它不仅仅是推测。

　　这种回应完全无法起作用,不管它看起来多么合乎情理。它造成的效果是:把我们不伤害道德病人的**直接**初始义务变成了一种**间接**义务。依照这种回答,我们之所以反对伤害道德病人的规则,这不是因为规则给他们直接造成的伤害,也不是因为他们可能给别人造成的伤害,而是因为:如果我们不认可这条规则,**他人**(父母、朋友等等)的行为就会带来负面后果。出于第 5 章对间接义务进行批判性讨论时详述的理由,可以说,**不伤害道德病人是我们对他们负有的直接义务**。任何一个理论的好坏都有赖于:它是否可以说明此项义务,如果可以,它的说明有多好。规则功利主义者对最后那个回答的诉诸表明:该理论没能满足这一要求。

　　到此为止,对规则功利主义的批判可以总结为如下困境:(1)如果规则功利主义者断言,存在反对伤害道德病人的道德规则,而该规则产生了不伤害道德病人的直接义务,那么规则功利主义对该原则的支持**要么**无法诉诸妒忌论证(道德病人无法感受到歧视他们、偏袒别人的规则所带来的妒忌或怨恨),**要么**无法诉诸边际递减的效用(以此回避所有未决的根本经验问题)。他们也无法仅仅诉诸道德病人遭受的伤害(比如痛苦),来为这条规则确立基础。因为所讨论的问题恰恰是,**从规则功利主义的理由判断**,我们是否应该认可不伤害这些个体的直接义务;而就规则功利主义来说,我们就无法判定的是,规则是否可以、或者是否无法给他人带来收益——这个收益可以远远补偿受伤害道德病人遭受的损失。这样,如果排除了妒忌在道德病人一方引发的不友善之举,那么**道德病人身上还有什么其他**事实,能够为功利主义者提供理由来反对伤害他们的直接义务呢?一时还想不出来。而且,尽管前述讨论并未最终证明无法找到这样的事实,但寻找这种事实的证明责任当然应该在规则功利主义一方。除非或直到规则功利主义者提供了这种事实(公允说做到这一点很难),否则下述尝试看起来必然会被证明是无效的:把不伤害道德病人的规则,建立在**他们**受伤害后的感受或举动所带来的效用减损。

　　这是规则功利主义困境的一面,它的另一面是:(2)面临刚刚总结的严重困难,如果规则功利主义者转而求助于指出,我们要是不认可不伤害道德病人(比如孩子)的义务的规则,这就会给**他人**(比如父母)带来"不快的"精神状态,那么规则功利主义可以有**一个**功利主义理由来确立这种规则,但是规则所产生的这项义务将不再被视为我们对道德病人负有的**直接**义务。现在,由于已经辩护表明我们对道德病人负有直接义务,因此规则功利主义者必须不惜一切代价避免(2)。相应地,规则功利主义有多恰当将取决于它可以如何好地说明:我们具有不伤害道德病人的直接初始义务。鉴于(1)

给出的理由,我们实际上有强烈理由否认规则功利主义者可以通过这个检验。规则功利主义缺乏必要基础来支撑我们对道德病人负有的直接义务。

面对这个两难,规则功利主义者可能会质疑我们前面给出的、反对间接义务观的论证,尤其是涉及诉诸直觉的那部分论证。这些功利主义者可能会说,依照辛格的话,我们需要的是可以藉以检验我们直觉的"健全理论",而不是不断诉诸直觉来检验理论的恰当性。这**听起来**很有道理,但是我们应该还记得,证明负担落在那些宣称心想都可以事成的人身上。我们**可以**不诉诸反思性直觉而建立一个"健全的理论"吗?当规则功利主义被视为仿佛自身就是成立的,能够抵御诉诸反思性直觉所产生的批评时,这个问题把我们带向对规则功利主义的最后一种反驳。

还记得前面提出,当功利主义者被要求说明平等原则的地位时,他们会遇到一些困难(6.3)。不管依照哪个功利主义者提出的价值理论,平等原则都要求内在善(比如偏好的满足,或者快乐)得到考虑,不管这些善是什么,而且还要求人们遵守平等的考虑(也就是同等的快乐或偏好得到同等考虑)。但是,平等原则在**规则功利主义**(不管是哪种形式)内部可以具有什么**地位**呢?它不可能是一条根本原则,因为只有效用原则才被假设具有此种地位。它也不可能是派生性的道德原则或"有效的规则",因为快乐、偏好、利益等是否平等,这并不取决于平等或不平等所产生的效用。简言之,平等原则在规则功利主义内部不可能具有**道德**原则(或规则)的地位。它也不可能是**形式化**的原则,也就是:任何假定的道德原则要被算作真正道德原则就必须满足的原则。尊重原则具有道德原则的地位,但是该原则并不要求我们平等地考虑偏好、快乐等等。依照规则功利主义的理解,平等原则最多是**有条件的形式化原则**,也就是:如果我们从自身的利益、快乐等出发来采取道德观点就必须接受的原则。

不过就像前面的讨论中注意到的(6.3),这个论证最多能够证明的就是:从自我利益观点出发进行伦理思考的人,将会承诺**一条**后果主义原则。这个论证并没有推出功利主义——认为效用原则是道德性的**唯一**道德基础——是有效的。因此对于规则功利主义者来说,让我们(被假设)接受他们所理解的有条件平等的原则,还不足以确保我们承诺接受功利主义。对于当前目的来说更根本的是,**必须**给出理由来说明:为什么我们应该从个体自我利益这个制高点出发,来思考什么道德什么不道德。总而言之,**为什么要从那里开始**?当然,如果能够表明从这一点开始思考可以带来恰当的道德理论,那么这当然有说服力。但是依照刚刚再次提到的理由,如果从个体的自我利益出发进行思考,得不出(不会承诺于)作为**唯一有效**道德原则的效用原则。因此,表明为什么应该(不只是可以)从自我利益出发进行伦理思考的任务,必须由那些宣称这是思考起点的人来承担。让我们采取那一起点的人,并没有恰当地承担起这个责任来,纳维森的理性利己主义没有,罗尔斯的原初立约者没有,偏好功利主义者或其他功利主义者也没有。因此,就像前面讨论平等原则和行为功利主义时看到的,我当前的结论就是,即便我们接受有条件平等的原则(随后会更多讨论这一点),规则功利主义者也无法从我们身上找到这种承诺。声称规则功利主义比任何假定了固有价值的理论都更简单,因此更可取,这要求规则功利主义的更多证明:要么证明规则功利主义理论至少与相竞争的理论一样,能够阐明为什么我们具有自己负有的那些义务(规则功利主义无法胜任这项任务,理由之一是,它无法恰当说明我们不伤害道德病人的直接义务),**要么**证明,无需对照我们关于此种义务的直觉来检验该理论,存在**独立**根据确认这一理论是恰当的(规则功利主义者没能表明这一点,理由之一是他们没能证明,接受有条件的平等会导致人们接受功利主义理论)。总之,规则功利主义者还没有提出接受其理论的有说服力理由,因此我们有充分理由拒绝其理论。规则功利主义可能比假定固有价值的理论更简单,但简单性不是一切。(关于为什么我们不应该接受有条件平等的原则,见下面的 8.13)

8. 捍卫尊重原则

关于伦理理论的那一章描述了检验不同伦理原则有效性的程序。我们从未受检验的道德信念开始(我们的前反思性直觉),然后尽心尽力对这些信念进行理想的判断,就此启动评判性评估的序幕。我们努力保持不偏不倚,保持"冷静"、理性,保证概念的清晰,并且尽可能知情。公允地说,经受了这种批判性评估的信念,不可能被描述成我们"仅仅碰巧"持有的信念,也无法即刻被当作偏见而抛弃。它们是深思熟虑后的信念,或者是反思意义上的直觉,可以作为基础来确立系统化表述这些直觉的一般道德原则,也可作为一种标准来检验相互竞争的伦理原则;而我们应该还记得,这些信念服从于一个限制:如果这些信念无法得到其他有效原则的说明,那么它们本身就需要被修正,或者抛弃。而在这里,如果我们做出这样的批判性反思就会看到,我们可以提供辩护来合理地接受尊重原则。

我们的一些前反思性直觉涉及这种问题:什么时候伤害道德主体是错误的。我们相信(除非我们已经宣称臣服于功利主义),仅仅为了给所有相关者带来内在善之于内在恶的最优平衡,就杀死道德主体,这是错误的。出于类似理由而以其他方式杀死道德主体也同样错误,比如这样的做法:导致道德主体承受巨大痛苦,或者拒绝让他满足自己的基本需求,或剥夺其获得根本技能的机会,理由是这会给所有相关者带来善之于恶的最优平衡。这些信念是我们对其进行批判性反思之后、而不是之前持有的,持有这些信念既不是因为我们的感情受到了误导,**也**不是因为我们武断地偏袒某些道德**主体**(比如女性或美国人),既不是因为我们无法清晰理解"道德能动性"或"伤害"的**概念**,**也**不是因为我们对相关事实缺乏了解。你也无法声称:这些信念不理性,因为它们导致了不一致的后果。这些信念有资格成为**深思熟虑后的信念**,因此,在对不同的伦理原则进行反思性阐述和评价时,它们起着合理的作用。

259　　尊重原则通过为其确立相关基础而阐明并统一了这些信念。该原则要求:不把道德主体当作仅仅是价值的容器,本身缺乏任何价值的东西来对待。如果我们假定,对道德主体做出的伤害,可以仅仅诉诸它给所有相关者带来的内在善之于内在恶的最佳积聚性平衡就得到辩护,那我们就是在如此看待道德主体。尊重原则不允许这一点发生。具备固有价值的个体所具有的价值不同于、无法被还原成、也不可通约于内在价值,不管后者指的是内在地有价值的个体体验,或是别的东西。我们必须以这种个体应得的尊重来对待他们,把他们视为固有价值的拥有者,但是在有种情形中我们显然没能做到这一点,这个情形就是:我们以某种方式对待个体,而只有在道德主体被视为(依照固有价值假定)违背其本质的对象,视为自身不具有任何价值的价值容器时,这个对待才能得到辩护。因此,尊重原则不仅符合、而且有助于实现这一目标:系统表述伤害道德主体为什么为错的各种深思熟虑后的信念。

　　不过人们对道德原则的期望可不只这个。有效的伦理原则还必须满足其他标准,它们在前面论述伦理理论的那一章得到了阐述和捍卫。尊重原则符合这些标准。该原则当然是**一致**的。它没有断言或暗示:我们可以以某种仅仅将其视为容器的方式来对待某些道德主体(比如犹太人),同时却否认我们可以以此种方式对待其他人(比如白种盎格鲁—撒克逊新教徒)。该原则所确立的要求涉及一点:从严格正义的角度看,每一个道德主体必须如何被对待。每一位道德主体都应该被给予他或她应得的东西,而从严格正义的角度看,每个人应得的就是相互得到同样充满尊重的对待。因此尊重原则明显是平等主义的,为边沁宣称每个人只能算作一个,没有人可以算作更多的说法提供了另一种解释。此外,由于这条原则适用于我们对所有道德主体的对待,因此它具有**足够的范围**。严格说,该原则每天都在运用于数十亿的情形,它并非只是在比如玩桥牌时或者贵宾席上才有作用。至于**精确性**,尊重原则提出了清楚易懂的要求:**不要**以一种只有诉诸它给所有相关者带来最大积聚性后果,才能得到辩护的方式对待任何道德主体。确实,从它当前的形式来看,尊重原则只是给出了否定意义的指令,它本身没有提供所需的向导来告诉我们,伤害道德主体什么时候可以得到辩护,如果可以,为什么。我们会在下一章关注这些问题(8.7以下)。不过即使从它当前的形式来看,尊重原则也符合评价道德原则的相关标准:保持一致性,具有足够的范围和精确性,符合我们广泛的反思性直觉。至于该原则的逻辑地位(它是根本的还是派生性的道德原则),这到目前为止仍是未决的问题(关于这个问题见8.12)。不过不大成问题的是:在我们确立了该原则之后,在我们做出解释,说明为什么该原则统一并阐明了关于在绝大多数情形中、何时伤害道德主体为错的深思熟虑的信念之后,在该原则满足了关于范围、精确性以及一致性的合理要求之后,在我们以冷静、克制的方式,服从不偏不倚、理性以及理想道德判断所要求的其他条件而做出以上一切说明之后——接受尊重原则做出辩护无疑已取得了一些进展。如果前述考虑还无法提供恰当理由来接受该原则,那我们只能问,要接受任何原则还能提供怎样充分的理由。

尊重道德病人

我们的前理论信念和前理论原则(比如尊重原则)之间具有双向的关系,因此我们必须考虑接受这种原则带来的暗示。这要求我们问一下:我们可能碰巧持有的其他未经深思的信念,有多符合这条原则。这还尤其要求我们问一下:尊重原则的范围,是否可以不武断地仅仅限于如何对待道德主体的问题。前三章的论证提供了一些基础来指出:任何一个想把尊重原则的范围限于道德主体的企图,都是有缺陷的。在反对间接义务观时我们提出,我们具有不伤害道德病人的直接初始义务。因此,我们无法根据如下理由声称尊重原则仅适用于道德主体:(a)尊重原则只用于确定可以如何对待我们对其负有直接义务的个体,(b)我们对道德病人并不负有直接义务。我们也无法以道德病人不具备固有价值,或者具备比道德主体少的固有价值为由,否认道德病人属于该原则的适用范围之内;之所以这无法奏效是因为,想要以这种方式剥夺道德病人的权利会支持至善论正义理论,而该理论要么会认可对某些道德**主体**的不公对待,要么会仅仅以武断性为代价而避免此种认可。简言之,接受尊重原则会让我们认识到:该原则也适用于我们对道德病人的对待。**他们**不应该仅仅被视为容器那样的对象而对待。我们无法仅仅因为给所有相关者带来的内在善之于内在恶的最大积聚平衡,就为伤害**道德病人**做出辩护。我们**有责任**充满尊重地对待**他们**,这并非出于善意,也不是因为他人的"感情利益",而是因为正义的要求。如果我们关于所有或某些道德病人该被如何对待的前反思性直觉,与他们必须受到的对待不同,并且如果尊重原则被接受,那么这些信念(前反思性直觉)就应该被改变。依照最后提到的那些论证,假定尊重原则得到接受,那么不改变这些信念就会让我们遭受怀有偏见的指责,而这种指责是正当的。

尊重原则具有一个含义:一般性的道德病人,以及特殊的动物,应该受到尊重对待,并且从严格正义的角度看,这种尊重对待是他们应得的。这些含义可能会让某些人感到震惊和奇怪,他们希望回避接受尊重原则,以及该原则所立足的固有价值假定。前三章的论证所具有的累积效力是:只要可以合理地相信(已经给出理由支持此种相信),伤害道德主体一开始就是错误的,**并且**相信,无法仅仅因为它是给所有相关者带来最佳积聚后果的必要手段,就为此种伤害做出辩护,那么拒绝接受尊重原则和它所依赖的假定就一定是非理性和武断的。如果上述提法都被接受了,那么就不存在理性的、不武断的方式来拒绝以同样方式看待道德病人遭受的伤害。一旦这一点得到展示就可以表明(已经被表明):想要不假定固有价值,并且不依赖于尊重原则来说明不伤害义务,必定无法成功,其原因要么是无法在道德主体那里恰当说明这项责任(行为功利主义和理性利己主义主要的失败),要么是无法在道德病人那里恰当说明这项责任(规则功利主义,罗尔斯和康德立场的独特失败)。最后,如果我们被告知,要放弃求助于我们的反思性直觉来确证伦理原则或检验伦理理论,原因在于这些直觉是偏见,或者在于,我们可以不依赖这些直觉来构建健全的伦理理论,那么我们可以做出如下回应:前一理由干脆就是错的,后一理由论证表明是站不住脚的。因此出于这些理由——所有这些理由都得到了共同的考虑,没有一个是被单独考虑的——我们理应接受尊重原则,接受该原则所依赖的固有价值假定,接受该原则的所有含义。

9. 伤害原则的推导

尽管其逻辑地位目前依旧未决,但是尊重原则显然比伤害原则更根本,因为后者可以从前者推导出来(关于尊重原则的逻辑地位,参见 8.12)。这个推导过程如下。尊重原则依赖于固有价值假定,而前面已经做出辩护来既可理解、又免于武断地认为所有满足生命主体标准的个体具备此种价值。满足这条标准的个体都是生命主体,他们或好或坏地体验着这些生命,这个体验逻辑地独立于他们对他人的效用,也无关乎他们成为他人利益的对象。简言之,满足这一条件的个体是**具有经验性福利**的个体,经历着或好或坏的生活(取决于他们的遭遇或他们所受的对待)。好处与伤害的概念因此适用于我们对这些个体的考虑和谈论,好处就是符合他们利益地满足其欲望和实现其目标的机会,伤害就是减损个体福利的东西。由于具备所述意义的福利的个体拥有固有价值,由于拥有固有价值的个体应该受到尊重这一价值的对待,因此具有福利的个体就应该受到尊重其独特价值的对待。因此看起来,如果我们以减损其福利的方式对待他们,也就是以伤害他们的方式对待他们,那我们就没有以尊重其价值的方式对待此种个体。简言之,我们具有不伤害具备经验性福利的个体的初始直接义务——这正是伤害原则声称的。因此,尊重原则不仅完全符合我们伤害道德病人为错的信念,而且还提供了基础来推导出第二条道德原则(伤害原则)——这是一条直接义务原则,其有效性在前面得到了捍卫(5.6)。这显然必须被算作是支持理性接受尊重原则的另一依据。

表明伤害原则可以从尊重原则推导出来并未表明:在任何情况下,伤害别人总是错误的,不管他是道德主体还是道德病人。这个问题将在下一章详细探讨(8.7以下)。不过一些要点即便在目前也应该是清楚的。为个体被伤害而进行辩护的情形(如果有的话),必须不违背尊重原则所确定的公正对待要求。比如,对伤害的辩护不可能依赖于这个假定:被伤害的个体仅仅是价值的容器,本身缺乏任何价值。认可那种假定就是在不公正地对待被伤害的个体,因为你没有尊重被伤害的个体。不论是对道德主体还是对道德病人的伤害,只要是不公正的就无法得到辩护。

10. 总　结

正义的形式化原则规定,每一个体都得到他或者她应得的东西。这些提法无可争议。当我们问个体应得的**是**什么时,争论就产生了。对这个问题的回答提供了正义的规范解释,或者说正义理论。我们考察了三种这样的解释:(1)至善论,认为个体所应得的依赖于他们在多大程度上具有特定美德(比如智力上的技能);(2)功利主义,认为个体所应得的等同于对他们利益(或快乐等等)的考虑;(3)个体平等观,认为个体所应得的是对其平等固有价值的平等尊重。至善论遭到驳斥(7.1),因为它将容许更具美德的人剥削较不具美德的人(比如智力更低的人);功利主义解释也被驳斥,理由是,它要么没能说明允许对道德主体犯下的所有错误行为(这个重要缺陷在前一章被用来反对行为功利主义,见6.2),要么(7.7)没能说明我们对道德病人负有的所有直接义务(规则功利主义的主要缺陷)。提倡个体平等的解释避免了所有这些缺陷,原因在于:首先,所有具备固有价值的个体都平等地具有此种价值(因此避免了至善论令人不快的推论),其次,如果我们以行为功利主义和规则功利主义将会认可或要求的方式,来对待具备固有价值的个体,我们就没能展示对他们的尊重。

固有价值概念得到了说明(7.2)。所有形式的功利主义都持有关于个体及其价值

（或价值的缺乏）的观点，认为个体只是附属于其经验的价值容器，但是具备固有价值的个体不是这样的容器。固有价值不同于、无法被还原成，也不可通约于内在价值（比如快乐）。固有价值假定必须在理论层面得到捍卫，我们也尝试给出此种辩护。我们论证指出，如果不做出这个假定，就无法说明关于何时伤害道德主体或道德病人为错的深思熟虑后的信念（我们的反思性直觉）。尽管这个假定迫使我们构建了一个不如某些理论（比如功利主义）那样简单的理论，但是如果我们想要得到通盘考虑后最恰当的理论，就必须付出这个代价。

我给出论证表明（7.3），否认道德病人具备固有价值，或者断言道德病人比道德主体具有更少固有价值，这是武断的。结合语境来理解时，"所有动物都平等"这一说法是对的。我考察了具备平等固有价值的所有个体都具有的相关相似性。这个相似性不可能是（比如）一些物理特征，或者一些生物学事实（比如是某些物种的成员）。我考察了认为这个相似性就是具有生命的观点，但拒斥了它（7.4）；我还阐述和捍卫了生命主体标准（7.5）。个体是生命的主体，如果：他们能够进行感知和记忆；具有信念、欲望和偏好；能够采取有意行动来追求自己的欲望或目标；具有感情和情感生活；具有未来感，包括对自己未来的感觉；具有时间进程中的心理同一性；具有逻辑地独立于对他人的效用以及他人利益的经验性福利。这条标准是既可理解、又免于武断地赋予固有价值的充分条件，是否必要条件则被视为未决问题。

因此（7.6）从严格正义的角度看，我们被要求平等地尊重拥有平等固有价值的个体，不管他们是道德主体还是道德病人，（如果是道德病人）不管他们是人类还是动物。那就是每一个体应得的（7.8）。当我们没能以体现恰当尊重的方式来对待拥有此种价值的个体时（比如以某种方式来对待他们，仿佛其价值可以被还原成他们对他人的效用），就产生了不正义。

伤害原则确立了不伤害道德主体和道德病人的初始直接义务，该原则可以从尊重原则推导出来（7.9），只要我们注意到：（1）满足生命主体标准的个体，都可以既可理解、又免于独断地被视为值得尊重的个体，因为他们既可理解、又免于武断地被视为具备固有价值；（2）作为生命主体的个体都具有经验性福利。因此初看起来，只要对这些个体造成任何伤害，我们就没有在尊重他们。不伤害这些个体的义务是否可以得到根本辩护，如果可以，又应该如何辩护，这个问题仍需考察。但是，对道德主体或道德病人的伤害如果是不正义的，那么此种伤害必定无法得到辩护。相应地，如果有什么伤害违背了尊重原则，把受伤害的个体仅仅视为价值的容器，或者认为其价值可以被还原成对他人利益的效用，那么此种伤害必定无法得到辩护。

第八章 权利观点

是时候为承认道德主体和道德病人的权利做出辩护了。权利观点的阐述和捍卫要用到前几章的结论,但也涉及目前为止明显还没有处理的一些观念,其中最引人注目的是权利观念。我的论述将展开如下。区分道德权利和法律权利(8.1);前者将根据涉及相关义务的有效要求(valid claim)来分析(8.2—8.3)。由于尊重原则确立了非获得性的(即本来就具有的)正义义务,并呼吁尊重对待所有具备固有价值的个体,因此我要论证指出,具备此种价值的个体都可以提出有效的要求,因此有权得到尊重其价值的对待(8.4)。由于道德主体和道德病人都具有并且平等地具有这个价值,因此可以证明,二者都有平等的道德权利得到尊重其价值的对待(8.5)。接着我将考察前五节论证遭到的一些反驳(8.6),接下来一节(8.7)探讨两个原则,它们都暗示,所有或某些具备固有价值的个体不可以受到可辩护的伤害。讨论表明这两个原则有缺陷。我将驳斥进一步的一个反对,该反对怀疑把道德病人视为无辜是否有意义(8.8),还将反驳最后一个反对,它拒绝把无辜者的数量考虑在内,用来决定人们该做什么(8.9)。这样就做好准备,来承认道德主体和道德病人不受伤害的平等的初始道德权利,因此接下来一节(8.10)我转向一个任务:鉴定并确证为压倒这个权利做出辩护的原则。我也将说明权利观点和功利主义之间的根本区别(8.11),并考察权利观点所招致的一些反对,及其具有的一些含义(8.11)。在进入最后一节的总结之前,我还将考察前几章提到但没有解决的一些问题(8.12)。

1. 道德权利与法律权利

个体是否享有法定权利,这取决于法律及个体所处社会的其他法律背景(比如宪法)。在有些国家(比如美国),满足特定要求的公民享有投票或竞选的权利;在其他国家,公民就不享有这些权利。此外,即使在赋予公民某些权利的国家那里,所需的条件也并不总是相同,会有变化。比如在美国,公民一度需要满21岁才能在联邦选举中投票,现在的年龄要求是 18 岁。黑人、女性和文盲曾经不具有投票权,现在这项权利与种族、性别或教育水平已没有联系。因此法定权利具有很大变化,变化不仅出现在同一时期的不同国家,而且出现在同一国家的不同时期。说到法定权利,并非所有个体都是平等的。这不应该令人奇怪。个体所具有的法定权利是创造性人类活动的结果。比如,在《权利法案》拟出所规定的权利、并且这些权利生效所需的法律机器就位之前,美国公民是无法要求这些法定权利的。

道德权利与法律权利具有重要不同。首先,如果有道德权利的话,这些权利就是普遍的。这意味着,如果任何个体 A 享有这项权利,那么在相关方面与 A 相似的任何其他个体也拥有此项权利。什么被算作相关方面,这有争议,我们最后将就此商议(8.4)。没有争议的是,有些特征被排除在相关性的范围之外。个体的种族、性别、宗教、出生地、或定居地不是拥有道德权利的相关特征。比如,我们不能像法律权利那样,因为个体生活的地方而剥夺其道德权利。

道德权利的第二个特征是平等。这意味着,如果两个个体具有同样的道德权利(比如享有自由的权利),那么他们就平等地享有此项权利。道德权利的拥有不是程度问题。所有享有这些权利的人都平等地享有,不管他们是(比如)白人还是黑人、男性还是女性,美国人还是伊朗人。

第三,道德权利与法律权利不同,不是个体(比如暴君)或任何团体(比如立法机构)创造性活动的结果。理论上看,人们确实可以制定出相应于道德权利、或者保护道德权利的法律权利,但是这不同于首先把道德权利创造出来。如果存在道德权利,那它们就不是以法律权利的方式"存在"的。

没有什么问题像道德权利争论这样,把哲学家们深深地割裂开来。比如,当辛格表示很遗憾自己在论证动物解放上谈到权利时(6.4),他的说法表明,一些哲学家倾向于蔑视在道德哲学中诉诸权利。依照 19 世纪英国哲学家 D. G. 里奇(D. G. Ritchie)的话,这种诉诸是"一种不想费心证明就达到目的的修辞工具"(里奇继续评论道,这个"工具"可以留给政治演说家或政党新闻官使用,但是所有严肃的作品都应该对它感到羞耻)①。黑尔更刻薄地谴责了对"权利修辞法"的使用,他哀叹于人们不断在问自己享有什么权利。他写道,"对于提出这个……问题的人而言,作为人类的他们几乎总是会回答说自己享有那些权利,不管他们是什么人;而这些权利将会促进符合他们自己

---

① 里奇:《自然权利》(D. G. Ritchie, *Natural Rights*, London: Allen & Unwin, 1894)。相关段落选入了雷根和辛格编的《动物权利与人类义务》,第 182 页,(出版信息见第一章,注释 2)。

社会团体利益的物质分配。这个问题所产生的权利修辞是发动阶级战争和内战的诀窍。在追求这些权利时,人们会给其他社会成员和自己造成几乎一切形式的伤害,因为他们确信这是正义所要求的"②。在黑尔看来,比仅仅作为"修辞工具"更糟糕的是,诉诸权利和权利信念可以带来确确实实的伤害。

像黑尔和辛格这种我们知道是功利主义拥趸的人,力图让自己摆脱对道德权利的依赖,这并非偶然。他们的此种做法是在遵循边沁著名的足迹。边沁写道,"权利就是"

>……法律的结果,且仅仅是法律的结果。没有法律就无所谓权利,没有对立于法律的权利,也没有权利先于法律而存在……不存在除了法定权利之外的权利;不存在自然权利,人类不享有先于并高于法律所制定的权利的权利。对此种权利的断言在逻辑上是荒谬的,在道德上是有害的③。

比"妄言"还糟糕的是,边沁实际上把法律权利之外的权利谈论描述为"空中阁楼式的妄言"④——对"人类权利"的祈求是**危险的**妄言。这些功利主义者对道德权利的驳斥本身,又在多大程度上是"修辞工具"呢,这个问题或许应该留给读者去判断。

与当下讨论相关的是要注意,并非所有的功利主义者都在理论上厌恶道德权利。密尔就是功利主义潮流的明显反例,他相信功利主义理论适合于接纳道德权利。密尔的这种想法是否正确,我放到后面考察(见8.6)。对当前论述有所帮助的是回顾一下密尔对权利的讨论,并与边沁的观点对照。此外,通过像我这样支持密尔对道德权利的分析,可以避免一种反驳:认为我的论述依赖于没有一个功利主义者会予以同情的分析。这里的策略是,考察承认道德权利的功利主义者在论证中的长处,而不是其论证上的不足。

密尔写道,"当我们把任何东西称为一个人的权利时",

>我们的意思是,他可以有效地要求(claim)这个社会保护他拥有这项权利,不管是通过法律的效力,还是通过教育或观念的效力实现这一保护。如果他可以做

---

② 黑尔:"正义与平等",第130页(出版信息见第四章,注释5)。
③ 边沁:"法律条文片论"(Jeremy Bentham, "Pannomial Fragments"),见《边沁作品集》(John Bowring ed. *The Works of Jeremy Bentham*, Edinburgh: W. Tait, 1843-59, V. III),第221页。
④ 边沁:"无政府谬误"(Jeremy Bentham, "Anarchical Fallacies"),见《边沁作品集》,同上书,第501页。

出我们认为充分的要求——不管其理由是什么,要求得到社会向他保证的东西,我们就说他对那东西具有权利……因此我认为,享有一项权利指的就是社会应该保证我拥有某物⑤。

与边沁的权利观不同,密尔没有把权利限于既定社会现有的、并恰当生效的法律所认可的那些权利。依照密尔对权利的分析,很有可能某些人可以对某些东西提出有效要求(因此对其具有权利),但是这个社会没有认可该要求的有效性,因此无法保护这种拥有。依照边沁的观点,除了法律承认的权利(也就是法律权利)之外,并不存在任何权利,而依照密尔的观点,可以存在没有受到社会认识,也无法通过法律而生效的权利(也就是道德权利)。这就是密尔立场的优点所在。如美国哲学家戴维·莱昂斯(Davie Lyons)注意到的,诉诸权利的一个作用就是,权利有助于"为社会秩序的变更做出辩护"⑥。边沁对权利的分析让这种说法变得完全没有意义,也就是成为妄言,因为只要不存在被社会承认并在社会中生效的权利(也就是不存在法律权利),就根本不会有权利。密尔的分析允许在这种情况下对权利的诉求有意义,尽管他的分析也暗示,这种诉求并不是自我确证的,因为:我们**要求**得到这样或那样的权利,这并没有推出我们的要求是有效的,因此也没有推出我们就具有所讨论的权利。如果这一要求的有效性没有被展示,或者更糟,如果我们甚至没能严肃地证明其有效性,那么里奇的评论就是恰当的:我们对"我们权利"的诉求**是**"修辞工具",是我们用来"不想费心证明就达到目的"的工具。不过没有理由可以表明:情况**必定**如此,或者,由于一些(可能是多数)"权利诉求"在辛格和黑尔所哀叹的意义上是修辞性的,对权利的所有诉求就应该被一概拒绝。密尔尽管坚持认为效用是道德性的唯一(道德)基础,但他并不反感对道德权利的所有诉诸。这是值得我们所有人效仿的理论宽容范例。

密尔对道德权利的分析还有两个进一步特征,应当得到评述。首先,被理解为有效要求的道德权利与义务联系在一起。比如,如果我享有自由的权利,那么依照密尔的话,你和社会通常就有一个义务来"保护我对这个权利的拥有"。我的自由是"这个社会应该保证我拥有"的东西。因此,承认我的道德权利会带来一些暗示,涉及你作为道德主体必须做的和必定不能做的事情。你必定不能做的就是侵犯我的权利,而在其

---

⑤ 密尔:《功利主义》,第66页(出版信息见第三章,注释27)。
⑥ 莱昂斯:"人类权利与普遍福利"(David Lyons, "Human Rights and the General Welfare"),见《权利》(David Lyons, ed. *Rights*, Belmont, California: Wadsworth Publishing Co., 1979),第183页。

他条件同等的情况下,你必须做的就是保护我免受任何他人对我权利的侵犯。因此,你承认我的道德权利不仅对你的自由施加了某种限制,而且也奠定了你必须向我提供帮助的责任。正是因为个体所具有的权利带来了这些暗示,承认这些权利才成为了严肃的事情。不加区分地引入"我们的权利"会让权利概念变得廉价,如同它也会激怒一些人,因为如果权利得到辩护,那些人就会被号召去承受帮助和节制这两项义务所产生的负担。

第二,像密尔那样来描述道德权利——被描述为有效要求——留下了一个未决问题:这些要求如何得到确证。边沁对道德权利观念不抱幻想,这在部分上可以被解释为,他对某些人所支持的确证方式感到不耐烦,比如:道德(自然)权利是自然本身授予的,或者这些权利是"自明的",或者类似地,这些权利通过"自然理性的纯粹指引"就可以被发现。人们可以同意,这些方式都是不可靠的确证权利的方式,同时仍然允许权利**可以**得到确证,也就是可以提供好的理由来承认某些权利要求有效。密尔再次提供指引,告诉我们如何可以做到这一点。密尔相信,权利的确证必须取决于,它符合一些有效性已得到独立确认的道德原则。在密尔那里,起确证作用的道德原则就是效用原则。因此他的如下说法应该就不令人奇怪了:

> 因此我认为,享有一项权利指的就是社会应该保证我拥有某物。如果反对者问为什么社会应该做出此种保证,那我只能用普遍效用来回答他⑦。

不过,密尔把权利当作有效要求而进行的分析,没有逻辑地把这些要求的有效性与认可权利所带来的效用联系在一起。就像莱昂斯评论的:"有些拒斥一般性福利标准的人,可以接受密尔对权利(或者某些类似权利的东西)的分析,同时运用不同的基础来确证相关的要求。这是因为密尔对权利的分析……独立于一般性的福利标准。"⑧换句话说,什么样的道德原则可以确证权利,这在密尔对权利的分析中是悬而未决的。后面会提出不同于密尔的另一功利主义确证方式(8.4)。

2. 要求和有效的要求

认为道德权利是有效要求看起来在很大程度上合乎情理。拥有一项权利也就是

---

⑦ 密尔:《功利主义》,第66页。
⑧ 莱昂斯:"人类权利与普遍福利",第182页。

有资格要求得到自己应得的、或者亏欠自己的某物,或者以自己的名义要求得到它;所提出的要求也是针对某些人的,要让这些人去做或者不做某些事情。密尔对权利要求的本质说得很少。著名美国哲学家乔尔·芬伯格(Joel Feinberg)对此给出了论述。像密尔一样,芬伯格分析认为权利就是通过有效的道德原则,或者"开明良心(enlightened conscience)的原则⑨"而得到确证(或"召唤")的要求。但是与密尔不同,芬伯格详细探讨了这种要求的概念,区分了(1)提出一项要求(making a claim),(2)有效地要求得到某物(having a valid claim-to),(3)有效地要求某人做某事(having a valid claim-against),以及(4)具有通盘考虑后的有效要求。依照芬伯格的分析,只有在最后一种要求中人们拥有权利,而其他考虑可以帮助阐明权利是什么,以及权利如何可以被确证。这几个观念如何联系在一起,这可以被说明如下。

提出要求是一种执行活动,是断言某人自己或他人有资格接受特定类型的对待,而且此种对待被直接归于讨论中的个体,或者说,是个体所应得的。因此提出要求既涉及要求得到某物也涉及要求某人做某事。它涉及向既定的某个体或许多个体提出要求,让他们去做或不做某些事情;它也涉及要求得到某人声称被亏欠的东西。提出要求的这两个特征对于确证被提出的要求而言是关键的。如果我无法有效地要求某人做什么,我也就无法提出一项有效要求(也就是权利),如果某个体对我没有义务去做或不做我声称亏欠我的事情,那么我就无法对某人提出有效的要求。正因为如此,没有人可以有效地要求(也就是有权利得到)他人的慈善之举。慈善义务容许个体有相当的决定自由来确定自己如何履行该义务。我可以把我的钱捐给乐施会(Oxfam[1])和安贫姊妹会(Sisters of the Poor[2]),你可以把你的钱捐给关爱社(CARE[3])和塞拉俱乐部(Sierra Club[4]);我

---

⑨ 芬伯格:"权利的本质与价值"(Joel Feinberg,"The Nature and Value of Rights"),载《价值探索杂志》(*The Journal of Value Inquiry*),4(1970年冬);重印于莱昂斯:《权利》,第90页,以及芬伯格:《权利、正义与自由的边界:社会哲学文集》(出版信息见第二章,注释11)。过去我在不止一处表达了对芬伯格工作的深深感谢,这里我还要再次感谢他。我相信,随后我给出的对"得到某物的要求"和"让某人做某事的要求"等的分析在本质上与芬伯格相同。不过最重要的是这个分析的恰当之处,而不是对芬伯格观点的精神和文字的确信。此外,尽管我自己的权利观受到我对芬伯格解释的巨大影响,但是并不清楚芬伯格是否会同意我的结论,尤其是在动物权利上的结论。芬伯格论证指出动物可以具有权利,即把权利赋予他们在概念上不是荒谬的。不过就我所知,他从来没有说动物**确实**具有权利。

[1] 国际性非政府组织,在三大洲具有13个分会,致力于消除贫穷和不正义,其官方网站为http://www.oxfam.org/。——译注

[2] 疑为安贫小姊妹会(Little Sisters of the Poor),由天主教会成立于19世纪的法国,致力于关爱贫穷老者。——译注

[3] 以消除全球贫困为己任的著名非盈利性慈善组织,其官方网站为http://www.care.org/。——译注

[4] 美国著名环境保护组织,成立于1892年,其官方网站为http://www.sierraclub.org/。——译注

们因此多少都履行了慈善的义务。但是尽管我们具有慈善的义务,慈善组织本身却没有权利要求我们的贡献,这些组织之所以没有此项权利是因为,它们在这一点上无法对我们提出有效要求。比如,联合劝募会(United Way)的代表就不具有有效根据提出,我们有义务把钱专门捐给该组织。而且,由于联合劝募会或任何其他慈善组织在此都无法对我们提出做某事的有效要求,因此这种组织无权要求我们做出慈善之举。出于同样理由,我们对自然秩序也不具有任何权利。每个人每天都或好或坏地受到自然进程的影响,但是没有人可以合理地抱怨说,自然侵犯了他/她的权利。只有我们能够确证自己可以要求自然做什么,自然才**会**侵犯我们的权利,而只有我们能够做出辩护表明,自然对我们负有去做或不做我们所应得之事的直接义务,我们才可以确证我们对自然的要求。但是自然并不对我们负有此种义务,只有道德主体才有。当我们有时说自然或自然结果"不正义"或"不公平"时,这不过是隐喻。因自然法则而发生的事情只是在发生着,尽管它可以是、也常常是有利或有害的,但无所谓正义或不正义、公平或不公平。自然并没有侵犯我们的权利,恰如它没有尊重我们的权利。

  提出或确证一项要求所具有的"要求得到某物"特征也是重要的。提出一项要求也就是断言某种对待是应得的。所要求的对待**是否**应得部分上取决于:对于被你要求的人来说,该对待是否处于其行为能力范围之内。你要求我提供给你一次到阿卡普尔科[1]的旅行,或者在范尔[2]退隐,这就过分了。如果向某人要求的东西无法被满足,那么向某人索要某物不可能有效。

  因此,充分确证一项要求(也就是确定一项权利)所涉及的显然不只是提出要求。所提出的要求必须既作为得到某物的要求,也作为让某人做某事的要求而得到确证。要满足前一个条件你必须表明,被要求的应得对待,向该要求所针对的人提出了他们可以满足的条件;而要满足这一条件你必须表明,所要求的对待是该要求所针对的个体应该提供的。要满足后一个条件得诉诸确立了直接义务的有效道德原则。这应该不会令人惊讶。向他人提出做某事的要求,就是断言这些人被要求以特定方式行动,因此你必须表明这样的对待是应该做出的,或者是应得的。要表明这一点你就得证明,所述对待是关于直接义务的有效道德原则所要求的。正因为如此,道德权利具有相应的道德义务。如果(比如)我有权生存并享有自由,那么他人就对我负有关于这些权利的直接义务。只有得到某物和让某人做某事的要求诉诸了恰当有效的道德原则,我们才具有通盘考虑后的有效要求(也就是道德权利)。正因为对权利的许多要求并

---

[1] Acapulco,墨西哥南部港市。——译注
[2] Vail,世界著名滑雪城市,位于科罗拉多州境内,是美国最大的、也是最受欢迎的滑雪场。——译注

没有以这种方式得到确证,所以对权利的诉求落下了坏名声。不过可以再次看到,恰恰因为这一点是有时(即便通常)正确的,所以才没有理由认为,这对所有的权利诉求都会落下坏名声。

确认某人的权利,这本身还不足以确立任何人在任何实际境况下的义务。这在权利发生冲突的情况下最明显。比如,我可能具有言论自由的权利,但是这并没有推出:其他人有义务在任何情况下都允许我口无遮拦。他人也享有权利,我以言论自由为名而采取的行动可能会与他人的权利冲突,比如众所周知的一种情况是:在拥挤的剧场大叫"着火了!"(而实际上没有)。确立某人的权利也就是确立一点:当你确定,在任何实际情况中应该采取怎样的道德做法时,**这些人具有道德相关性**。换句话说,不管应该做的是什么,这都无法抛开相关者的权利而被确定,即便应该做的事情无法仅仅依据某个体具有的某项权利而被确定。

3. 获得性义务与非获得性义务

依照有效要求而对权利进行的分析具有一些优点,如果我们把这个分析运用于获得性义务和非获得性义务,这种优点就会变得更清楚。依照罗尔斯的描述,非获得性义务(罗尔斯称之为"自然义务")"无需考虑我们的自愿行为就被运用于我们",其成立"与制度安排无关"⑩。获得性义务恰相反:我们具有这些义务是因为我们的自愿行为,或者因为我们在制度安排中所处的位置。遵守诺言和尊重契约的义务就是获得性义务。公正对待他人的义务是非获得性义务。依照有效要求而对权利进行的分析适用于这两种义务。比如在立下承诺的情形中,承诺所针对的那个人(受诺者)可以有效地要求承诺的兑现,也可有效地要求许诺者兑现承诺;如果实现协议所立下的目标处于许诺者的能力范围之内,那么受诺者在此情形中就可以要求承诺得到兑现,如果(就像在此种情形中成立的)承诺要求针对某指定个体(也就是许诺者),并且"遵守承诺"的道德规则有效,那么受诺者就可以要求许诺者兑现承诺。为什么这条道德原则是有效的,这会在下面说明(8.12)。对于当前目的来说,承诺的例子足以表明,依照有效要求而对权利进行的分析,可以运用于对获得性义务的分析;这个例子也可以说明,一旦如此运用,相应的权利可以如何被确立。我们的首要兴趣是(理由随后会愈加清晰),这种分析在非获得性义务那里如何运用。

---

⑩ 罗尔斯:《正义论》(出版信息见第四章,注释4)。

第八章 权利观点

我们的非获得性义务中非常重要的一项是正义,也就是,在没有差异的情况下不区别对待个体。当然,就像我们在前一章看到的,这条形式化正义原则应该如何得到规范解释的问题,引发了热烈争论。不过把这条原则应该如何解释的问题先放在一边,应该清楚的是:正义的义务在类型上不同于(比如)守诺的义务。对后一项义务的获取是我自愿行为的结果,但是在正义义务那里并非如此。依照罗尔斯的话,正义义务的成立"无需考虑我们的自愿行为",并且"与制度安排无关"。有些人对此表示反对。比如,依照其理性利己主义形式,简·纳维森显然会否认我们具有正义这项非获得性义务,或者说自然义务。如果道德是由理性利己主义者所悟到的"安排"构成,那就很难看清楚,正义义务怎么会是别的东西。依照理性利己主义的立场,如果我们(或者当我们)达成一致协议要正义地相互对待,那么不管此种对待被如何解释,在这种情况下正义义务都**会**是"我们自愿行为"的结果,我们因此也就**会**获得那一义务。前面讨论纳维森的观点时(5.3)我已给出理由反对这种道德观,在此不重复。纳维森式的道德说明总体上是不恰当的,这个说明武断地把道德病人排除在被亏欠直接义务的个体之外,这尤其不恰当。这些事实足以质疑该说明运用于直接正义义务的特定情形时的恰当性。

罗尔斯的契约论在这一问题上的立场并不明确。罗尔斯确实断言正义义务是自然义务,但是他接着对"正义原则"的继续论述没有清楚表明:是否正义义务并非完全依赖于**某些人**的"自愿行为",也就是处于原初状态下的个体的假设行为。他的论述如下:

> 从作为公平的正义的立场来看,根本的自然义务就是正义义务。该义务要求我们支持并遵从既有的、运用于我们的正义制度。它还要求我们推进尚未被确立的正义安排,至少在不会让我们付出太大代价的情况下如此。因此,如果社会的基本结构是正义的,或者像此种境况下可以合理期望的那样正义,那么每个人就有义务在既有框架下各尽其责。每个人都受到这些制度的约束,该约束独立于人们的自愿行为,不管是履行式的行为还是其他行为。因此,即便正义原则是从契约论者的立场推导而来,这些原则的运用也没有预设同意行为,不管是明确的还是默许的同意,或者说,实际上没有预设任何自愿行为。正如为制度而设的原则一样,个体所持有的原则是在原初状态中会得到认可的原则。这些原则被理解为

假设性协议的结果⑪。

这段话引发了解释上的困难。它首先对正义义务的类型做出声明,认为那是一项自然义务,也不依赖于**我们**任何的自愿行为。不过大概在这段话一半的地方我们被告知,"义务的原则"同样独立于我们所做出的任何自愿行为。接着在这段的结尾罗尔斯说道:"这些原则被理解为假设性协议的结果"。并不清楚的是:罗尔斯对正义**原则**的论述是否也适用于他对正义**义务**的论述。如果是,那么这会带来一些不太恰当的结果。考虑一下:我们具有正义的自然义务,与守诺的义务不同,该义务独立于我们任何自愿行为。然而,正义的原则将被理解为"假设性协议的结果"。现在,如果对这些原则的论述也适用于对正义义务的论述,那么我们就得到这样的观点:**我们**具有正义的义务,这一点虽然并不取决于**我们**任何的自愿行为,**但是**却取决于在原初状态下达成假设协议的那些个体的行为。这显然无法令人满意。正如我们具有正义义务的事实无法依赖于我们的自愿行为一样,该事实也无法依赖于其他人的"假设性协议"。因此,大概罗尔斯的观点并不是:**我们具有此项义务**取决于原初状态下的个体的决定;而是:正义**原则**——即正义义务要求人们去做或不做的事情——由处于原初状态的个体决定。这样来解释的话,罗尔斯的立场就不具有矛盾。而如果罗尔斯被解释为,**既**认为我们并不依赖于自己的自愿行为而具有正义义务,**又**认为我们确实依赖于其他人的假设行为而具有这些义务,那这种矛盾就会产生。不过即便以这种方式来解释,罗尔斯的立场(至少依照罗尔斯本人的理解)也没能恰当描述我们对其负有这些义务的人。与纳维森的说明一样,当罗尔斯把道德病人排除在被亏欠正义义务的个体之外时,可以证明罗尔斯是武断的(5.4)。

现在,至少有些获得性义务(比如守诺的义务)可以被证明与相应的权利联系在一起(比如,受诺者对允诺者具有的权利)。鉴于当前的研究目的可以认为,这一点是否在所有获得性义务那里成立还是未决问题。(这个问题在后面关于"特别考虑"的讨论中会得到进一步处理,见8.9)。可以确定的一个问题是:是否所有义务都是获得性义务,即我们的自愿行为导致的义务,或者我们在制度安排中的位置所产生的义务。有些义务不属此列,而对于当前目的而言,在不属此列的义务中最重要的一个就是:正义地对待具有道德上的相关相似性的所有个体。当然,何种对待是具有道德上的相关相似性的个体所应得,这个难题取决于形式化正义原则如何被解释,我马上就会探讨这

---

⑪ 罗尔斯:《正义论》(出版信息见第四章,注释4),第115页。

个问题。在此值得注意的关键一点是:由于正义义务不是获得性义务,因此公正对待的权利——如果有此项权利的话(也就是如果公正对待的要求有效),必须被视为非获得性权利,我将称之为**基本权利**(basic rights)。与相关联的义务一样,这项权利无法被合理视为我们的自愿行为所导致的权利,或者是因为我们在制度安排中的位置而产生的权利。如果错误地对此种权利进行分类,也就是,如果把这项基本权利当作获得性权利,那么任何想要确证该权利的企图都不可能恰当。下一节将对这项权利给出的确证,也无法通过把该权利视为获得性权利而进行反驳。

4. 尊重原则与得到尊重对待的权利

前一章对形式化正义原则做出了一种规范解释,并捍卫了此种解释。该解释依据的是固有价值假定,也就是这一看法:满足了生命主体标准(7.5)的个体,都既可理解、又免于武断地被视为具有一种价值(固有价值),该价值不同于、无法被还原成、也不可通约于这些个体自己或任何他人的体验(比如他们偏好的满足或者快乐)所具有的内在价值,而且具备此种价值一切个体都平等地具有这个价值。论证表明,从严格正义的角度看,这些个体因此得到了应得的对待,也就是尊重他们所具有的价值的对待,而且所有个体都平等地享有此种对待;尤其是,具备固有价值的个体没有被视为仅仅是价值体验(比如快乐)的容器——把他们视为容器打开了方便之门,允许某些道德主体或道德病人被伤害(比如遭受痛苦),理由是所有相关者的快乐之于痛苦的积聚性平衡会产生"最佳"积聚性后果。被解释为正义的前分配性规范原则的尊重原则,其有效性还通过如下方式得到支持(7.8):论证表明,在可以合理地要求的范围内,对该原则的辩护符合做出理想道德判断的要求,而且该原则本身符合评价道德原则的恰当标准(足够的范围、精确性、一致性、符合我们的反思性直觉)。简言之,我已经尽可能做出辩护,支持合理地接受尊重原则,视之为正义对待的有效规范原则。现在剩下的问题是:依照前面对作为有效要求的权利的分析,以及确证这些要求的条件,是否可以做出辩护,认可具备固有价值的个体所享有的一项基本权利,即依照尊重原则的要求而受到尊重。认可此项权利的论证可以展开如下。

首先,正义——与比如慈善不同——**是**人们可以清楚地要求的应得之物,是他应该被亏欠的东西。尽管联合劝募会的代表没有有效根据来提出要求说,我有责任专门向他的组织捐助,但是他确实具有道德的根据来提出,我们有责任如正义所要求的那样对待他。这一点的正确性与如何解释正义无关;它并非专门针对在此所支持的那种解释。即便是至善主义理论(见7.1)也同意,**确实**应该把正义提供给能够被正义或不正义地对待的任何人;不过在至善主义理论那里,所应得的东西,依照个体具有特定美德(比如艺术才能)的程度而具有相应变化。因此,如果你声称,具备固有价值的个体可以要求得到所应得的正义对待,或者已经以自己的名义提出此种要求,理由是他们有权得到此种对待,那么这里没有什么概念上的奇怪之处。由于被要求为自身权利的就是他们所应得的,由于正义是他们所应得的,并且由于正义的义务是非获得性义务,因此,把正义对待的基本权利与正义的非获得性义务联系起来,这不会遇到什么逻辑困难。

第二,如果某人提出的公正对待要求要有效,该要求所涉及的"得到某物"要求和"某人做某事"要求都必须有效。当正义对待的要求由尊重原则的核心即尊重概念激发时,这两点都可以被确证。这种要求是"得到某物"的有效要求。我可以指出**什么**是我要求应得的东西(也就是与尊重原则一致的对待),而且我要求应得的对待处于要求对象的能力范围之内。此外,我提出的要求也是"某人做某事"的有效要求。这首先是因为我可以确定,我的要求对象就是确实或可能与我具有道德往来的人;其次是因为,照芬伯格的话说,我对他们提出的要求由一条有效的道德原则所"召唤",那就是尊重原则。因此,受到尊重的要求是通盘考虑后的有效要求,因此,依照把道德权利当做有效要求的分析,我具有受到尊重的道德权利。

第三,受到尊重的道德权利并不单单属于我一个人。所有在相关方面与我类似的个体必定都享有此项权利,平等地享有,而且此种享有与该权利是否被某国的法律承认无关。这就是谈论道德权利的部分意思(见8.1),如果对道德权利及其有效性的任何说明没能满足这些要求,那么这个说明不可能恰当。谈到**道德主体**对这项权利的拥有时,把权利当做有效要求的分析,以及所描述的确证这些权利的程序,通过了这些检验。由于所有道德主体都在相关方面与我相似(都具备固有价值并且平等具有),因此他们都享有我所享有的受尊重权,并且是平等地享有。此外,由于此项权利的基础与任何个体的立法行为无关,因此,我们对该权利的拥有就无关乎它是否被任何国家的法律所认可。实际上,恰恰是因为该权利的基础独立于任何国家的法律,诉诸此项权利才可以依照莱昂斯所认可的方式被使用——这种方式"为社会秩序的变革做出了辩护",包括法律本身的改变。

要避免得出这一节的结论,你就必须**要么**表明尊重原则不是有效的道德原则,**要**

么表明把权利当做有效要求来分析无法令人满意⑫,**或者**表明,刚刚用来支持所有道德主体应得到尊重权的论证具有缺陷。对尊重原则的捍卫在前一章已经给出,这里不重复。刚刚给出的用以支持受尊重权的论证,必定自身就能成立;将不再提供进一步的直接支持。依照有效要求而进行的权利分析是否正确,对此存在一些反对意见,这些意见将得到考察。不过,只有认可受尊重权所产生的全部含义都得到确立之后,我才会进行此项考察。这里可以提醒一下"权利修辞法"的功利主义批评者:在把权利当做有效要求来分析时,我们并没有在利用功利主义所不容的分析。毕竟,这个分析本身就是密尔拥护的。

5. 道德病人的权利

为**道德病人**得到尊重的权利的辩护,与上一节类似。**在道德病人那里,得到尊重的要求及因此为了承认受尊重权所做出的辩护,其有效性不可能比道德主体的更强或更弱。**二者都具备固有价值,都平等地具有;因此就正义而言,二者都应该得到尊重。此外,由于我们已经表明,在道德主体那里,得到尊重的要求是有效的,因此在道德病人那里,得到尊重的要求也有效。对于所有道德主体而言,以道德病人作为固有价值的拥有者所应得的尊重,来对待道德主体确实与之具有来往、或可能与之具有任何来往的所有道德病人,这是道德主体能力范围所及的事情。同样,道德病人对道德主体也可以提出让他们"做某事"的有效要求:要求所针对的个体,都是那些确实或可能与道德病人具有往来的道德主体,而且,在这一点上对道德主体提出"做某事"要求,可以诉诸尊重原则和建立在该原则之上的固有价值假定而确证。由于道德病人具备固有价值,这些固有价值比道德主体具有的固有价值不多也不少,因此道德病人享有道德主体享受的得到尊重的同样权利,**并且**平等地享有此项权利,也就是说,道德主体与道德病人享有得到尊重的平等权利。此外,由于道德主体具有的此项权利与任何国家的立法行为(法律)无关,因此这一点在道德病人那里也成立。因此在动物那里尤其可以说,你不能因为此项权利没有被任何国家承认为法定权利,就否认动物具备所讨论的基本道德权利。

---

⑫ 实际上对于权利观点的反对者来说,这个承认已经超出了所要求的程度,因为对权利观点还有其他可选择的分析,这种分析不同于把它们视为有效要求而做出的分析,但是与认可道德主体和道德病人的道德权利的论证相容。

因此,在道德主体那里接受固有价值假定,接受尊重原则,接受把权利视为有效要求的分析,也接受为受尊重权所进行的辩护,但却接着否认道德病人享有此项权利,这是极为武断的做法。如果用于确证道德主体的此项权利的论证合理,那么道德病人,包括动物,也就具有此项权利。这是本书一开始就在追寻的目的。尊重动物不是一种友善之举,而是一种正义之举。支撑我们正义地对待孩子、低能儿、精神衰弱者以及其他道德病人(包括动物)的,并不是道德主体的"感情利益",而是对他们固有价值的尊重。道德主体具有特殊道德地位的神话不过是皇帝的新衣。

注意,为认可道德主体和道德病人的基本道德权利而给出的论证,并未依赖于认可这些权利所带来的效用,我也不只是为了传达个人兴趣而提请注意这一点。就像对权利观点的最初描述所评论的(4.5),依照这种观点,认为特定个体具有特定权利,这不涉及承认这些个体具有这些权利所带来后果的价值。对于权利立场而言,基本的道德权利比效用更根本,也独立于效用;因此举个例子,杀死道德主体或道德病人之所以错误(如果是错误的),其主要原因在于这侵犯了个体的道德权利,而不在于对所有他人的考虑:哪些人将会或不会从中得到快乐或痛苦,或者将会或不会让自己的偏好得到满足或挫败。本节的论证应该已经明确表明:权利观点的支持者如何能够不诉诸效用而捍卫自己的立场。特定个体因为他们具备的一种价值(固有价值)而享有得到尊重的权利,这种价值本身独立于效用;而且,使得这种价值能够既可理解、又免于独断地被赋予特定个体的标准(生命主体标准),也没有参照认可该权利所带来的效用,因此也独立于对这种效用的诉求。因此,我们不是出于功利主义的理由来认可并确证道德主体和道德病具有的基本权利——不是诉诸"**普遍**福利"来认可该权利。这些基本权利是通过诉诸尊重而确证的,就严格的正义而言,此种尊重是具备固有价值的**个体**所应得的。

6. 反对观点集萃

有许多反对值得展示。有些反对质疑把权利当做有效要求;有些反对驳斥任何权利的必要性,不管权利如何被分析。简言之,这些反对并不属于同一观念群。但是让我们依次考虑这些反对,期望在回应各种质疑的过程中,反对者所质疑的立场会变得更加清晰,也更加彰显我们这一立场的合理。

除了把权利当做有效要求而进行的分析之外,还存在一些其他分析方式。澳大利亚哲学家 H. J. 麦克洛斯基(H. J. McCloskey)认可权利的资格理论,但他批评把权利当做有效要求的分析。我们只能考查麦克洛斯基的主要批评:通过否认所有权利都是让某人做某事的要求,他反对所有道德权利都是有效要求的观点。

> 特殊权利是针对特定个体或机构而言的——比如承诺、契约等产生的权利……但是这些权利不同于……典型的……一般权利,一般权利不过就是对……的权利。⑬

麦克洛斯基所谓的"特殊权利"是我们的自愿行为产生的权利。它们是与获得性义务联系在一起的获得性权利。如果我向你做出承诺,我就承担了守诺的义务,你也获得了让我恪守承诺的权利。在非获得性义务的情形中(比如正义的义务),也存在相应的非获得性基本权利:我有公正待你的义务,但这不是因为我的自愿行为,而你也具有得到公正对待的权利。因此麦克洛斯基的否认似乎是这个意思:与获得性(或者特殊)权利不同,非获得性(基本)权利不是我们**针对**任何人而具有的权利。

这个反对并不成立。确实,在获得性义务和获得性权利那里,权利通常针对某特定个体,比如你**针对我**而拥有让我守诺的权利。但是并没有理由表明:如果存在针对其他人的权利,那么该权利必须是针对**某个特定**个体或**某些特定**个体的。我的受尊重权就是我得到尊重的权利,这一权利不是仅仅针对这一个体或那一个体,而是针对我与之具有或可能具有道德往来的所有道德主体。我对其具有此项权利的个体的纯粹数量,并不构成我对任何人具有该权利的理由。确实,这种观点具有一个听起来有点矛盾的含义,那就是,严格说我对数亿人具有此项权利。有些人发现这样的推论多少有点奇怪。不过,芬伯格的一种回应驱散了这种奇怪的味道和表面的矛盾;但这个回应本身也有问题。他写道:"认为我对众多道德主体具有权利和义务的说法,这没什么问题。"

> 如果一般道德规则赋予我在特定方面针对所有人的权利,比如不受干涉的权利,那么严格说,数亿计的人在那一方面就对我负有义务;如果同样的一般规则给

---

⑬ 麦克洛斯基:"权利"(H. J. McCloskey, "Rights"),载《哲学季刊》(*Philosophical Quarterly*), 15 (1965), 第 118 页。把权利当作资格来分析是有缺陷的。你是否有资格做某事必须取决于你是否被允许做某事(也就是,你在做某事时是否在做错误的事情),而你是否有资格那么去做(也就是你是否有权利去做)必须取决于:当你这么做时,你是否侵犯了他人的任何权利。因此,对"你有资格做什么事情"的分析**使用**了权利概念,而不是在**分析**权利概念。

每个其他人赋予了同样的权利,那它就向我施加了数亿计的义务——或者说针对数亿人的义务。然而我看不出这里有什么矛盾。毕竟这是一项消极义务;而且,我可以通过只关心自己的事情就一次履行完毕对所有人负有的此项义务。如果所有人类构成了一个道德共同体,并且存在数亿计的人类,那么我们将会看到,在人类之间存在数亿种的道德关系⑭。

在这个回应中,芬伯格假定存在纯粹消极的义务和消极的权利。我享有的不受干涉权就是消极权利,对应于你不干涉我的消极义务。如果你确实没有干涉,那么依照芬伯格的暗示,你就履行了在这一点上对我负有的义务;实际上,由于此项义务是消极的,你可以"仅仅通过只关心[自己]的事情",就履行完对所有数亿人负有的这项义务。在如此论述时,芬伯格忽略了权利的另一面,即便是所谓的消极权利也具有的一面,而密尔则睿智地意识到它——它就是提供帮助的义务(见8.1)。如果你具有不受干涉的权利,那么我在这一点上对你负有的义务就不仅在于只管我自己的事情;我还应承担在其他人干涉你时提供帮助的初始义务。提供帮助显然是项初始义务;可能存在其他的、可以在特定情形中压倒此项义务的更紧迫的道德要求。但是,说我仅仅通过"只顾自己的事情",就自动执行了在你的权利上我有义务去做的所有事情,这是断章取义的说法。

即便如此,芬伯格对麦克洛斯基的回应也是成立的。单单是我对其负有义务的个体以及对我具有权利的个体的数量,不会妨碍依照有效要求来分析权利的恰当性。有权不受干涉的人确实是对数百万的人提出了此种有效要求,而数百万的这些人在此种情形中也具有不受干涉的权利。但是后者也具有提供帮助的初始义务。

芬伯格把他的论述限于人类,但是没有什么理由可以表明:如果我们加上对动物的义务,或者加上动物对我们具有的权利,其论述的正确性会有所减色。我们在动物那里具有的主要消极义务就是,不以不尊重的方式对待它们,而它们对我们具有的相应权利就是,不以忽视其平等固有价值的方式遭到对待。但是,正如不干涉他人生活的消极义务并不仅仅在于只关注自己的事,我们尊重对待动物的义务所涉及的,也不仅仅是充满尊重地照顾它们。由于它们可以提出得到尊重的有效要求,因此我们具有这样一项初始义务:当他人以侵犯其权利的方式对待动物时,为它们提供帮助。在下面,我们还有机会提醒自己注意权利的这个"另一面"。

---

⑭ 芬伯格:"权利的本质与价值",第91页。

存在一种可能:同意把道德权利当做有效要求来分析,但是否认动物以及(依照暗示)道德病人普遍地具有道德权利。罗斯的反对就采取了这种形式:

> 总体上,由于权利指的是可以被公正地要求的东西,因此我们大概可以说动物不具有权利,这不是因为它们得到人道对待的权利要求是不正义的,而是因为它们无法提出这种要求⑮。

因为**动物**无法提出任何要求就否认动物具有权利,或者认为"我们应该可以说"动物缺乏权利,这剥夺的不仅是动物的权利。所有道德病人在这方面都具有类似缺陷,因此必定都会被剥夺权利。一旦承认这一点就可以看到:罗斯的反对涉及大量混淆。存在一些权利,否认道德病人拥有这种权利并非不合理,比如只要令人满意地完成相关要求就得到博士学位的获得性权利。道德病人不具有此项权利,但这不是因为他们无法要求此项权利;他们之所以不具有此项权利是因为,他们没有满足获得此项权利所需的恰当要求。由于存在这方面的缺陷,道德病人不具有合格的博士候选人所具有的权利,即因为其"自愿行为"、或者因为在"制度安排中的地位"(照罗尔斯的用语)而获得的权利。然而在一般的非获得性权利(也就是**基本**权利)那里,以及关于得到尊重的基本权利的特定情形中,找不到相似基础来把道德病人排除在外。个体可以具备有效的要求,同时没有提出该要求,或者甚至缺乏提出要求的能力。我们说过,提出要求是一种执行性行为;对道德权利的任何说明,如果让基本道德权利的存在依赖于这个或那个自愿行动的执行,那么这个说明不可能恰当。与提出要求不同,具备有效的要求就是具有特定类型的道德地位,而一个人可以不用提出要求,或者甚至无法提出要求就拥有这个地位。某个体是否拥有这个地位,这并不取决于他是否可以对自己的权利提出要求,而取决于他是否具有这项权利,而这又取决于是否可以提供合理论证来认可这些权利,**不用考虑**具有这些权利的个体对这些权利提出要求的能力。比如,美国法律在孩子和精神迟滞者的法律权利上就认可这种可能。尽管这些个体缺乏要求自己法定权利的能力,甚至不明白自己具有这些权利,但是法律承认:代表他们的其他人(比如法定监护人)可以为这些道德病人的权利提出要求。没有理由表明,对道德病人所具有的基本道德权利,必须或应该做出不同判断。正如这些个体可以具有他们既无法认识,也无法自己提出要求的法律权利一样,同样,这些个体也可以具有他们无法

---

⑮ 罗斯:《权利与善》,第50页(出版信息见第四章,注释3)。

认识,但是可以由代表他们的人为其要求的权利。因此在动物的特定情形中,它们具有得到尊重的权利,尽管它们无法认识到这项权利,以及无力在这一点上或任何一点上提出或强调任何要求。为它们行动的人承受了提出或强调要求的任务。

这么说并没有背离密尔的真知灼见,"享有一项权利……指的就是……社会应该保证我拥有某物"。就像道德病人那样,当个体具有权利、但是本身无法要求或捍卫这些权利时,人们可以说,"社会"必须为这些个体要求并捍卫这些权利的义务就更重了。个体越是无法认识到自己的权利,越是没有力量捍卫这些权利,理解并承认其权利的我们,就更是必须为了捍卫他们的权利而做点什么。依照这种评论,我们得以再次提醒自己,对他人基本权利的尊重涉及提供帮助的初始义务。由于有权得到尊重对待的个体具有得到此种对待的**权利**,因此,我对他们负有的义务就**不仅**限于避免不公正地对待他们,我还有义务"支持他们拥有"这项权利以及该权利使得他们有资格得到的东西。因此举个例子,如果在科学研究中使用动物侵犯了动物的受尊重权,并且假定我自己没有从事这种研究,那么这并未推出:我因此就做了符合道德要求所有事情。为不正义的受害者提供帮助也是我的初始义务,而且可以论证表明,动物无力确保自己的权利得到尊重这一事实,反而让我帮助它们的义务(如果这项义务有什么不同的话)变得更重,而不是变得更轻。

有时候(更多是在讨论中出现,在出版物中倒不多见⑯),人们会提出:承认动物具有权利会带来荒谬的后果。人们说,如果羊具有权利,那么,以各种方式伤害猎物(比如引起剧烈痛苦)的狼和其他食肉动物就侵犯了这些权利。但是如果我们有义务帮助动物阻止侵犯其权利的行为,那么可以说,我们不是有义务阻止狼的行为以保护羊群吗?然而,如果我们这么做了,那么狼可就无法受惠了,因为它们基本的生存资源将被剥夺。如果我们要履行帮助羊的权利免受狼侵犯的义务,那我们只能通过侵犯狼的权利来实现,而如果我们认可狼侵犯羊的权利,那么我们就没有提供应该向羊提供的帮助。因此**不管**我们怎么做,我们都会受到道德谴责,这很荒谬。而且,由于正是因为赋予动物权利导致了这些荒谬的结果,因此我们具有理性的、原则性的理由不赋予动物权利。

这个论证在它指责赋予动物权利时就陷入了同样的荒谬。在前面关于道德能动

---

⑯ 关于这种论证的文字实例,见里奇:《自然权利》(Ritchie, *Natural Rights*, London: Allen & Unwin, 1916, 3d edition),第107页以下;重印于雷根和辛格编的《动物权利与人类义务》,第181页以下。也参见马丁:"对道德素食主义的批评"(Michael Martin, "A Critique of Moral Vegetarianism"),载《理性论文》(*Reason Papers*),5 (1976),第13页以下。

性和道德无力性(moral patiency)的讨论中(5.2),已经提出并捍卫了一个要点:道德病人**无法**负有义务,因此不负有尊重他人权利的特定义务。**只有道德主体才负有义务**,这是因为:只有这些个体才具有一些必要的认知能力和其他能力,这种能力是从道德上说明他们采取或没能采取的行为所必需的。狼不是道德主体。它们没有能力采取不偏不倚的理由来影响自己的决定,也就是,没有能力运用形式化的正义原则,或者运用对该原则的任何规范性解释。既然这样你就无法有意义地说,狼群和一般的道德病人**本身**对任何人负有义务,因此也无法说,它们负有尊重其他动物的权利的义务。因此,当我们声称自己具有初始的义务帮助**权利遭受侵犯的动物**时,我们不是在说自己有义务帮助羊免遭狼的攻击,因为狼不可能、也没有侵犯任何个体的权利。用来反对赋予动物权利的那个荒谬根本就没有发生。

反驳权利观点的另一个一般尝试是,认为该观点在根本上没能符合我们一些深思熟虑后的信念⑰。设想救生艇上有 5 位幸存者。由于空间有限,小艇只能装下 4 人。假定所有幸存者体重都大致相同,也都占据大致相同的空间。其中 4 位是人,第 5 位是狗。必须把一位幸存者扔出救生艇,否则所有幸存者都会遇难。被扔出去的应该是哪一个?如果所有个体都享有得到尊重的权利,那我们是不是要抓阄?依照权利观点,优先选择牺牲狗而不是某一个人,这正义吗?那么这不是表明,由于权利观点准许诉诸深思熟虑后的信念来合法地检验道德原则,因此此种观点葬送在了自己手里吗?因为没有一个理性的人会假定狗具有与人类平等的"生存权",或者假定动物在生存轮盘上应该被给予与人类同等的机会。对于这个反驳,只有在探讨了压倒不受伤害的权利的理由之后(8.7 以下),才能得到恰当处理,因此还得等待时机成熟再做论述(8.13)。

最后一个反驳试图复兴功利主义,它把功利主义视为这样的一种理论:无需假定固有价值,无需通过尊重原则来确证权利,就可以说明所有的道德权利。这就是密尔的立场,也值得详述一番。社会确实具有保护个体权利的义务,这项任务至少部分可以通过"法律的力量,或者教育和舆论的力量"来付诸实现。但这并没有推出,我们可以用来支持这种努力的唯一理由,就是密尔给出的那个,即"普遍效用"。实际上,这不仅不是唯一的理由,而且在涉及道德病人的基本权利时,这甚至无法成为恰当的理由。就像前面讨论规则功利主义时提出的(7.7),关于我们对道德病人负有的非获得性直

---

⑰ 参见比如卡特:"曾经以及未来的人们"(W. R. Carter, "Once and Future People"),载《美国哲学季刊》(*American Philosophical Quarterly*),17(1)(1980),第 66 页。

接义务,密尔的立场没能令人满意地提供辩护,不管这里的道德病人是人类还是动物。因此,那一理论也无法为确证道德病人权利的规则提供恰当根据。那个理论充其量为道德主体的权利提供了根据(规则功利主义是否胜任这个任务还很成问题),**他们**的权利可以通过诉诸有效的道德规则而得到确证。不过,由于如果一个理论无法说明我们对道德病人负有的非获得性直接义务,以及他们具有的相应权利,这一理论就无法被视为通盘考虑后的恰当理论,因此规则功利主义不可能是我们所寻找的恰当理论。对于行为功利主义来说,在那些把权利诉求视为"修辞法"的人心中,被视为有效要求的道德权利没有位置。

7. 压倒不受伤害的权利

具备固有价值的个体,享有受到尊重的平等基本权利。依照权利观点,我们对这项权利的忽视或压倒永远无法得到辩护。在我们与道德主体和道德病人的道德交往中,我们必须总是尊重他们,那种尊重是他们作为固有价值的拥有者所应得的。这是权利观点的基本规则。由这个规则可以推出,我们必定无法出于如下理由伤害具备固有价值的个体,即:因为这个伤害,所有相关者会获得内在价值(比如快乐)之于内在负价值(比如痛苦)的"最大"积聚性平衡。**出于这些理由**而伤害某些个体,好似他们不过是价值的容器,本身缺乏任何价值,因此也就是:在对待他们时,没有展示出从严格正义的角度看他们应得的尊重。(下面讨论了没有表达尊重的其他方式,8.11-8.12,9.1 以下)由于具备固有价值的个体具有有效的要求,也因此在这种情况下享有得到尊重的基本权利;由于他们具有此种价值的事实,可以推导出不伤害他们的非获得性初步直接义务(见7.8);由于**基本**权利是诉诸关于**非获得性**义务的有效道德原则而确证;并且由于不受伤害既是"得到某物"的有效要求,也是让"某人做某事"的有效要求;由此推出:具备固有价值的个体也具备有效要求,也因此在这种情况下享有不受伤害的基本初始权利,对这个权利的确证最终依赖于尊重原则,以及该原则的基础,也就是固有价值假定。说这项权利是初始权利意味着:(1)对这项权利的考虑总是道德上相关的考虑,(2)任何将会伤害他人,或者允许别人伤害他人的人,都必须能够为自己做出辩护,这个辩护(a)诉诸了其他的有效道德原则,并且(b)表明,这些原则在道德上压倒了在既定情形中不受伤害的权利。

或许可以否认这项权利只是初始的权利。有些人断言或暗示,某些个体具有不受伤害的**绝对**权利,也就是**永远无法**可辩护地被压倒的权利。具有此种暗示的一个原则就是**和平主义原则**（the pacifist principle）（不管在何种境况下，我们永远都不应该采取伤害性的暴力）。另一个原则（**无辜原则**[the innocence principle]）做出了更多限制，该原则同意，对某些个体带来的伤害可以得到辩护，但是如果受到伤害的是无辜者，那就绝不能得到辩护。这个原则宣称，我们绝不应该做出伤害无辜者的任何行为，不管境况如何。这两个原则都不是有效的。为了表明这一点，我们将首先考察四种不同情形，在这些情形中，导致伤害的行为⑱可以通过诉诸我们深思熟虑后的信念而得到辩护。这些情形是：(1)无辜者的自我防卫，(2)对有罪之人的惩罚，(3)无辜的挡箭牌，(4)无辜的威胁者。最后会考察第五种情况（阻止情形）(8.10)。初始考察将限于只涉及人类的情形。

无辜者的自我防卫

如果允许诉诸深思熟虑后的信念，那么可以说，能够压倒不受伤害的权利的最明显情形就是：无辜者的自我防卫。为了阐明这一点，假设你受到一位暴徒攻击。那么，你是否可以得到辩护地使用暴力来自我防卫，即便这么做显然会伤害攻击者？接受和平主义原则的人认为你不能这么做。由于使用伤害性暴力无论在任何境况下都是错误的，因此在自我防卫中使用此种暴力无法得到道德的允许，即便自卫者是无辜的。

简·纳维森论证指出，和平主义立场是不连贯的⑲。他论证说，如果使用伤害性暴力是错误的，可是如果使用此种暴力是避免未来更大暴力的唯一手段，那么**不**使用这种暴力就是错误的；但是如果在此种情况下不使用暴力是错误的，那么这时使用暴力就得到了辩护。而如果在此种情况下使用暴力**得到了辩护**，那么使用暴力就不可能无论情况为何都是错误的。和平主义者的立场因此被表明是不恰当的，因为它不连贯。

纳维森对和平主义的批评假定：所有和平主义者都是**后果主义者**，都认为之所以在当前禁止使用暴力是因为这会在未来导致的后果。**如果**提倡此种立场的人愿意承认，伤害性暴力的使用有时确实减少了未来的暴力，**并且**我们能够知道这在既定情形中成立，那么纳维森对此种立场的批评就是成功的。但是并不清楚，纳维森的对手是否会承认这些。他们可能会声称，伤害性暴力的使用**总是**会在未来导致更多暴力，或者我们**永远无法**知道不是如此。至少可以说，这些说法是大胆的经验声称，并且像任

---

⑱ 出于格式上的原因，"某人造成了伤害"，"某人伤害了他人"以及其他的表达，有时被用来代替更繁琐的表达，即"某人做了伤害他人的某事"。
⑲ 简·纳维森："对和平主义的哲学分析"（"Pacifism: A Philosophical Analysis"），载《伦理学》（*Ethics*），75 (1965)。

何其他类似的声称那样,都需要得到仔细、完全、证据充分的支持。至今还没有一个采取后果主义形式的和平主义成功地迎合了该挑战,也无法肯定有人可以做到这一点。比如,援引伤害性暴力在未来导致更大暴力的某个例子完全无法奏效,不管是大规模的暴力使用(比如战争),还是小规模的(比如两个孩子之间的拳脚);原因首先是,即便你可以指出,在**一些**例子中我们知道使用暴力导致了更大暴力,这也没有推出在**所有**情形下都如此,其次是,**仅仅**确定现在使用暴力将会导致未来更大的暴力使用,这对于后果主义形式的和平主义来说还不够。仍然存在一种可能:现在不使用暴力也会导致未来对暴力的使用,而且,现在的非暴力行为给未来带来的暴力数量会超过,可能还会远远超过现在使用暴力给未来带来的伤害性暴力数量。所有这一切不过表明,对他们和他们的立场公平的说法是:如果和平主义者把和平主义原则视为一种后果主义原则,并且想要避免纳维森的不连贯责难,那么他们面临的不只是巨大麻烦。由于如果一条原则需要大量经验的支持,同时却缺乏这样的支持,那么人们就没有理由视之为有效的原则。被解释为功利主义原则的和平主义原则就需要此种支持,但又缺乏它,因此我们能够可辩护地拒绝这种和平主义做出的声明。

和平主义者另有一个选择。他可以声称,使用伤害性暴力**本身**是错误的,**不可更改**,因此与导致的未来后果无关。也就是,和平主义可以认可非后果主义形式的和平主义。这样,并非后果主义的和平主义者就可以判断说,严格看,像纳维森那样的论证与他们的立场无关——纳维森论证指出,在某些情形下使用伤害性暴力实际上未必减少未来的暴力,以此反驳和平主义。由于这一批和平主义者对暴力的反对并不依赖于暴力带来的后果,诉诸后果进行反驳就会失去了靶子,而不是与之进行正面交锋[20]。这种形式的和平主义因此看起来可以躲开纳维森的攻击——即表明所有和平主义形式都不连贯[21]。因此,如果我们要找到理由来反驳非后果主义的和平主义形式,就必须在连贯性检验之外寻找根据。

在反驳和平主义原则的根据中,最有效的一个就是诉诸我们的反思性直觉。我们深思熟虑后的信念涉及一些这样的想法:无辜者有权防卫自己免受侵犯,即便这种防卫涉及暴力,即便暴力的使用会导致攻击者受到伤害。诚然我们并不相信,人们在道德上有资格使用任何数量的任何暴力来抵御攻击。与法律一样,道德上提倡相称原则

---

[20] 这一点在汤姆·雷根的"捍卫和平主义"("A Defense of Pacifism"),载《加拿大哲学杂志》(*The Canadian Journal of Philosophy*)(1972年秋季刊)中得到了更详细的论证。

[21] 对刚刚描述的捍卫和平主义的方式的回答,参见简·纳维森:"暴力与战争"("Violence and War"),载《生死问题》(*Matters of Life and Death* ed. Tom Regan),第117页以下(出版信息见第三章,注释26)。

(a principle of proportionality)：我们有资格使用武力来防卫自己,但不是过分的武力,尽管这留下了一个困难,那就是在重要的紧急情况中确定怎样的武力是过分的。举个例子,对于一个偷钱包的贼来说,使用致死毒气来防卫看起来就是不相称的伤害,而使用暂时致伤的东西(比如棍棒)就没有过分。尽管我们可以承认,某些和平主义者持有连贯的立场,但是其他和平主义者就很难说了。由于这个立场在大量情形中都与我们深思熟虑后的信念不一致,而且,由于诉诸我们的反思性直觉来检验道德原则在前面被证明是合理的(4.3),因此,我们具有原则性的理由拒斥非后果主义形式的和平主义原则。当然,如果和平主义者可以不诉诸我们深思熟虑后的信念来表明,他持有一个"健全的理论",那么应该改变的就是我们的直觉,而不是他的理论。然而,对所有和平主义者来说公平的是必须指出：没有一个和平主义者表明了这一点,表明这一点的负担也必须由相信这个立场的人来担负,而且,仅仅高度真诚地持有这些信念无助于回应挑战。毕竟,许多纳粹分子显然也高度真诚地相信自己的立场。

惩罚罪人

第二种情形在某些方面与第一种有所联系,它涉及对有罪之人的惩罚。除非受罚之人的生命质量遭受了损失或减少(也就是遭受了伤害),否则惩罚就不成其为惩罚；比如,个体如果通过罚款而丧失部分财富,或者因为进监狱而丧失一定程度的自由,这就是惩罚。相称原则在这里也适用。我们说,惩罚必须与罪行相称；如果正义要得到伸张,那么犯罪者遭受的伤害必须与受害者遭受的伤害"成比例"。这留下了一个未决问题：惩罚是否具有任何**进一步**的目的(比如让罪犯改过自新,或者阻止他人犯下类似的罪)。不管惩罚具有的进一步目的是什么,如果犯错者没有遭受伤害(最明显的就是采取剥夺形式的伤害),那就无所谓惩罚,因此也无所谓进一步目的的问题。如何进行惩罚才是正义的,以何种方式选择受惩者才是公平的,这些问题正在引发越来越多的道德担忧,但是多数人可能都会认为：具备精神行为能力的成年罪犯应该是惩罚的对象,这应该被算作是一个深思熟虑后的信念。如果我们持有这个信念,它在多大程度上合理,这是个问题。不过还好,对于本文来说我们可以回避对该问题的探讨,原因是：即便我们惩罚有罪者(因此伤害了他们),压倒动物不受伤害的权利也无法根据这些理由而得到辩护,因为并非道德主体的动物不会有罪。

尽管这里还不是列出固有价值所有含义的时候,但是在我们转向下一个话题之前,还是值得注意一下：如果一种惩罚,它对被定罪的罪犯的对待,没有展示出他们作为固有价值的拥有者所应得的尊重,那么这样的惩罚无法得到权利观点的认可。没有人会因为自己做了什么或没能做什么而丧失固有价值,因此,我们尤其无法根据如下理由来为惩罚罪犯进行辩护:惩罚将会给所有相关者带来善之于恶的更大积聚性平衡。那是把罪犯仅仅视为容器,依照权利观点,这就违背正义的要求。从这一角度看,权利观点同意认可"罪犯的权利",尽管它也同意:某些人应该因为他们造成的伤害而受到惩罚,或者说应该受到伤害。

无辜的挡箭牌

这个世界的一个悲剧就是,无辜的个体被当作"挡箭牌"来保护那些参与非法行为的人。比如,银行劫匪抓住出纳员来保护自己,或者恐怖主义分子拿人质来保护自己。在两种情形中,无辜者都被非法行动者为了自己的利益而利用,违法者相信,只要无辜者抓在自己手里,想要攻击自己的人就得三思。假定人质都是无辜的,并且假定,任何将要导致无辜者遭受伤害的行为,初步看总是错误的,那么是否有恰当的理由可以相信,不管境况为何这总是错误的?如果和平主义不管采取何种形式都是合理立场(后果主义的或者非后果主义的),那么我们就知道如何来直接回答该问题:我们永远都不应该使用将会导致人质、或者劫持人质者遭受伤害的暴力手段!但是和平主义并非合理的立场。和平主义的一个替代观点允许某些情形的伤害,但是不允许所有情形的伤害,那就是受害者无辜时发生的伤害。持有这种立场的人认可**无辜原则**:伤及无辜总是不对的,不管境况为何。换句话说,**无辜者**不受伤害的权利是绝对的,永远无法被压倒。

无辜原则面临和平主义原则所面临的同样反驳。倡导这一原则的人要么是后果主义者,要么是非后果主义者。如果是前者,他们就会论证说,无辜者不受伤害的权利永远不应该被压倒是因为,伤及无辜总是会在未来导致更多的无辜者遭受伤害。与运用和平主义原则的情形一样,依照后果主义来解释的无辜原则,它所具有的说服力只能对应于它所依赖的经验声明,而根本不清楚的是,压倒无辜者的权利是否**总是**会导致更多无辜者受到伤害。设想一下这个例子㉒。一名恐怖主义者攫取了一辆坦克,开始要挟个杀死被他绑在墙上的 26 名无辜人质。释放人质的所有谈判都被断然拒绝,而且完全有理由相信,如果不做点什么,这个恐怖分子就会把所有人质杀死。在这种情况下,解救这些人质的唯一合理方式就是引爆坦克。假设引爆坦克的办法唾手可

㉒ 这个例子是对罗伯特·诺齐克(Robert Nozick)所描述的相似例子的改编,见罗伯特·诺齐克的《无政府、国家与乌托邦》(Robert Nozick, *Anarchy, State, and Utopia*, New York: Basic Books, 1974),第 35 页。

得。最好还假设,恐怖分子为了预防起见把一个无辜者绑在了坦克里。任何引爆坦克的方式都会杀死那名人质。我们应该怎么做?依照后果主义对无辜原则的解释,我们不应该引爆坦克,因为(a)这将会伤害一名无辜者,而且(b),压倒无辜者不受伤害的权利总是会在未来导致更多无辜者遭受伤害。说法(b)在当前并不可信。至少在可预见的短期未来,压倒一名人质(无辜挡箭牌)的权利将会阻止对剩余人质的伤害。也就是说,在恐怖分子的例子中,存在一个强烈的认知假定,该假定反对无辜原则的后果主义假设所提出的经验声称。诚然,认可这种形式无辜原则的人可以指出,不管在短期未来的真实情况是什么,如果当前情形下的无辜挡箭牌的权利被压倒,那么**长远看**就会有更多无辜者遭受伤害。但是,证明的负担显然必须落在主张这一点的人身上。仅仅把这个信念当作清晰的信仰而表达出来并不够,不管你多么真诚或多么充满激情地持有这个信念。人们需要详细的经验证据来支持如此彻底的声称。除非我们找到这样的证明,否则就会有很多理由质疑:依照后果主义来解释的无辜原则是否有效。质疑根据就是:倡导此种原则的人,远远没有达到具备相关信息的理想条件。

面对这些困难,如果伤害无辜被认为无论如何都是错误的,并且与后果无关,那么就像在对和平主义原则的类似解释中成立的,对无辜原则的这种解释必须被抛弃,理由是:它在大量情形中与我们深思熟虑后的信念矛盾。由于无辜者具有不受伤害的权利,由于他们的此项权利奠定了我们"捍卫他们拥有自己的权利"的义务,由于 26 名人质是无辜的,由于他们无法自己防卫,由于如果我们什么都不做他们**就会**受到伤害,由于我们面临的选择是,不管我们选择什么,总是会有一些受到直接牵扯的无辜者被伤害,因此我们应该做的就是采取行动,保护 26 名人质免于死亡。如果我们能够确认,**他们**不受伤害的权利没有被压倒,那么不采取行动就是我们没有做必须做的事情。单独的那名人质成了无辜的挡箭牌,这增加了例子中境况的悲剧性;但是,对他的伤害无论如何都不能被证明是错误的。

无辜的威胁者

最后一种情形涉及**无辜的威胁者**。考察一下小孩子对他人造成严重威胁的例子可以阐明这种情形。设想这个孩子手里拿着上了膛的左轮手枪,准备向我们开枪。由于孩子并非道德主体,我们无法以看待普通成人的方式看待他的道德地位。也就是说,这个孩子没有错。因此可以合适地把孩子称为"无辜的威胁者"。那么,这种情形究竟是否允许我们采取手段,来阻止这个把我们的生命置于严重危险之中的孩子,哪怕这个手段将会或者可能会伤害这个孩子?很难想象,如果你不诉诸和平主义或无辜原则,如何可以捍卫否定的回答,而这两个立场已经被我们拒斥了。由于我们没有做任何相关的错事,采取保护自己的必要行动又有什么错呢?诚然我们不应该使用过分的暴力,因为这将会、或者可能会给无辜的威胁者带来过分伤害。然而,由于我们没有做什么相关错事,由于我们**确实**受到挥舞着手枪的孩子的严重威胁,并且假定我们已经尽责地考察了非暴力的选择(假定想要与孩子讲理的企图失败了),那么,我们采取将会伤害孩子的做法就不是错误的,即便孩子是无辜的并且也没做什么错事。

现在,四种情形中有两种不涉及人类道德病人,也就是对有罪之人的惩罚和自我防卫。由于人类道德病人不会做错事,他们也就不会做什么值得惩罚的事情。与具备行为能力的人类成人的违法情形不同,人类道德病人不应当受到惩罚,因此也无法依照这些理由而受到可辩护的惩罚。同样,尽管我们可以得到辩护地保护自己免受人类道德病人的威胁,但是,如果把这里的防卫视为保护无辜者免受罪犯攻击的情形,那么这是严重曲解。如果我们因为道德病人的威胁带来了伤害,而对他们做出可预见的伤害,那么这必定是保护我们自己抵御**无辜威胁者**的情况。此外,由于人类道德病人是无辜的,因此没有理由表明,他们不会成为并不值得羡慕的**无辜挡箭牌**;而且,由于在有些情形中,我们可以被允许伤害无辜的挡箭牌,因此没有理由表明:当面对的无辜挡箭牌是人类道德病人时,我们的判断必定会有所不同。

8. 道德病人的无辜

前面的论述还遇到一个值得考虑的反对,该反对并不依赖于和平主义或无辜原则。依赖于那两条原则的反对暗示:如果我们允许这些原则的任何例外,那么包括人类道德病人在内的无辜者就没有受到**足够保护**。而我将要考察的反对暗示:如果我们因为道德病人被视为无辜的就限制对他们的行动,那么道德病人将会受到**过多保护**。这种反对认为,人类道德病人不是**无辜的**,至少不是在任何与道德相关的意义上"无辜",因此,规定如何对待无辜者的原则无法适用于他们。

这个反对得以提出的理由如下。在某特定情形中,把道德主体视为无辜(也就是看作没有做出任何错事),这完全有道理;但之所以如此是因为,我们可以完全有道理地把他们视为能够犯错的人。当我们说他们无辜时,我们是在说他们没有做出错事,**尽管他们可以那么做**。然而在人类道德病人那里,你就无法做出同样的说明。由于道德病人缺乏做错事的能力,说他们是"无辜的"就不可能意味着:他们没有做出错事,尽管他们可以那么做。只有在"有罪"具有意义时,"无辜"才会有意义;而依照定义,人类道德病人无法成为罪人,因此也无法成为无辜者。这个反对继续说,诚然,我们有时确实在个体对世界没有太多经验的意义上,说他们是"无辜的"(innocent),比如我们对新生儿说"她是(或者看起来是)多么无辜呀"。但是,这不是道德相关意义上的"无辜",不是当我们诉诸无辜原则——认为伤害无辜初步看错误——时使用的那种无辜。那种意义上的无辜只适用于可以做出错事的人,而不是像人类道德病人一样无法做出错事的人。因此,假定那一原则适用于这些人类就陷入了一种含糊性,要是我们不怎么认真追究的话,这个含糊性倒还是无害,要是认真追究,这就是道德上的疯狂。

这个反对说到了点子上,但也就是说到了一点而已。人类道德主体和人类道德病人,确实在做错事(或者做正确事情)的能力上存在不同。但是除了这一点之外,这个反对就不奏效了。某些人是无辜的,这个观念在我们对道德主体的评价之外也具有**道德**位置。会遭受不正义对待的个体就可以被恰当视为无辜者,而会遭受不正义对待的人,就是我们对其负有正义义务的人,也是具有得到我们公正对待的权利的人。相应地,由于正义义务是直接亏欠人类道德主体和人类道德病人的,并且由于两种个体都具有依照正义的要求而被对待的权利,因此,完全约定性地把关于哪种个体"无辜"的谈论限制于道德主体,这是武断的做法。**可以**被视为无辜者的个体是否**确实**无辜,这取决于(a)他们是否具有给定的权利,(b)他们是否遭受初步看侵犯了那一权利的对待,以及(c)他们是否做了什么应该被如此对待的事情。如果他们的行为方式应该被如此对待,那他们就不是无辜的;如果不是,他们就是无辜的。因此,道德病人无法做出**应该招致**侵犯了其权利的事情,这并未表明他们不会是无辜的。相反,这个事实所表明的不过是:与人类道德主体不同,人类道德病人**不可能一点也不无辜**。即便在我们有理由压倒人类道德病人不受伤害的权利时,比如他们被当作无辜的挡箭牌、或者带来威胁,他们作为无辜者的道德地位仍然未受触动。要求无辜者该如何被对待的道德原则,确实包括了我们该如何对待道德病人的那些原则[23]。

动物的道德地位

在动物那里也很容易看到一个类似的论证。由于动物不是道德主体,它们的行为无所谓对错,就像人类道德病人,动物不会做出招致其权利被侵犯的"错事"。但是,由

---

[23] 关于对道德病人的无辜的进一步评论,参见戴尔·贾米森和汤姆·雷根的"论科学中的动物使用的伦理学"(Dale Jamieson and Tom Regan, "On the Ethics of the Use of Animals in Science"),见《所有人的正义》(出版信息见第四章,注释9)。与悉尼·根丁就这些想法的讨论让我受益匪浅。

于已经给出辩护来承认动物的权利(8.5),因此动物无法做错事的事实并不必然表明:规定无辜者该如何被对待的原则就不该对它们提供保护。相反,就像人类道德病人,动物缺乏这方面的能力表明,它们不可能一点也不无辜。认为伤害无辜者初步看为错的原则,确实也适用于我们对动物的对待。

现在,前面已经给出理由来驳斥这种看法:不伤害无辜者的禁令是绝对的,不允许任何可辩护的例外。前面还表明,假定动物的地位在这一点上与其他无辜者具有某种不同,这是武断的。由于存在可辩护地伤害人类的情形,尽管这些人类是无辜的,因此,否认在动物那里也具有这种可能就有悖常情。尤其是,如果人类道德病人可以因为他们产生了无辜的威胁,或者因为他们被当作无辜的挡箭牌而可辩护地受到伤害,那么动物在这种情形中就可以遭到可辩护的伤害,尽管就像我们在为伤害人类道德病人做出辩护时看到的,我们将无法以惩罚罪犯或保护自己免受罪犯攻击为由,来为伤害动物的做法进行辩护。在当前的两类相关情形中(无辜的威胁者和无辜的挡箭牌),前者更有可能出现。当狂暴的狗在后院攻击我们时,它没有做出任何道德冒犯;然而它带来了明确的威胁,因此,要是我们在自我防卫的过程中伤害了狗,我们没有犯什么错。至于被视为无辜挡箭牌的动物,有人可能会认为这种推理不可能成立。比如,如果前面例子中的恐怖主义者把一只小母牛绑在坦克上,那么几乎没有人会认为,母牛的存在会阻止我们引爆坦克。但是,由此推出说母牛不是或者不可能是无辜挡箭牌,这可是错误的。显然,在这种情况下什么东西可以有效地构成威胁,这取决于威慑者的信念和态度;但是,什么东西奏效并没有决定被用作挡箭牌的个体的道德地位。你可以设想这样一个情况:银行劫匪胁迫一个黑人男子做无辜的挡箭牌,但是,由于卷入事件的执法官员持有种族主义信念和态度,于是劫匪和黑人都被毫不犹豫地射杀了。这并没有表明黑人人质不是无辜的挡箭牌,而只是表明:从银行劫匪的观点来看,他的选择不够明智。小母牛被绑在坦克上的情况也是一样:多数人在引爆坦克前根本不会犹豫,这并未表明动物不是无辜的挡箭牌,而不过表明该动物还不是非常有效的挡箭牌。当然,你可以设想一些情形,在此使用动物做挡箭牌是有效的。如果动物非常稀有(比如最后一只活着的雄秃鹰),或者是当事人尤其珍爱的(比如被宠爱的宠物),那么这里的动物可以被证明是有效的挡箭牌,甚至在有些情形中比正常的成年人类更有效。但是再说一遍,如果由此推出**恰恰由于这些动物满足了行凶者的目的**就被算作无辜的挡箭牌,否则就不是无辜的挡箭牌,这是错误的。它们作为无辜挡箭牌的道德地位独立于它们的威胁效果。然而,即便动物被当作无辜的挡箭牌也没有推出:将会伤害它们的行为必定错误。是否错误取决于情境。尽管动物由于无辜而处于不伤害无辜者这一原则的范围之内,它们也不能比其他无辜者得到该原则的更多保护。道德不允许双重标准,不管是如果接受会不利于动物的标准,还是一旦接受就会促进动物利益的标准。

反对把道德病人视为无辜者的最后一个观点认为,依照看待事物的这种方式,无法做出对错之事的**任何东西**就都是无辜的,处在了无辜者该如何被对待的原则的适用范围之内。这种反对继续提出,我们因此也就对泥巴、头发、尘土具有义务,而这是荒谬的。这个反对并未抓住要害。道德病人之所以被清楚地视为无辜是因为,他们的**道德权利**可以被侵犯,而且他们无法做出任何招致其权利被违反的事情。泥巴、头发和尘土的情况则不一样,因为我们没有理由相信——至少权利观点本身无意给出任何理由相信——这些对象具有可以或不可以被侵犯的任何道德权利。

9. 数量重要吗?

尽管存在缺陷,无辜原则还是含有一点重要的真知灼见。在罪犯那里,不受伤害的初始权利可以因为他们犯下的错而被违反,但是在无辜者那里并非如此。此外,恰恰由于,伤害无辜者的举动是非常严重的道德问题,因此我们只允许无辜者不受伤害的权利在一些例外情况下被压倒,而且只有在我们已做出可以合理期望的一切努力之后,才可以被压倒(比如,首先试图与劫持坦克的恐怖主义者协商,或者首先努力与那位因持枪而带来无辜威胁的孩子讲道理)。要清楚有效地说明这个权利什么时候能够被压倒,这显然是困难的。下面会就此做一些尝试(8.11—8.12),不过首先得考察一个重要反对。

前面讨论的一些例子有个共同主题,那就是:如果可以防止更多的无辜者遭受伤害,某无辜者就必须被伤害。在这一意义上,这个讨论假定了数量是重要的——确切说不只是数量,而是无辜者的数量。这是合理假定吗?美国哲学家约翰·M.陶瑞克(John M. Taurek)认为不是。在他煽动性的文章"数量重要吗?"㉔中,陶瑞克提出了一系列反对来驳斥这一观点:我们能够可辩护地为了挽救许多无辜者而伤害一个无辜者。为了让他的立场更清晰,请设想如下情形(这个例子后来被称为**阻止情形**[prevention cases])。51 名矿工被困在坍塌的矿井里,如果不采取什么措施他们必定很快就会

㉔ "数量重要吗?"("Should the Numbers Count?"),载《哲学与公共事务》(*Philosophy and Public Affairs*),6(4),第293—316页。

死亡。假设在可允许的时间内只有一种方式可以救出 50 个人。一捆放置精巧的炸药可以打开一个与之平行的另一个井,这样被困的人就可以逃生。但假设情况有点复杂:如果使用炸药,那么会有一名矿工恰好会被困在另一井里,他肯定会死。不过,如果我们在其余矿工被困的井里放置炸药,那么这个矿工将会获救;但是这么做就会杀死所有困在井里的 50 名矿工。我们该怎么做?如果"数量重要",那么不难看到,我们为什么不应该救下那 50 个人的性命呢,即便这意味着将伤害另一个人。陶瑞克对这种回答提出了质疑。他认为,在类似矿井的情境中,我们应该做的是用抛硬币的方式决定救谁。正面向上,就救 50 人;背面向上,就救 1 个人。他写道:"在这种情况下我会抛硬币,把特殊考虑扔在一边。我看不出,仅仅数量的增加如何会、为什么会带来什么不同"㉕。

什么被算作是"特殊考虑",这在陶瑞克那里有点含糊,不过至少他的部分想法是:在这种情形中可能存在着**获得性义务**,也就是道德主体因为自愿行为、或者因为他们在制度安排中的位置而获得的义务。我们把这一点阐释如下。假设在矿井坍塌之前,矿工们已经告知负责抢救的人:如果发生坍塌,应该尽可能抢救出更多矿工。假设这是自愿达成的协定,那么该协定就给负责抢救的人施加了获得性义务:抢救 50 个人的性命而不是一个人的。这在陶瑞克看来是一种"特殊考虑",一种将会把天平倒向拯救 50 人而非 1 人的考虑。但是天平倒向这边的原因并不是 50 是 1 的 50 倍,而是因为所有人都自愿达成了所谈到的协议。在阻止情形中,当不存在支持某选择而非另一选择的"特殊考虑"时,陶瑞克认为数量就不重要。(我们下面还会回到"特殊考虑"的问题,见 8.12)

但是为什么数量不重要呢?在评论类似矿井的情况时陶瑞克写道,"我对(这种情况)的思考基本上是这样的:认真考虑一下,如果我不阻止事态发生(在此也就是死亡),那么这个人(也就是单独的那名矿工)将会损失什么或遭受什么,同时考虑一下,如果我不阻止事态发生,那么相对于任何他人的损失或遭遇而言,他的损失或遭遇**对他来说**意味着什么。这反映了一点:这种情形拒绝严肃考虑把两个人独立的损失相加起来的想法"㉖。换句话说,某矿工生命的丧失无法与其他人生命的丧失相加,以达到损失或伤害的某种积聚值或总值。依照陶瑞克的观点,只存在这个或那个矿工所遭受

㉕ "数量重要吗?"("Should the Numbers Count?"),载《哲学与公共事务》(*Philosophy and Public Affairs*),6(4),第 306 页。
㉖ 同上书,第 307—308 页。

的损失,不存在他们各自损失的"累聚"。在陶瑞克看来,正是损失无法被相加的事实导致了一个结论:在这种情形中"数量并不重要"。由于不可以把所涉及个体的各自损失相加,由于特殊考虑被排除,因此没有理由认为:挽救50人的生命比挽救一个人的生命更可取。

陶瑞克举了一个例子,力图促使我们承认他立场的合理之处。我们可以设想,作为一个陌生人的你,是否会同意承受"一些剧烈的痛苦",这样我就会减轻一些更小的痛苦。很难设想我如何可以博得你的同意。但是现在设想我们引入了许多人,你只要同意为我们遭受痛苦,那么相对而言这些人就会免予一些小痛苦。照陶瑞克看来,这没有改变什么。"如果我们中没有人可以向你提供一个好的理由,让你愿意承受更多的痛苦,这样他就有可能免受小的痛苦,那么,也就根本不存在好理由要求你遭受痛苦,让群体免予痛苦。所受之苦并没有以这种方式相加。对于一大群体验轻微头痛的个体来说,他们中每个人感到的不适不会累加起来,构成任何人对偏头痛的体验。在诸如此类的交易情境中,不管这个痛苦被精确地假定为什么东西,我们都不会把你的痛苦或损失与我们集体的或总体的痛苦比较,而是会与**我们中任何单个个体**遭受的痛苦比较。"㉗

陶瑞克对痛苦的论述是正确的,但是这对他的例子并无帮助。**许多人体验的小疼痛积聚起来不会伤害任何人**,而你被要求承受的疼痛("某些非常剧烈的疼痛")初步看来会伤害你。这使得疼痛的例子与坍塌矿井的例子根本不同。在矿井例子中我们没有被要求在两个选项之间进行选择:其中一个会伤害无辜者,另一个不会;我们被要求选择的选项**都**会伤害到某些无辜者,**并且**是以一种初步看来可比较的方式产生伤害,也就是造成死亡。那么我们有什么理由,"拒绝(在这种情形中)严肃考虑把两个人独立的损失相加起来的任何想法"?如果像陶瑞克的疼痛例子那样,"损失"并没有都涉及伤害,那么人们确实可以找到这样的理由。但是,当所有选择都会以类似的方式伤害无辜者时,还存在这样的理由吗?如果(比如)我们要选择将会导致50名矿工死亡的选项,为什么我们不能可理解地把可能的伤害积聚起来呢?并不清楚陶瑞克是否给出了什么理由认为,这么做无法被理解。

可能陶瑞克的想法是:即便我们可以把伤害或损失积聚起来,积聚的结果也**没有伤害任何人**。也就是不存在积聚性的个体,仿佛是50名矿工组成的复合体,在我们选

㉗ "数量重要吗?"("Should the Numbers Count?"),载《哲学与公共事务》(*Philosophy and Public Affairs*),6(4),第308页。

择导致50名矿工死亡时,这个复合体会遭受伤害;或者说,如果我们选择导致死亡,该个体将会遭受50倍于单个矿工所受伤害的伤害。只有51个矿工个体,对于每一个体而言,每个人将会遭受的损失与任何其他个体将遭受的一样大。陶瑞克可能会认为:"让数量具有重要性"就是假设存在这样的积聚性个体,他会遭受50倍于单个矿工所受损失的损失。但是由于并不存在这样的个体,因此我们无法让数量具有重要性,因此我们不应该把数量考虑在内。

如果这就是陶瑞克的看法,那么他的想法是混乱的。无需假定存在特定的遭受总体损失的个体,积聚性损失也仍然可以有意义。如果伯特、唐和查利都投资了克莱斯勒公司,并且如果各自都损失了不同数量的钱,这并没有推出:只有假设存在第四个个体,他是这三个个体的积聚体,他损失了三个人遭受损失的总和,我们才可以有意义地谈论这三个人的总体损失。无需如此假设就可以清清楚楚地计算这三个人的损失总量,正如我们可以计算这三个人的平均损失,同时无需假设存在第五个人(他遭受了平均的损失)。没有理由表明,积聚伤害的例子在这一点上会有什么不同。我们可以清清楚楚地问,伯特、唐和查利的经济损失带来了怎样的伤害,我们可以有意义地声称,他们遭受的积聚伤害与其他投资组合遭受的积聚伤害一样多,或者更多、更少,同时无需假设存在某些其他个体,他是三个人的复合体,他在体验三个人积聚起来的伤害。

或许陶瑞克会做出让步,承认有可能以所提示的方式积聚伤害,但否认我们应该这么做。禁止这么做是他的第二条论证线索,尽管该线索很多时候没有与他认为我们无法进行积聚的暗示区分开。他在这一点上的立场是:要平等对待所有矿工,我们就必须对每个矿工的生存具有同等关注。而要同等关注每个矿工,这要求我们不让数量具有重要性。如果我对一名矿工的生存的关注,等同于我对50名矿工中每个矿工的生存的关注,那么我就必须同等对待他们所有人;而同等对待他们所有人要求我在生存可能上给每个人同样机会,依照陶瑞克的观点,也就是要掷硬币。

这种方式因为至少三个不同理由而无法令人满意。首先,在这种情形中,只掷**一次**硬币显然还不是在平等对待所有相关个体。掷一次产生的机率不公平地支持那名单独矿工,而不支持另50名矿工。要让掷硬币变得平等,你必须至少掷50次硬币,每掷一次就让50个矿工中的一名与单独的那名进行权衡。实际上,如果我们允许掷一次硬币来决定所有矿工的集体命运,那么50名矿工的集体成员就**像是**构成了单个个体,而这本身与陶瑞克要求严肃看待**个体的**可能损失的指令完全矛盾。

第二,矿井的例子具有这种性质:即便我们通过掷硬币来平等对待所有相关者,我们也找不到合理的办法来执行结果。假设我们掷了50次硬币,结果就像概率所预计的:单独的那位矿工赢了一半的投掷,而剩下的 25 名矿工赢了另一半。那我们该怎么做?问题的本质不允许我们挽救 25 个人却不杀死单独的那个,而如果我们要挽救单独的那个,理由是他赢了 50% 的掷硬币,那我们在这么做时,也不可避免会杀死另外 25 名可以说在与该矿工的单独对决中胜出的矿工。我们应该再掷一次,让一切由结果来定吗:正面朝上,挽救单独的矿工,背面朝上,就挽救其他人?这个回答还是会面临针对最初那个办法的同样反驳。这不是在公平地对待相关者,因为单独的那名矿工得到了不平等的好处。

但是第三,如果依照尊重原则来理解平等对待,那么下面这个看法就是错误的:当我们选择挽救 50 名矿工而不是单独的那个时,我们没能平等地对待被困的矿工。每名矿工都有资格得到同样的尊重,是他们作为固有价值的拥有者应得的那种尊重。出于下面马上就要给出的理由,以一个人的生命为代价而挽救 50 人的生命,这恰恰实现了这种尊重。

10. 最小压倒原则与恶化原则

尽管我反对陶瑞克的观点,这种观点还是有个重要洞见。思考是否以及何时允许伤害无辜者时,存在一个决定方式:我们必须采取让无辜者的总积聚伤害降到最小的行动(**最小伤害原则**)。因此每当我们发现,自己处于不管采取什么选择都会伤害无辜者的情形时,我们都必须选择将会带来最小总体伤害的那个选项。

最小伤害原则与我们深思熟虑后的信念是冲突的。设想这样的一种阻止情形:我们要么以非常剧烈的方式伤害 A,**要么**以温和的方式伤害另外 1000 个人,**或者**我们什么都不做,这样 A 和 1000 人就都会像所描述的那样遭受伤害。假设我们可以用数字表示所讨论的伤害值。比如,A 受到的伤害相当于 -125;1000 人中每个人遭受的伤害值是 -1,总和是 -1000;这样二者所受伤害加起来就是 -1125。假设所有人都是无辜的。我们应该选择哪个?如果我们根据最小伤害原则推荐的基础来做决定,那么我们应该选择伤害 A。这看起来相当不公平。毕竟,如果我们做出那个选择,A 的生命质量就会陷入糟糕的境地,而从个体的角度看,其他人的生命质量却只是轻微降低了。我们应该做出第二个选择,避免 A 的巨大伤害,让伤害得到分摊。

现在如果这就是我们应该做的,那么我们就必须拒斥最小伤害原则。但是,由于诉诸我们深思熟虑后的信念有争议,因此,人们或许能够不诉诸它而让最小伤害原则失效。陶瑞克反对积聚性伤害的可能性的论证,可以被理解为这样的尝试:想要不通过诉诸我们的直觉就推翻最小伤害原则(他自己是否有这个意图并不清楚)。如果伤害**无法**积聚,那我们就有坚实理由拒斥最小伤害原则。

不过还有一种办法可以驳斥该原则,而且不需要接受陶瑞克的论证,也不需要仅仅诉诸我们深思熟虑后的信念。这个办法的基础就是:展示出尊重原则及该原则所依赖的固有价值假定的含义。最小伤害原则是一后果主义原则,教导我们采取避免最坏后果的行动,而"最坏后果"被理解为:给所有相关无辜者带来了最大数量的伤害。接受最小伤害原则因此也就是假定:道德主体或道德病人**不过就是容器**,不是(比如)快乐与痛苦的容器,而是伤害与好处的容器。这样,对任何个体所造成的伤害,就可以被其他个体因此而避免的更大伤害所补偿。权利观点拒绝以此种方式看待道德主体。具备固有价值的个体**不会被视为仅仅是任何东西的容器**,因此永远不能以假定他们是此种容器的方式被对待。这样对待他们就是没能尊重他们,而从严格正义的角度看,此种尊重是他们作为固有价值的拥有者有资格得到的,他们也具有根本的权利得到此种对待。因此最小伤害原则的根本错误不在于,它假定不同个体各自的伤害可以被积聚起来(伤害是可以积聚的,尽管陶瑞克提出了相反的反对),**或者**在于,它的暗示与我们深思熟虑后的信念相矛盾(尽管确实有矛盾)。其根本错误在于它的这个假定:道德主体和道德病人仅仅是价值的容器,自身不具有独立的价值。**正因为如此**,该原则的暗示不符合我们深思熟虑后的信念。

驳斥最小伤害原则还不够。如果权利观点能够赢得我们的理性同意,它还必须能够恰好为人们可能想要依赖最小伤害原则的情形提供指导,那种情形就是阻止情形,比如被要求在伤害少数还是多数无辜者之间做出选择。权利观点认可两条适用于这种情形的原则,二者都导自尊重原则。为了给这种推导提供依据,让我们回顾一下前面对伤害的分析所得出的一些结论(见 3.4)。

相当的伤害

前面的分析区分了作为折磨的伤害和作为剥夺的伤害。作为剥夺的伤害拒绝了个体这样的机会:在符合个体利益的情况下,去做将会带来满足的事情。作为折磨的伤害降低了个体的生命质量,而这并不只是因为这些伤害剥夺了个体实现满足的机会(尽管这确实经常发生),而是因为这些伤害直接减少了该个体的总体福利。身体衰弱带来的痛苦是典型的作为折磨的伤害;作为剥夺的伤害包括限制某人的自主性。不管属于什么种类,并非所有伤害都是同等的。比如,早夭初步看来是比暂时失去自由更大的伤害,而之所以初步看来是更大伤害是因为,它标志着更大的损失。但是,并非只是在同样个体以不同方式遭受伤害时,伤害才表现出不等同;伤害也可以在不同个体以同样方式遭受伤害时表现出不等同。风华正茂女子的早夭,就比她年老母亲的死亡乍看来伤害更大。尽管二者都丧失了生命,但年轻女子遭受的损失量是更大的,因此伤害也更大。

对伤害的前述讨论有一个优点,那就是:允许我们区分伤害的量级和伤害的严重性。与之相关的另一优点是,这个区分使得我们能够充实"相当的伤害"这一概念。当两个伤害减少了一个个体同等的福利,或者减少了两个或更多个体同等的福利时,它们就是相当的伤害。比如,两段各自属于特定类型、具有特定强度的痛苦,如果在同样个体的不同时期带来了福利的同等减少,或者在两个不同个体的同一时刻、或不同时刻带来了福利的同等减少,那么这两个痛苦就是相当的伤害。如果死亡在任何两种情形中意味的机会损失都是同等的,那这就是相当的伤害。然而,鉴于个体差异的存在,给某些人带来伤害的可能不会给其他人带来伤害,或者不会以同等方式造成伤害。比如在身体疼痛的例子中,有些人就比其他人更耐疼,有些遭遇身体疼痛的人会及时认识到"福祸相倚",而另一些人的生活却可能会因此被摧毁。因此我们无法自动地假设,初步看来属于同种类型的伤害,必定在任何两种情形中都构成相当的伤害。我们**能够**假设的是,存在强烈的假定认为它们是相当的。也就是,在其他条件同等的情况下可以合理地假定:类似的伤害具有类似的效果,也就是会同等地减少个体的福利,因此可以被视为相当。此外,关于某人所受的伤害在多大程度可以从道德上归咎于别人,这有一个限制。如果你已习惯穿过邻居的草地去上班,如果我买了那块草地并围上篱笆,因此要求你绕行,这反过来要求你早起,也花费更长的时间去上班,那么你无疑因为我的行为而感受到不便,让我们假定你初步看来遭受了伤害。但是**你如何对待**这个轻微的不便是你的事情,不是我的。如果你因为多花费的时间而心烦意乱,睡不着觉,也离了婚,甚至烧了我的房子,毁了你的事业,外加被投进监狱,那么,认为**我**要从道德上对你所遭遇的严重伤害负责,这是荒谬的。我竖起篱笆的决定在因果上与你的衰败相联系,我必须为我做出的决定负道德责任;但是这并没有推出:我应该为你从小伤害演变到大伤害的遭遇负责。因此,当权利观点谈到道德主体因为相当的方式伤害个体而要为此负责时,这并未暗示:该个体出于自身意愿而把该伤害演变成更大伤害时,行动者必须为此负责。

最小压倒原则

通过运用相当的伤害这一概念,权利观点可以阐述两条原则,它们能够被用来在阻止情形中做决定。第一个原则是**压倒最小化原则**(the minimize overriding principle)，或者**最小压倒原则**(the miniride principle)，它做出了如下陈述：

> 特殊考虑除外，如果我们必须在压倒多数无辜者的权利和压倒少数无辜者的权利之间做出选择，并且每个受影响的个体将会以初步看来相当的方式受到伤害㉘，那么我们应该首先选择压倒少数人的权利，而不是压倒多数人的权利。

这个原则可以从尊重原则那里推导出来。尊重原则要求：所有道德主体和道德病人，都被直接地亏欠了不受伤害的初始义务(5.6)，而且，所有被亏欠了此项义务的个体，都具有同等有效的权利要求，因此具有不受伤害的平等的初始权利(7.9)。现在，**恰恰因为**此项权利是平等的，当任何个体可能遭受的伤害都初步相当时，没有一个个体的权利可以被算作多于任何其他个体的权利。因此，A 的权利不能被视为多于 B、C、或 D 的权利。然而，当我们面临几个选择，一个选择会伤害 A，另一个选择会伤害 B、C、和 D，第三个选择会伤害所有人，并且每个个体所涉及的可预见伤害都初步相当时，数量就具有重要性。**恰恰因为**每个人都被算作一个，没有人被算作更多，我们才无法认为：压倒 B、C、D 权利的选择，既不比压倒 A 的权利更好，也不比其更糟。3 个人多于 1 个。当 4 个人具有平等的不受伤害的初始权利，且他们面临的伤害初步相当，也不存在特殊考虑时，对不同个体的平等权利的平等尊重要求：压倒 A(少数人)的权利，而不是压倒多数人(B、C、D)的权利。在这种情况下，选择压倒多数人的权利相当于 3 次压倒平等的权利(也就是 3 个不同个体的权利)，而此时我们可以选择压倒 1 次平等的权利。压倒多数人的选择因此与平等尊重所有相关个体的平等权利矛盾。

支持压倒少数人的权利，这完全没有违反"每个人只能算作一个，没有人可以算作更多"的要求；相反，排除特殊的考虑，选择压倒多数人而不是少数人的权利，才是不止一次计算 A 的权利，也就是，认为 A 平等地压倒了三位具有相关相似性的个体的权利。相应地，由于我们必定不允许任何个体在决定时，比任何在相关方面相似的其他个体具有更大发言权，因此在这里所考察的阻止情形中，我们应该做的就是选择压倒最少无辜者的权利，而不是压倒多数人的权利。而且，由于这正是最小压倒原则命令的，因此该原则是从尊重原则推导出来的。

㉘ 在说伤害初步相当时，这里假定没有一个个体会落入比任何其他个体更糟的境地。某人或某些人将会落入糟糕境地的情形将在下面讨论。

这种推导会遭到两种反驳。由于 A 的权利与 B、C、D 的权利同等,可能有人会说,因此 A 的权利必须等同于 B、C、D 相加起来具有的权利。因此这个反对说,优先支持伤害 A 的权利而非伤害 B、C、D 的权利,这没有让每个人被算作一个而不是算作更多。对这个反驳的回应,在某些方面让我们想起前面提出来反对陶瑞克的批评。回应要点很简单。并不存在具有不受伤害的权利的积聚性的个体(B、C、D 的复合体),其理由也非常简单:一开始就不存在积聚性的个体。只存在分离的,不同的个体 B、C、D,每个个体都具有与 A 平等的权利。因此我们面临的不是:必须选择压倒 A 的权利还是压倒这个复合体的平等权利;而是这个:选择压倒 A 的权利,还是压倒其他 3 个互相分离的不同个体的平等权利。把 3 个人看作 1 个人来对待,仿佛他们构成了单个的、积聚起来的、与 A 具有同样(平等)权利的个体,这不仅无法说明认为每一个体都享有不受伤害权的观点,也对立于平等对待每一相关个体的要求。

第二个反对采取了不同方针。它声称:最小压倒原则与尊重原则矛盾,因为前者允许我们把少数无辜者仅仅当作容器来对待,这为尊重原则所不容。这个反对认为,由于我们通过选择压倒 A 的利益来阻止 B、C、D 遭遇的更大积聚伤害,因此,允许 A 的利益被压倒就是暗示:A 的损失不如这个积聚起来的损失大,A 的权利也正因为这一点而成为可被压倒的。这个反对因此强调:这种做法仅仅把 A 当作容器来对待,恰如在最小伤害原则中 A 仅仅被当作容器来对待(也出于恰好同样的理由);而前面已提出,如果我们接受尊重原则,最小伤害原则就该被拒斥。因此,如果接受尊重原则,那就必须拒斥最小压倒原则。

这个反对混淆了两样东西:一个是,遵守最小压倒原则所带来的可预见后果;另一个是,权利观点为接受最小压倒原则所提供的根据。确实,如果少数无辜者的权利被许多人的权利压倒,那么可以预见,所致的积聚性伤害会比相反情形少(也就是构成了更小的积聚伤害总值)。但是依照权利观点,选择前一个选项的理由并不是它会带来更好的积聚后果(也就是更不坏的结果),如果出于那一理由来选择,那**就**相当于把相关个体仅仅视为容器。权利观点选择压倒少数人的权利的理由是:如果我们要对相关个体的平等固有价值**以及**平等的初始权利表达尊重,我们就必须那么做。换句话说,重要的不是给所有相关者带来的积聚性后果,而是对所有相关个体的平等尊重。

依照权利观点,最小压倒原则阐明了为什么我们应该挽救 50 名矿工而不是单独那个。对那一例子的前述讨论默认一点:如果矿工死亡,那么每名矿工将遭受的伤害与任何矿工相当。倘若他们遭受的损失初步相当,那这就是合理的假设。如果承认这些,并且假定不存在特殊考虑,那么最小压倒原则要求:我们必须采纳挽救更多个体的行为,即便这意味着压倒少数个体的权利。而且该原则这样来要求并不是因为,此种选择所导致的积聚性伤害,将会小于我们采取其他选择所带来的积聚性伤害;而是因为,我们要对相关个体的固有价值给出同等尊重,且平等看待他们的平等权利。

恶化原则

如果我们考察一下伤害不相当的阻止情形,权利观点和最小伤害原则之间的根本差异就会更加尖锐。回顾一下前面的阻止情形,我们需要在如下选项之间选择:严重伤害 A(-125),轻微伤害 1000 个人(每人 -1),或者什么都不做。如果做决定的唯一相关考虑就是让被压倒的权利的数量降到最小,那么我们应该伤害 A,因为 1 个个体小于 1000 个和 1001 个。但是,最小压倒原则并不**仅仅是**要求我们让被压倒的权利数量降到最小;它要求我们这么做是基于一个假定:特殊考虑除外,所有无辜者面临的伤害都**初步相当**。然而在刚才那个例子里,伤害并非初步相当。A 面临的伤害大大超过了 1000 个人中任何一位面临的伤害,而且,1000 个人将会遭遇的积聚性伤害并没有伤害任何个体,因此不能被解释为构成了与 A 将会遭遇的伤害相当的伤害(或者说不仅仅只是相当的伤害)。最小伤害原则将要求选择伤害 A。由于最少压倒原则只适用于伤害相当的阻止情形,因此在所有无辜者面临的伤害并非相当的情形中(比如所讨论的这个),就无法依赖该原则。权利观点因此要求第二条原则,它与最小压倒原则不同,但与之一致;而且,它不同于、也无法被还原成最小伤害原则。下面的**恶化原则**(the worse-off principle)就符合这些要求。(下面的阐述依照"多数人的权利"和"少数人的权利"这些用语进行。不过,数量上的不等同[少数的、多数的]对于恶化原则来说并不重要。数量的不等同适用于这样的情形:我们必须在伤害一个无辜者**还是**另一个无辜者之间进行选择。这种情形将在下一节考察。数量的不同也适用于我们采取行动来阻止自己变糟的情况。关于这一点见 9.11。)

    特殊考虑除外,如果我们必须在压倒多数无辜者的权利和少数无辜者的权利之间抉择,如果,少数无辜者遭受的伤害将让他们落入比多数无辜者中的任何一个都更糟的境地,那么我们应该选择压倒多数无辜者的权利。

与最小压倒原则不同,恶化原则适用于刚才的例子所表明的阻止情形;但是与最小伤害原则又不同,恶化原则不会因为这带来了更少的积聚性伤害就认可压倒 A 的权利。恶化原则认可压倒 1000 个人的权利,即便这 1000 人中的每一个都是无辜的,即便通过压倒他们个体的权利,我们优先压倒了 1000 名、而不是 1 名无辜者不受伤害的权利。简言之,在这种情形中,数量并不重要。

与最小压倒原则一样,恶化原则可以从尊重原则推导出来。首先注意,尊重原则不允许因 1000 个人将被免除**更大的积聚性**伤害而伤害 A。假设对 A 的伤害可以这样得到辩护,那就是把 A 仅仅视为容器,即假设 A 的损失可以被其他人的损失总数压倒。尊重原则不允许这一点。如果要以从严格正义的角度看 A 所应得的尊重来对待 A,那么我们就不能简单地把 A 遭受的所有损失加起来,然后把它与 1000 个人遭受的总体积聚性损失进行比较,除非我们以忽视 A 具有的特别价值(固有价值)为代价。最小伤害原则所确认的方式遭到了尊重原则的否定。如果某选择让相关的少数个体,陷入比采取其他选择时的任何其他个体都更糟糕的境地,那尊重原则不会为这种选择做出辩护。

尊重原则所辩护是:在当前这类阻止情形中,压倒多数人的权利。考察一个简单的例子就可以表明这一点。说个体 M 和 N 基于各自被给予的平等尊重而拥有不受伤害的平等权利,这并没有暗示:任一个体可能遭受的每个伤害都同等严重。在其他情况同等时,M 的死亡比 N 的偏头痛是更大的伤害。因此,如果我们要平等地尊重个体的价值和权利,就不能把 N 的更小伤害算作与 M 的更大伤害平等,或者甚至比它更大。要平等尊重两个人的平等权利,你必须平等考虑他们同等的伤害,而不是把他们不同等的伤害视为等同的。这个要求蕴涵一点:在阻止情形中,其他条件同等的情况下,如果做出某选择时给 M 带来的伤害,比做出另一选择时给 N 带来的伤害要大,那么 M 的权利就压倒了 N 的权利。如果以其他方式考虑问题(掷硬币或压倒 M 的权利),就会给予 N **超出**他所应得的东西。**恰恰是因为** M 和 N 在固有价值上是**平等**的,并且**因为** M 面临的伤害比 N 面临的**更大**,对这两个人的平等尊重才要求我们不选择压倒 M 的权利,而是选择压倒 N 的。

现在,在此种情形中,数量的增加不会带来变化。如果像我们在早先的例子中看到的,选择伤害 A 而免除其他人的伤害,会让 A 的情况比 1000 人中的任何一个都更糟,那么把 1000 个人的伤害积聚起来也不会影响判断。并不存在一个**其他**的人,他被 1000 个人相加起来的伤害所伤害;也就是不存在一个积聚性的个体,他受到的伤害可以是 -1000,并且可以认为他具有不受伤害的权利,这个权利可辩护地压倒了 A 不受伤害的权利。所存在的不过就是 1000 个个人,如果我们选择伤害 A,那么 1000 个人中的每个将遭受的伤害都比 A 将遭受的更小,他们中没有一个人会比 A 的情况更糟。因此对于 1000 个人中的每人来说,A 的权利都压倒了他的权利,正如上一段落中 M 的权利压倒了 N 的权利。**是 A 以及 1000 个人中的每个所受伤害的量,而不是 A 所受伤害的总和与 1000 个人所受伤害的总和的比较,决定了谁的权利压倒了谁的**。由于依照假定,A 遭受的伤害将会大于任何其他相关个体遭受的伤害,并且这个伤害会让 A 变得比他们更糟,因此,对所有相关者的权利和价值的尊重,要求压倒多数人、而不是个体 A 的权利。如果不存在特殊考虑,假定我们选择压倒少数人的权利而使少数无辜者比多数无辜者中的任何一个变得更糟,这时,尊重原则要求我们压倒多数人的利益。由于这是恶化原则所要求的,因此该原则来自尊重原则。

对这个推导及前面最小压倒原则的推导,有一个反对,认为权利观点是不连贯的。一方面,权利观点否认后果的相关性,这在它对功利主义的坚定攻击和对最小伤害原则的驳斥中得到见证;但是另一方面,权利观点又依赖于"相当的伤害"这一概念,并且援引谁将受到最大伤害的考虑——最小压倒原则和恶化原则是其明证。该反对因此提出,这是不连贯的。

这个反对源于某种混淆。权利观点否认的是:道德上的对错,可以**仅仅**通过确定哪一行为选择(或者依照规则功利主义,采纳哪一规则),将给所有相关个体带来"最佳"积聚性后果而决定,即便实际上这个"最佳后果"是"最不糟糕的"后果(依照最小伤害原则)。权利观点拒斥任何后果主义理论,因为一切后果主义理论都假定,**仅仅是**结果决定了道德对错和道德义务(见上面的 4.5)。但是权利观点并没有认为,对后果的考虑是**无关道德的**;尤其是该观点并未声称:无需这种考虑就可以确定受直接影响的人将遭受**多大**伤害。然而,坚持于后果的相关性不同于、也没有蕴涵这样的信念:给一切相关个体带来的积聚性后果决定了道德对错和道德义务。后果是相关的,因为如果没有对后果的关注,我们就无法确定直接受影响的个体所受伤害的量。即便如此,这些后果的道德相关性也依附于某些道德原则,而对这些原则的有效性的辩护并不依赖于:采纳此种原则将会给所有相关者带来更好的后果(功利主义),或者给立下特定协议的个体带来更好的后果(理性利己主义)。尊重原则及其派生的原则——伤害原则(7.9)、最小压倒原则和恶化原则(8.10)——的有效性,依赖于固有价值假定,而不是效用原则、理性利己主义者达成的协议、或者任何其他的后果主义伦理原则。实际上,像权利观点那样坚持认为,在阻止情形中,关于每一直接相关的个体将遭受**多大伤害**的考虑是**相关的**考虑,这恰恰反映了人们所期望和要求的东西,即倡导**相关个体享有平等权利**。如果不考虑与其他相关个体平等的权利相比,每一个体**各自**不受伤害的初始权利究竟孰胜孰负,我们还有什么别的方式来表达对这些个体的平等尊重吗?而且,如果不考虑这些相关个体中的哪个会受到伤害,每一个体又会受到多少伤害,我们又如何可以确定,自己是否表达了对他们的平等尊重?坚持于这些考察的相关性不过就是坚持于一点:有必要以他们所应得的平等尊重,来对待所有直接的相关者。我们不能做的,也就是与权利观点的字面意思和精神矛盾的是:**仅仅**依据给所有相关者带来的善之于恶的更大积聚性平衡,就许可压倒某个体的权利。那将等于许可这一点:把具备固有价值的个体仅仅视为实现集体目的的手段;而权利观点禁止如此看待,因为那等于把权利的拥有者视为好像仅仅是容器。权利观点可能是错误的——那就要留待后人的置询了;但是显然,它并非因为不连贯而错误,至少不是因为**上面所声称**的理由而错误。

权利观点与功利主义对立,甚至对立于像密尔那样并不挖苦诉诸道德权利的功利主义者;在某些方面,权利观点同情陶瑞克的立场,尤其是在与陶瑞克相呼应而否认最小伤害原则的有效性时。但是,你可以否认那一原则的有效性,同时不必否认伤害可以积聚,也不必否认"数量"是重要的。最小压倒原则和恶化原则提供了不同于陶瑞克立场的一种基础,用以否认最小伤害原则,以及该原则天然地支持的一般性功利主义立场[29]。这一不同基础断然不是功利主义的,只能被误认作是功利主义。此外,出于上面提到的理由,这些原则不是独立的、或者相互没有联系的原则——不是"自明的道德公理",不是"自明的道德法则",不是"自明的道德绝对"。它们能够从更根本的原则(尊重原则)推导出来,而那一原则本身可以通过论证、而不是诉诸据称"自明"的东西而得到捍卫。这些原则,包括最小压倒原则和恶化原则,没有一个是为了迎合某些得到偏爱的深思熟虑后的信念集合而专门炮制。以这些根据来驳斥权利观点是不公平的、没有根基的。

11. 为什么副效应并不重要

权利观点明确否认,在决定何时能够可辩护地压倒无辜者不受伤害的权利时,副效应(side-effects)是相关的考虑。由于否认副效应的道德相关性,权利观点与所有的后果主义理论具有根本不同。比如对于行为功利主义者来说,杀死或以其他方式伤害

---

[29] 我必须承认,对于这一点,我并没有一直都说得很清楚,因为在不止一个地方我陈述或暗示说,个体的权利可以通过诉诸最小伤害原则而被压倒。关于这一点,参见比如我的"动物权利、人类的错误"("Animal Rights, Human Wrongs"),载《环境伦理学》(*Environmental Ethics*),(1980 年夏);重印于雷根:《那里的所有居民》(出版信息见第三章,注释 6),以及《伦理学与动物》(*Ethics and Animals*, ed. Harlan Miller and William Williams, Clifton, N. J.: Humana Press, 1982)。

一个无辜者是否错误,这必须取决于这么做带来的后果,不仅有给死者带来的后果,而且有给所有相关者带来的后果(见 6.2)。由于任何既定行为的副效应(即并未直接被牵扯的其他人如何受结果影响),都是行为后果的一部分,因此依照行为功利主义,与行为给直接受牵扯的个体所带来的影响一样,副效应也与行为的道德评价相关。由于每个人只能算作一个,没有人可以算作更多,因此,直接受牵扯的个体在功利主义理论那里不具有特殊道德地位。不管采取哪一种形式的行为功利主义(比如享乐主义功利主义,偏好功利主义,等等),情况都是如此。

权利观点不允许这一点。假定我们可以只是把给所有相关者带来的后果积聚起来,以此为伤害无辜个体的做法辩护,这相当于认为个体仿佛是容器,因此与从严格正义的角度看具备固有价值的个体应得的尊重相对立。如果个体不受伤害的权利可以被压倒,那么,这不只是因为这么做会给每个人带来最好的后果。正是因为这个理由,对于权利观点来说,**秘密**杀死道德主体并未造成辩护上的不同,尽管对于行为功利主义者来说这个不同成立。

权利观点与后果主义理论(比如行为功利主义)之间的根本差别,可以通过如下方式阐明。设想我们处于某情形,必须在两个选项之间抉择:要么采取伤害无辜个体 A 的举动,要么采取伤害另一无辜个体 B 的举动。进一步设想一下,如果我们做第一个选择,A 遭受的伤害将比我们做第二个选择时 B 遭受的伤害严重**得多**。假设 A 会终生瘫痪,B 只会瘫痪一天。最后,设想 B 一方存在一些关注群体,而 A 没有;也就是,某些个体关注着发生在 B 身上的事情,而没有人关注 A,这样,如果你选择伤害 B,这些关注群体会表示反对。我们该如何选择?依照行为功利主义的理由,我们无法忽视伤害 B 将给关注群体带来的副效应;我们必须把这些人的利益也考虑进来,并且对其进行平等计算。如果承认了这些,那么就有可能出现这个情况:考虑和权衡**所有**的结果之后,选择伤害 A 所产生的**积聚**后果,将比选择伤害 B 所产生的积聚后果好些。如果情况如此,那么依照行为功利主义,我们应该做的是伤害 A。

权利观点不允许这个决定。如果像我们假定的那样,A 遭受的伤害会让 A 比 B 的情况更糟,那么特殊考虑除外,压倒 A 不受伤害的权利就是错误的。对其他人造成伤害的**积聚**,不会以相当于 A 遭受伤害的方式伤害任何特定个体。假定可以把 B 和关心 B 的人遭受的伤害相加,以此来为伤害 A 辩护,那这仅仅是把 A 视为容器,而依照权利观点,A 并不是容器。通常,如果我们必须在不同选项之间选择,所有选项都会给某些无辜者带来伤害,并且其中有个选择将会让某个体比其他个体都更糟,那么特殊考虑除外,我们不可以选择这一选项。当恶化原则运用于我们必须选择伤害两个个体中的一个时，这就是该原则所要求的。

恰当地理解的话，是权利观点、而不是功利主义，为最糟糕的道德偏见——比如种族主义——提供了进行原则性反驳的哲学基础。依照最典型的形式，道德偏见的本质就在于假设一点：导致某些特定个体比其他个体过得更糟的做法，可以诉诸副效应而得到辩护，比如诉诸其他相关者的利益。例如，种族主义者不只是因为**他**和他的同类更喜欢白人、不喜欢黑人而有意允许黑人过得更糟。由于依照功利主义理论，种族主义者的快乐和偏好等得到了考虑，并且必须得到同等的考虑，而且由于依照这种理论，我们必须致力于带来最佳的积聚性结果，因此功利主义**原则上**并不对种族主义怀有敌意。权利观点阻断了向种族主义敞开的这扇大门。该观点不允许用一切相关者善之于恶的积聚平衡，来为伤害任何人的做法辩护，至少不可以为导致任何个体比其他个体过得更糟的做法辩护。就让种族主义者尽情去积聚集体收益和损失吧；当受害群体成员遭遇的结果比受影响的其他个体都更糟时，这个积聚无法为种族主义者在受害者身上的所为做出辩护。

对物种主义也是如此。对动物造成的伤害，无法诉诸其他个体得到的善之于恶的最大积聚性平衡而被辩护。反对这一点就相当于假定：作为个体，陷入糟糕境况的动物所遭遇的折磨或剥夺，可以通过累加他人获得善或避免恶而在道德上变成无错的。这是无法接受的，除非我们把这些动物仅仅视为容器，而依照权利观点和该观点所依赖的固有价值假定，这是错误的看法。这样，依照权利观点，我们就具有功利主义者所缺乏的基础（见 6.4），来抗议比如下面这种人的做法：他们使用动物、而不是人类来做一些致命试验，但是，此时用动物做实验给动物带来的死亡，比起某些代替动物做实验的人类将遭受的死亡来，是更大的损失，因此也是更大的伤害。死亡所造成的伤害量级，取决于它所排除的机会的数量和形式，因此你找不到可靠的基础来声称：比起具有更少意识的低能人类的死亡（这些低能人类具有更少的欲望，更不具备有意行动的能力，对其他个体和周遭环境具有更少的回应），正常成年动物的死亡不是更大的损失，更大的伤害。由于坚持于副效应的相关性，功利主义者暗示：在这种情形中，如果压倒动物的权利给每一相关者带来的积聚性后果，优于人类权利被压倒时将会带来的后果，那么我们就可以压倒动物而不是人类的权利。如果功利主义者想谴责研究中的动物使用，他们必须提供事实来表明，使用动物做实验并非最好的办法，否则他们就无法发起任何得到效用原则辩护的道德指责。而重要的是，功利主义者确实无法提供相关的事实（参见前面的 6.4；那里的论证被用来为废除素食主义提供功利主义基础，该论证现在以同等效力运用于科学实验的动物使用问题）。

权利观点无需这些事实就可以发起对物种主义行为的道德抗议。起决定作用的并非给所有相关个体造成的善之于恶的**积聚性**平衡；而是直接受影响的个体所受伤害的量级。特殊考虑除外，当实验动物的死亡给它们造成的伤害，大于低能人类的死亡给他们造成的伤害时，仍然坚持把动物用于致死实验，这**是**一种物种主义，而且具有讽刺意味的是，恰好是一种能够用于抨击这种偏见的理论——也就是功利主义——所支持的物种主义。但是我们要弄清，就像对动物的使用一样，对人类的使用也无法**仅仅诉诸积聚性后果而得到辩护**，以免有人会认为，权利观点对致死研究或其他研究中的动物及人类使用的立场，会引导人们开始使用更不幸的人类来代替动物。作为道德病人，这些人类会受到针对所有无辜者的同样原则的保护。

在前面的文本中(6.2)我们注意到，作为呼吁人们更好地对待动物的一个道德理论根据，功利主义具有其根本吸引力。由于动物是有感觉的(也就是能够体验快乐与痛苦)，由于动物不仅具有自己的偏好，而且在依照这些偏好行动，因此，任何一种认为快乐或痛苦、偏好的满足或挫败具有道德重要性的观点，看起来都足以吸引那些为动物权利运动寻求道德基础的人。尤其是，由于动物被用于追求人类的目的而遭受痛苦——以工厂饲养的"高效"之名，或者以追求科学知识之名；因此，功利主义要求把动物的痛苦考虑在内，并且得到平等考虑，这必定会激起强烈的道德共鸣。但是，功利主义并非动物权利运动起初接受它时想要寻找的理论。功利主义没有为动物权利提供基础，倒是包含一些导致它想要推翻的那种物种主义行为继续的根据。要确保动物权利的哲学根据，就必须抛弃功利主义。

12. 对其他反对的回应

有三个重要的批评要面对。首先批评者可能会反对说，权利观点的暗示与我们深思熟虑后的信念冲突。设想 A 是你完全陌生的一个人，B 是你的家庭成员或朋友；此时你面临选择：要么做出伤害 A 的事情，要么做出伤害 B 的事情，要么什么都不做，让这两个人都受到伤害。假设 A 面临的伤害比 B 面临的高出一些量级，尽管两个伤害都很严重。那么有人可能会说，权利观点暗示，你应该选择以自己所爱之人为代价而免除陌生人遭受的伤害。这是反直觉的。

这个结果确实**是**反直觉的，任何观点都会尽力避免它。但关键是要出于正当理由来避免。尤其是，诉诸副效应会再次变得不恰当。做出如下论证是错误的：你之所以不应该伤害你爱的人是因为，如果你这么做了，那么你爱的人遭受的伤害加上你将面临的伤害(比如你精神上的双重痛苦,以及罪恶感),将会大于你选择伤害陌生人所带来的总体伤害。在这种情形中,依赖上述考虑来做决定是错误的,理由是(1)这将把所有的相关各方——陌生人、你所爱的人和你自己——视为仿佛是价值的容器,并且(2),让副效应在该情形中起作用,这会打开方便之门,让副效应在其他人的利益也受结果影响的**任何**情形中都起作用。那样会造成这个结果:允许**任何**一位利益相关的第三方,都把自己的损失加到自己所爱之人的损失上,通过诉诸这个更大的积聚性结果,来为导致自己更不喜欢的人变糟的做法辩护。这将会给(比如)抱有偏见和狂热的人打开大门,为自己的偏见和狂热辩护。

替代这一积聚性方式的办法是,把家庭成员和朋友之间的道德纽带视为**特殊考虑**,这样就有理由摆脱最小压倒原则和恶化原则的强制运用。这并非一个理论胡乱抓住救命稻草以求自保的做法。假设我对自己的妻子、孩子和其他家庭成员负有特殊义务的理由在于,这会给他人带来有利的副效应,这是荒谬的,更别说认为这会给整个社会成员普遍带来好处的假定。我与朋友和家庭之所以处于特殊的道德关系之中是因为,我与他们处于特殊的人际关系之中,而且,尽管这两种关系都不完全符合明晰的契约(也就是,我们实际上并没有坐下来签订我们的关系条款),但是相爱之人相互间的关系,也不是完全不同于任何一个契约式的安排。与契约类似,爱人之间的关系也建立在相互信任、相互依赖以及履行互惠行为的基础之上。通常,正是与我们最亲密的人得到了我们最多的帮助或伤害,同时,他们也如此帮助或伤害着我们。因此从道德上看这种做法是行不通的:任何时候,只要决定保护与我们处于特殊关系**之中**的人(比如一位朋友),会导致此种关系**之外**的人变得稍微更糟一点,就要求我们不考虑着这一特殊的道德纽带。但有时我们有可能自愿去让自己所爱的人受到伤害,以保护陌生人免受更大伤害。如果伤害量级相差很大(比如保护陌生人免于死亡与保护朋友免受轻伤),那么对朋友的忠诚(一种特殊考虑)就应该让步,恶化原则的通常运用就得到了尊重。如果某人的朋友对此不解,认为对朋友的义务压倒**一切其他东西**,那么某人最好还是另寻好友。这个议题显然认可不确定性,而且在某些情形中也需要一些判断,此时,希冀一个像铁壳一样不许例外的规则来藉以进行判断,这不够理性。权利观点并不含有这样的规则,它与所有等待我们理智认可的理论一样,在这一点上存有局限。不过即便如此,中心要点仍然是:朋友和所爱之人的关系**是**特殊的,因此可以被视为"特殊考虑"之一,能够有效制止最小压倒原则和恶化原则的僵化运用。正因为如此(至少在多数情况下),我们可以得到辩护地免除对朋友的巨大伤害,即便此时会让陌生人的情况变糟。不过,对我们行为的辩护并不在于:把我们朋友和自己遭受的损失相加。

对获得性义务的此番评论,让我们有机会解决前面提到但没有处理的一个问题(8.3)。这个问题涉及:所假定的获得性义务的有效性及其对应的权利,什么时候可以被确定,如果可以,怎样确定。权利观点在这一问题的立场如下。那些立下了不正义的自愿协议,或者参与了不正义制度(比如奴隶交易)的人,在自愿参与此等制度,或者接受推进该制度的人所达成的协议时,他们没有因此获得义务,也没有获得任何道德权利。由于受这些协议和制度影响的人(在此就是奴隶),没有依照他们应得的尊重被对待,因此依照权利观点,该制度是不正义的,支持该制度继续存在的人所获得的推定义务和权利,缺乏道德有效性。由于缺乏此种有效性,这些义务和权利也就没有资格成为有效道德考虑,来为终止最小压倒原则或恶化原则的通常运用做出辩护。如果奴隶贩子在阻止情形中面临的选择是,严重伤害奴隶或轻微伤害同伴,那么应该被伤害的是贸易同伴,而不是奴隶;诉诸奴隶贩子之间达成的任何"契约"来构造"特殊考虑",都无法在这个情形中获得任何有效性。由于契约所属的制度完全不正义,该契约就不具备有效的道德地位。因此依照权利观点,在决定应该采取何种行动的问题上,诉诸获得性**义务能够**具有合法作用,**当且仅当**这些推定义务有资格成为有效的义务,而有效义务就是符合尊重原则规定的正义对待要求的义务。**如果**符合这一要求,**那么**,某人的自愿行为和他在制度中的位置,就可以构成获得性义务和权利的基础。在承诺中,如果立下协议的人和受其影响的人都得到他们应得的尊重,那么,自愿立下的承诺就既在许诺人一方产生了执行诺言的获得性义务,也在受诺人一方产生了要求承诺得到履行的对应权利。换句话说,人们没有侵犯他人权利的道德义务,即便他立下了如此行事的承诺;接受该承诺的人也不具有获得性道德权利来要求承诺被履行(比如,职业杀手立下"契约",谋杀具有公义精神的公诉人)。只有在承诺或契约所带来的协议满足了尊重原则时,参与协议的人才获得了道德义务和对应的道德权利。一旦那个条件满足,权利和义务就得到了确证。依照权利观点,(比如)守诺的义务就是这样获得其有效性(见8.3)。

自愿行为和制度如果要产生有效的道德义务和对应的权利,就得符合尊重原则。依照权利观点,这个要求说明了这一点:想把道德建立在关注自我利益的个体所达成的协议之上的尝试(比如纳维森的理性利己主义或罗尔斯的契约论者),为什么**必定会**被证明是有缺陷的。依照权利观点,协议或契约在道德上是有效的,当且仅当它们满足了尊重原则所规定的正义对待要求,而尊重原则本身的有效性并不取决于谁达成了什么协议,或者在什么条件下达成了这些协议(比如在无知之幕背后达成协定)。如果用另一个方式来表达,要点就是:**所达成的协议或契约的道德有效性,必须诉诸本身并非契约或协议产物的原则来表明**。依照这种方式,把道德病人排除在被亏欠直接义务的个体之外的做法(其中包括得到正义对待的非获得性义务,这个排除也是所有契约论理论的特征,见5.6),也就找到了最终根源。因为依照这些观点,正义对待的原则本身是契约的"结果",而且,只有能够达成契约的人才可以得到"严格"的正义,因此这种理论暗示一点:那些本身无法达成协议的人,就可以不武断地被排除在获得严格正义的个体之外。道德病人,不管是人类还是动物,就这样被排除在外。权利观点否认这种排除。作为一条正义对待的原则,尊重原则的有效性与契约论的考虑无关,该原则的范围涵盖所有可以被合理视为拥有固有价值的个体,包括动物,也包括在相关方面类似动物的人类道德病人。

流产与杀婴

因为权利观点据称在流产与杀婴问题上的暗示,它遭到了第二种反驳。由于依照权利观点,不是生命主体的个体不具有权利,由于人类的胎儿和新生儿都不是生命主体,这种反驳因此强调,由此可以推出胎儿和婴儿都不具有权利。因此反对者声称,这样的话,权利观点就暗示我们可以对人类胎儿和婴儿为所欲为。然而,由于任何具有此种暗示的道德理论都不可能正当,权利观点因此并非如其倡导者假设的那样是恰当的理论。

对这种反驳的一些回应值得在此提及。首先回顾一下,权利观点提出的生命主体标准是拥有固有价值的充分条件,依照暗示也是拥有基本道德权利的充分条件,但不是必要条件(7.5)。那么,即便假定人类胎儿和婴儿都未满足"生命主体"的条件,这也没有推出他们**必定**就缺乏道德权利。依照权利观点,他们是否具有道德权利仍然是未决的问题;正如依照这种观点,自然对象(比如树或山艾树)是否具有权利也仍然是未决的问题。第二,大家还记得,权利观点并未否认人类胚胎和婴儿没能满足生命主体标准。在早些时候(2.6),我已决定把人类这个词的使用限制于一岁以上的、不具有非常严重精神缺陷的**智人**。做出那个决定使得讨论可以进行下去,无需首先确定在何处划界就可以表明:人类个体何时获得或丧失了成为我所说的生命主体的一组精神能力。那时我承认,人类胎儿和婴儿的地位在这一点上有争议。认为新生儿或者即将出生的婴儿具有信念、欲望等并**不一定对**,但认为他们缺乏这些精神属性也非**显然正确**[30]。简言之,他们究竟是否具有这些能力仍然未决,是充满争议的问题。尽管对该问题的讨论超出了当前的范围,但明确的一点是:权利观点在这一争论的核心问题上保

---

[30] 在"动物与心理统一"(出版信息见第一章,注释29)中,马修关注了胚胎心理能力方面的一些经验问题和概念问题。

持开放态度。这是该观点的一个优点,而非缺陷。

第三,即便抛开我们对人类胎儿和婴儿的精神发育程度的大量无知,让我们假定人类胎儿和婴儿实际上不是生命主体,并且假定他们缺乏道德权利,这也没有推出:权利观点暗示我们可以对他们为所欲为。权利观点倡导采取行动来培育一种道德氛围,在这个氛围下,个体的权利实际上得到了严肃考虑。因此,当问题涉及道德权利的认可时,宁可失之谨慎倒是更好。恰恰因为并不清楚我们该在哪里划界,以区分作为生命主体的人类和并非生命主体的人类,而且,鉴于我们对新生儿和即将出生的婴儿的精神精细程度太缺乏了解,权利观点将倡导对婴儿和可存活的人类胚胎进行"无罪推断",我们宁愿把他们视为**好似**生命主体,**好似**具有基本道德权利,即便我们承认,在如此看待他们时,我们给予他们的东西已超其应得。

为了给新生儿和即将出生的人类赋予权利而做出的这个论证,并没有诉诸父母、亲属、或者第三方的"感情利益"(在这一点上诉诸"感情利益"所招致的批评,参见前面对纳维森的讨论,5.3)。培育一个让人们的权利都得到尊重的环境,不管人们的"感情"是什么,这是一项富有意义的事业,正是这个意义促使我们把严肃的道德保护扩展到新生儿和即将出生的人类。详述权利观点对所有流产和杀婴例子的暗示,尤其是探讨胎儿、婴儿与他人权利发生冲突的可能性问题,这大大超出了本文的有限范围。但这里的论述足以表明:为什么与所考察的批评认为的相反,权利观点并未暗示我们可以对人类胎儿和婴儿为所欲为。

责无旁贷与分外之举

本节要考虑的第三个、也是最后一个对权利观点的反驳,从不同的角度进行质疑,认为这种观点(尤其是恶化原则)暗示:分外之责是我们的严格义务。这个反对采取如下形式。假设一位赛车手遭遇一场可怕的事故,如果不调用当前可获得的医疗人员来挽救其性命,他就会死亡。假设还有 4 名病人也需要这些人员的服务,如果所有这些医疗人员都不被派遣去救治赛车手,那么所有 4 个人都会得到妥善处置,但是如果他们分散精力去挽救赛车手,4 个人就都会遭受严重损伤,尽管不会死亡(比如一个人会丧失一条胳膊,第二个人会落下偏瘫,等等)。由于权利观点不允许把不同个体的伤害积聚起来,以确定该做什么,因此接受该观点的人不可能声称:这 4 个人应该被救治,因为他们遭受的总体伤害将超过单独那位赛车手遭受的伤害。实际上,由于恶化原则教导我们防止让个体的情况变糟,因此可以认为,特殊考虑除外,该原则要求我们压倒那 4 个人的权利,去满足赛车手的需求,而且,那 4 个人由于认识到该原则在此情形下的运用,应该同意承受各自遭受的伤害,这样赛车手就可能摆脱死亡。这种反对声称,这就是导致权利观点崩溃的地方。因为尽管对于那4个人来说,同意承受各自遭受的伤害以让那位赛车手可能免于死亡,这表明了非凡的自我牺牲精神,但是,声称或暗示那4个人**应该**这么做,或者每个人在这方面都负有**义务**,这就显得荒谬了。对于他们而言,自愿承受各自的巨大伤害已经超出了义务的要求,是分外之责。然而权利观点的暗示却不是这样,它暗示每个人有义务这么去做。

权利观点的回应是:再次提请注意,最小压倒原则和恶化原则附有"特殊考虑除外"条款。该条款确实在许多情形中带来了改变,包括当前的情形。需要注意的根本要点在于:自愿参与高风险活动的人,包括赛车手,显然选择了让自己承受特定风险,而未投入该活动的人选择了避免这一风险。对于从事这种活动的人来说有一条不成文的规则:你不能要求不参与此种活动的人以正义的名义遭受伤害,这样选择额外风险的人就可以在风险来临时摆脱困境。换句话说,自愿参与高风险活动的人,放弃了这一权利:当挽救他们会导致其他没有参与此种活动的人遭受相当伤害时,不让自己变得更糟。这不是在反对未参与风险者牺牲自己来挽救冒险者,而只是否认冒险者对未参与风险者具有有效的要求,或是有权利要求后者这么做,换句话说,是否认未参与风险者具有做出牺牲的对应义务。如果未参与风险者决定做出牺牲,他们就是在履行分外之责,如果选择不这么做,他们也没有因为未履行义务而犯什么错。

权利观点可以说明分外之责,同时无需抛弃最小压倒原则或恶化原则;它无需积聚不同个体遭受的伤害,因此没有违反尊重原则。之所以未参与高风险行为的人的权利不应该被压倒,以此让参与此种行为的人免于更糟的境况,这不是因为:这些人遭受的伤害的总值,将因此超过参与高风险者发现自己处于危险境地时遭受的伤害。而是因为自愿参与此种活动的人**必须认识到,他们所冒的风险之一是**:如果(或者当)自己因为参与此种活动而处于危险境地,他们具有的权利,不再自动压倒选择不冒这一风险的人的权利。

特殊考虑

本节对第一个和第三个反驳的回应,阐明了权利观点承认的两种特殊考虑。第一种考虑涉及获得性义务和权利:二者都产生于自愿的协议(比如承诺或契约),或者是某人自愿接受既定制度安排中的位置的结果(比如接受一份工作或者参军)。第二类特殊考虑涉及自愿参与特定类型行动的人,包括高风险行为(比如登山)和竞赛活动(比如长跑)。依照权利观点,第一种考虑之所以特殊是因为:这些考虑涉及特殊个体所具备的有效要求,以及因此具有的权利,该权利是每个人都享有的道德权利之外的**额外**权利。因此,如果要平等对待拥有这些特殊权利或者获得性权利的人,就得把这些人的额外权利考虑在内。第二类考虑之所以特殊是因为:自愿参与高风险活动或竞赛活动的人,自愿把自己置于最小压倒原则和恶化原则提供的通常保护之外。简言之,第一种考虑是要给特定个体(具有获得性权利的人)的要求**增加力量**,而第二类考虑之所以特殊是因为,它们**削减**了一些个体(比如自愿参与高风险活动或竞赛活动的人)所具有的要求的**力量**。当我们考察承认动物权利所带来的含义时(9.1以下),两类考虑的重要性都将得到证明。

第三类特殊考虑涉及一种历史背景,这一背景导致我们不得不决定谁不受伤害的权利应该被压倒。如果相关个体面临的困境因其他个体在过去侵犯他们的基本权利造成,那么,这些过去的侵犯就影响了最小压倒原则和恶化原则的运用。比如,如果单独被困在矿井中的某个人是被50个人强迫待在那里,因为那些人相信,从这个劳工身上可以收获一些好处,那么,假定所有这些人都面临初步相当的伤害,那50个人就无法主张用最小压倒原则来接受保护。或者,如果单独的那位矿工碰巧是孤儿,是没有人爱的智障奴隶,而那50个人都具有很高智力,是受人爱戴和尊敬的奴隶主,那也一样:这50个人不能对恶化原则所提供的保护提出有效的权利要求,即便他们每个人的死亡所造成的初步伤害,比受奴役矿工的死亡所造成的伤害要大得多。铸造不正义与维系不正义的人,都不具有他们的无辜受害者所具有的道德地位。换句话说,这一要点的意思是,除非我们认识到某人曾经遭受的不公是种特殊考虑,否则最小压倒原则和恶化原则将允许这种情况:推行不正义的人**以正义的名义**压倒其受害者的权利。对正义和个体权利的任何说明,如果允许这一情况发生,那就不可能合理。没有人有权从侵犯他人的基本权利中获得好处。参与此等不正义的人,失去了最小压倒原则和恶化原则所提供的保护,如果我们压倒他们不受伤害的权利以解救他们过去的受害者,他们没有理由可以抱怨。

在此我并没有说,对特殊考虑的前述说明是完备的。即便如此,有一点也很清楚:副效应在特殊考虑的清单中没有一席之地。赋予副效应一席之地相当于假定具备固有价值的个体只是容器,而这是权利观点绝对否认的。正因为如此,副效应在此没有位置。在有些情形中(比如家体成员被牵扯进来),如果我们能够可辩护地停止最小压倒原则或恶化原则的通常运用,权利观点会致力于表明:这么做的理由在于可以被合乎情理并前后一致地视为特殊考虑的那些考虑。如果权利观点的倡导者在许多情形中无法表明这一点;如果有人能够表明,权利观点在这些情形中的暗示不符合我们深思熟虑后的判断;如果可以提出另一个在其他方面与权利观点相当的理论,以阐明这些确信并将其系统化;那么权利观点就确实面临严重问题。权利观点的倡导者是否有能力捍卫这种观点免遭其他理论的挑战,这显然必须等待这些挑战的证明。胜负的结果无法提前知晓。不过我们可以提前指出,依照权利观点,任何一种考虑,如果它假定或暗示,我们可以把各行为选择影响的所有人的快乐与痛苦、偏好的满足与挫败等相加起来,以决定什么时候最小压倒原则或恶化原则可以被压倒,那么这个考虑决不可能算作特殊考虑。

13. 补 遗

现在可以处理前面的讨论所推迟的两个议题。第一个是救生艇情形(8.6)。回顾一下,有5位幸存者:4个正常成人和1只狗。小艇只能装下4位,有一位必须被丢下,否则全体罹难。该丢下哪个?我们的初始信念是:那条狗。权利观点可以阐明并辩护这一前反思性直觉吗?对阻止情形的前述讨论表明可以。小艇上的所有个体都具备固有价值,也具有平等的、不受伤害的初始权利。现在,死亡造成的伤害取决于它所阻断的满足机会,而没有一个理性的人会否认:4个人类中任何人的死亡比起狗的死亡所带来的伤害,都是更大的损失,因此初步看也是更大的伤害。简言之,狗的死亡尽管也是伤害,但这个伤害与任何人类遭受的伤害都无法比拟。把任何一位人类丢弃不顾,令其面临确定无疑的死亡,这都会让那个人的境况比狗如果被丢弃将遭遇的情况更糟(导致**那个人**遭受更大伤害)。我们认为狗应该被放弃的信念得到了恶化原则的辩护。

选择狗并没有与承认动物的平等固有价值冲突,也没有与狗不受伤害的平等初始权利冲突。它不与前者冲突是因为:动物在这里遭受伤害的理由并不是,4位人类作为一个集体而被免除的伤害压倒了单个动物的损失。它并不与后者冲突是因为:认可不受伤害的平等初始权利,要求我们不对不平等的伤害做出平等考虑。挽救那条狗,抛弃某位人类,这超过了狗的应得,是把狗遭受的更小伤害视为等同于、或者超过如果人类被抛弃将会遭受的伤害。对他们平等初始权利的尊重将不允许这一点发生。对于任何一位自愿献出生命来挽救那条狗的人类来说,他的所为已超过——实际上**远远超过**——义务的严格要求。

假设这里不是要在1条狗和4个人类之间做出选择,而是要在这些人类与任何数量的狗之间做出选择,救生艇情形也不会有任何**道德**差异。你可以尽可能想象狗的数量,假设是100万;假设救生艇还是只能挽救4个个体。那么权利观点还是会暗示:特殊考虑除外,那100万只狗应该被丢弃,4个人类被挽救。试图做出任何相反的判断都不可避免会令你陷入积聚性考虑:100万只狗的损失超过了一个人类的损失。接受尊重原则的人不认可这种方式。

做出与1只或100万只狗的利益相悖的决定,这并非出自物种主义。牺牲1只或100万只狗的决定并非基于物种考虑,而是基于对**每一个体**所面临的损失的评估,并且是**平等**评估。这个方式完全符合对所有相关个体的平等固有价值以及他们不受伤害的平等初始权利的承认,也为这个承认所要求。出于同样理由,决定放弃1只或100万只狗也没有表明,你接受了正义的至善论理论(对这种理论的讨论,见上面的7.1)。至善论理论允许更不具美德者**常规地**屈从于更具美德者,这样后者就可以最大限度地发挥其美德。权利观点不允许这样的屈从发生。权利观点在**例外**情形中——阻止情形和救生艇例子都**是**例外情形——所具有的暗示,无法被恰当推广到非例外的情形。此外,依照权利观点,救生艇情形和其他阻止情形(包括前面讨论的那些),都不是诉诸至善论原则来决定的。对它们的决定所诉诸的原则承认并尊重相关个体的平等,包括平等的固有价值(没有一个个体的损失可以通过总计任何个体集合的损失而被压倒),以及个体不受伤害的平等的初始权利(没有一个个体遭受的更小伤害可以被视为大于其他个体的更大伤害)。这不是至善论。

前面推迟处理的第二个要点(6.3,7.7)涉及:在接受有条件平等的基础上论证支持功利主义。大致上,那个论证声称:(1)**如果**我们想让他人考虑我们的偏好,并且平等计算这些偏好,并且(2)**如果**我们采纳道德的观点,**那么**(3)我们将被要求支持让所有相关者的偏好满足与挫败获得最大平衡的结果。前面对这个论证的讨论已经提请注意,该论证没能表明:接受(1)和(2)的任何人都承诺于功利主义——认为效用原则是道德性的**唯一**道德基础的观点。前面指出,接受(1)和(2)最多表明你接受了**一条**后果主义原则。前面还评论认为,如果某人因为接受(1)和(2)而承诺(3),那么我们有好的理由首先拒绝接受(1)和(2)。因为接受(3)就是承诺于**积聚**原则,而接受这条原则会认可对某些无辜者的伤害,只要这个结果给所有相关者带来的后果(包括副效应),更好地平衡了偏好的满足与挫败。依照权利观点,这种道德决策观是有害的,它假定并维系了一种看法:道德主体和道德病人不过是价值的容器,自身不具备固有价值。没有一个"认真看待权利"的人会接受道德决定的这种积聚性观点,以及这种观点未经辩护地默认的个体价值观(或者毋宁说是个体的缺乏价值)。出于前面所给出的详细理由,接受这种观点会让我们更加无法可靠说明道德行动和道德病人的权利;而且不应该感到奇怪的是,倡导如此来为功利主义辩护的人,会对诉诸权利表示轻蔑,认为这是一种"修辞"。这个观点的出发点已注定了那个结果。前面四章论证的首要目的之一就是要表明:理性地考虑的话,我们不应该像这些思想家那样开始我们的道德思考(从我们的个人偏好开始),也不应该像他们一样得出结论(允许或要求我们把每个人的利益和伤害、快乐和痛苦等**积聚**起来)。

第三个也是最后一个问题是尊重原则的逻辑地位(见 7.8,7.9)。该原则显然比伤害原则、最小压倒原则、或者恶化原则更根本,因为后面这些原则都可以从尊重原则推导出来,而不是相反。不过这个事实本身并未证明,尊重原则不可以从其他更根本的原则推导出来,而且你也很难来证明这一点。你无法这样证明:由于一条原则**没有**被推导出来,所以它就**无法**被推导出来。尽管权利观点把尊重原则视为根本,它还是准备把该原则可能的推导来源视为未决问题,只是坚持认为:(a)无法把尊重原则包括进来的任何伦理理论都是不恰当的,(b)对该原则的后果主义推导基本上不可能实现。试图诉诸接受尊重原则所带来的最佳后果来推导这条原则,这无异于想以类似方法推导热力学第二定律。正如理性接受该定律的根据独立于、并且必须独立于接受该定律将会或可能会带来的有利后果,理性接受尊重原则的根据,包括可能从更根本的原则推导该原则的根据,只可能被错误地假设为涉及后果主义的考虑。

14. 总　结

本章的主要结论是,所有道德主体和道德病人都具有根本的道德权利。说这些个体具有基本(或者非获得性)道德权利意味着:(1)他们独立于任何人的自愿行为(不管是个体自身的还是他人的行为),也独立于他们在任何给定制度安排中的位置而享有某些权利;(2)这些权利是普遍的,也就是,所有在相关方面相似的个体,都独立于(1)提到的考虑而拥有这些权利;以及(3)享有这些权利的所有人都平等地享有。基本道德权利因此不同于获得性道德权利(比如受诺者对许诺者具有的权利),因为后者是某人自愿行为或某人在制度安排中的位置的结果,**也**不同于法律权利(比如投票权),因为与基本道德权利不同,法律权利不是平等的或普遍的(8.1)。

不管是基本的还是获得的,道德权利都被当做有效要求来分析(8.2—8.3)。提出一项要求就是确认特定对待是应该的或应得的,不管对个人自身还是另一个人(他人)来说都如此。一个要求是有效的,当且仅当(a)它是要求可指定个体(assignable individuals)做某事的有效要求,并且(b)它是要求这些个体提供所应提供之对待的有效要求,此种要求的有效性最终依赖于直接义务原则的有效性。由于本章的基本关注点是基本道德权利,因此重点放在对这种权利的确证。

所有道德主体和道德病人都具有的首要基本道德权利是:得到尊重的权利(8.4,8.5)。出于第 7 章给出的理由,所有道德主体和道德病人都既可理解、又免于武断地被视为具备特殊类型的价值(固有价值),并且是平等地具备此种价值。所有道德主体和道德病人遭受的对待,都必须总是与认可他们对这种价值的平等拥有一致。这些个体之所以享有得到尊重的基本道德权利是因为,对这种尊重的要求是(a)要求可指定个体(也就是所有道德主体)做某事的有效要求,并且(b)是得到某物的有效要求,这种要求的有效性依赖于尊重原则,而前文已给出对该原则有效性的辩护(7.8)。得到尊重的基本道德权利禁止在对待道德主体或道德病人时,认为他们好像仅仅是内在价值(比如快乐)的容器,自身缺乏任何价值。因为,如此来看待这些个体会允许以如下理由伤害某些个体(比如让他们遭受痛苦):这么做给所有其他相关"容器"带来的积聚性后果将"最好"。我还论证指出,所有道德主体和道德病人都享有不受伤害的初始基本道德权利。

说这项权利是初始权利意味着:(1)存在一些允许压倒这项权利的境况,但是(2)任何想要压倒这一权利的人,都必须诉诸可以被证明能够压倒该权利的有效道德原则,来为自己的做法辩护。把这项权利视为初始权利的观点遭到两个挑战,我对它们进行了考察(8.7),表明它们是有缺陷的:第一个观点认为,我们永远都不应该使用伤害性暴力(和平主义原则),第二个观点认为,我们永远不应该伤害无辜者(无辜原则)。我还确立了两条可以从尊重原则推导出来的道德原则(最小压倒原则和恶化原则),它们能够为压倒无辜者不受伤害的权利做出辩护(8.10)。最小压倒原则暗示:特殊考虑除外,数量起作用。如果我们面临选择,要么伤害少数无辜者要么伤害多数无辜者,并且所有将被伤害的个体都面临初步相当的伤害,这时我们应该选择压倒少数个体的权利。恶化原则暗示:特殊考虑除外,数量不起作用。如果我们面临选择,要么伤害多数无辜者要么伤害少数无辜者,并且少数人面临的伤害将让他们比多数人中的任何一个都更糟,这时我们应该压倒多数人而不是少数人的权利。(就像已经说明的,恶化原则也适用于只涉及两个个体的情形)

最小压倒原则和恶化原则在逻辑上都不同于最小伤害原则,也不应与之混淆——最小伤害原则说的是,我们应该采取的行动,让结果(包括副效应)影响到的所有人遭受伤害的积聚总值降到最小。权利观点拒绝认为,这样的积聚性原则可以成为压倒个人权利的根据,因为所有这样的原则都假定道德主体和道德病人仅仅是价值的容器。因此出于类似理由,权利观点拒绝用功利主义的方式来决定,无辜者何时能够以及为什么能够被伤害,并提供了取代这一方式的选择。

各种不同反对得到考虑(8.6,8.10):从质疑把权利当做有效要求来分析,到断言权利观点的暗示与我们深思熟虑后的信念矛盾。尽管权利观点必须面对的所有反对没有、也不可能都得到考察,我处理的那些也是最重要的。在致力于为权利观点提供恰当捍卫的道路上,表明这些反对没能给该观点带来严重抨击就又前进了一步。

这样我就为动物权利做出了辩护。如果这个辩护是合理的,动物就与我们一样,具有特定的基本道德权利,尤其包括得到尊重的根本权利,从严格正义的角度看,这项权利是它们作为固有价值的拥有者所应得的。因此,假定前面给出的论证是合理的,那么与我们一样,动物绝不应该仅仅被视为内在价值(比如快乐,或者偏好的满足)的容器,对它们造成的任何伤害,也都必须符合对它们平等的固有价值、及其不受伤害的平等初始权利的认可。剩下的问题是:我们的制度或实践是否给予了动物应得的正义。这是下一章、也是最后一章的中心议题[31]。

---

[31] 与同事莫里斯·韦德(Maurice Wade)的一些交谈帮助我弄清楚了尊重原则的一些含义。

第九章　权利观点的含义

在最后一章,我将说明并捍卫权利观点的一些含义,比如关于我们该如何对待动物的含义。这里无法完全考察人类行为和制度影响动物的各种方式。尤其是,这里不会考察诸如牛仔竞技比赛、斗牛、赛马和赛狗这样的活动,以及涉及动物的其他公共"娱乐项目",比如宠物动物园、路旁动物园(road side zoo)、包括水族馆在内的动物公园以及马戏团和电影业中对动物的使用。这些使用未被考察并非因为不重要,而是因为其他使用更重要——要么更普遍,要么更著名。通过弄清楚权利观点在所考察的那些活动和制度上的立场,我们就可以清楚看到,这个观点在未被考察的许多情形中会持有何种看法。

我们将关注四个领域:农场动物的饲养和消费(9.1),野生动物的捕猎(9.2),濒危动物的挽救(9.3),科学实验中的动物使用(9.4)。在讨论濒危物种时还有机会进一步评述环境伦理和环境关注。

1. 为什么素食主义是我们的责任

动物不受伤害的权利是一项初始权利,而非绝对权利。这么说时我们承认:在有些情形中这项权利能够被压倒。由于动物不是道德主体,因此它们的权利无法以惩罚过错、或者防止过错为由而被压倒;然而,由于它们可以造成无辜的威胁,也可以被当作无辜的挡箭牌,并且由于在这种情况下任何无辜者的权利都可以被压倒,因此可以证明,动物的权利无法成为例外(见 8.7)。但是,农场动物遭受的伤害(比如,密集饲养所造成的剥夺),无法根据这些动物造成的无辜威胁、或者成为不幸挡箭牌的地位而被辩护。因此,为了探究对农场动物造成的伤害在道德上是否可以被接受,我们必须首先问一下:倘若这些动物没有带来威胁,也不是无辜的挡箭牌,这时你如何最合乎情理地捍卫这种伤害。

自由原则

权利观点承认,在一定的限制下,个体有权利采取必要手段,避免自己陷入比其他无辜者更糟的境地,即便这会伤及无辜。一定的限制显然是必要的。比如,如果我不占有邻居那辆梅赛德斯[1]就会陷入比他更糟的境地,这个事实并不会推出我有权占有他的车。确实,如果没有恰当的限制,那么宣告个体具有这项权利就将成为道德无政府的许可证。这项权利的如下表述(**自由原则**)就加上了必要的限制:

> 倘若所有相关个体都得到了尊重,并且假定没有特殊的考虑存在,那么任何无辜者都有权采取行动以避免落入糟糕境况,即便这么做会伤害其他无辜者。

"特殊考虑"条款解释了为什么我不拥有这样的自由:只因我不拿到邻居的车就会落入比他更糟的境地,就可以开走他的梅赛德斯。原因在于那是他的车(假定他是正义地得到那辆车的),因此**除了**我们相互都具有的不受伤害的权利之外,他还对车具有一项权利,这一额外财产权就成了限制我的自由的特殊考虑。第二个条款,也就是"倘若所有相关者都得到尊重对待"的条款,排除了其他情况。比如,如果放弃折磨叔叔约翰一个晚上所带来的快乐,我就会落入比约翰更糟的境地,这一事实无法让我得以行使讨论中的那项权利,理由是,仅仅因为我将获得快乐就伤害他,这没有以他应得的尊重对待他。因此所讨论的权利并不是道德无政府的许可证,而是具有重要限制,这种限制得到了权利观点的认可和辩护。

认为我们具有此项权利就是说,我们有自由以权利所许可的方式行动,而说我们有自由如此行动就是说这么做是道德上允许的。我们可以拒绝这么做,这样我们就做了义务的严格要求之外的事情(履行了分外之责)。如果我遵守了所列出的条款,但是拒绝采取行动去避免变得更糟,那我就在以一种自我牺牲的方式行动,自愿做好准备,落入比其他相关者相对更糟的境地。我当然可以这么做,但是我没有义务这么做,任何他人也没有权利反对我这么做。

自由原则可以从尊重原则推导出来。作为具备固有价值的个体,我应该总是得到尊重,因此绝不应该被视为或当作仅仅是容器,或者是仅仅相对他人利益而具有价值的人。此外,由于与其他此类个体一样,我是具有福利的个体,因此我会采取一些必要

---

[1] 奔驰汽车。——译注

手段来促进我的福利,同时遵守适用于所有道德主体的道德约束。仅仅因为我追求福利会让他人的处境变得不那么好,就剥夺我追求福利的自由,这是没能以尊重对待我,就是在假定这一点:从严格正义的角度看,我所应得的对待,取决于这会导致他人(不管是个体还是集体)如何受到影响。但是我应得的对待并非取决于这些考虑。它并不取决于集体的(或者积聚性的)考虑,因为这种观点假定我仅仅作为容器而具有价值;它也不取决于任何其他特定个体的利益,因为作为具备固有价值的个体,**我**有权得到的尊重并不依赖于**任何他人**的利益。因此,假定所有相关者都得到了平等对待,假定不存在特殊考虑,那么,声称我不能去做避免自己陷入更糟境地所必做之事,因为我的努力将会给他人生活带来影响,这就是没能以尊重对待我。对于所有既可理解、又免于武断地被视为生命主体的个体来说,如下一点也成立:没有人的自由可以因为假定他/她只是容器、或者只具有相对他人利益而言的价值就被限制。因此,所有具备固有价值的个体都具有如下权利:遵照自由原则的条款,采取必要的行动,避免自己落入糟糕境地,即便这会做出伤害其他无辜者的举动。

333　　应该清楚一点:个体的自由权利,并不仅限于行使该权利的个体将会直接伤害他人的情形。如果 A 会伤害 B,并且如果 A 不伤害 B,其境况就会比 B 更糟,那么倘若自由原则的其他条件都得到满足,支持 A 就属于我权利范围内的事情。我可以选择不依照我的权利行动,导致自己落入糟糕境地;但是我没有义务这么做,那些受伤害的个体 B,也无法有效地向我提出要求,要我通过不行使支持 A 的权利而让自己变糟。

　　因此,除了尊重原则、伤害原则、最小压倒原则,以及恶化原则之外,权利观点认可的第五条原则就是**自由原则**。看起来,在试图捍卫为了人类消费而饲养农场动物,并且捍卫对这些动物的消费时,这条原则最有可能被采用。由于农场主和食肉者都被准予依照自由原则允许的那样行动,他们于是各自可以声称,自己有自由饲养和食用动物,即便这么做会伤害动物、或者支持人们对动物的伤害,因为**不**这么做会让他们落入比农场动物更糟糕的境地。此外,如果在当前情况下试图把许多相关动物受到的伤害**积聚**起来,以此拒绝农场主和食肉者行使该权利,那这相当于把农场主和食肉者视为好像仅仅是容器,而依照权利观点,我们绝不该如此看待个体。因此,尽管为了人类消费而饲养动物的农场主和动物消费者会承认,其他人可以选择不吃肉,他们却会论辩说,他们的产肉或吃肉是自己权利范围内的事情,自己并没有做什么错事。

　　权利观点虽然承认用来推导该结论的自由原则是有效的,但结论却不成立。只有做出辩护表明,为了食用而饲养动物以及食用动物满足了自由原则的所有要求,刚刚给出的论证才可以是合理的。一旦我们更仔细考察就会发现,这些要求没有被满足。

有什么根据可以让我们声称,对农场动物造成的伤害能够诉诸自由原则而得到辩护?一些相关考虑涉及如果不吃肉可能给消费者带来的伤害。此种考虑中最常被引用的是下面这些:

1. 动物的肉非常鲜美,禁食动物的肉就是放弃味觉上的特定快乐;
2. 准备可口的美食会带来个人享受,选择不吃肉就是放弃这个好处;
3. 吃肉大概既是我们的个人习惯也是文化习惯,也很方便;戒肉就得忍受取消和丧失此等便利的痛苦;
4. 肉有营养,停止吃肉就是在自毁健康,或者至少是冒着自毁健康的风险。

从事肉类产业者持有的一些主要考虑如下:

5. 有些人(比如农场主、肉类包装商、肉类批发商)从继续饲养农场动物中获得巨大的经济利益,他们的生活质量以及他们所抚养的人的生活质量,与当前肉食品市场的继续发展具有根本联系;
6. 不仅是农场动物产业的直接相关者,国家也普遍从该产业的维系和发展中获得经济利益;
7. 农场动物是合法财产,为农场主所拥有,这让农场主有权随心所欲地对待它们,即便这会给这些动物造成伤害;
8. 有些农场动物,最明显的是鸡和火鸡,并没有被权利观点制定的那些原则涵盖;因此农场主在对待这些动物时有自由不考虑这些原则(出于类似理由,消费者也有食用它们的自由)。

让我们逐个考察这些考虑,以确定它们为伤害农场动物提供的辩护究竟是否有效。

对口味与烹饪的质疑

1和2,或者二者的结合,都无法为伤害动物的权利提供辩护。这一点因为几个理由而显而易见。首先,也最明显的一点是,没有人有权仅仅以某物可口或者烹饪某物带来满足为由就食用它。如果希瑟喜欢犹太儿童的味道,这大概推不出希瑟有权烹煮这些孩子。如果希瑟抗议说,当我们阻止他刺激的烹饪体验时侵犯了他的权利,这不会奏效。如果希瑟在烹煮和食用这些孩子时侵犯了孩子的权利,那他就没有根据来责怪我们因为阻止他而侵犯他的权利。因此,假设当前议题涉及**我们**食用动物的权利是否压倒**动物**不受伤害的权利,这是在回避关键问题。该假设首先假定我们已经具有这项权利,可是我们具有这项权利(如果有的话)是需要辩护的,并非理所当然。其次,除了肉类之外还有许多可口食物,从烹煮非肉类食物的成就中,我们同样也可以像烹煮肉类食物一样得到享受。因此,我们并未被要求在两个互斥选项之间进行选择:**要么**食用可口的食物、并且从制作中获得满足,**要么**食用糟糕的食物、并且放弃烹制可口食物带来的满足。换句话说,我们并没有被迫进行一个选择:要么食用并烹煮肉类,要么被剥夺从美食中获得愉悦、从精心制作美食中感到自豪的机会,因此伤害自己。如果**我们**并未被迫如此剥夺自己的机会而**伤害自己**,那么我们就无法这样来辩白自己对动物的伤害:我们就会因口味或烹饪回报上的损失而承受伤害。

第三,即便假设我们若不吃肉不做肉菜就会受伤害,也无法合理地认为:我们承受的这个伤害,可以和落在农场动物身上的伤害**相提并论**。比如,当今农场中被饲养的动物每天都在受伤,不仅有它们遭受的痛苦,而且也有强加给它们的剥夺。与我们放弃吃肉将会被呼吁忍受的任何"伤害"相比,这些动物遭受的常规伤害初步看是更大的,因此让这些动物陷入了更糟的境地。因此诉诸自由原则无法为我们的这一做法辩护:继续支持伤害农场动物,根据是,我们如果放弃在肉类上的烹饪兴趣就会陷入更糟的境地。

有三个反对值得一提。首先可能有人会反对说,以上论述只对禁闭环境下被饲养的动物有效,所以我们仍可以为伤害这种动物做出辩护。人们可能会说,对于那些被"人道地"养大的动物,情况就完全不同。这种反对认为,如果我们努力确保所吃的和烹煮的只是被人道喂养的动物,那我们的味觉享受和烹饪快乐就可以正当地继续。这个反对轻易忽略了死亡不仅给我们、而且给讨论中的动物所带来的初始伤害。在宰杀动物可以被视为仁慈之举,可以依照家长主义或偏好的尊重而得到辩护(3.7)之前就被提早结束生命的动物,首先已**确实**遭受了伤害,即便它们是被"人道地"养大并杀死。动物获得满足的未来可能性被**彻底**剥夺了。另一方面,如果不吃它们的肉,我们放弃的东西相较而言不过是微薄的满足。因此,如果比较一下这些动物遭受的伤害,与我们放弃肉类所带来的口味快乐以及烹煮精美肉类所带来的挑战时被呼吁承受的"伤害",那么就可以看到,是这些动物,而不是我们将会变得更糟。

第二,可能有人会反对说,前述论证只是表明我们在这个世界上应该吃更少的肉,而并未表明我们根本就不该吃肉;也就是表明:我们应该在烹饪偏好和尊重动物权利之间达成一个（勉强）折中。我们将少吃肉,因此放弃我们的一些快乐,而动物一方可以说也确实应该向我们做出让步,承认对它们的伤害并不是最重要的。这是一个公正的中间妥协吗？权利观点的回答是否定的。在根本上,这里重要的不是动物的数量问题（尽管数量的涉入让问题变得复杂）。从根本上看,这里重要的是:不管在禁闭环境还是"人道"环境被饲养,动物都因人类消费的目的而早夭,因此,它们**遭受的伤害,已然大于**我们中任何人因放弃肉的美味和烹煮肉类的享受而遭受的伤害。即便因为人类的口味偏好和烹饪挑战而被屠杀的动物只有**一只**,这也不会给这里的道德问题带来任何改变。出于同样理由而杀死几十亿只这样的动物,是在允许执行几十亿个不公正伤害动物的行为。杀死一只动物的错误之处,并非取决于杀死许多动物的错误。

第三个反对声称,这里完全忽视了一个关键要素。比如,一只牛可以产出许多汉堡包、牛排或者烤肉,因此,如果我们放弃吃肉和做肉,就会有许多、而不只是一个个体被号召放弃许多"美味"和烹饪的回报。把他们遭受的伤害相加之后,这个总数将会大大超过牛所承受的任何损失。因此这种反对总结认为,牛确实遭受了损失,但是单个动物的境况并没有变得比人更糟。这个反对假定了一点:人类放弃肉的美味和烹煮精美肉食带来的快乐就会遭受伤害。而依照前面给出的理由,这个假定充其量是可疑的。更根本的问题是这个反对假定:如果对其他个体做出的更小伤害的总值,碰巧超过了既定个体遭受的总伤害,那么我们就可以得到辩护地对那个个体施以更大伤害。权利观点坚决反对这种方式的恰当。根据这种积聚性的计算而压倒个体的权利,就是把该个体仅仅视为价值的容器,而依照权利观点,诸如牛这样的个体并不是这种容器。功利主义理论把所有相关者遭受的后果相加,这种理论的图腾正是权利观点的禁忌。

营养与习惯

毫无疑问肉类是有营养的食物。尤其是,肉类是全蛋白的来源,含有对人类健康和存活来说所有重要的氨基酸。如果这些养分真的无法从其他来源获得,那么即使在权利观点看来,对食肉的辩护也会具有坚实基础。如果就像上面的(4)所主张的,成为素食主义者肯定会毁了我们的健康,或者让我们冒着损毁健康的巨大风险,并且假定,我们健康的恶化所造成的满足机会的丧失,将会在种类和数量上多于农场动物所丧失的机会,那么,如果我们成为素食主义者的话境况变得更糟的就是我们,而不是动物。因此,假定自由原则的其他条款都得到了满足,我们应该诉诸该原则来支持食肉。

承认肉类在健康饮食上具有的必然地位,这言过其实了。重要氨基酸对健康的重要性无可否认,但是除肉类之外还有许多其他食物可以提供氨基酸。断言混合不完全蛋白来产生完全蛋白所要求的知识,超过了消费者的智力范围,因此肉类工业是"在服务于大众的健康",这完全是自命不凡。对于任何一位哪怕具有一点男女平权主义倾向的女性来说,这都尤其是一种蔑视,因为这样的态度帮助推进和强化了"愚蠢主妇"的神话:这种家庭主妇不仅不知道、而且没有能力了解比如脂肪和碳水化合物的差别。特定氨基酸对于我们的健康来说是根本的。但肉类不是。因此我们无法用下述理由捍卫食肉行为:如果我们不吃肉,健康就会遭受损毁,或者如果我们不吃肉,就会冒着损毁健康的危险。我们所冒的任何"风险",都可以很容易通过采取不那么麻烦的必要办法来回避①。

习惯与便利

依据习惯和便利(上面的3)来捍卫吃肉,这有明显缺陷。如果我们的习惯或者对习惯的沉迷所带来的便利,会支持某种伤害其他无辜者的行为,那么我们习惯于做某事、或者发现做某事带来便利的事实,就无法帮助我们为这些习惯辩护。辛格关于种族主义、性别主义以及物种主义的论述,在这一点上是有效的。有些人曾经、或者仍然习惯于贬低女性或少数族裔成员的平等道德地位,这向我们展示了这些人的精神自我,但是这一事实完全无法表明,这些人出于习惯而做出的行为是正义的。如果质疑种族歧视或性别歧视的论证遭到反驳,认为对于种族主义者或性别主义者而言,忽视"错误"种族或性别的人所受的伤害是便利的,那么我们可以回答说:正义对待的问题,并非由个人或群体的便利来决定。依照权利观点,对动物的对待不应该、也不可能合理地以任何其他方式被评价。对自由原则的有效诉诸假定:所有的个体都应得到尊重。如果我们诉诸自己在饮食上的习惯或便利来压倒农场动物的权利,那我们就没有实现这种尊重对待。此外,实际上存在许多既营养又不用食肉(**而且**还美味)的便利方式。

经济考虑

当我们转向经济考虑时,一些批评者可能会说,依照权利观点提出的两条原则,也就是恶化原则和自由原则,反对素食主义的证据就昭然若揭了。我这里首先关注恶化

---

① 可以很容易找到许多可靠的营养膳食指南,参见比如拉佩:《小星球的饮食》(Francis Moore Lappe, *Diet for a Small Planet*, New York: Ballentine Books, 1975)。关于素食主义的热烈争论,参见韦恩·泰森:《未来饮食:素食主义全辩护》(Jon Wynne-Tyson, *Food For A Future: The Complete Case for Vegetarianism*, London: Centaur Press, 1975)。

原则,对后一原则被假定的作用将推迟到本节末考察。

可能有人会声称(上面的5),如果我们消费者成了素食主义者,因此撤销了对农场主的支持,那么农场主的境地就会变得比他饲养的动物还糟。毕竟,他将丧失自己的一切经济来源;鉴于此,农场主遭受的伤害,将超过他饲养的任何一只动物承受的伤害(即便是禁闭饲养的动物)。此外,由于权利观点禁止把许多个体遭受的更小初步伤害积聚起来,以此为少数个体遭受的更大伤害辩护,因此,权利观点在这里无法积聚动物所遭受的更小初始伤害。因此可以主张,我们**应该**继续吃肉,其理由固然不是我们喜欢肉的味道,或者我们已习惯吃肉,而是**我们有责任**不让农场主的境况变糟——如果我们停止买他的产品就会让他变糟。确实,继续吃肉让我们得以继续享有平常的肉食所带来的快乐,以及与之相伴的便利。但是,这里绝没有把对吃肉的根据,建立在任何诸如个人偏好或习惯这样脆弱的基础之上,我们现在走的可能是一条道德捷径:吃肉的人不过是在履行自己对农场主负有的吃肉义务。

对食肉的这种捍卫在多大程度上恰当?也就是,它成功提供了恶化原则所确认的那种捍卫吗?它没有。回顾一下,恶化原则包含了"特殊考虑"条款(8.10)。就像前面讨论这一概念时(8.12)说明的,有些特殊考虑涉及获得性义务(比如守诺的义务),有些涉及自愿参与某种活动,这时,参与者由于参与这些活动而放弃了不让自己变得更糟的权利。比如,自愿参与诸如悬挂式滑翔和登山这种高风险活动的人,以前面说明的方式放弃了自己的权利;那也成了他们自己所冒的风险之一。自愿参与竞赛活动也是一样。在马拉松比赛中,胜利属于跑满全程并第一个冲过终点的人;假设其他选手没有在前进途中遭遇不公正阻挠,那么把奖牌颁给**那位**最先通过终点的选手就是正义的。胜利者不是通过追问哪个选手没有获胜将落入最糟境地来决定。那样的话,赛跑就变得没有意义了。实际上,那将不是赛跑。如果输了就会落入糟糕境地的选手,不应该比任何一个选手得到更多考虑,他当然也不会得到更少考虑。他不能因为没获得奖牌而给自己福利带来的影响,来声称奖牌是**他**应得的。自愿参加竞赛就已承认,关于谁将变糟的考虑在这里被排除在外,任何一名参加比赛但是不明白或不承认这一点的人,就无法理解竞赛的意义所在,也不适合参加比赛。

赛跑中成立的规则,在任何其他竞赛活动那里也成立,包括任何商业活动,其中也有饲养动物的商业投资。进入这个或任何一个商业领域不仅冒着不会"获胜"(没有从中赚到钱)的风险,而且也默认**两点**:一个是,不管是商业竞争者还是消费者,没有人有义务购买某商家的产品或服务,另一个是,你也无法声称说此种购买是某人应该做的。其产品或服务不获购买就会落入糟糕境地的商人,无法有效地要求任何人采取必要的购买行为,以维持其商业的顺利运转。就像公路赛跑一样,竞争性商业是这样的一种活动:自愿参与的人必须认识到,恶化原则在这里被排除使用,任何声称不理解这一点的人就没有理解商业活动的本质所在。

因此,我们并不对任何卖肉的农场主**负有**购买其产品的**责任**,也不对动物产业中的任何人——包装厂厂主、加工商和包装商、批发商、送货商、零售商,等等——**负有**购买其生产或销售的任何东西的**责任**;他们也无法有效地要求我们这么去做。我们确实对他们负有的责任是,以我们对他人负有的同样平等的尊重来对待他们。除此之外,我们不对他们负有任何责任。如果认为我们有责任购买其产品,以保证他们不落入比自己饲养的动物还要糟糕的境地,那这是在给他们提供过分的关照。当人们自愿参与竞赛性活动时,恶化原则就停止使用了,任何一个商人都应该很好地理解这一点。

依照权利观点,数量在这种情形中不会造成什么区别,包括在竞争中败北者的数量。如果我们拒绝购买农场主的产品会导致上千个,而不是一个农场主落入糟糕境地,这也不会带来任何道德差别。如果一起失败的不仅是这些农场主,还有前面提到的其他从业者(比如肉类加工商),依照权利观点,这也不会改变道德评价。他们的损失不管有多大,都无法产生让我们购买其任何产品的责任。

可能有人会反对说,如果我们成为素食主义者,那么**依赖**肉类产业生存的人,就会落入比肉类产业中的动物更糟的境地。此外,由于这些依赖者本身并没有选择参与这项商业竞争,因此他们享有的不落入更糟境地的权利,就不会像自愿选择参与的竞争者那样被中止。因此可能有人会论辩说,我们有义务继续购买肉类,这不是因为我们喜欢肉的味道,或者发现了食肉的便利,也不是因为我们对该产业从业者负有购买肉类的责任,而是因为我们对依赖肉类产业从业者生存的人负有责任:我们必须确保他们不会落入糟糕境况。

确实,当肉类产业碰巧整个倒闭,或者某一家畜牧场、包装厂、或者屠宰场倒闭时,一些个体就有责任保护依赖从事该产业者而生活的人,让他们不落入糟糕境地。但是承担这项责任不该是消费者,消费者能做的仅仅就是消费。从根本上看,这些人所依赖的人——也就是自愿选择在肉类市场中竞争的人,恰恰要对依赖自己生存的人负责,要采取正义所允许的一切举动在商业萧条中保护这些人。获得性义务的获取是一种合理的特殊考虑,依照这些考虑,你可以做出选择来保护你对其负有这种义务的人免遭严重伤害,即便某些其他人会因此变糟(8.12),因此如果某人对他人负有这些义务,那这提出了一点要求:与不具有这些获得性义务的人相比,**那个人**对这些个体负有更大的道德责任。毕竟,你对其负有获得性义务的人,从你那里获得了额外的权利。

在一些情形中允许获得性义务被视为特殊考虑,但否认具有这些义务的个体对义务对象负有更大的道德责任,这明显不公正。因此,是那些从事肉类产业的人,而不是消费者,必须承担更多的道德责任,以确保自己所抚养的人(比如孩子)在该产业整体或部分倒闭时不落入糟糕境地。消费者对任何动物农场主、肉类包装商等都不负有责任购买这些人的产品,确保农场主或肉类包装商的亲戚和家属,不会落入比动物产业所伤害的任何动物更糟的境地。倒是**农场主或肉类包装商**对自己的亲戚和家属负有责任:采取必要手段,在自己的商业倒闭或者自己失业时,防止他们落入糟糕境地——假定他采取的手段是正义的,并且他没有被不公正地阻止采取行动。必须为商业倒闭的损失者负首要责任的,正是从事该产业的人。

权利观点并不反对商业、自由企业、市场机制等等。权利观点反对的是这一观点:消费者有责任购买任何商业的产品或服务。动物产业也不例外。权利观点也不反对尊重并执行自愿达成的正当协议——这些协议将用于保护所从事的商业倒闭了的人,或者因为倒闭而丧失工作的人,或者在任何一种情况下依赖该商业的从业者生存的人。依照权利观点,对某商业的经营者提供保护的保险政策,工会成员应得的事业福利,给人们提供新技能训练的项目,以及类似的举措,都可以被允许,只要它们没有侵犯他人的权利。此外,由于经营某产业或接受某工作的人多少都冒着失业的风险,而且,对自己所抚养的人负有获得性义务的人,有时又糟糕地疏于履行这些义务,因此每个人,包括肉类产业的参与者和反对者,都应该认识到:随着权利观点的倡导者在数量和影响上的增长,参与公共事业,帮助将会受动物产业最直接影响的人(包括小农场主和肉类包装商),这是合理的。诚然,对于动物产业来说,权利运动给该产业带来的威胁在今天可能还不足为虑。然而,该产业中有些人却在致力于把这种威胁的潜在可能压制到最小;对于他们来说,这是在冒一个风险:一种思潮正在兴起,而他们却没做好准备。

有一个常见论证反对农场动物的权利,它采取了如下形式。若非出于饲养它们所带来的经济利益,这些动物本来不会存在,因此这些动物的经济价值将决定它们该如何被对待。因此,如果密集饲养农场动物服务于农场主的经济利益,工厂式农场就得到了辩护。可以说,这些动物遭受的伤害就是它们为了获得存在而付出的代价——这个存在因为农场主的决定和农场主的利益而发生。

该论证假定了一点:在因果关系上对既定个体的存在负责的行动者,对该个体的处境具有至高决定权,一旦这些个体存在,它应得的对待就取决于首先促成他/她存在的人的利益。这样的论证完全缺乏可靠性。要不是我和妻子在过去做出的决定和采取的行为,我儿子现在不会存在。在那一意义上,我儿子的存在"归功于"我们。但是从这一点并没有推出,一旦我儿子来到这个世上,我们作为他的父母就有资格对他为所欲为。一旦他自己成了生命主体,过着自己或好或坏的生活,并且这个生活在逻辑上与我们无关,那么如果我们要依照正义的要求对待他,我们就必须尊重一些严格的道德限制,这些限制建立在认可他们固有价值的基础之上。我们并不是他的道德君主。农场动物的情形在与道德相关的任何方面不会有所不同。一旦既定动物成为生命主体,过着自己或好或坏的生活,正义对待的同样原则也就适用于它们。如果农场主抗议说,他让这些动物存在并不是为了正义地对待它们,那我们有资格反对说:这一点不会带来什么道德差异。一旦他让这些动物处于自己的照料之下,促成动物存在的曾经的动机和意图就根本无法压倒动物的一项权利:符合它们应得的尊重、并依照这一尊重的要求而被对待。自愿促成农场动物的存在就是自愿对它们负有本来不会负有的义务,不管这是不是农场主让这些动物存在的意图或动机。从权利观点的角度看,当农场主允许自己的动物繁殖、或者从允许动物繁殖的他人手里购买动物时,他就承担了道德上的责任,正如父母生孩子或者领养孩子时承担了道德责任。生孩子的意图或动机不管是什么,都不会就此拿到伤害孩子的道德许可证,同样,农场主的动机和意图,也没有带来任何伤害自己所照看的动物的道德许可证。农场主持有不同观点不过表明,他们多么不愿意承认动物的权利,而没有表明,这些动物不具有应该被承认的权利。(这个论证,还有下面那个反对把动物视为法定财产的论证,可以回应常见的一种反驳,即认为使用实验动物是一项"人权"。在下面关于使用实验动物的讨论中[9.4],我将不再重复这一点。)

最后一个考虑把农场主的经济利益与自由原则相联系:即便我们确实没有购买农场主产品的义务,即便承认我们无法诉诸恶化原则来捍卫肉类消费,仍然有人可能会认为,农场主饲养动物提供食品是他们自己权利范围内的事情。由于如果不饲养动物,农场主的境况就会变糟,因此他可以被允许饲养动物,尽管这会给动物带来伤害。对自由原则的这种诉诸忽略了该原则的一个关键条款,那就是"倘若所有相关个体都得到了尊重"。当前为了人类消费而饲养农场动物的实践——不管是工厂式的饲养还是"人道"饲养,就没有满足这一要求。

某种实践、制度、企业、或者类似事业,如果允许或要求把具备固有价值的个体当作似乎是**可再生资源**来对待,那么它就是不公正的。如果某些个体还没有成长到某种状态或达到某种条件,因此无法根据对偏好的尊重或家长主义安乐死(3.7)来终结其生命,那么这些动物被杀死,然后被另一将会以同样方式结束生命的类似个体取代时,它们就遭受了不公正对待。依照权利观点,这样的制度是不公正的,因为它侵犯了尊重原则,也就是在对待具备固有价值的个体时认为:这些个体自身似乎缺乏任何独立价值,只是相对于参与相关实践活动者的利益、或者饲养者的偏好而具有价值。这种制度是在把这些个体视为**可再生的**,因为该制度把这些个体当作了可被替换的对象,同时不觉得对那些被杀死的个体犯下了任何错误。该制度也在把这些个体视为**资源**,因为这些个体据称具有的价值,被看做是取决于他们相对他人利益的效用。但是,具备固有价值的个体并非可再生的资源,也不应该被当作这样的资源来对待。他们具有某种价值,该价值不同于、也无法被还原成他们相对他人利益而具有的效用。而且,他们应该总是以某种尊重其独立价值的方式而被对待,这种对待不是出于友善或同情,而是严格正义的问题。因此,任何实践、制度、或者其他事业,如果允许或要求把具备固有价值的个体当作好像是可再生资源来对待,那这就是在允许或要求以侵犯尊重原则的方式来对待这些个体。同样,该实践所许可的对待,以及该实践本身都是不公正的。

权利观点做出的这个断定,独立于被视为可再生资源的个体遭受的疼痛或痛苦,尽管所导致的疼痛或痛苦增加了错误的复杂性。**正是认为这些个体只具有贫乏价值的观点,而不只是这些个体承受的痛苦或伤害,让这种实践成为根本上不公正的。**即便在上面解释的意义上被视为可再生资源的个体受到了"良好对待"(比如没有遭受不必要的伤害),这也不会改变该实践根本上的不公正,而只是减少了以此种方式伤害这些个体的错误。良好对待会让这种实践变得**不那么**错误,但是无法根除该实践本质上的不公正。

把具备固有价值的个体当作可再生资源对待的任何实践,都是不公正的,其根据不同于对这种实践所带来后果的考虑。权利观点的立场不是认为:这样的实践必定会、或者可能会给所有相关个体带来不够好的积聚性后果。这种实践将会、或者可能会带来的后果的价值,与发现此种实践的不公没有关系。即便可以获得"最佳"后果,此种实践也仍然是不公正的,因为它继续允许或要求以某种方式对待具备固有价值的个体,该方式与这些个体应得的尊重格格不入。

把这种实践判断为不公的根据也不同于这种推理:某行为或实践把具备固有价值的个体当作好像仅仅是容器来对待,因此是错误的。把这些个体仅仅当作容器来对待之所以错误是因为,这是不公正的做法,而之所以不公正是因为,该做法没能以个体应得的尊重来对待他们。但是,比起把这些个体当作可再生资源的做法来,把他们仅仅当作容器来对待至少具有一个优点:在仅仅被当作容器来对待时,**他们**的善(比如他们

345 的快乐)和**他们**的伤害(比如疼痛),被认为**在道德上**与我们应该采取什么行动的决定**直接相关**。碰巧的是,在以这种方式被对待时,个体遭受的伤害可以诉诸"最佳"积聚性后果而得到辩护。然而,当个体被当作可再生资源对待时,**他们**的善和**他们**的伤害却不具有**直接**道德意义。如果他们具有什么意义的话,那个意义也取决于:什么做法符合把他们视为可再生资源的人的利益。因此,把具备固有价值的个体视为可再生资源就是认为他们**甚至连容器都不如**。由于依照权利观点,把个体当作仅仅是容器来对待是不公正的,因为这对他们不尊重,因此,把个体当作连容器都不如,这是更大的不公。

为了人类消费而被饲养的农场动物,在今天就是被当作可再生资源对待。不论这些动物是在禁闭环境下还是"人道"情形下被对待,我们都可以做出这个断言。在这些动物成长到一定阶段,或者满足了一定条件,使得夺去它们生命可以被合乎情理地视为善举之前,它们就被常规性地提前杀死了;它们在生产线上的位置接着被其他动物取代;随着这个体系的永远运转,这个过程也就如此往复不断。毫无疑问,这些动物在被当作可再生的、或者可取代的东西对待。同样可以确定,它们也在被视为资源,仅仅具有相对他人而言的价值。这些动物获得的利益和遭受的伤害所具有的道德意义,是依据饲养者的利益来衡量。如果在禁闭环境下饲养的狗遭受了伤害,只要这种饲养环境促进了农场主的利益,伤害就不会得到道德考虑;如果肉牛(beef cattle)因为早夭而受到了伤害,只要这个做法促进了肉牛牧场主的利益,伤害就不具有道德意义。这么说不是要表明:畜牧业从业者都是冷酷之人,最喜欢折磨自己的动物(为什么这不恰当,参见前面的6.1)。这么说是要表明一个简单要点:这些动物被当作了资源来对待,它们遭受的伤害和得到的好处,只有在(或者当)和农场主的利益相关时才有道德意义。如果让动物不健康成长会带来经济利益,现代畜牧业就必定会找到办法来这么做。确实,这已经在发生:看看小牛犊吧。

346 把农场动物当作可再生资源来对待,就是没能把它们作为具备固有价值而尊重它们。因此这就是在不公正地对待它们。正如我们预料的,当农场主声称为了人类消费而饲养这些动物"符合自己权利"时,不公正对待的事实带来了根本的道德差异。依照自由原则,只有在农场主伤害的个体(也就是他所饲养的动物)**得到尊重**的情况下,他的做法才会"符合自己的权利"。但是,只要这些个体被当作仿佛是可再生资源来对待,它们就没有受到尊重对待,也不可能被如此对待。依照权利观点,正因为如此,为了人类消费而饲养动物的农场主是在从事不公正的职业。道德上看,农场主的举动**越出了**自己的权利范围。道德上看,这种行为应该停止,消费者应该停止支持这种活动。

即便消费者停止买肉就真的会落入比农场动物更糟的境地(实际上并非如此),这也没有推出:当消费者通过选择买肉而支持和要求如此对待动物的做法时,他们是在"依照自己的权利行事"。只有在这种饲养活动以动物应得的尊重对待的情况下,消费者才是在依照自己的权利行事。由于依照前面给出的理由,当前为了人类消费而饲养农场动物的活动没有尊重动物,因此,通过买肉而支持这种活动的人僭越了自己的权利。他们的购买行为让自己成了推进不公实践的一分子。素食主义不是分外之责,而是义务所在。

在此有人可能会抗议说(上面的第6点),生死攸关的并不仅仅是农场主、肉类包装商、批发商等人的经济利益,整个国家的经济都与肉类工业的维系和发展直接相连。停止购买这一工业的产品会带来经济灾难,给成百万上亿人的福利带来影响,这些人自己没有犯什么错,也没有自愿去承受参与肉类工业所带来的风险,但他们的境况将会变糟。为了避免这个不幸,我们应该继续买肉。

权利观点反对支持肉类工业的这种辩护方式。他人因为不正义的制度或实践而获得的收益,无法为该实践或制度辩护,同样,这种实践活动或制度的解体可能给他人带来的伤害,也无法捍卫它的继续存在。换句话说,如果所要提供的保护涉及对他人权利的侵犯,那么没有人有权得到保护以避免伤害。由于依照前面给出的理由,当今饲养农场动物的实践活动在常规对待这些动物的方式上,相悖于从严格正义的角度看它们应得的尊重,因此,该实践活动侵犯了这些动物的权利。这样,不管是肉类工业从业者,还是该产业的崩溃所波及的人,他们都没有权利要求允许该产业继续发展,以保护他们免遭伤害。在这个意义上,也是出于这些理由,权利观点暗示:正义必须得到伸张,哪怕(从经济方面看)天塌下来。

当然,从经济方面看天绝不会塌。我们不会一觉醒来发现,每个人都皈依了素食主义,突然之间整个肉类产业陷入崩溃,经济也由此骤然萧条。这个情景绝不可能发生。就我们的所知而言,肉类产业的瓦解会逐渐进行,而不是突然发生,国家和世界的经济也会有时间适应饮食方式的改变。然而,根本的道德要点仍然不变。没有人有权通过让不正义的、侵犯了他人权利的实践活动继续存在而保护自己。不管人们是积极参与这个实践,还是消极对待但是将从该产业中受益,也因为该产业的停止而遭受伤害,这一点都成立。比起肉食者来,也会因为肉类产业的突然崩溃而遭受伤害的素食主义者,并不具有更多权利来抱怨他们遭受的"不公"。由于该产业的瓦解并没有给他们带来不公,因此即便是"素食者"也没有抱怨的理由。

作为法定财产的动物

在此有人可能会控诉说(前面的要点 7):农场主**拥有**那些动物,农场动物是他们的**法定财产**,这一事实带来了根本差异。正如由于房子是我的财产,它的颜色或者我要卖房子的决定就是我的私事一样,有人会辩驳说,农场主对自己的动物做什么是他的事情,因为动物是他的财产。任何一个在我想要涂自己的墙、或者卖自己房子时否认我这么做的权利的人,都是在不正当地践踏我的财产权,同样,任何一个试图要限制农场主如何对待自己动物的人,都是在不正当地践踏他的财产权。

对这种论证思路做出两个回应就够了。首先,即便我们同意,农场动物在当前法律中的地位就是财产,即便假定动物作为财产的法律地位没有改变,这也没有推出:对待动物的法律限制必定会侵犯农场主的财产权。财产权不是绝对的。尽管我选择给墙涂什么颜色是我的私事,但是,如果我的选择会给他人带来不利影响,那么我选择如何对待自己的财产就不仅仅是私事。由于住在市郊的社区,我就不具有把自己的房子变成成人书店、赌场、妓院、甚至是"7-11"便利店[1]的自由。关于我的财产权(不说别的权利),我的邻居在我对自己财产的处理上施予了一些限制。即便我们假定动物确实是、并且将会继续被视为法定财产,我们也没有理由认为,对动物的对待会与我对房子的处理有所不同。如果就像前面详细论述的那样,动物享有基本的道德权利,那么我们就应该认识到,关于任何农场主可以被允许以"财产权"之名对动物采取的做法,这些权利可以施与严格的限制。在权利观点看来,那是必须进行的一项法律改革,而且,只要有足够的人致力于这项事业,这个改革就会被促成。

第二点,也更根本的是,认为农场动物应该继续被视为法律财产的观点必须受质疑。以这种方式看待它们就是暗示,我们不可能有意义地认为它们具有法律身份。但是法律史再清楚不过、也再痛苦不过地表明,在这个关键问题上法律可以多么武断。在美国内战之前,奴隶曾经没有法律身份。没有理由假定,由于动物目前没有被赋予这样的地位,我们就无法、或者不应该明确地以这种方式看待它们。如果我的前辈对人类奴隶也做出同样假定,那么这些人类的法律地位至今都不会改变。

关于赋予动物法律身份的呼吁,只有一个回应值得在这里考察②。当前的个人生活与动物产业紧密相连的人认为,可以有如下论辩。如果农场动物不再被视为财产,

---

[1] 美国著名连锁便利店,创立于 1927 年,因早 7 点至晚 11 点的营业时间而得名。——译注

② 对动物的法律地位的进一步讨论,参见我的"动物与法律:变革的需要"("Animals and the Law: The Need for Reform"),见雷根:《那里的所有居民》(出版信息见第三章、注释6)。

农场主就不再具有饲养动物的足够经济动力或法律保护,如果这样,这些农场主就会寻找动物产业之外的可靠收入,于是农场动物会变得越来越少。这可以表明权利观点完全是无效的。因为人们可以论证说,权利观点致力于保护农场动物,但是到头来,如果该观点胜利,为了商业利益而饲养动物的农场就将不复存在。如果所谓的保护将会导致庇护者失却保护,那算是哪门子的保护呢?

这个回应假定,运用于农场动物时,权利观点的最终目的是自我挫败的。但这个回应源于一种混淆。确实(这一点值得强调),**权利观点的最终目标是让我们所知道的一切动物产业解体**。依照该观点认为当前施行的这个产业侵犯了农场动物权利的断言,这个目标不太令人奇怪。但是权利观点并没有呼吁灭绝农场动物,而只是呼吁依照正义的要求来对待这些动物。如果没有一种盈利行业能够符合该要求,那么继续让农场动物存在的激励确实会丧失。但是,由于恰恰是这种激励支持人们把这些动物视为可再生资源,并侵犯其权利,因此这个激励的丧失将令人欣喜,而不是遗憾。此外,尽管证据表明常常并非如此,但人类确实有时也被激发出于经济理由之外的原因行动。也没有理由可以假定:如果有一天人类不再具有饲养农场动物的经济利益,这些动物就不会存在。农场动物会减少,这毫无疑问,但是那将表明我们的道德进步,而不是我们的道德失败。权利观点从来没有声称,也没有暗示:农场动物的生活质量在逻辑上或因果上依赖于它们的大量存在。在涉及人类个体的生活质量时,这种说法并不正确。没有理由可以断定,在动物那里又有什么不同。

最后有人会抗议说(见上面的第8点),有些农场动物,最明显的是鸡和火鸡,并非哺乳动物,因此,鉴于权利观点看待作为生命主体的动物的立场,这些动物不在这个原则的适用范围之内。因此可以声称,禽类农场主避开了权利观点的谴责,即便其他农场主确实无法逃避责难。对禽类产业的这种捍卫没有考虑到一个困难:如何在满足生命主体标准和未满足该标准的动物之间划界。此外,它也没有在更大的一个背景下考察对养禽业的辩护,即把所有农场动物视为可再生资源的文化背景。这种论证缺陷普遍存在,比如,为科学中使用非哺乳动物、或者捕猎非哺乳动物做出辩护的那些人,都暴露了这一论证缺陷。为了避免重复权利观点回应这种论证的要旨,我将推迟到后面,等我回应对科学中的非哺乳动物使用的辩护时(9.4),再考察对养禽业的这种抗辩。

素食主义、功利主义以及动物权利

现在看得很清楚:权利观点提供的素食主义基础,与功利主义提供的素食主义基础完全不同。依照功利主义,假定某行为或规则所影响的所有个体的利益(偏好或快乐)都被考虑,而且平等利益得到平等考虑,那么,只要所造成的伤害是为了给所有相关者带来善(比如快乐)之于恶(比如痛苦)的最大积聚平衡,正义就得到施行,给任何个体造成的伤害就并非不正义。因此对于功利主义者来说,农场动物遭受的伤害——甚至工厂式农场中动物被迫忍受的伤害——是否可以得到辩护,这是一个**开放的道德问题**。**如果**积聚性结果最大,**那么**伤害就得到辩护。功利主义者可以提出的反对伤害农场动物的最强辩护,莫过于令人信服地表明:当前的事实反对让动物遭受伤害。要表明这一点,功利主义者必须能够当即提供相关事实,这意味着功利主义者必须告诉我们:(1)通盘考虑后,农场动物遭受的伤害给所有相关者带来了**什么**后果,善(比如偏好的满足)之于恶(比如偏好的挫败)的平衡又如何;(2)如果我们所有人都变成素食主义者——不管是立即还是逐渐改变,那么通盘考虑后,这给所有相关者带来的后果**将会**怎样;(3)是否通盘考虑后,后一个后果**将会**好于前一个后果。对于素食主义责任的功利主义基础来说并非不公平的是,把这种责任建立在功利主义考虑之上所必须的**根据**,根本就无法当即找到。简言之,依照功利主义自己的标准,功利主义所提供的素食主义基础还远远不够有说服力。最后我们可以回顾一下(见6.4),对于功利主义者来说,我拒绝买肉是否正确并不取决于我的行为,而取决于有多少其他人也采取了同样举动;因为依照功利主义思想,只有足够多的其他人也在拒绝吃肉,只有这个数量将会减少受伤害的动物数量,或者减少动物所遭受的伤害,我才做了正确的事情。尽管不可能知道所有人的想法,但是这种情况不大可能:即那些还未接受功利主义的人会相信,效用原则能证明为什么素食主义是他们的责任。

权利观点恰恰弥补了功利主义的缺陷。依照义务的要求来行动并不取决于多少他人也采取了类似举动,素食主义者不会因为许多人还在继续支持动物产业,或者因为无法确定素食是否、(如果是的话)什么时候、又如何可以带来改变(比如改变了免于工厂饲养虐待的动物数量),而放弃他/她的选择。**不购买侵犯他人权利的产业的产品,这是正确的,与多少人也在采取同样举动无关**。依照权利观点,反对动物产业的论证是否成功,这并不依赖于戒食肉类的个体或任何个体是否知道:允许工厂式动物驯养,会给所有相关者带来怎样的善与恶的积聚性平衡。由于这个产业一贯在侵犯这些动物的权利,因此依照前面给出的理由,购买该产业的产品是错误的。依照权利观点,正因为如此,素食主义成了道德责任,也正因为如此,只要我们所知的商业性动物产业没有完全解体(不管是现代化农场还是别的形式),我们就不应该满意。

救生艇上的生命

权利观点的批评者可能会采用前面讨论的救生艇例子(8.13)的变体,以此质疑该观点。回忆一下这个例子:有5位幸存者,4个正常成年人类和1只狗。救生艇只能承受4个幸存者。如果没有幸存者做出牺牲,所有人都会遇难。谁应该被抛下救生艇?权利观点的回答是:狗应该被抛下。前面已论证表明:死亡带来的伤害,取决于死亡所阻断的满足机会的数量和形式,而且,声称任一人类的死亡都比狗的死亡初看起来是更大伤害,这并非物种主义。实际上,数量在这里不会改变判断。只要是挽救4个人类所必须,100万只狗也应该被抛出救生艇,单个动物所遭受的更小伤害的积聚,没有以大致相当于死亡的伤害施加于人类身上。但是批评者可能会推测,假定问题并不在于救生艇是否具有足够空间。设想这里的问题是:如果另外4个个体要获救,就必须有1个个体被吃掉。谁应该被吃掉?权利观点的回答还是一样:狗应该被吃掉。原因在于:死亡给动物造成的伤害,并不像死亡将给任何人类造成的伤害那样大。简言之,在救生艇的例子中,依照权利观点,素食主义责任能够被压倒。如果幸存者在这种可怕情形中选择杀死并吃了那条狗,那么他们是在自己的权利范围内行事,这可以诉诸自由原则得到辩护。确实,任何一个人都可以不选择这么做,而是选择牺牲自己,不去杀死动物。但是依照权利观点,那并非是责任,而是分外之责。

想象中的这位批评者认为,权利观点对救生艇情形的评估削弱了它对当前动物产业的批驳。但是,这个推测至少因为三个不同理由而无法成立。首先,现实中的我们并非处于救生艇的境地。我们假定,救生艇上的人如果要活下去,并且活得好,那么除了吃肉之外别无选择。但现实中的我们有选择。因此,承认在诸如救生艇的可怕环境中压倒素食主义责任,这并没有暗示,这一责任的效力在我们的日常生活中被削弱。第二个理由,也是与第一个理由相关的是,某理论暗示我们在例外情形(例如救生艇情形)应该做的事情,无法被正当地扩展到非例外情形。因此你无法论辩说:由于权利观点暗示,救生艇上人吃狗的做法得到了辩护,因此权利观点也暗示,我们吞下邻居家那个肉嘟嘟的小孩也得到了辩护。这种过度引申就好比:如果某观点允许我们杀死那个企图杀害我们的人,那么该观点必定也暗示,我们可以杀死任何一个想杀的人。没有人会假定:我们在自我防卫时可以杀人必定可以推出我们可以杀任何人。可以料想,没有人会假定,或者应该假定:权利观点关于狗该在救生艇上被吃掉的断言,使我们在面对麦当劳的攻击时无言以对。第三,某观点暗示在孤立的例外情形中可以采取的做法,并未令其承诺于对某实践活动或制度采取类似看法。诚然,救生艇上的幸存者为了免于落入糟糕境地而吃掉了狗,这种做法得到了辩护;但是这并没有推出,(比如)农场主为了避免自己落入糟糕境地而养猪就不是错误的。诸如救生艇这种孤立的例外情形不是实践活动或制度,对前者做出的判断不会自动传递到后者那里。尽管在例外情形中,我们对个体自由的限制得到了辩护(比如一个人陷入暂时性精神错乱,给他人的安全造成威胁,这个威胁只有通过武力限制该个体才可以解除),这也没有推出:我们能够可辩护地许可**常规性**限制个体自由的制度或实践,也就是在**并非例外的通常**情形中限制个体的自由。实践活动或制度的正义不是以这种方式来表明;而是通过考察所有相关个体是否都得到应得的尊重来表明。由于就我们所知,畜牧业这一实践活动没有以对象应得的尊重对待农场动物,因此该**实践活动**是不正义的。救生艇情形中怎样的行为被允许,这不会给养猪场中什么做法被允许的问题带来任何道德改变。为了防止养猪农场主到功利主义理论那里寻求庇护,以逃避权利观点的这个推论和其他一般推论,我们最好提醒一下这位农场主,功利主义者无法为**人类**——包括他自己在内——提供恰当的道德保护。

就我们的所知而言,要让商业性动物饲养业解体,这要求的显然不止是我们个人对素食主义的承诺。原则上拒绝购买肉类产品,这是在做正确的事情,但还不够。承认动物的权利就是承认让动物的权利免遭侵犯的相关义务(见8.6),而履行这一义务要求的不只是我们个人的节制。它要求我们采取行动,发起让动物权利免遭侵犯所需的变革。因此根本上看,那要求我们投身一场革命,彻底改变我们的文化对农场动物的看法,以及对农场动物的通行对待。密尔的话再次显得适切。回顾一下他的说法(8.1):当一个个体对某物具有有效的要求,因而具有权利时,"社会"应该捍卫该个体对那一权利的拥有,"不管是通过法律的力量,还是教育和舆论的力量"。因此可以这样来理解我们面临的挑战:帮助**教育**那些目前还在支持动物产业的人,告诉他们这种支持意味着什么;帮助**形成舆论**,表明这个产业如我们所知的那样侵犯了农场动物的权利;在必要的情况下,努力让法律效力惠及这个产业,以制造必要变革。那个挑战确实不小,不过,为了给这些动物带来正义,我们别无选择。仅仅满足于个人的节制只能成为问题,无法带来解决。

2. 为什么打猎和捕猎错误

由于动物可以造成无辜的威胁,由于在那种情况下,我们违背动物权利的做法有时可以辩护(8.8),因此你无法假定所有的打猎或捕猎都错误。如果狂暴的狐狸咬伤了一些孩子,而我们知道它就藏在邻居的草丛里,如果狐狸的生存环境表明,要是不采取措施攻击行为还会发生,那么权利观点就会批准我们消除这些动物带来的威胁。当我们从保护自己免遭野生动物带来的无辜威胁的例子,转向打猎和捕猎的情况时(不管这种活动是为了商业利益还是为了"娱乐"),权利观点的立场实际上变得模糊起来。依照权利观点,为"娱乐性"捕猎做出的标准辩护是站不住脚的——这种辩护认为:参与此项活动的人得到了锻炼,他们通过与大自然的交流而获得了快乐,享受了友情,或者从准确的射杀中得到了满足。所有这些快乐都可以通过不杀害任何动物的方式获得(与朋友沿着树林漫步,照相机恰当地取代了射杀),而且,只有在我们把动物仅仅视为容器的情况下,捕猎给捕猎者带来的快乐才会压倒这些动物的权利,而依照权利观点,这些动物并不是容器。

英国猎狐活动的拥趸诉诸传统来寻求辩护,但是诉诸传统给捕猎活动提供的辩护,并不比它给动物(或人类)遭受的习惯性虐待提供的辩护更具效力。诉诸传统在这里及相关语境所传达的意思不过是:把动物仅仅视为容器或者可再生资源,这是一种传统。换句话说,对传统的这些诉求本身是在认同关于动物价值的一种贫乏观点,因此,在为伤害动物的实践活动辩护时,它们不具有任何合法作用。诉诸传统为英国猎狐"运动"寻求辩护并不奏效,正如诉诸传统为日本或俄罗斯的捕鲸③做出辩护,或者诉诸传统为加拿大每年一度的海豹屠杀做出辩护无法成功。依照随后将会变得更清晰的理由,在权利观点看来,允许这些实践活动继续以某种程度存在,这是错误的做法。

当然,打猎和捕猎的人有时会把自己的辩护建立在其他考虑之上。并非**捕猎者**收获的快乐为其行为做出了辩护,而是他们为**动物**采取的人道服务起到了辩护作用。我们被要求相信,当前的境况是这样:如果不捕猎特定数量的动物,既定物种的数量就会太多,超出了既定栖息地的支撑限度。这样,有些动物就会因饥饿致死,因为它们无法与同一栖息地的其他动物竞争。因此,从这些动物中精选或定期杀死定量成员也就有了人道目的,也实现了让这些动物免遭饥饿折磨致死的人道目标。权利观点,或者对动物福利敏感的其他观点,如何可以找到其中的错误之处?

权利观点发现了这种辩护方式的缺陷,罪状有几条。首先这个辩护假定:这些动物因为捕猎而承受的死亡,总是比因为饥饿而承受的死亡更好(也就是,总是涉及更少痛苦)。这远远无法令人信服。并非所有的猎人都是专业射手,并非所有的捕猎手都会负责任地设置陷阱,或者带着对动物的"人道"关怀而使用陷阱,著名的夹脚陷阱大

---

③ 对商业性捕鲸的进一步批判性论证,见我的"为什么捕鲸是错误的"("Why Whaling is Wrong"),见《那里的所有居民》。

概是最声名狼藉的反例。因猎人拙劣的射术或糟糕的陷阱而经历缓慢、痛苦死亡的动物,比死于饥饿的动物"死得更舒服"吗？人们期望在此找到支持的论证,但是没有找到。除非、或者直到有人找到了这个论证,否则,用动物被"更人道杀死"的理由来为捕猎辩护就会似是而非。

第二,诉诸"人道关注"与当前的捕猎活动理念,以及一般的野生动物管理产生了戏剧性冲突。这一理念可以被称为最大可持续产量信条,它以下述方式运用于捕猎。捕猎者因为特定理由而被法律许可,用来"定期杀死"或"收割"不同物种特定数量的野生动物,每个季节的捕猎配额（集体配额和每个猎人的配额）通过测定如下一点确定：结合对动物自然死亡率的评估,猎人是否可以在下一季捕获同样数量的动物。下一季的配额又决定了再下一季,依此类推。依照这种方式,可以确定出最大的可持续产量。如果这种理念得以施行,猎人就从法律上被许可在未来季节去做其他猎人在过去季节做的事,也就是杀死特定数量（特定配额）的动物。也就是,如果限制每个季节的数量,那么随着时间积累,能够被捕获的动物总数将会变大,或者更简单明了地说,如果现在杀死的动物越少,未来世代的猎人就能够杀死更多（积聚）数量的动物,而这是更好的。最大可持续产量的内在含义,撕下了"人道地服务"动物这一说法的假面具。接受或参与某实践活动,而该活动的明确目的不过是确保有更多、而不是更少的动物被杀死,这必定荒谬地歪曲了人道服务的理想！有了这样的"人道朋友",野生动物也真的不需要任何敌人了。

关于施行最大可持续产量信条将给动物带来的痛苦总量,也可以做出本质上与前面一样的评价。如果实行这个信条,那么因为猎人拙劣的射术而遭受痛苦死亡的动物总数,加上设计不良的"人道"陷阱导致同样痛苦死亡的动物,再加上自然原因死亡的动物,将会超过采纳其他信条时死亡的动物数量。因此,诉诸人道服务来为捕猎运动辩护不过是道德烟雾弹。最大可持续产量理念所允许的行为,比这种理念自我辩护时的高尚言语更响亮地道出了真相。这种理念的施行将会确保更多、而不是更少动物被杀死,确保更多、而不是更少动物遭受痛苦死亡,不管是死在人类手里还是死于自然进程。

不过,最大可持续产量信条失效的标志,不只在于它表里不一。野生动物管理上的这种决策方式,完全无视对动物权利的认可和尊重。任何一种野生动物处理方式,如果它假定相关政策应该根据积聚性伤害和收益来制订,那么这种方式就无法在道德上被接受。尤其是,这些决定不应该通过诉诸最小伤害原则而做出（见 8.10）。该原则为我们确立了一个看起来值得赞扬的目的：让一般性伤害和特定痛苦的总量最小化。但是，该原则缺乏必要的道德措施来限制实现这种可取目标的方式；它缺乏一种方式来评估实现这一目的的手段。依照最小伤害原则，如果个体的权利被侵犯，那么只要这种侵犯有助于实现总体伤害最小化的目标，它就不会受到道德关注。权利观点完全不认为这种决策方式恰当。以侵犯个体权利为代价而减少总体伤害的政策是错误的，不管这些个体是道德主体还是道德病人，不管这些道德病人是人类还是动物。即便真的（其实不然），最大可持续产量理念会导致野生动物的死亡总量和痛苦总量减少，这也没有推出我们应该接受那一观点。由于这一观点系统性地忽视了野生动物的权利，因此它也系统性地侵犯了这些权利。

权利观点无条件谴责捕猎运动。尽管这项运动的参与者并不一定残忍或者邪恶（回顾一下前面关于残忍的讨论，6.1），但他们的做法是错误的。他们的行为之所以错误是因为，他们参与了一种实践活动，这个活动把动物视为好像仅仅是天然存在的可再生资源，其价值诉诸人类的娱乐利益、口味利益、审美利益、社会利益，以及其他利益而被衡量并支配。动物确实在生生不息。通常，动物的繁殖也不比（比如）树这样的植物更需人类帮助；但野生动物不是**供我们索取**的自然资源。它们具有独立于人类利益的价值，这种价值无法被还原成它们相对人类利益而言的效用。之所以捕猎运动或诱捕动物错误是因为：这么做没有严格正义地尊重来对待它们。

捕猎捍卫者诉诸对野生动物的"人道关注"，但遭驳回，这时他们很有可能会反驳说，他们的做法与其他动物在自然状态下的行为没有区别。动物惯常地杀死其他物种的成员（只是在罕见情况下才会杀死自己物种的成员），动物自己在其他动物手下遭受的死亡，可怕得甚至让心肠最硬的人都为之侧目。谈到物种之间的关系，大自然可**是**充满了血腥和暴力。有人可能会提出，如果权利观点声称要谴责捕猎运动，那么动物本身致命的相互关系就应该也遭到谴责。

权利观点拒斥这个论证。动物不是道德主体（见 5.2），因此不可能具有道德主体才具有的同样义务，包括尊重其他动物权利的义务。吃掉北美驯鹿的狼并没有做道德上的错事，尽管它们导致的后果足以构成伤害。因此依照权利观点，野生动物管理的核心目的不应该是确保最大的可持续产量，而是保护野生动物远离将会侵犯其权利的人——以诸如经济利益的名义破坏或掠夺其自然栖息地的捕猎者和商业发展商。**简言之，需要被管理的是人类的错误，而不是对动物的"收割"**。以肯定的方式说，野生动物管理的目标是：捍卫野生动物的权利，向它们提供机会依照自己的权利而尽可能好地生活，免遭人类以"娱乐"之名进行的掠杀。我们欠野生动物这些，但不是出于友善，不是因为我们反对残忍，而是出于对它们权利的尊重。如果有人回应说，以权利观点要求的方式来尊重野生动物的权利,这无法确保野生动物遭受的总体伤害降到最小,那么我们的回答是:一旦我们严肃看待动物的权利就会发现,这不可能是野生动物管理的核心目标。道德开明的野生动物管理所关注的,并不是在野生环境中动物彼此之间造成的伤害总量。野生动物管理者既不负责计算幸福,也不掌管幸福的分配,他们应该主要关注于**让动物自由生活**,让人类掠夺者不去插手它们的事情,允许这些"异乡人④"自己创造和把握命运。

当我们从狩猎运动转向野生动物的商业开发时,这里的道德情况基本相同,只是会更糟一些,因为涉及的动物数量更大。权利观点谴责杀害野生动物的商业活动。即便当前靠野生动物商业过活的人会因该产业萧条而堕入糟糕境地,这也不会让我们继续允许这种商业活动存在。就像任何一位进入商业界的其他人一样,野生动物猎杀业的参与者必定也会认识到,自己已经放弃了在该行业萧条时自己不落入糟糕境地的权利。我们没有义务购买他们的产品,他们也没有权利要求我们维持其行业,或者保障其当前的生活质量。诉诸从业者所抚养的人可能遭受的福利降低来为野生动物猎杀者辩护,这在捕猎情形中没有说服力,就像在畜牧业那里不具有说服力一样。此外,尽管该行业的从业者像任何其他人一样,有权利采取可能行动让自己不陷入糟糕境地,但他们也像任何其他人一样,在采取侵犯他人权利的行为时已放弃了这项权利。商业性野生动物开发就是在侵犯其他个体的权利,而且是在彻底地侵犯。野生动物被当作可再生资源对待,仿佛它们只具有经济利益的价值。权利观点无条件谴责对野生动物的商业捕猎,这不是因为该行业的从业者是、或者必定是残忍或邪恶的,而是因为他们的做法错误。只有我们拒绝这些商业投机继续下去,正义才得到伸张。

可以想象,有些人会接受前述说法的字面意思,但是不支持其精神。因为毕竟,许多不管是在捕猎运动还是商业捕猎中被杀死的非人类个体,并非本章和前几章一直使用的那一有限意义上的动物,也就是说,它们并非一岁以上的正常哺乳动物。因此,应该声援对(比如)猎鸭的支持,或者对海豹仔的商业开发。由于类似抗议可能还会出现在不同语境(比如有人可能会声称,用于确定如何对待哺乳动物的同样原则,就不适用于在科学中对非哺乳动物的使用,或者在农业中对禽类的对待),我准备推迟到后面再来考察对捕猎的这种辩护(见 9.4 的最后一段,以及那里的注释 30)。

---

④ 有人建议我们把野生动物视为"来自异乡,与我们一样在生命和时间网络中被捕获,一道成为囚徒,塑造地球的辉煌和艰辛",这一建议来自亨利·贝斯顿:《遥远之屋:科德角大海滩的一年生活》(Henry Beston, *The Outermost House: A Year of Life on the Great Beach of Cape Cod*, New York: Viking Press, 1971),第 25 页。

这里提出一个简单问题就够了。让我们假定,新生的野生哺乳动物(比如海豹仔)不符合生命主体标准。但它们仍然具有成为生命主体的可能性。那么,用来判定如何对待它们的道德标准,为什么不同于判定如何对待人类婴儿的道德标准呢?权利观点否认这里存在公允的差异,可以被用来为区别对待二者辩护。除非人们愿意赞同,可以为了追求娱乐或利润而伤害人类婴儿,否则你也无法赞同类似地对待哺乳动物幼仔。

必须提一下控制掠食动物的问题,否则甚至对捕猎的部分性评估也无法恰当。比如,美国西南部的羊农就饱受掠食动物的困扰——最引人注目的是山狗,这些动物攻击吃草的羊群,杀死羊的数量有时超过它们维持生计所需的数目。这些羊农遭受的经济损失促使他们向社会大声疾呼,并且在联邦基金和人员的帮助下采取步骤控制这些掠食者。

权利观点的拥护者必须采取行动终止这种掠食动物控制项目。对这些项目的官方辩护假定:掠食动物让参与正当事业(也就是动物产业)的人遭受了损失。由于权利观点否认这一行业中动物遭受的对待得到了道德辩护,因此,借口要把该行业参与者的损失降到最小而伤害掠食动物,这应该受到道德谴责。在动物产业参与者与该产业征用地上栖息的食肉动物的斗争中,应该退出的是该产业,而不是食肉动物。如果该产业的参与者诉诸他们对土地的法定权利,以及对自己动物的合法所有权来进行回应,那么权利观点的支持者将会这样回答:首先,诉诸法定权利本身无法解决任何道德问题,其次,把农场动物视为财产的当前法律本身,就是权利观点寻求变革的传统之一。

3. 对濒危物种的关切

权利观点的核心是个体的道德权利。物种并非个体,权利观点也不认可物种具有的任何道德权利,包括生存权。它认可的是个体不受伤害的初始权利,包括个体不被杀死的初始权利。某动物个体是某物种幸存的最后几名成员之一,这并不会给它带来进一步的权利;它不受伤害的权利,同样必须与任何其他具有此项权利的个体一道平等衡量。如果在阻止情形中,我们不得不在某濒危物种的最后两名成员和另一动物之间选择,这一动物所属的物种成员众多,但死亡给该动物带来的伤害将大于它给那两个濒危动物带来的伤害,那么权利观点会要求我们挽救那个不濒危动物。数量在这种情形中不会带来差异。如果我们要选择的是,挽救那两个动物所属物种的最后一千、或最后一百万个成员,还是挽救另一只动物,这也不会造成道德差异。它们所受的更小伤害的积聚总量,不会以类似那一单独个体遭受伤害的方式伤害任何个体。其他利益群体(比如人类的美学利益或科学利益)所受损失的积聚总量,也不会造成差异。这些损失造成的伤害总和,并未以类似那一个体的权利被压倒时遭受伤害的方式,伤害任何个体。

权利观点并不反对挽救濒危物种的努力。它只是坚持认为,我们必须清楚知道这么做的理由所在。依照权利观点,我们应该挽救濒危物种的理由不是物种濒临灭绝,而是因为:对于那些破坏珍奇动物的自然栖息地,或者以偷猎贩卖它们为生的人(这些实践活动都无理地践踏了这些动物的权利),个体动物具备有效的要求,因此具有有效的权利。但是,尽管权利观点赞同试图保护任何动物权利的任何尝试,因此也支持保护濒危物种的努力,但是,专门保护行将灭绝的物种的这些努力,会助长一种与权利观点对立的心理。如果人们被鼓励相信,动物遭受的伤害**只有**在动物属于濒危物种时才具有道德重要性,那么这些人同样也会被鼓励去认为:**其他**动物遭受的伤害在道德上可以被接受。这样的话人们就会被鼓励相信,比如捕猎数量丰富的动物不会带来严重道德问题,而捕猎稀有动物就有道德问题了。这不是权利观点的含义所在。在赋予动物权利的根据上,在确定动物的权利何时能够被压倒、或者被保护的基础上,单单是既定动物所属物种的相对数量,不会给带来任何道德差异。

尽管前面已经论述过,这里还是要重复一下:**权利观点并非对挽救濒危物种的努力漠不关心,它支持这些努力**。不过,它的支持不是因为这些动物数量稀少;它支持这些努力主要是因为,这些动物的价值与所有具备固有价值的个体——包括我们在内——一样平等,它们与我们一样享有得到尊重的根本权利。由于它们并不只是容器,或者是可再生的、等待我们使用的资源,因此,它们作为个体而遭受的伤害,无法仅仅通过把商业开发商、偷猎者以及其他第三方利益相关者的不同利益相加而得到辩护。正是因为那一理由,而不是因为物种的濒危,使得对濒危物种的商业性开发成为错误的。依照权利观点,对稀有动物或濒危动物进行道德评价的原则,与用于数量丰富动物的原则是一样的;不管所处理的动物是野生动物还是家养动物,所运用的原则也相同。

权利观点并不否认,人类在稀有物种和濒危物种、或者一般野生动物上的美学利益、科学利益、宗教利益以及其他利益是重要的,也不反对承认这一重要性。权利观点否认的是:(1)这些动物的价值可以被还原成对这些人类利益的总体满足,或者可以与之交换;(2)稀有动物应该被如何对待,包括是否应该比数量丰富的动物得到更好对待,这要依据这些人类利益来确定,不管是单个考虑这些利益还是综合考虑。就像实际上看到的,这两个要点在应该如何对待动物方面有利有弊。尤其是,依照权利观点,以积聚性人类利益为名对稀有动物或濒危动物造成的任何伤害,都是错误的,因为这违背了个体动物得到尊重的权利。关于野生动物,权利观点推荐的一般政策是:**给它们自由!** 这个政策将要求加强干涉威胁稀有物种或濒危物种的**人类**实践活动(比如,通过更严厉的罚金和更长的刑期来制止对自然栖息地的破坏,更严密地监视偷猎行为)。因此权利观点许可这种干涉,只要相关的那些人类得到了应得的尊重。做得太少就是做得不够。

权利与环境伦理:另一个话题

前面(7.5)提到了发展一种建立在权利基础上的环境伦理学的想法,现在应该注意看清楚这个想法面临的困难及含义,也值得在继续其他论述之前对它进行简要评论。其中一个困难是调和一种关系:道德权利的**个体主义**本质,与思考环境问题的许多重要学者强调的、更具**整体性**(holistic)的自然观之间的关系。奥尔多·利奥波德(Aldo Leopold)就是后一种倾向的例证。他写道:"一个行为,当它倾向于保留生物群落的完整、稳定和美丽时就是正确的。当它具有相反倾向时就是错误的。"⑤这种观点包含一个明显期望:可以以"生物群落的完整、稳定和美丽"为名,让个体为了生物群落的更大善做出牺牲。很难想象,一种可以被公平地冠以"环境法西斯主义"(抛开其感情含义不谈)的观点,如何可以容得下个体权利的概念。依照利奥波德生动的用语,人类"**只是**生物族群的一员"⑥,因此与"族群"中的任何其他"成员"处于同样的道德地位。举个奇怪的、但我希望并非不公平的例子。假设我们面临的选择是,要么让一朵珍奇的野花凋零,要么杀死一名(数量丰富的)人类个体,而且,假设野花作为"族群成员"将会给"生物群落的完整、稳定和美丽"带来比这个人类个体更大的贡献,那么我们杀死一个人以挽救野花的做法大概就不算错误。权利观点无法忍受这个立场,这不是因为权利观点绝对否认无生命对象具有权利(很快就会回到这一点),而是因为该观点认为:诉诸积聚性考虑,包括计算什么将会(或者无法)最大程度"促进生物群落的完整、稳定和美丽",以此来决定应该对个体采取什么做法,这是不恰当的。个体的权利

---

⑤ 奥尔多·利奥波德:《沙郡年鉴》(Aldo Leopold, *A Sand County Almanac*, New York: Oxford University Press, 1949),第217页。
⑥ 同上书,第209页,强调是我加的。

无法被此种考虑压倒(这不是说这些权利永远无法被压倒)。环境法西斯主义与权利观点水火不相容。

权利观点并不否认如下可能:自然对象整体,或者体系本身,可能具备固有价值,也就是具有某种价值,它不同于、无法被还原成、也不可通约于某个体的快乐、偏好的满足等等,或者任何数量个体的这些善的总和。比如,一片生态平衡的宁静森林之美,可能就会被认为具有此种价值。这一点当然是有争议的。远未确定的是,如何能够把道德权利有意义地赋予树木或生态系统**整体**。由于森林不是个体,因此也不清楚如何能够把道德权利概念运用于此。或许这个困难可以克服。不过公平的说,在这个重要的伦理领域,还没有一位研究者做到这一点⑦。

由于典型的权利拥有者都是个体,由于环境主题上的当代努力(比如野生环境保护)主要关注整体,而非部分(也就是个体),因此可以理解,环境保护主义者一方并不愿意"严肃看待权利",或者至少不愿意像权利观点主张的那样严肃看待。但这可能只是表明,环境保护主义者只见森林不见树木。建立在权利基础上的环境伦理理论会做出辩护表明:作为无生命自然对象(比如**这棵**红杉木)的个体具备固有价值,因此有权利得到尊重其价值的对待。这种伦理理论的含义应该是环境保护主义者欢迎的。如果个体树木具备固有价值,那么它们所具有的那种价值就不同于、无法还原成、也不可通约于其他个体的快乐和偏好满足所具有的内在价值。而且,我们永远不能仅仅根据所有相关者在这种内在价值上的积聚,来压倒个体的权利;因此,建立在权利基础上的环境伦理理论,阻断了以"人类进步"的名义根除天然荒地的做法,不管这个进步是总体的经济进步、教育进步、娱乐进步,还是其他人类利益的进步。假定权利观点可以被成功扩展到没有生命的自然对象,那么依照这种观点,我们对野生环境的一般政策恰好就是保护主义者想要的:给它们自由!支持这种保护主义的人,在拒斥权利观点、接受环境保护主义圈子更普遍接受的整体性观点之前,应该三思这两个立场的含义。可别把孩子和洗澡水一起倒出去。以权利为基础的环境伦理学是仍在构建的一个选择,尽管远未确定,但值得继续探究。环境保护主义者不应该看都不看就拒斥这种观点,认为它在原则上与自己的目标对立。并非如此。如果我们对构成生物群落的个体表现出恰当尊重,**群落**难道就不会得到保护吗?那难道不是更具整体性的、关注体系的环境保护主义者想要的吗?

---

⑦ 关于这些问题的进一步评论,参见我的"什么样的存在物可以具有权利"("What Sorts of Beings Can Have Rights?")和"一种环境伦理学的本质与可能性"("The Nature and Possibility of an Environmental Ethic"),都载于雷根:《那里的所有居民》。

4. 反对科学中的动物使用

传统上,为了科学目的而使用动物所引发的争论,以支持还是反对活体解剖的名义发起。但是活体解剖这个词并不适合当前的讨论目的。对动物进行活体解剖就是在它们还活着时解剖它,切割它。并非所有需要关注的实践活动都涉及活体解剖。在科学中有三个主要领域在常规性地使用动物。它们是(1)生物学和医学教育;(2)毒理学实验——在此,新产品或新药可能给人类带来的有害作用首先在动物身上检验;(3)原创性研究和应用研究——不仅包括对各种疾病的病因和治疗的研究,而且包括对活体器官的生化本质及活动规律的研究⑧。我们从(比如)上生物实验课开始就已熟悉教育中的动物使用,我们中的多数人,也通过新闻和其他媒体报道对原创性研究和应用研究略知一二。至于毒理实验中的动物使用,当我们讨论各种毒理实验,包括所谓 LD50 的检验时,会变得更清楚。

有人可能会反对把使用动物的所有这三种方式,都划归在动物的科学使用名下。尤其是,有些科学家可能具有更狭义的科学观,仅仅把原创性研究和应用性研究视为"真正的科学";依照这种观点,动物在教育和毒理实验中的使用不算科学,或者起码不算"真正的"科学。如果科学只是对假说的设计和检验,那么这种狭义的科学概念就可以理解。不过不可否认的事实是:杀虫剂、食品添加剂、发胶以及炉灶清洁剂的毒性,并非通过魔法或占星术来检验,这是应用科学的问题。普通生物学课程上讲授的实验,也不是为了训练比如哲学或会计学方面的人才,而是为了进行生物科学方面的教育。因此,即便毒理实验或教学实验在某种意义上都不是科学,但在另一意义上,它们也被认为属于科学从业者的活动,这些从业者在能力上要么相当于科学家,要么属于科学领域的教师。因此出于这些理由,在考察科学中的动物使用,或者说以科学为目的的动物使用时,就要求评估动物在所有三个领域中的使用:在生物医学教育中的使用,在毒理学实验中的使用,以及在原创性研究和应用性研究中的使用。考察将依照这个顺序进行。

---

⑧ 罗恩(Andrew W. Rowan)在《实验动物的替代方式:定义与讨论》(*Alternatives to Laboratory Animal: Definition and Discussion*, Washington, D. C.: The Institute for the Study of Animal Problems, 1980)中对这三个领域进行了更充分的确认和讨论。与罗恩博士的讨论让我受益匪浅,但这并不表明他会赞同关于科学活动的动物使用的立场。其他人可能愿意对这三个类别进行细分,这种细分不会影响下面的论证。

教育实践中的动物使用

在教育实践中,各类动物以不同名义被使用,其中包括:科学节,高中和大学生物课、动物课以及相关学科课程中的普通实验,学生的研究计划,医学与兽医学校的外科实验——这个清单很长,不太可能得到完全考察。只要关注其中之一(也就是高中和大学实验课的活体动物解剖),权利观点在其余使用中的立场就足够清楚,无需一一考察;而且,考察权利观点在毒理学和研究中的动物使用上的立场时,我们还会看清楚这一点。

农场动物和野生动物不应该被视为仅仅是容器或可再生资源,其权利不可以基于人类利益的积聚而被压倒,同样,哺乳类实验动物也不应该以这种方式被看待。获取知识是好事,但知识本身的价值还无法为伤害他人辩护,在能够以其他方式获取知识时就更是如此。在高中和大学阶段的生物学、动物学以及相关课程的实验课中,在学习哺乳动物的解剖学和生理学知识时,这些知识可以不依赖手动实验获取。学生不需要解剖任何已知的动物来学习解剖知识和生理知识。关于动物的解剖与生理的详细素描大量存在,往往也可以在这些课程所使用的教科书中找到。依照权利观点,在普通实验课中继续使用涉及活体哺乳动物解剖的内容是不必要的,正如它是不正当的。

对此大概会有三种反驳。(1)第一个是,尽管这些知识可以通过不解剖任何活物获得,**解剖经验**却无法通过这种方式得到。那种经验只能通过解剖实践来获取。这没错,不过未中要害。从道德上看,你无法因为不做某事就无法获得相关经验而为做这件事辩护。如果这一理由充分,那么人们就可以为任何事情辩护,从强奸到谋杀;因为,我只有参与强奸或谋杀才能获得这方面的经验。要点很简单:为了给某人的做法辩护,你必须为所做的事情本身辩护,而不能只是指出,如果某人不这么做的话就无法获得这方面的经验。因此,尽管学生如果不解剖动物就确实无法获得解剖活体动物的经验,那一事实本身也无助于为解剖行为辩护,更别说要求解剖行为了。你必须问的是,是否存在任何理由认为所采取的行为错误或正确,而这将涉及一个问题:拥有经验的价值是否足以提供辩护,支持为了获得经验而必须采取的做法。由于解剖活体动物会伤害该动物,常常会导致其疼痛及早夭,因此,诉诸解剖动物所获得的经验来捍卫这个做法,就是在把这些动物视为好像仅仅是容器或可再生资源。依照权利观点,这是个深重的错误。为了获得解剖经验而解剖活体动物是错误的,因为这是不公正的。

(2)回答者还会提出理由。即便承认在实验课上对**哺乳**动物造成的伤害无法得到辩护,可是在课堂上使用的多数动物并非哺乳动物。现在,由于依照权利观点,非哺乳动物不算生命主体(在权利观点所理解的这个概念的意义上),因此这个观点的拥护者对这种动物的使用无法进行原则性反对。

权利观点的回应首先是:即便非哺乳动物在所说明的意义上(8.5)不是生命主体,很多这样的动物也具有意识、能够体验疼痛。就像前面不只一次承认的(3.8,8.5),**在哪里划定**拥有意识的**界限**,这在某些方面类似其他划界问题(比如多高才算高,或者年纪多大才算老)。并不存在精确的高度和年龄来把某人划定为高个子或老人;但是显然存在高个子和老人的实例。同样,可能你无法以某种接近正确的方式指出,既定个体是否具有意识,能否体验疼痛,但是实际上存在个体具有意识和感觉的实例。不过,尽管二种划界情况在某些方面类似,二者还是在其他方面具有不同。通常,具有道德意义的问题不会取决于某个体是不是够高、是不是够老。但是,许多具有道德意义的问题却取决于个体是否具有意识,能否体验痛苦。由于我们并不确定意识的界限在哪,因此,倡导提示道德预防作用的策略也就并非不合理。这种策略让我们得以把非哺乳动物视为**好像**具有意识,并且能够体验疼痛,除非你有说服力的证据表明并非如此。也就是,在缺乏相反证据的情况下,倡导如下一种策略并非不合理:这一策略允许在证据不足时偏护那些尽管并非哺乳类、但是与哺乳类一样具有相关解剖特征和生理特征(比如中枢神经系统)的动物。采纳这一策略将巨大地影响我们的一个决定:是否允许或要求解剖活体、未被麻醉、在相关方面与典型的有意识生物类似的动物。如果为这些动物提供证据不足时的偏护,那么我们的行为将遵照一个假定:这些动物是有意识的,也能够体验疼痛。而如果我们依照那个假定来行动,那么我们就会认为,无麻醉解剖给动物带来了疼痛,因此需要道德辩护。那个辩护无法援引获取知识来进行。由于这种知识可以在不给任何个体带来疼痛的情况下获得,因此,以获取知识为名,给我们已决定提供证据不足时的偏护的动物带来可能疼痛,这从道德上看过分了。同样,当获取解剖经验带来了可能伤害时,你无法依靠获得解剖经验所具有的价值来做出必要辩护,因为那一经验可以不冒着带来疼痛的风险获得。给这些动物提供缺乏证据时的偏护的策略假定了一点:如果不使用麻醉,这些动物就确实会感受到疼痛,而且是不必要的疼痛。要求或允许学生在不麻醉的情况下解剖"低等"动物,这在道德上无法辩护。

但是,在什么情况下要麻醉"低等"动物呢?可以运用同样的考虑。尽管非哺乳类动物在解剖和生理结构与我们有些差别,它们却在其他方面与我们相似;而在有些情况下,相似可能比差异更重要。我们压根就不具有充分知识来有把握地**完全**拒斥一种看法:比如青蛙这样的动物可能是生命主体,拥有大量的欲望、目标、信念、意向,等等。

当我们如此无知,而可能的道德代价又如此巨大时,如下做法并非不合理:为这些动物提供偏护,把它们视为**好像**是生命主体,应该得到我们的尊重,尤其是这种尊重不会伤害我们时。采纳这个策略将会带来变化,这个变化不是注意对(比如)青蛙进行麻醉就能促成的。造成作为生命主体的动物早夭伤害了它,因此,在实验中惯常性地造成这些动物死亡就具有道德相关性。如果我们真的要为青蛙提供缺乏证据时的偏护,我们就不仅要注意使用麻药,让青蛙免遭不必要的疼痛,而且还要注意不要轻易杀死它们,或者允许它们死亡。也就是,我们不要为了解剖目的而使用它们。

(3)批评者可能会抗议说,青蛙**就是不值得**我们提供缺乏证据的偏护,为了"青蛙具有权利"的微弱可能而鼓动我们的良知,这未免有点过火。因此这种批评提出禁止使用哺乳动物,但允许使用非哺乳类动物,尽管建议进行麻醉。这个回答导向了第三个要点。诸如生物实验课上发生的事情不是在真空中发生。它既是关于非人类存在物的流行文化信念、态度以及传统的结果,也在促成这些东西形成。对这些信念和态度的获取,对这些传统的引入,都是文化适应的一部分。权利观点的含义在挑战这些信念、态度和传统。它反对认为(至少)哺乳动物仅仅是容器或者方便的可再生资源的看法,并且断言,这些动物具有独立于人类利益的自身价值。现在,对权利观点的文化接受显然部分上取决于:该观点在我们的教育制度文化,包括科学课程中,得到了多大程度的接受和传达。实际上,正是这些课程,而不是任何其他课程,最有可能会鼓励人们从文化上接受权利观点。从教育学角度看,这种可能性该如何得到最充分的展现?继续要求学生解剖活体动物,不管是不是被麻醉、是不是哺乳动物,这是行不通的,在可以不通过这些方式获取知识时就更是如此。这样要求学生就是在助长这一信念:**非人类动物在道德上不值一提**。这个信念在实验室之外的主流文化中已经得到足够鼓动,不需要你再帮助推进了。实验室之外的世界充斥着麦当劳巨无霸、肯德基烤鸡店、周末捕猎、商业捕鲸、皮外套、牧马竞赛、斗鸡、动物收容所——所有这一切都展示着我们文化中漠视动物的态度,仿佛这些具有感觉的生物不过是商品,或者**物件**。在可以不解剖动物而获取知识的情况下要求学生解剖动物,这是在助长这种漠视态度。停止提出这样的要求则是在相反的道路上迈出了重要一步。

从康德心理学派生出来的一种思考适合于这里的讨论。回顾一下(6.5),康德的立场认为应该阻止"残忍对待动物"的做法,这不是因为我们对动物负有不残忍对待的责任,而是因为残忍对待动物的人养成了残忍的习惯,有一天会导致他们也虐待人类。不管康德关于"残忍对待动物"与"残忍对待人类"的联系的思考,在多大程度上成立,很有可能发生的是:要求学生把动物当作好像不具有直接道德意义的东西来对待,这会鼓励他们形成如此对待一般动物的想法和做法。考虑到主流文化已经受到了这种方向的严重影响,这个可能性也就更大。那么,即便在高中和大学实验室被解剖的动物往往缺乏权利,继续要求解剖这些动物也有可能助长一种习惯,这个习惯会导致人们参与侵犯拥有权利的动物的实践活动,或者默许别人那么做。阻止养成这种习惯的一个办法就是(并非不重要的办法):停止学生解剖**任何**动物,向他们解释说,解剖动物所获得的知识也可以通过其他方式获得,并且向他们指出,生物学、动物学等研究并不认为,作为研究对象的动物微不足道,"没有价值",因此可以随便解剖并丢弃这些动物。(这些考虑类似上面的[2]和[3]提到的那些,它们部分上为权利观点提供了基础以支持一个立场,即反对以一种认为它们仿佛只是可再生资源的方式对待鸡和火鸡;参见第 349 页[边码];也参见本章注释 30)。

与高中和大学生命科学课程教师的热忱相比,这些判断大概是不相称的。就像一般的学术人士那样,这些教师珍爱自己的学术自由,而且这也是正当的。质疑他们在自己实验课上的要求或做法,可能会被认为是侵犯了他们的这一自由。可能有人会说:"我们没有干涉哲学家该如何授课,所以哲学家也不应该干涉我们如何上自己的课!"。在一定程度上,这样的提法没有问题。哲学家显然没有资格挑选科学课程使用的教材,或者指出哪些科学概念应该在课堂上强调。上面所说的其实也没有别的意思。哲学家可以合法地采取的做法是,在道德的基础上质疑普遍的实践,所需的理由并不需要某科学领域的专业知识。科学家如果发现哲学课堂的实践在道德上应该被反对,那他们也可以这么做。**起决定作用的应该是所提供的道德论证的合理性,而不是提供论证者的身份**。前面的论述试图表明:在科学教育中通常被采用的一种实践活动,如何可以被权利观点而遭质疑。接受权利观点的理由已经在前面得到详细论述。如果那一观点本身有道理,如果它在当前情形中的运用恰当,那么,实验课中要求或允许解剖活体动物的做法就应该停止。让教师停止生命科学教育中的这个惯例,这不是在剥夺他们的学术自由,而是在行使这一自由⑨。

---

⑨ 1981 年春,美国生物科学研究院(American Institute of Biological Science)宣布支持国家生物教师协会(National Association of Biology Teacher:NABT)制定的"大学前阶段活体动物使用指南"(Guidelines for the Use of Live Animals at the Pre-University Level,载《生物科学》[*Bioscience*],31[4][1981 年春],第 330 页)。这些指南呼吁,停止小学和中学阶段在脊椎动物身上进行造成痛苦的实验。尽管这是一个良好的进步,但是,如果前述论证合理,那么这个进步就走得还不够远。制止带来"不必要的疼痛或痛苦"的实验还不够;参与将会导致动物早夭的活动也存在重要道德问题,不会因为麻药的使用而被解决。不过,NABT 确实阐明了人们如何可以拒绝传统,行使自己的学术自由;这一点是重要的。仍然值得期待的是,大学阶段的相应组织将会采取怎样的类似举动——如果有什么举动的话。

毒理学

动物经常被用于一种实验,其目的是:检验主要用于人类使用或消费的各种商品可能的毒理威胁(确切说就是毒性作用)。被检测的有两类物质:治疗性物质和非治疗性物质。前者就是可以缓解或治愈病症(比如痛风、溃疡、高血压)的药物。非治疗性产品包括所有的其他产品。以下是需要做毒理检验的非治疗性产品的典型清单:杀虫剂、农药、防冻液、制动液、漂白剂、圣诞树喷雾剂、教堂蜡烛、银器清洁剂、炉灶清洁剂、除臭剂、爽肤水、婴儿用制剂、泡沫剂、护肤霜、脱毛剂、眼部化妆品、蜡笔、灭火剂、墨水、防晒油、指甲油、睫毛膏、发胶和染发剂、拉链润滑液、油漆、体温计和儿童小玩具[10]。简单起见,治疗性物品将一律被称为**药物**,非治疗性物件被称为**产品**。

毒理实验分类

一位美国医生达拉斯·普拉特(Dallas Pratt)这样来定义毒性物质:

> 一种物质如果被食入、吸入或者被皮肤吸收之后,因为其化学作用而导致机体结构破坏或功能紊乱,或者二者兼具,它就被定义为有毒的[11]。

标准检验程序包括(1)急性毒效,(2)亚急性毒效,(3)慢性毒效。普拉特把急性毒效检验描述为"寻求高剂量水平的不适反应"[12],而亚急性检验"通常……界定的是化合物的生物活性,是对'无效'剂量和最大耐受剂量的评估"[13]。后一种检验通常需要超过3个月的周期,而前一种检验需要的时间短些。某物质长期、小剂量的毒效在慢性毒效检验中测定,通常需要2年。动物的致癌性检验就属这一类。此外,还有对其他一些产品(比如化妆品)的标准检验,比如眼睛和皮肤刺激试验。

在美国,用于毒性实验的动物数并不明确,不过普拉特使用英国统计局的数量估计,在这个国家,用于科学目的的一亿只动物中有20%用于毒理实验。这样计算的话

---

[10] 格利森、戈瑟兰、霍奇和史密斯:《商业产品的临床毒理学》(Gleason, Gosselin, Hodeg, and Smith, *Clinical Toxicology of Commercial Products*, London: Williams and Wilkins, Ltd),引自赖德医生的《科学中的受害者:研究中的动物使用》(出版信息见第五章,注释3),第39—40页。我从赖德医生的作品中受益了。

[11] 达拉斯·普拉特:《动物实验中替代痛苦的选择》(Dallas Pratt, *Alternatives to Pain in Experiments on Animals*, New York: Argus Archives, 1980),第202页。认为不存在动物使用的替代方式的人,应该读读普拉特的作品。

[12] 同上书,第203页。

[13] 同上书,第208页。

就是两千万只动物。普拉特列出了某物质在实验动物身上产生毒效的如下一般标志:"异常发声、躁动;抽搐、战栗、麻痹、惊厥……身体僵硬、无力;分泌唾液、流泪;性器官和乳房肿胀;皮肤溃烂;渗液,包括眼睛、鼻子、或者嘴巴出血;异常体态、消瘦。"⑭ 简言之,毒理实验给动物带来了伤害,不仅因为实验给它们带来的急性或慢性痛苦或身体恶化,而且因为实验剥夺了它们获取自己能力所及的满足的机会。瘫痪的动物可能感觉不到疼痛,但是这并不意味着它们因此没有遭受伤害。

许多书详述了这些实验⑮。我们只需稍微详细描述其中一个,那就是被称为 LD50 检验的急性毒理试验。辛格的描述最恰当不过:

> 标准的毒效试验,即某物质在多大程度上具有毒性的试验,是"致死剂量 50"试验,通常简称为 LD50。这种试验的目的是,确定多大剂量物质会导致百分之五十的动物死亡。通常这意味着,在一半动物最终死亡和一半动物存活之前,所有动物都会罹患严重疾病。即使是大致上无害的物质,确定出导致半数动物死亡的浓度也是必要程序;结果动物会被喂食各种数量的物质,它们可能仅仅因为大量或高浓度的食入而致死……毒性检验程序通常要进行彻底,直到死亡发生。免除身处死亡过程的动物的痛苦,将会导致不够精确的结果。

出于同样理由,标准毒理实验也不鼓励使用麻药。麻药的效果"可能会让结果不够精确"。从 LD50 试验中获得的信息,将提供根据来标注各种产品的标签:"危险:毒品"、"警告"、"注意"⑯。

在有些产品那里(比如化妆品),执行**特殊**实验(比如 LD50)的**法律**要求充其量也是模糊的。不过就普拉特的观察:"即便政府的规定没有要求进行实验,许多药品和消费品的厂家常常也会进行实验,他们认为这是避免事故诉讼的一种保护措施"⑰。

有了这些简单的背景,现在让我们开始评价在动物身上进行的毒理实验,首先从产品开始。

---

⑭ 达拉斯·普拉特:《动物实验中替代痛苦的选择》(Dallas Pratt, *Alternatives to Pain in Experiments on Animals*, New York: Argus Archives, 1980),第 205 页。
⑮ 除了普拉特的作品外,参见赖德的《科学中的受害者:研究中的动物使用》和彼得·辛格的《动物解放》(出版信息见第三章,注释 10)。
⑯ 辛格:《动物解放》,第 50 页。
⑰ 普拉特:《动物实验中替代痛苦的选择》,第 206 页。

产品毒理试验

产品毒理实验可以因为、而且已经因为它们有限的科学有效性而受到质疑[18]。把动物实验的结果外推到人类的做法已声名狼藉:比如,有些产品(诸如苯和砒霜)在实验动物身上并不具有明显的毒理反应,但在人类那里却具有高度毒性。其原理尚不清楚,但是已经有证据表明:实验结果受实验时间、动物饮食以及其他细微变量左右[19]。此外,由于我们对某些强酸和生物碱的毒性已经了解甚多,那么包含这些物质的新产品在得到进一步检验之前,我们就会知道它们对人体有高度毒性;而其他物质,比如很多化妆品,由于包含已知的良性化学物质,因此不需要检验也可以知道是无毒的。在这种情况下,毒理实验可以遭怀疑,因为它们并不必要。

攻击动物身上的产品毒理实验的这些方式,会造成一个意想不到的印象,从权利观点看也是没有充分根据的印象,那就是:**只要**排除**不必要**的实验,**只要**克服**外推问题**,动物身上的毒性实验就可以在道德上被接受。关于外推问题,采取并支持这种实验的人承认当前存在的局限,他们会论辩说:当前实验的不可靠证明,为了克服现存方式的缺陷,要进行进一步的实验。如果保护实验动物的人反驳说,当前的科学缺陷**无法**被克服,那他们会被指责为(这是正当的):在缺乏恰当知识的情况下,预先对非常复杂的科学问题进行了判断。这因此会以某种方式招致"反科学"责难,也应该受到这个责难。如果要保护实验动物,那么你提出来反对这种实验的理由,就不能只限于援引某些明显不必要的实验(尽管这种实验确实不必要),或者揭示当前方法的明显缺陷(尽管这种揭示是应该的)。必须在道德基础上攻击执行这些实验的机构。

依照权利观点所确立并捍卫的原则,人们如何为这些实验辩护?目前看来,如下论证思路最合情理。如果新产品没有首先在动物身上检验毒效就进入市场,那么它给人类造成伤害的风险就会大大增高,初看起来,这种伤害比实验动物将遭受的伤害更大。比如,使用发胶可能会致盲,如果吸入未受检验的炉灶清洁剂可能会导致呼吸系统功能衰竭,这两种情况都会让人类落入比任何实验动物都更糟的境地。此外,由于依照权利观点,更小伤害的积聚不会伤害任何一个特定个体,因此我们无法把实验动物遭受的更小伤害累加起来,然后假定这个伤害大于比如人类致盲的伤害。因此,为了使有毒产品伤害人类的风险降到最小,我们必须用动物来对毒性进行预先检验。

---

[18] 参见比如赖德的《科学中的受害者:研究中的动物使用》。

[19] 参见比如马加良斯(H. Magalhaes)编的《动物实验的环境变量》(*Environmental Variable in Animal Experimentation*, New Jersey: Associated Universities Presses, Inc. ,1974)。

权利观点依据两个理由来攻击这种辩护。首先它质疑一种做法：为了确定或减小人类使用新产品可能遭受的风险，就把动物置于遭受伤害的风险，或者就去伤害动物。由于这一论证适用于**任何**为了减少风险而进行的毒理实验，而不仅仅是新产品的实验，因此我将推迟到后面考察新药实验时再为它进行陈述和辩护。第二个理由专门使用动物来检验新产品的毒性。这个反驳首先注意到，诉诸恶化原则对这些实验进行的捍卫假定了一点：进入市场**之前**给动物造成伤害的毒理实验，可以诉诸不进行这些实验而投入市场**之后**可能造成的后果来辩护。但是，道德并没有以这个捍卫所假定的方式起作用。回到前面的例子（8.9），矿井塌陷**之后**我可以挽救 50 个人的生命，即便这会导致另一矿工死亡；但是这并没有推出，我首先导致矿井塌陷的做法就得到了辩护。类似地，即便在动物身上施行的毒性实验，确实可以诉诸某产品投放市场可能带来的结果而得到辩护，这也没有推出，决定**开发某产品并投入市场**的做法就得到了辩护。在后一种情况中，这里缺乏的首先是开发产品的道德辩护，从当前情况的本质来看，这种辩护无法通过诉诸产品被引入后可能造成的伤害进行。

现在可以说，厂商在努力捍卫动物实验时最有可能诉诸的原则（恶化原则）表明，这些实验没得到辩护。对这一说法的支持首先提请注意，**已经存在充足**的唇膏、眼影、炉灶清洁剂、油漆、制动液、蜡笔，以及在市场中竞争、等待消费的其他产品。开发备选的新产品并不会服务于人类急切的需求（当然，厂商的经济利益除外，对此随后就会给出论述），也不存在可靠的根据让我们相信，如果某消费者被剥夺了另一支圣诞树喷雾剂或指甲油，他就会遭受伤害，更无法相信的是，任何情形中的这种剥夺，都会与诸如 LD50 实验中动物遭受的伤害相当。此外，即便假定消费者因为被剥夺新产品而遭受伤害，消费者遭受的这些更小伤害积聚起来之后，也没以相当于实验动物遭受伤害的方式伤害任何特定个体。因此，诉诸恶化原则并未表明这些实验得到辩护，而不过恰恰表明了相反的结论。当前的议题是：投入市场**前**的新产品开发如果伤害了动物是否可以得到辩护，而这个问题**涉及首先开发新产品的决定**。因此产品投放市场**之后**造成的伤害是无关的，正如（类似地）我在矿井塌陷后可以得到辩护的做法，与引发矿井塌陷无关。因此这里的道德关键是：如果没有引入新产品，就不会有任何消费者会落入比任何实验动物更糟的境地。那么，假定所有相关个体都得到了尊重，假定没有特殊考虑，那么我们应该做的就是：如果产品的前市场开发会导致动物落入比任何消费者都糟糕的境地，就不引入新产品。诉诸恶化原则并没有给有害的动物毒理实验带来辩护，而是表明这种实验无法得到辩护。

可能有人会援引产品生产者的经济利益来支持对动物的毒理实验。当问题涉及违反某些基本道德权利时,权利观点否认经济利益考虑的道德相关性。即便那些参与(比如)化妆品产业的人,确实会因为禁止在动物身上进行毒理实验而丧失未来利益,这也不会造成什么道德影响。因为首先,这些利益损失构成的伤害无法与实验动物遭受的伤害相提并论。其次,即便某些参与该产业的人,会遭到相当于这些动物遭受伤害的方式受害,这也没有为这些实验的继续使用提供辩护;实际上,即便假定该产业的参与者落入了比实验动物更糟糕的境地,这个辩护也无法成立。自愿参与某产业投资也就自愿承担了特定风险,包括在产业萧条时可能落入糟糕境地的风险。因此,即便参与(比如)化妆品产业的人在停止动物毒理实验时会落入糟糕境地,这也没有为实验的继续进行提供辩护。

因此依照权利观点,在动物身上进行有害的产品毒理实验是错误的,这并不是因为,这些实验用于评价产品对人类的毒性时不可靠(尽管这些实验在确定人类的安全使用量方面确实有缺陷);它们也不是只有在特定实验没有必要时(结果在实验进行之前就可以被预计)才错误,尽管这也确实没有必要;根本上,这些实验之所以错误是因为它们侵犯了实验动物的权利。然而,由于惟一会声称(尽管这个声称多么不合情理)在这些实验被终止时自己生活变糟的人(也就是参与生产新产品的人),恰好就是因自愿参与相关商业投机而自愿放弃避免生活变糟权利的人,而且,由于在这些实验被终止且消费者被"剥夺新产品"时,消费者并没有落入比任何实验动物更糟的境地,所以对恶化原则的诉诸恰恰表明,这些实验在道德上无法得到辩护。伤害性实验侵犯了这些动物不受伤害的基本道德权利。道德上看,这些实验应该被终止。

权利观点并非反对保护消费者或者反对保护工人。原则上,它并不反对尽可能减小个体在工厂和市场中的健康风险。消费者和工人的安全是高尚的目标,而且不管如何看待人类本性,对一个社会来说下一做法都是合理的:对大众消费品的生产商予以管制,以期保护公众,反对不道德行业以公众为代价而牟利。权利观点反对的是:以"公共利益"之名侵犯其他个体的基本权利。伤害动物的新产品毒理实验就属于这种做法。任何一个人,如果他以未受检验的产品进入市场"在道德上无法辩护"为由,来反对权利观点,那他的反对就没有切中要害。道德上**确实**无法被捍卫的是,接受侵犯任何个体权利的检验。因此面临的选择并不是:要么继续使用这些检验,**要么就投放未受检验的产品**。第三个选择是:**如果产品需要首先在动物身上进行毒理实验,那就不允许它进入市场**。以当前所考察的方式辩驳权利观点的人,还没有认识到这个选择的存在。

权利观点谴责标准的动物毒理实验,这并非敌视商业。它并不否认,任何厂商都有自由向市场引入任何新产品,与现有的其他产品竞争,听凭自由市场规则主持沉浮。权利观点反对的不过是一切这样的做法:以伤害动物的方式在动物身上对新产品进行前期毒性检验。权利观点并没有排除**不用动物进行检验的选择**。相反,权利观点会鼓励这些做法,不仅为了公众的利益,而且也为了厂商的法定利益。商业工厂应该开始投入一些并不庞大的经济资源和科学资源,以发展这样的实验。如果回答者告诉我们,是政府的协调机构,比如食品和药物管理部门在要求这些实验,厂商不过是在遵照法律要求做事,那么权利观点的原则性回答是:**这些协调机构并不要求生产任何新产品**。在这些机构的要求之下寻求庇护,这既无法为新产品的引入提供道德辩护,也无法为在动物身上检验这些产品的做法提供道德辩护。此外,在谴责用动物来检验这些新产品的毒性时,权利观点并没有命令比如化妆品厂商把现有产品都撤下货架。以前犯下的错误已无法挽回。关键是不让这些做法在未来继续。厂商无法抱怨说这是反商业的做法,或者是在反对自由贸易精神。可以让市场上的公司以现有的产品进行竞争,或者更符合自由经济原则的做法是,让这些公司比拼非动物检验的开发,并努力让合适的协调机构承认这些检验的科学有效性——这也符合商业精神。那种竞争将会成为自由贸易体系最杰出的范例。

  回答者可能会说,并不存在非动物的有效检验方式。这是错误的。以化妆品为例,"慈美"[20](Beauty Without Cruelty)的开拓性工作毫无争议地证明,有可能生产并出售富有吸引力的可靠产品,这些产品对人类的毒性无需在动物身上进行前期检验。此外,在那些还无法以非动物方式进行检验的领域,没有理由表明这种检验不会被开发出来。预先声明**找不到**这样的检验,这恰恰与批评动物毒性实验的某些人一样,犯下了反科学的错误。再没有比不去寻求答案的人更盲目了。不管这些方式是否被找到,不管你是否在寻找这样的答案,权利观点的立场都不会妥协:**新产品的有害毒理实验侵犯了实验动物的权利,应该被禁止**。因此,作为消费者的我们,为了帮助实现这样的目标至少可以做一件事情:在取代各种旧产品的新产品(包括"所谓的"新产品)上市时,除非我们知道这些产品没有在动物身上进行前期毒理实验,否则就拒绝购买任何这种产品。这是任何一位尊重实验动物权利的人应该愿意承受的适度损失。

---

[20] "慈美"(Beauty Without Cruelty)是英国的一家公司,生产和销售不在动物身上进行前期试验、也不含有动物产品的化妆品。关于其产品清单可以写信给 Beauty Without Cruelty, 175 West 12th Street, New York, NY 10011。

新药毒理实验

有人可能会接受前面对新产品动物毒理实验的批评,但是声称:对**治疗性新药**进行的这种检验,在道德方面是不同的。比如,任何一个因为被剥夺新制动液或油漆而遭受损失的人,都不会以相当于 LD50 实验的动物遭受伤害的方式受害。然而现在,有些人类因为各种病理状态而受害,如果我们无法探究清楚这些病理状态的原因、处理和治疗方式,就会有更多人受害。实际上,有些人会因为这些疾病丧失生命,如果我们没能探究清楚这些疾病的起因和治疗,未来就会有更多人丧失生命。有人可能会说,我们现在必须做的就是减少一个风险:特定疾病的疗法让病人落入比不治疗还要糟糕的境地。这就要求在病人使用新药之前、而不是之后确定它们的毒理特征。因此产生了在动物身上对每一新药进行毒理实验的需求。如果不在动物身上对所有新药进行毒理实验,那么使用这些药的人因服药而落入糟糕境地的风险,就会大于新药在动物身上得到前期检验将具有的这一风险。从本质上看,我们无法在进行动物实验**之前**知道,什么药物对人类具有毒性(如果可以的话,就没有首先进行实验的必要)。实际上,我们甚至无法在进行广泛的前期动物实验**之后**,消除所有的风险(安眠药就是一个悲剧性的例子)。我们充其量可以做的就是,尽可能减少使用药物的人类所面临的风险,而这要求在动物身上对这些药物进行毒理实验。

权利观点拒斥对这些实验的这种捍卫。**从道德上看,非自愿个体不应该承担他不参与的活动而进行的测试风险**。如果我参与了悬挂式滑翔运动,那我就冒着一定风险,包括头部严重受伤的风险;而且显然,如果我是谨慎的,我会希望戴上保护头盔来把风险降到最小。没有参与悬挂式滑翔的你,没有义务同意参与实验,以确定各种头盔的安全性,这样参与悬挂式滑翔的人就可以减少风险。如果悬挂式滑翔的参与者,或者服务于这些狂热分子利益的人强迫你参与这种实验,那他们就侵犯了你的权利。你会受到**多大**伤害并不是这里的决定性因素。重要的是,他们将以减少自身承担风险为名,**强迫你接受遭致伤害的风险**,而那些人实际上可以简单地选择一开始就不参与风险(这里就是选择不进行悬挂式滑翔),于是他们也就不需承受风险。在你身上进行实验,这有可能会让参与悬挂式滑翔的人减少落入糟糕境地的风险,但是这无法为把你置于受伤害的风险辩护。由于参与悬挂式滑翔的人从这项体育运动中受益,因此他们必须自己承担参与该运动所涉及的风险。他们可以采取一切办法减少自己承受的风险,但是他们不能强迫别人去发现风险所在,或者发现如何减少风险。

假定在高风险活动中成立的说法在低风险活动中就不成立,这是一个错误。每当我接通烤箱电源、坐电梯、从水龙头喝水或饮用清澈的山泉时,我都在冒着一定风险,尽管量级不如高空跳伞或漂流等活动的风险大。但是即便在我自愿承担微小风险的情况下,他人也没有义务为我确定风险或减少我的风险,任何一个人如果被强迫这么去做,那就是不正当地被侵犯了权利。比如,我开车所冒的风险,可以通过设计生产最有效的安全带和最具防撞力的汽车而被降到最小。但是这并没有推出,任何他人有义务参与以减少我的风险为名而进行的撞击实验,如果有人被强迫这么做了,不管他是否受伤,他都有充分理由声称自己的权利被侵犯,或者,如果实验主体无法做出这个声明,其他人也有充分理由以他的名义声明权利被侵犯。在这种情形中,"没有造成伤害"还构不成捍卫理由。

通过在动物身上测试新药来尽可能减少人类服药的风险,这在道德上与上述例子没有差别。任何一个自愿选择某药物的人就自愿选择了承担特定风险。我们选择承受的风险,或者,在我们为其作出选择的道德病人那里,我们选择让他们承受的风险,无法在道德上转嫁给他人。为了确定或尽可能减小自愿选择承受风险的人所遭受的风险,强迫他人——不管是人类还是动物——遭受伤害,或者把他人置于风险之中,这侵犯了相关人类或动物的权利。这不是实验主体遭受了**多大**伤害的问题(尽管伤害越大,侵犯也就越严重)。这里的问题是:实验主体被迫用于确定或尽可能减小他人承受的风险。把这些动物置于受伤害的危险之中,这样,那些自愿选择承担特定风险,且实际上可以选择不承担特定风险的人,就可以把自己承受的风险降到最小,这没能把实验动物作为固有价值的拥有者而尊重对待它们。就像新产品的毒理实验一样,在动物身上进行的类似的新药毒理实验,是在把这些动物当作**甚至不如**容器的东西对待,似乎它们的价值可以被还原成对于他人利益而言的可能效用——这里就是相对于自愿选择某药物的人减少风险的利益。借用哈佛大学哲学家罗伯特·诺齐克的恰当用语,实验动物"是独特的个体,不是他人的资源"[21]。利用这些动物来确立或减少我们所冒的风险(尤其是我们有能力一开始就不接受这些风险时),这是在把动物当作好像"是他人的资源"来对待,最明显的就是当作我们的资源来对待。而且,以动物有时没有遭受伤害为由捍卫这些实验,这在道德上没有说服力,正如以狐狸有时会逃脱为由捍卫猎狐活动一样。

原则上,权利观点并不反对尽可能减少服用新药所冒风险的努力。毒理实验可以接受,只要它们不侵犯个体的权利。使用并未罹患某种疾病,使参与实验的自愿者知情,这通常也不被提倡。把药学和相关科学的进步与健康的、同意参与实验的人类主

---

[21] 诺齐克:《无政府、国家与乌托邦》(出版信息第八章,注释22;第33页)。诺齐克这么说时指的并不是动物。

体联系在一起,这个做法本身存在巨大风险,包括可能使用欺骗性或强迫性手段来确保实验者参与。此外,来自富有阶层的人很少(如果有的话)热心于参与实验;志愿者阶层很可能来自穷人、未受教育者以及亲属缺乏足够"感情利益"来保护他们的人类道德病人。因此存在一个严重危险:弱势群体将会被利用。到目前为止,更可取的办法是,开发出不具有伤害作用的毒理检验——既不伤害道德主体,也不伤害道德病人,不管是人类还是动物。即便在这方面,也需要开发富有前途的替代方法[22]。从科学上证明这些方法有效是不小的挑战,但是,如果我们继续希望或要求新药在投放市场之前得到测试,那就必须面对这些挑战。在健康的人类志愿者身上进行测试,这往好里说也是危险的;强迫健康动物和人类道德病人参与实验则是错误的。剩下的道德选择就是:找到有效的替代方式。

可以预见到一些反对意见。一种反对认为,风险总是存在的。如果我们停止对新药进行毒理实验,那请想想服药的人将会遭受的风险!谁能知道这会带来多大的悲剧性结果? 权利观点对此表示赞同。如果药品不接受检验,人们就会承受更大风险。但是(a) 权利观点并没有反对所有的前期实验(反对的不过是强迫利用某些人的实验,这样其他人就可以减少自己本可以选择承受、也可以选择不承受的风险),并且(b)已经选择使用未经测试的药物的人(如果这些药物可以获得),**本身**可以不服用这种药物而选择不承担相关风险。实际上,谨慎会要求人们做出这种选择,除非在最可怕的情形。

当然,如果未经检验的药物被允许进入市场,并且人们都在谨慎行事,那么(未经检验的)新药的销售就会下降。我们就可以看到,参与药物产业的人,也就是那些除了选择服务大众健康的需求之外,也从该产业的稳定发展获得经济利益的人,可能会对权利观点的含义不满。对此给出四个回答就够了。第一,不允许继续在动物身上进行毒理实验导致这些公司遭受的经济损失,不管多大,都不具有道德份量,因为这里的问题是基本道德权利的侵犯。尊重动物权利导致金钱的可能损失,是这些公司需要承受的风险之一。第二,越来越多的证据表明,如果使用非动物的实验,这些公司将会赚更多钱,不会损失。动物是昂贵的选择。动物必须繁殖或购买,必须喂养它们,对它们的居住场所进行日常清理,它们的生存环境必须受到控制(否则就会因不可控变量导致科学风险),等等。这还要求雇用一定数量的熟练员工,同样还有用于初期建设、发展和维护的大量资金投入。目前看来,诸如组织培养和细胞培养还算是小花销。因此,商业性药厂的经济利益,倒也并不必然与尊重实验动物权利会带来的改变相冲突。第

㉒ 参见比如赖德的《科学中的受害者:研究中的动物使用》和普拉特的《动物实验中替代痛苦的选择》。

三,如果有人**仅仅**声称,动物实验是实验室相关的管理机构(比如食品和药物管理局)要求的,以此来捍卫当前的毒理实验活动,那么这就忽视了一个根本道德要点:尽管这些机构还没有认识到非动物实验符合它们的调控,这些机构本身也没有要求任何药厂生产任何新药。那是每个公司自己做出的道德决定,对此每个公司也必须承担起责任。第四,如果我们有好的理由相信,如果相关的法律是不公正的,那么诉诸法律的要求就不具有任何道德份量。在当前,我们确实有好理由相信这点。实验动物不是"资源"㉓,它们在这个世界上的道德地位不是服务于人类的利益。它们本身是生命主体,过着自己或好或坏的生活,并且,这在逻辑上独立于它们相对他人利益可能或不可能具有的任何效用。它们与我们共享一种独特的价值,也就是固有价值,不管我们对它们做什么,从严格正义的角度看,我们都必须尊重这一价值。把它们当作**好像**其价值可以被还原成相对人类利益的效用来对待——即便是重要的人类利益,这是不公正的;利用它们来试图把人类自愿承担、也可以自愿不承担的风险降到最小,这侵犯了动物得到尊重的权利。法律要求这种实验(当法律确实如此要求时),这并没有表明这些实验在道德上就可以被接受;这表明的不过是:法律本身是不公正的,应该改变。

你还可以看到一种指责,认为权利观点是反科学的,反人类的。这是狡辩。权利观点并不是反人类的。作为人类的我们具有不受伤害的平等初始权利,权利观点寻求阐明并捍卫这些权利。但是我们并不具有任何这样的权利:强迫他人遭受伤害,或者把他人置于风险之中,以便我们有可能把自己自愿承担的风险降到最小。那么做侵犯了他人的权利,没有人有权这么做。权利观点也不是反科学的。它向药学家和相关的科学工作者提出了**科学**的挑战:找到科学上有效的、但又不侵犯个人权利的方式,来服务于公众利益。药物学的核心目标应该是:减少使用药物者的风险,但同时不伤害那些不使用药物的人。没有做出共同努力来实现这一点之前就声称这无法做到的人,才是真正的反科学。

或许,对于取消动物毒理实验的呼吁而言,最普遍的回应是利益论证:

1. 人类和动物从动物毒理实验获益;
2. 因此,这些实验得到了辩护。

就像所有缺乏前提的论证一样,一切问题都指向这里的前提。如果这里的前提是:"这些实验没有侵犯动物的权利",那我们会准备接受对毒理实验的这个有趣捍卫。

㉓ 不仅是在动物的农场饲养中动物被当作可再生资源对待。普通的实验动物和毒理实验中,动物的特别使用也都如此。在随后讨论基础研究中的动物使用时,这一主题还会得到充分论述。

不幸的是,对于支持这些实验的人来说,这个前提并不正确,甚至更不幸的是,对于在这些实验中被使用的动物来说,这不正确。这些实验确实侵犯了动物的权利,理由已经被给出。依照权利观点,这些实验给他人带来的利益与被实验的动物无关,因为它们侵犯了个体动物的权利。就像在人类那里一样,在动物那里,侵犯其权利的做法无法通过诉诸"普遍福利"而得到辩护。换句话说,只有在**个体**的权利没有被侵犯的情况下,**其他**个体获得的利益才具有道德意义。由于新药的毒理实验侵犯了实验动物的权利,因此,诉诸其他个体获得的多大利益在道德上都无关。㉔

进一步的一个反对在本质上与概念相关。可能有人会说,"动物无法自愿参与或拒绝参与毒理实验,因此不会被强迫参与这些实验。这样,权利观点关于反对动物实验的做法就是愚蠢的"。确实,动物不会像**有些**人类那样,表达或撤销参与毒理实验的知情同意。但是,之所以如此是因为动物无法在相关方面知情。试图向它们提供关于酸碱因子或致癌因子的信息,这可不是个好主意。它们**不会**理解,因为它们**无法**理解;但是这并未推出,动物不会被强迫去做它们不想做的一些事情。由于这些动物显然具备偏好自主性(见上面的3.1),我们因此可以清楚明白地就它们的希望、欲望、偏好、目标、意向等内容发表看法并做出断言。因此,我们可以在完全清晰的意义上说,它们被强迫做了某些它们不想做的事情。毫无疑问,诸如那些被用于LD50实验的动物就不是在做它们想做的事情,在这些实验中使用它们的人,是通过强迫而做到这一点的。

设计科学上有效的非动物毒理实验当然是困难的挑战,只有科学家才可以解决。没有一种道德哲学可以做到这一点。道德哲学可以做的就是,阐明并捍卫在道德上可以得到允许的科学方法。如果权利观点本身的成立具有充分理由,那么我们就应该用这个观点来评价:在毒理实验中,什么做法被允许,什么做法被禁止。这个观点的含义是清楚的。**使用动物的新产品毒理实验和药物毒理实验在道德上无法得到辩护。这些实验侵犯了用于实验的动物的权利。这种做法在道德上无法忍受,应该被终止。**

科学研究

可以想象,有些人会接受反对动物毒理实验的论证,但是在谈到科学研究时就开始坚决抵制。可能有人会说,拒绝在科学研究中使用动物,就是让科学进步和与之息

㉔ 有时候,人们(尤其是兽医)还会提出利益论证来捍卫在某些动物身上进行的药物毒理检测,希望**其他动物**可以从中获益。确实,有些动物因为在其他动物身上进行的这些测试而获益,但是这并没有给这些检测提供道德辩护。就像实验动物并不是以获得**人类**利益为名而被使用的资源一样,它们也不应该被视为用来追求**其他动物**利益的资源。

息相关的医学进步停滞,而那足以构成抵制动物权利的理由。说进步将会"停滞"当然是夸张了。鉴于科学研究在当前的主流倾向,并不夸张的说法是:权利观点要求科学研究进行巨大转向。主流倾向涉及常规性伤害动物。毫不奇怪,权利观点原则上反对这种倾向的继续发展。

关于神经生物学研究中无限制的动物使用,最近提出了一些与权利观点鲜明对立的辩护,这将是批判性评估基础研究中的动物使用的序曲。依照宾夕法尼亚大学心理学家加里斯特尔(C. R. Gallistel)的描述,情况是这样的[25]:"行为神经生物学试图确定神经系统调节行为现象的方式。这通过依照如下程序进行研究而实现:(a)破坏部分神经系统;(b)刺激部分神经系统;(c)控制改变神经功能的药物。这三种技术与这门学科本身一样古老。最近新发明的一个方式是(d)记录神经电活动。所有四种方式都会导致动物遭受至少暂时的损伤。过去的实验常常有意导致动物剧烈疼痛,现在的实验偶尔也会这么做。还有,实验常常损伤动物的正常功能,有时是暂时性的,有时是永久性的"[26]。简言之,参与这些程序的动物遭受了伤害。然而,谈到神经生物学知识的发展时,"如果没有实验外科的话,就无法在神经系统和行为之间建立联系"。在此,加里斯特尔显然想用"实验外科"来概括刚刚描述的四种程序。因此在加里斯特尔看来,问题并不在于是否允许此种外科,而在于是否应该对动物的使用施予什么限制。加里斯特尔认为不应该做出限制。

在为研究中不受限制的动物使用进行辩护时,加里斯特尔声称:"神经生物学家进行的多数实验**与一般科学实验一样**,从回溯的角度来看都是在浪费时间,它们没有证明或产生任何新的见解"。但是加里斯特尔认为:"并不存在确定的方式来区分浪费时间的实验与启发性实验"[27]。因此加里斯特尔相信,逻辑上的结果就是:"限制活体动物研究,这当然就是在限制我们理解神经系统和行为上的进步。"他总结说,"因此只有在一种情况下才应该倡导这种限制,即人们相信,这方面的科学知识和许多人类的道德价值以及由此带来的人类利益,无法压倒老鼠遭受的痛苦",而依照自传式写法,加里斯特尔发现这"太冒犯我的伦理感"[28]。

即便不相信权利观点的人,应该也会质疑加里斯特尔论证的每一论据。难道真的

---

[25] 加里斯特尔:"铃、马让迪氏孔,以及神经行为研究中进行限制的提议"(C. R. Gallistel,"Bell, Magendie, and the Proposal to Restrict the Use of Animals in Neurobehavioral Research"),载《美国心理学家》(*American Psychologist*),1981年春,第357—360页。
[26] 同上书,第357页。
[27] 同上书,第358页。
[28] 同上书,第360页。

如他所言:"如果没有实验外科,就无法确立神经系统和行为之间的联系吗?"比如说,我们难道无法对神经系统受损的病人进行临床观察而获知这一联系吗?再有,我们难道真的**永远无法提前知道**,是一个并不了解自己工作方向的糟糕研究者草拟了某计划,并且在知道这个计划时拒绝它吗?如果接受加里斯特尔的观点,那么同行评议的根据又何在?为什么不转而采取抽签的方式?科学共同体中有人鼓动大家绝不要没有限制地使用动物,提倡细化研究草案(因此消除所谓不必要的实验),并减少动物的使用数量,他们不会得到加里斯特尔倡导的无节制方法(no-hold-barred)的支持。由于依照加里斯特尔的观点,人们无法在实验之前把科学中的精华和糟粕区分开来,那为什么又要担忧细化问题?为什么要担忧减少动物数量?

即使抛开这些问题不管,权利观点也在更根本的层次上反对加里斯特尔的方式。依照权利观点,我们无法**仅仅**通过累加所产生的"许多人类利益和人道利益",来为伤害单个大鼠的做法辩护;因为如前所述,这么做就是假定大鼠只具有作为容器的价值,而依照权利观点这是错误的。此外,加里斯特尔设计的利益论证本身也有缺陷。甚至没有一只大鼠应该受到一种对待,好似其价值可以被还原成他人利益的**可能效用**;但是如果我们有意伤害大鼠,根据在于这**可能**会"证明"什么东西,**会**"产生新的看法",会给他人带来"利益",那我们就是在如此对待它们。

需要强调的是,权利观点对科学研究中的动物使用的批评,与文献支持的其他批评并不相同。有些反对基于方法学理由,认为这种研究的结果不大有希望给人类带来利益,因为目前大家已经完全明确,把动物研究的结果外推到**智人物种**具有困难;有些人质疑各种如下实验:以研究的名义切割动物,导致动物致盲、身体畸形、严重毁伤,电击动物以至"丧失认知力",等等。这些批评方式尽管就其论述来看确实有效,但都没有触及问题的道德核心。可疑的并不是方法(尽管这确实遭到了怀疑),也不是大多数研究在进行之前就被知道是浪费时间——尽管加里斯特尔的观点不这么认为。值得注意的要点在于,这两种质疑都会**导致动物实验继续进行**:后者导致这一点是因为,它排除的仅仅是被执行之前就知道是浪费时间的研究,前者是因为,它允许研究者无限制地继续进行动物实验,以望克服当前的方法学缺陷。如果要严肃地质疑科学研究中的动物使用,我们就必须质疑这个**实践**活动本身,而不只是这个活动的单个例子,或者是当前方法学的可能倾向。

权利观点就提出了这样的质疑。科学研究中对动物的常规使用假定,这些动物的价值可以被还原成它们相对他人而言的可能效用。权利观点拒斥对动物和动物价值的这种看法,正如它否认:把这些动物当作好像是可再生资源来对待的制度是正义的。

实验动物与我们一样,具有其自身价值,这个价值在逻辑上独立于它们对他人而言的效用,也无关乎它们是否是任何其他个体的利益对象。因此,以尊重其价值的方式对待实验动物要求我们不准许这样的实践活动:这一活动把对待动物的某种方式制度化,而在这种对待中,动物的价值似乎可以被还原成它们对我们的利益可能具有的效用。一种科学研究,如果常规性地以可能的"人类利益和人道利益"为名伤害动物,那么它就违反了尊重动物的要求。动物不应该被当作仅仅是容器或可再生资源来对待。因此,在动物身上进行的科学研究活动确实侵犯了动物的权利,依照权利观点,它们应该被终止。先尽责地寻求不使用动物的替代实验方法,如果不行再转而依赖于使用动物,这么做还不够。㉙ 尽管那种方式听起来还值得称道,尽管采取那种方式会带来重大进步,那也仍然不够。那种方式假定了一点:完全可以正当地允许一种实践以某方式对待动物,好似其价值可以被还原成相对他人利益而言的可能效用,只要我们已经尽力不这么去对待它们。权利观点的立场在"尽力"方面要求我们做得更多。**在不使用动物方面,我们可以尽力的事情就是不使用动物**。动物具备的固有价值,不会因为我们找不到一种在追逐自身目标时不伤害它们的方法就消失。它们的价值独立于这些目标,也独立于它们在获得这些目标上所具有的可能效用。

前面讨论的各种救生艇情形(见8.6,8.13,9.1)现在有可能又浮出水面。让我们假设救生艇上有4个正常成人和1只狗。这次船上的供应很充分,空间也足够大,不过假设这些人类具有退行性脑病(degenerative),而狗是健康的,并且船上有一种人们期待已久的新药,可能会治愈这种人类疾病。不过这个药没有被检测过,据称它包含了一些潜在的致死物质。假定有些方式可以让狗也罹患这种疾病。那么,在这些可怕的境况下,让狗得退行性病,然后对其用药,以评估这种药的治疗特性,这么做正确吗?

很可能多数人会做出肯定回答,至少一开始时是这样;不过权利观点的支持者不会这么做。在他们看来,动物不可以仅仅被还原成相对人类利益而言的可能效用。如果幸存者让健康动物代替他们承受风险(动物毕竟得不到任何东西,而是会失去一切),那他们就是这样在对待动物。

有些人可能会抓住权利观点的这个断言,据此提出在他们看来致命的一个反驳:由于多数人认为让狗服药是正确的,由于权利观点允许诉诸多数人的观点来检验可供选择的道德原则和理论,并且由于多数人在当前情况下的想法与权利观点的断言冲

㉙ 这是贾米森和雷根在"论科学中的动物使用的伦理学"中推荐的观点,见该书第八章注释23。在让自己摆脱这种早期观点时,我只是在代表我自己。我并没有代替贾米森说话。

突,因此有人认为,由此可以推出,在伤害性研究中使用动物的实践活动可以得到辩护。

给出三个回答就够了。第一,仅仅因为多数人认为狗应该依照上面的描述而被对待(假定多数人确实这么认为),这无法推出多数人在这里都进行了充分思考。就像在前面章节中解释的(见4.3以下),我们的前反思性直觉必须得到反思性检验,以确定在多大程度上,当我们尽心尽力来得出理想的道德判断时,这些直觉还能够成立。如果没有做出这样的尝试,满足于诉诸"多数人想法"的人就不可以假定:在任何给定情形中,多数人的想法并不是建立在共同的无知、共同的偏见、或者共同的非理性之上。换句话说,在这里、或者任何其他的道德语境下,**仅仅**诉诸"多数人的想法"并不是决定性的。

第二,即便是许多人在尽心尽力排除无知、偏见等有害影响**之后**,还仍然持有的既定信念,也有可能需要被修正或抛弃。因为,如果一些道德原则通过了有效性评估的相关检验(也就是范围、精确度、一致性以及符合多数其他反思性直觉),而既定信念无法与这些原则一致,那么人们就必须对那一信念以及类似信念的合理基础表示怀疑。因此再次强调一下,**仅仅**宣称在对问题进行了尽责的关注之后,人们仍然认为狗应该像救生艇情形描述的那样被对待,这还无法对权利观点或权利观点的断言构成严重挑战。只有在除了引用人们的相关信念之外,还引证了支持该信念的一般原则,并且表明这些原则本身在经过范围、精确度等的检验之后与权利观点一样有效,或者比它更有效的情况下,这个信念才会对权利观点构成严重挑战。

第三,与前面的论述呼应(9.1),把某人在例外情形中的判断普遍化,这无法保证政策或实践活动的正义;而就像前面提到的,救生艇情形是例外情况。把例外情况普遍化的做法是危险的。为了更清楚地看到这一点,让我们设想救生艇上有4名非凡人物和一位普通人。假设那4个人是杰出科学家,各自即将做出给人类健康带来巨大福利的科学发现,而第五个人是给布鲁克林零售商店配送甜点的。4位科学家患有退行性脑病,而甜点送货员身体健康。那么可以允许用这个送货员测试药物的有效性吗?毫无疑问多数人可能会倾向于给出肯定回答(尽管再次不是支持权利观点的人)。然而,即便是认为送货员应该在这些例外中充当众所周知的豚鼠角色的人,只要他持有哪怕一点平等主义观念,也不会在这个异常情况的基础上进行普遍化,支持在普通人身上做实验,以便让杰出人士或做出突出社会贡献的人士获益。这种实践活动带有至善论的腐臭(见7.1)。权利观点无条件反对以至善论为基础来评价人类实践活动的正义性,不管是科学活动还是其他活动。而且我们也都会如此反对。不过正如至善论不是评价人类实践活动的公正基础一样,它也无法被接受为评价涉及动物的实践活动的基础。怂恿人们准予在研究中对动物进行伤害性使用,让它们的"更低"价值为人类的"更高"价值做出"牺牲",这是在隐含地支持至善论。权利观点的根基是,承认所有具备固有价值的个体的平等固有价值,它因此反对至善论者为科学研究中的动物使用辩护时提出的要求,即区分更小价值和更大价值。权利观点因此谴责继续进行这种实践。

权利观点并不反对通过努力照顾患病动物(或人类)而获得知识,并使用这些知识来促进和改善对其他动物(或人类)的治疗。在**这**一点上,权利观点并不反对医学和相关研究所产生的"大量人类利益和人道利益"。权利观点所反对的是这样的实践活动:有意伤害实验动物(比如烧伤、电击、截肢、喂毒、手术、饥饿、剥夺感官能力),以期"寻求可能带来一些人类利益或人道利益的东西"。不管这种实践活动产生了怎样的利益,它都与评价动物遭遇的悲惨不公没有关系。实验动物不是我们的品酒师,我们不是它们的国王。

反科学谴责的陈词滥调可能会再次充斥这里的讨论。不过这是道德烟雾弹。权利观点并不反对在动物身上进行研究,如果这种研究没有伤害动物,或者没有把它们置于受伤害的风险之中。然而可以恰当地说,这个目标无法仅仅通过确保麻醉实验动物、术后给药缓解疼痛,或者给予清洁的居住环境和充足的食物等等就可以实现。因为这里重要的并不仅是疼痛和受难(尽管这确实重要),而是给动物造成的**痛苦**,包括手术造成的剥夺所带来的福利机会减少,以及动物的早夭。我们并不清楚,是否在研究中可以**仁慈**地使用动物,或者如果可能的话科学家是否会被说服这么去做。鉴于此,并且考虑到依赖人类志愿者的不断供给所具有的风险,科学研究应该转变方向,不再使用任何道德主体或道德病人。如果非动物的替代方式存在,就应该采取这种方式;如果还不存在,就应该去寻求这样的方式。对于权利观点来说,这是科学研究面对的道德挑战;而且,正是在科学共同体做出尝试之前就抗议说这种方式"无法奏效"的人,而不是呼吁进行探索的人,才表露出缺乏对科学事业的承诺和信念,这种人才是最深层次上的反科学者。就像伽利略同时代的人不愿透过望远镜看看星空,因为他们已确信自己将会看到什么,因此认为没有必要去看一样,确信不存在可行的科学方法来替代科学研究中的动物使用(比如毒理实验等)的人,是在沉迷于真正的科学所厌恶的心理趋向。

因此权利观点远非反科学。相反,就像在毒理实验中看到的,在科学研究中权利观点呼吁:在**进行研究**时,请科学家改变各学科的传统做法,抛弃对"动物模型"的依赖,转而发展并使用非动物的替代方式。权利观点禁止的不过是侵犯个体权利的科学实践。如果这意味着我们无法获得一些知识,那就由它去吧。如果我们尊重动物权利,那确实有一些知识是我们无法通过使用动物获得的。权利观点不过要求在这一点上保持一致性。

以反人性为由批判权利观点在科学研究中的动物使用上的立场,这不公道。权利观点在这一问题上的含义是任何理性人类都期望看到的,如果我们还记得大自然既不会尊重也不会侵犯我们权利,这一点就更明确了(见 8.2)。只有道德主体会尊重或侵犯权利;实际上,只有道德主体**能够**尊重或侵犯权利。自然不是道德主体。因此,我们并不对自然拥有一项权利,即:让自己不被天然存在的自然疾病所伤害。在这一点上,我们也不对人性具有这项基本权利。我们具有的权利,至少到目前为止具有的权利是,要求自愿给病人提供治疗的人公平地进行治疗。这种权利不会容忍某些人(比如高加索人)优先于另一些人(比如土著美洲人)得到治疗。公平治疗我们自然罹患的疾病的权利,是一项**获得性权利**(这也适用于诸如污染这样的人类原因造成的精神疾病和身体疾病),这项权利指向承担公平治疗义务的道德主体,因为他们自愿接受了医学职业的角色。但是从事该职业的人,同样还有从事研究、期望可以改进卫生保健水平的人,在道德上没有被准许在工作过程中侵犯他人的**基本权利**——也就是他人具有的,独立于他们在任何制度安排中的位置,以及任何他人的自愿行为的权利(见 8.3 以下)。然而,那就是年复一年发生在数百万动物身上的事情,可以说,动物提供的服务就被列在科学研究名下,包括那些与医学相关的研究。依照这些研究对待动物的方式,动物的价值似乎可以被还原成他人利益的效用,因此,该方式在常规性地侵犯动物得到尊重的基本权利。我们中有些人在今天也算领受了过去这些研究所带来的恩惠,如果这些研究停止,我们可能会失去未来的一些利益,至少是短期内的利益;但是即便如此,只要不全面废除科学研究中的动物使用,权利观点就不会满意。即便我们同意,如果停止在这些动物身上进行伤害性研究,人类面对的伤害初步看会比实验动物当前遭受的伤害更大;即便我们同意,这种实践活动继续存在,它所惠及的人类和其他动物的数量会超过被使用的动物;这种实践活动也是错误的,因为它不正义。

进一步的一个反对具有明显的契约论味道。可能有人会说,就整个社会而言,我们已经决定:可以允许把某些动物用于科学目的,即便是伤害性的使用。在支持运用公共基金来进行科学研究的国家中,任何一位科学家都获得了**服务于公共意志的义务**,公众也有权要求科学家这么做。如果科学要履行它与社会立下的契约条款,为了科学目的而对动物进行伤害就是必须的,因此,这种契约的存在构成一种特殊考虑,为科学研究中继续使用动物提供了辩护。

对于以契约和其他自愿安排为基础,以此确证获得性义务和相应权利的做法,权利观点并非不认同。就像前面讨论这些问题时看到的(见 8.12),特定个体自愿加入既定协议还无法表明,契约或其他安排在道德上是有效的。道德有效性取决于对所有相关个体的尊重,而不只是对加入协议者的尊重。奴隶贩子为自己的客户提供所承诺的奴隶,这可不是在做什么正确的事情,他也没有有效的道德义务这么去做,尽管他承诺了这一点。由于奴隶制对奴隶的对待缺乏尊重,因此,以推进这种制度的名义立下的承诺在道德上无效,没有作用。对于社会与科学家立下的"契约",以及假定科学家具有的义务来说,同样也是如此——这个义务是:伤害某些动物,让其他人,包括人类和动物获益,以此执行协议所立下的目标。依照权利观点,这个"契约"不具有道德效力,因为它没能以应得的尊重对待实验动物。常规性地伤害动物以追求自身目标的科学在道德上是卑劣的,因为其本质不正义,即便诉诸社会与科学之间的"契约"也无法改变这一本质。需要把当前被剥削的个体考虑进来并予以尊重的新契约,这个契约如果无法通过教育和舆论被确立并生效,那就让它成为法律。只有那时,社会与科学的契约才会构成有效的特殊考虑。

尽管还需付出许多努力才能确立这个新契约的条款,兽医的努力尤其重要。在这个社会中,兽医最接近于以道德开明的方式关照动物的可能模式。因此,当你看到,兽医在常规性地侵犯动物权利的产业(比如农场动物业和实验动物养殖业)中不断增多,或者看到他们服务于这些行业时,你会由衷感到深切痛苦。依照权利观点,兽医有责任让自己和自己的职业摆脱与这些产业的经济联系,让自己作为**治疗者和医生**所具有的广博医学知识和技巧,用于尊重病人权利的事业。涉及正义与动物的这个新契约的第一个立约人,应该来自兽医职业。如果无法做到这一点,那么这将预示缺乏道德远见或勇气(或是二者),这会让令人尊敬的兽医职业和兽医从业者的形象永远黯淡无光。

最后一个反对强调,对于科学中普遍存在的、或者研究中特定的一种动物使用方式,权利观点无法做出任何原则性的反驳,这个方式就是:被使用的哺乳动物还没有发育到足够成熟的程度,以致无法合理地在权利观点强调的核心意义上视它们为生命主体(见 7.5)。比如,新生哺乳动物的使用就必定处于权利观点所禁止的范围之外。

这个反对说对了一半。**只要满足特定条件**,权利观点可以准许在科学中使用处于特定发育阶段的哺乳动物。然而就像前面不止一次提到的,在哪里划定这个界限尚有争议,不管这个边界涉及哪些物种的成员属于生命主体,还是什么时候既定动物获得了成为这种主体所必须的能力。我们完全无法以任何确定的方式知道,在两种情况下究竟应该在哪里划界。恰恰因为我们显然都对具有重要道德意义的这一事实无知,因此我们应该选择稳妥一点的做法,不仅在人类那里,在动物那里也是如此。尽管在其最早的发育阶段,把哺乳动物胎儿视为有意识、有感觉的生物很不合情理,但是随着它们的机体日渐成熟,获得了意识、感知、感觉等所需的物理基础,这种看法就越来越合理了。尽管本书通篇的关注点都主要限于一岁以上的正常哺乳动物,这也没有推出:一岁以下的动物可以遭到我们的任意对待。由于我们并不确切知道该在何处划界,因此最好还是给一岁以下的、展示出物理特征支持生命主体标准的哺乳动物,提供缺乏证据时的偏护。因此,权利观点对那些动物的立场是,反对将其用于科学目的。

一些康德式的理由增强了论据,以反对在科学中使用新生和即将出生的哺乳动物。允许为了科学目的而常规性地使用这些动物,这很可能会助长一种态度,把动物视为不过就是"模型"、是"工具"、是"资源"。这种态度不利于促进对动物权利的尊重,最好应该在萌芽中根除,不允许其扎根。因此,就像人类流产和杀婴的类似例子一样(8.12),权利观点支持促进尊重个体动物的权利的政策,即便这要求我们把可能不具有权利的动物视为好像具有权利。

最后,即便在哺乳动物最早的胚胎发育阶段,权利观点也没有准予人们在科学中任意使用它们的权利。因为,尽管依照权利观点,我们并不对这些胚胎负有正义的义务,但是,对那些在研究中产生胚胎的动物,我们却负有正义的义务。如果成熟动物被当作"生产胚胎"的机器来使用,因此被安置在促使它们依照所期望的速度进行繁殖的环境中,那么这些成熟动物的权利不太可能得到尊重。比如,**这些**动物生存的物理环境不太可能有助于它们行使偏好自主性,或者有利于满足其社会需求;这些动物同样也不太可能避免一个结果:在它们还没有满足一定条件,无法依照尊重偏好或家长主义式安乐死来为杀死它们辩护时,就已过早死亡。一旦这些动物停止繁殖,它们就有可能被杀死。我们有理由相信,这些成熟的哺乳动物会被视为好像只具有对人类而言的价值。在这个意义上,权利观点将反对在科学中使用哺乳动物胚胎,这不是因为这些胚胎具有会被侵犯的权利,而是因为在成熟动物被当作种畜的情况下,这些动物的权利会被侵犯。因此在权利观点看来,准备在哺乳动物胚胎的最早发育阶段使用它们的人,将会侵犯种畜的权利,除非可以确保如下**二者**:(1)用来生产这些胚胎的动物得到了应得的尊重,(2)对哺乳动物胚胎的依赖,不会纵容科学家把成熟哺乳动物用于科学目的(包括研究)的信念和态度。科学是否会设立满足第一个条件的方针,这并不确定。不过可以确定的是:我们可以引入一个方针来满足第二个条件。这个方针就是,让科学家停止以将会直接伤害哺乳动物、把它们置于遭受伤害的危险之下、或者助长人们容许这种伤害的方式,来使用作为生命主体的哺乳动物。那是权利观点将会容许的政策㉚,但是科学界还没有接受它。

科学中的动物、功利主义、动物权利

在科学中的动物使用问题上,功利主义和权利观点之间的差异体现得再明显不过。对于功利主义者而言,在追求科学目的时对动物造成的伤害是否得到辩护,这依赖于给所有相关者带来的积聚性后果的平衡。如果伤害动物造成的后果将会带来善之于恶的最大积聚平衡,那么伤害性实验就是我们的责任。如果造成的后果至少和其他方式可能获得的一样好,那么伤害性实验就可以被容许。只有在伤害性实验将会造成的后果并非最佳的情况下,它才是错误的。因此,要让功利主义者反对或支持在动物身上的伤害性实验,这要求我们获知相关事实——谁将会得益、谁将会受到伤害,多大的益处、多大的伤害,等等。**所有个体**的利益都应该被考虑在内,并且得到平等计算,包括实验人员或研究人员,他们的雇主,他们所供养的人,动物笼子、动物饲料的零售商和批发商,以及其他相关者。对于功利主义者来说,**这种负效应是有价值的**。实验中使用的动物并不具有特殊道德地位。它们的利益确实必须被考虑进来,但是并没有得到多于任何其他个体利益的考虑。

"几乎可以肯定",功利主义者根本无法提供我们所需的依据,也就是相关事实,也就是依照其理论我们必须具有的、用以确定科学中的动物使用是否得到辩护的事实。此外,如果某实验者不愿意使用智力低下、意识不清的人类,而是更愿意使用智力更高、意识更清楚的动物,那么对于功利主义者来说,完全缺乏其基础来声称或暗示这种实验是错误的。就我们的所知而言,就功利主义者迄今为止的论述而言,通盘考虑后,使用这种动物的后果会比使用那种人类带来的后果更好。依照功利主义理论,重要的不是**谁**被使用了,而是使用所带来的**后果**。

㉚ 注意,类似于前面三段所描述的回答也可以用来回应一种观点:吃掉一岁以下的农场动物,或者捕猎一岁以下的野生动物,包括那些新生的或者即将出生的动物,这完全正确。首先来看农场动物,由于(1)我们并不知道可以通过什么确定方式判断,这些动物幼崽并非生命主体,(2)不管它们是否生命主体,我们想要倡导的是,发展能够让人尊重作为生命主体的动物的信念和态度,并且(3)由于在农场中将被当作"生殖机器"来使用的成年动物,很可能不会以它们应得的尊重而被对待,因此权利观点拒绝对食肉的这种捍卫。要点(1)和(2)适用于捕猎新生的野生动物,也是权利观点反对屠杀比如新生海豹的主要理由(但不是唯一理由)。权利观点给出了同样的理由,谴责以运动或追求利润为名捕杀非哺乳动物(比如所有种类的鸟和鱼)的做法。即便假定鸟和鱼不是生命主体,允许对它们进行娱乐上或商业上的利用也是在助长形成一种习惯和实践,这种习惯和实践会导致侵犯那些作为生命主体的动物的权利。

权利观点采取了相当不同的立场。没有一个个体,不管是人类还是动物,可以被视为仿佛只是容器,或者仿佛其价值可以被还原成相对他人而言的可能效用。也就是,我们绝不能仅仅因为伤害某个体会带来、或者可能会带来"最佳"积聚后果就伤害个体。这么做是在侵犯个体的权利。正因为如此,在追求科学目的时伤害动物是错误的。所带来的利益真真切切;但某些收获是以不正当手段获取,当这些收获以不正义的方式得到保障时,它们就都成了以不正当手段得到的东西。

因此权利观点向科学从业者提出了挑战:促进知识,为了普遍的福利而工作,但不是通过侵犯个体权利的实践活动来进行。你可以说,这就是科学与社会立下的新契约的条款,这个契约尽管来迟,但它现在把声援动物权利的人包括了进来。**对于接受权利观点的人以及为了动物而签订契约的人来说,不全面废止科学活动(包括教育、毒理实验、基础研究)中对动物的伤害性使用,他们就不会满意。**但是权利观点不做任何偏袒。不管被侵犯的是人类道德主体还是道德病人,任何侵犯人类权利的科学实践活动都无法被接受。这个原则同样适用于新生的和即将出生的人类个体,出于与这一章用以处理非人类个体的理由类似的原因,我们应该因自己的无知而判定认为:在证据不足的情况下,这些个体应该被视为拥有权利。接受权利观点的人,承诺于拒斥科学从业者对这些"资源"的任何运用。我们这么做并不是因为反对残忍(尽管我们确实也反对这一点),不是因为我们支持友善(尽管我们确实也支持),而是因为正义要求我们必须这么做。

5. 总 结

本章描述了权利观点的一些含义。如我们所知,依照权利观点,畜牧业是不正义的(9.1),之所以如此是因为该农业没能以农场动物应得的尊重对待它们,而是把它们视为可再生资源,只具有相对人类利益而言的价值。就我们所知,畜牧业是不正义的,不仅在动物被饲养于工厂化农场的禁闭环境时如此,而且在动物被"人道地"饲养时也是如此,因为即便在这种情况下,动物也因为人类的利益、而不是以尊重偏好或家长主义式安乐死为由遭受常规性早夭。通过购买肉类来支持当前畜牧业的人,具有停止买肉的道德责任。没有可靠的根据能够表明,如果消费者成了素食主义者,就会落入比农场动物更糟的境地;而且,尽管对于生活质量在当前与动物产业息息相关的人来说,一旦该产业萧条,他们就会落入糟糕境地,但他们自愿加入该行业的做法也表明,他们放弃了在该产业萧条时不落入糟糕境地的权利。我们并不对任何农场主、肉类包装商、或者批发商负有购买其产品的责任,对他们所抚养的人也不负有这一责任。此外,提出说一旦失去了饲养农场动物的合适经济动机,农场主就会饲养更少的用于商业目的的动物(如果有的话),这不对权利观点构成批评,因为道德的核心问题是,个体动物得到怎样的对待才正义,而不是驯养动物的数量。抗议说农场动物是法定财产,它们的法定拥有者可以以自己认为适合的方式对待它们,这是无效的。因为首先,合法并不必然道德,其次,权利观点也在质疑作为法定财产的动物这一概念本身。与成为素食主义者的功利主义根据形成鲜明对照,权利观点认为:个体有义务过素食主义生活,这与他知道有多少其他人也会这么做无关,也与他知道素食主义对肉类市场会带来什么影响无关。**个体不再支持侵犯他人权利的制度是正确做法,即便只有他一个人在这么做**。不过,与功利主义者对素食主义的倡导一样,权利观点的支持者号召个体素食主义者去做的,不只是简单的斋戒。**不全面废止我们所知的动物产业,权利观点就不会满意。**

我从权利观点角度评判了狩猎活动,不管是作为体育运动的狩猎还是商业性狩猎(9.2)。二者都被全面谴责。从这些运动中获得的快乐(也就是所谓与"自然的交流"),不杀死动物也可以得到,野生动物的商业开发者错误地假定:野生动物的价值可以被还原成它们相对于人类的利益、尤其是商业利益的效用。试图用最大可持续产量的思想来回避这些批评并不成功。这一思想促进人们把野生动物视为可再生资源,认为它们只具有相对人类利益的价值;因此该思想助长了、而不是纠正了对这些动物的价值的一种贫乏看法。此外,最大可持续产量思想的成功执行实际上会增大、而不是减少被杀死的动物总数,也会增加因饥饿、猎人糟糕的射术等承受"痛苦死亡"的动物总数。捕猎体育运动和商业性捕猎,没有通过贯彻最大可持续产量的思想而给野生生物带来什么好处,它们不是"野生生命之友"。支持这种思想的野生动物管理者是问题所在,而不是在解决问题。**一般而言,权利观点的立场是让野生生命自由发展,野生生物管理的目的应该是:保护野生动物免遭猎人和其他道德主体的侵犯。**这将要求废止合法捕猎的传统,同样还有对野生动物的所有商业活动(比如皮毛业和捕鲸)。

由于典型的权利持有者都是个体,而且属于稀有物种或濒危物种的个体并不具有进一步的权利,因此权利观点并不承认,稀有动物或濒危动物具有特殊道德地位(9.3)。不过,权利观点并非反对努力挽救稀有动物或濒危动物。该观点不过坚持认为,这些动物之所以受到保护是因为它们是动物,不是因为它们稀有或濒危。此外,保护稀有物种和濒危物种的努力助长了一种信念和态度,那就是认为数量丰富动物的价值更不重要;因此在这一意义上,权利观点必须提出它强烈的道德异议。所有动物都平等,不管其数量丰富还是稀少。

依照权利观点,**个体**具有核心重要性。这带来了一个未决问题:想通过支持权利观点来发展一套环境伦理理论的人,是否可以实现其想法。至少在理论层面上,权利观点与环境问题的多数当代思想相左:这种思想的特征就是整体性或系统性方法(所谓的环境法西斯主义)。尤其是,权利观点拒斥利奥波德理论具有的积聚性含义,该理论让我们把人类行为给生态群落成员带来的后果相加起来,以判定行为的道德性:给群落带来"最佳"后果的就予以赞同,无法带来"最佳"后果的就予以反对。权利观点反对这种道德决策法,也反对这个方法所依赖的个体价值理论。但是在实践层面上,权利观点的含义可以与环境保护主义发起的事业和谐共处,尤其是在保护野生环境问题上的含义。尽管建立在权利基础上的环境伦理学还没有发展出来,更别说得到恰当评价,但这种伦理思想仍然是有生命力的理论选择,不应该被完全否定。

权利观点的主要含义所涉及的最后一个领域是:科学活动中的动物使用(9.4)。出于各种理由,权利观点原则上反对在教育活动、新产品和新药毒理实验以及科学研究中使用动物。在高中和大学实验课解剖活体哺乳动物应该受到谴责,鉴于通过活体解剖习得的相关知识可以不这么做而得到,因此更应该提倡这种谴责。对这些动物进行麻醉也无法逃脱权利观点的指责,因为道德上相关的是动物的过早死亡,而不只是它们的疼痛或痛苦。反对观点认为,在高中和大学实验课使用的多数动物都不是哺乳动物,因此不在权利观点倡导的原则的范围之内,对此可以提请注意:(1)在何处划定作为生命主体与并非生命主体的动物的界限,这个问题还远未清楚,因此我们应该采取稳妥的方式,让动物在多数情形中(包括当前的情形)享有缺乏证据时的偏护,而且(2)对非哺乳动物的常规使用助长了一些信念和态度,这些信念和态度会促使人们接受不尊重哺乳动物、因此侵犯其权利的行为和制度。二个理由都提供了令人们信服的根据,以终结高中和大学生命科学课程中的标准实验课。

反对在毒理实验中使用动物的诸多理由中,最重要的一个是:风险无法以这些动物的使用者假定的方式被转嫁。不管是在新产品毒理实验还是新药毒理实验中,个体都不具有这样的权利:强迫他人发现风险所在,以此确立或降低自己可以选择承受、也可以选择不承受的风险。他人确实(或可能)得到的好结果,与毒理实验的道德正义不具有多大关系,就像在其他情形中,通过卑下手段获取的高尚目的与道德正义没有什么关系。我们不该做可能带来好处的不义之举,不该胁迫他人承受被伤害的风险,或者伤害他人,以此来确定或减少其他人可能遭受的风险。**赞同在动物实验身上进行毒理实验,就是准予常规性地侵犯它们的权利。依照权利观点,所有这样的实验都必须停止。**这不是说毒理实验应该停止。相反,由于我们在选择使用某新产品或新药时,希望可以把风险降到最小,因此,权利观点赞同发展保护我们这方面的利益的有效科学方式,也呼吁相关商业利益集团和政府协调机构做出尽责的承诺,保护人类在家中和工作场所的安全。**权利观点禁止的不过是侵犯个体权利的方式。权利观点要求的不是减少实验动物的数量,也不是细化实验方案,而是呼吁在毒理实验中完全取消动物的使用。**

在科学研究中的动物使用问题上,权利观点也做出了同样呼吁。指望通过伤害动物来给其他个体带来恩惠,这是认为动物的价值似乎可以被还原成相对他人利益的效用。对上百万的动物、而不是少数动物这么做,就是在把它们当做好像是可再生资源来对待:可再生是因为,人们把这些动物视为可取代的东西而不觉得自己犯了任何错,当作资源是因为,人们假定动物的价值取决于动物相对其他个体利益的可能效用。**权利观点拒斥科学研究中对动物的伤害性使用,呼吁全面取消这种做法。**由于动物具有一种不同于、无法还原成、也不可通约于它们相对于他人效用的价值,由于从严格正义的角度看动物应该被给以尊重其价值的对待,由于科学研究中对实验动物的常规使用没能以动物应得的尊重对待它们,这种使用因此是错误的,因为它不正义。科学活动中令人赞叹的成就,包括为人类和动物带来的许多真实利益,无法为获取这些成就的不公正方式辩护。就像在其他情况下的立场一样,权利观点在此并未呼吁停止科学研究。这些研究应该继续下去,但不是以实验动物为代价。科学研究面临的主要挑战,与毒理实验和科学事业的所有其他领域面临的类似挑战一样,就是在不伤害任何个体的权利的情况下从事科学,不管这些个体是人类还是动物。

权利观点原则上并不反对一点:科学活动(包括研究)中对哺乳动物胚胎的使用可以得到辩护。依照权利观点,处于早期发育阶段的哺乳动物胚胎可以被使用,只要我们有好的理由相信,允许这种使用不会助长一些信念和态度,这些信念和态度准予在对待具有权利的动物时侵犯其权利,尤其是被当作种畜的动物。尽管并不清楚这个挑战是否可以得到应对,明确的一点是:如果科学家继续既使用哺乳动物胚胎又使用成熟动物,那么这一挑战必定无法解决。因此,为使用哺乳动物胚胎提供辩护所需的一个关键证据就是:科学家不再使用成熟哺乳动物(或者其他尽管小于一岁,但是应该对其权利最好存疑的哺乳动物)。同样,只有科学家不在哺乳动物的成熟以后使用它们,权利观点才会为支持使用哺乳动物胚胎提供严肃的辩护。不过只有到了那时,权利观点才会做出这种辩护。而此前,证明负担必须由应该提供证明的人承受。㉛

㉛ 这是贝茨(Bates)大学心理学教授亨利·夏皮罗(Henry Shapiro)的建议,这个建议帮助我看到,在评价我们对待动物的做法是否道德时使用的承担风险概念,与这里的讨论相关,也很重要。我与同事唐纳德·范德维尔(Donald Van De Veer)的有益讨论无形中推动我更好地理解权利的含义。

索 引[1]

（词条页码均指正文中的边码）

爱德华·约翰逊，Johnson, Edward 165

安德鲁·罗恩，Rowan, Andrew W. 415 n. 8

安乐死，Euthanasia 83, 109—116, 118—119, 335, 343；家长主义的, paternalistic 114—116, 119；尊重偏好的, preference-respecting 113—114, 119

安·帕尔梅里，Palmeri, Ann 104, 107, 118

安塞尔·亚当，Adams, Ansel 400

阿尔伯特·施韦泽，Schweitzer, Albert 241

奥尔多·利奥波德，Leopold, Aldo 361, 362, 396

巴里·霍尔斯顿·洛佩斯，Lopez, Barry Holstum 406 nn. 8, 11

柏拉图，Plato 401 n. 1

悲剧，Tragedy 102—103

本迪特，Benditt, T. M. 405 n. 4

彼得·辛格，Singer, Peter 136—140, 143, 200, 205, 206 ff., 254, 256, 268, 270, 370, 412 n. 2

彼得·詹金斯，Jenkins, Peter 402 n. 19

毕加索，Picasso 103, 151

濒危物种，Endangered species 151, 330, 359—361, 395

伯纳德·格特，Gert, Bernard 104—109, 118

伯纳德·哈里森，Harrison, Bernard 405 n. 37

博伊斯·伦斯伯格，Rensberger, Boyce 12

捕鲸，Whaling 354, 368, 395, 406 n. 20

捕猎，Hunting 330, 395, 416—417 n. 30

布罗克，Brock, Dan W. 137, 410 n. 2

残忍，Cruelty 196—198, 345, 356；康德的残忍观，Kant's view of 174—185；罗尔斯的残忍观，Rawls's view of 166—174

"慈美"，Beauty without cruelty 376, 416 n. 20

查尔斯·达尔文，Darwin, Charles 18, 20, 32, 75, 83

查尔斯·卡尔弗，Culver, Charles 104—109, 118

查伦，Charron 11

长颈鹿，Giraffes 73

常识，Common sense 2, 5, 25, 28, 29, 30, 33, 34

惩罚，Punishment 290—291

达拉斯·普拉特，Pratt, Dallas 370—371

大鼠，Rats 383, 384

大卫·休谟，Hume, David 65

大猩猩，Gorillas 14, 32

---

[1] 原文的所有注释都放在书末："后记"之后，"索引"之前。为了方便阅读，中译本将这些注释转换成脚注。编者酌情删减了部分索引词条。

戴尔·贾米森, Jamieson, Dale xvi, 414 n. 23, 416 n. 29

戴维·莱昂斯, Lyons, David 269, 271, 278

戴维·理查德, Richards, David A. J. 412 n. 1

道德病人, Moral patients 151—156；与契约论, and contractarianism 163—174；与直接义务观, and direct duty views 195 ff.；与伤害原则, and harm principle, 186—194；无辜的, innocence of 294—297；与康德的立场, and Kant's position 177—178, 182—184；与理性利己主义, and rational egoism 156—163；与尊重原则, and respect principle 233, 260—262；科学中的使用, use in science of 314—315, 363 ff.；与功利主义, and utilitarianism 200—202, 252—258, 263

道德共同体, Moral community 152—156, 202

道德判断, Moral judgments 122 ff.；与诉诸道德权威, and appeal to moral authority 125—126；与感情, and feelings 123；与个人偏好, and personal preferences 122—123；与统计学, and statistics 124—125；与想法, and thinking 124

道德主体, Moral agents 86, 96, 151—156；与契约论, and contractarianism 163—174；与伤害原则, and harm principle 186—194；与康德的立场, and Kant's position 177—178；与理性利己主义, and rational egoism 156—163；与权利观点, and rights view 235—239

道德原则, Moral principles 130 ff.；评价道德原则有效性的标准, criteria for evaluating the validity of 131—136；运用于伤害原则的标准, criteria applied to harm principle 189—193；运用于尊重原则的标准, criteria applied to respect principle 258—260

道德直觉, Moral intuitions 133—140, 162；诉诸道德直觉的捍卫, defense of appeal to 136—140；前反思性的, prereflective 134, 148；反思性的, reflective 134—135, 148

递减边际效用, Declining marginal utility 253—254, 255

动物：农业, Animals: and agriculture 330—353；自主性, autonomy of 84—86, 108, 116；濒危物种, and endangered species 359—363；安乐死, and euthanasia 109—116, 118—119；捕猎, hunting and trapping of 353—359；同一性, identity of 82—83, 173—174；利益, interests of 87—88, 91, 116, 118, 119；家长主义, paternalism toward 103—119, 118；科学中的使用 use in science 330, 343, 363—394, 396；福利, welfare of 82 ff. 也见科学

动物权利：辛格的否认, Animal rights: Singer's denial of 219—220. see also rights view

动物权利运动, Animal rights movement xiii, 156, 315, 399—400. 也见权利观点

动物意识, Animal awareness 2 ff.

 复杂性, complexity of 34 ff.

  感觉, sentience 81

  感知, perception 74, 81, 405 n. 38

  记忆, memory 73, 77, 81

  情感, emotions 75—76, 81

  未来感, sense of future 75, 77, 81

  信念, beliefs 34 ff.

  欲望, desires 34 ff.

  意向性, intentionality 74, 77, 80

  自我意识, self-consciousness 75, 77, 81

 累积论证, cumulative argument for 25—28,

32—33,34,37,42,65,74,78,79,81,84

毒理实验,Toxicity tests 370 ff.；急性的,acute 370；慢性的,chronic 370；权利观点的批判,rights view's critique of 371—382；亚急性的,subacute 370

妒忌论证,Argument from envy 252—253,254,255

恶化原则,Worse-off principle 301,107—312,328

二元论,Dualism 21—24

反思的平衡,Reflective equilibrium 135

非机械论选择,Nonmechanistic alternative 9,12,15,17

分外之举,Supererogatory acts 320—321

弗雷,Frey,R. G., R. G. 37—50,52,53,60,67—73,75,79,88—89

弗雷德·费尔德曼,Feldman,Fred 412 n. 8

副效应,Side effects 204,222,226,312—315,323,328,393

概念,Concepts 50 ff.：概念的,concept of 53—56

个体的价值：至善论说明,价值的不平等,Individuals, value of: perfectionist accounts, as unequal in value 233—225,237,240,247,263；权利观点的说明,固有价值的平等,rights view's account, as equal in inherent value 233,235 ff.；功利主义的说明,可取代的容器,utilitarian accounts, as replaceable receptacles 205—206,208—209,236,239,247

个体的平等,Equality of individuals 233,235—250,263. 也见固有价值

工厂式农场,Factory farming 185,220,224,226,315,335 ff.,394

工具价值,Instrumental value, 142

功利主义,Utilitarianism 141—143,144,147,151,232,233,238—239,257,263,268—271,286,310,311,328,337,349—351,353,392—394；行为,act 143,195,200 ff.,229,250,251,257,286,312—315；古典的,classical 200—206,207,217；享乐主义的,hedonistic 142—143,148,200—206,208,210,211,226,229,233,312；理想的,ideal 250,251；非理想的,nonideal 250,251；偏好,preference 137—138,143,148,206 ff.,229,257；规则,rule 143,200,233,250—258,286

狗,Dogs 1,2,6,7,9,11,15,20,35,36,50 ff., 109,173,177,178,180,197,285,286,296,324,325,351,385,386

固有价值,Inherent value 233,235 ff.；道德主体的,of moral agents 235—239；道德病人的,of moral patients 239—241；对生命的尊重,and reverence for life 241—243；生命主体标准,and subject-of-life criterion 243—248,264

国家生物教师协会,National Association of Biology Teachers 415 n. 9

哈罗德·莱文,Levin,Harold 403 n. 35

哈特,Hart,H. L. A. 209,210

海豹,Seals 354,358,416—417 n. 30

好处,Benefits 83—94,116—117

和平主义,Pacifism 288—290,291,293

和平主义原则,Pacifist principle 287,288,328

赫伯特·特勒斯,Terrace,Herbert S. 13—14

赫布,Hebb,D. O. 26,28,75,76

黑尔,Hare,R. M. 136,143,216,252,253,268,270

黑猩猩,Chimpanzees 12—15,26,32,39,173,253

亨德尔,Handel 103

亨利·阿伦,Aaron, Henry 16

亨利·贝斯顿,Beston, Henry 415 n. 4

亨利·莫尔,More, Henry 3,4

亨利·索尔特,Salt, Henry 400

亨利·夏皮罗,Shapiro, Henry 417 n. 31

划界问题,Line drawing, problems of 30,76,77—78,86,121,153,319—320,349,366,391,396

怀特兄弟,Wright brothers 103

怀疑论,Skepticism 17—18,29,32,63,64,65

环境保护主义者,Environmentalists 362—363,396

环境法西斯主义,Environmental fascism 362,396

环境伦理学,Environmental ethics 245—247,330,361—363,396

活体解剖,Vivisection 363

火鸡,Turkey 349,368

机械论选择,Mechanistic alternative 8,9

鸡,Chickens 15,220,221,225,349,368

基思·冈德森,Gunderson, Keith 401 nn. 11,14,401—402 n. 16

加勒特·哈丁,Hardin, Garrett 222

加雷思 B. 马修,Matthews, Gareth B. 26,27,414 n. 30

加里斯特尔,Gallistel, C. R. 382—384

家长主义,Paternalism 83,103—109

价值:固有的,Value: inherent 235 ff.；工具的,instrumental 142；内在的、个人的,intrinsic of individual 142；至善论的,and perfectionism 133—235,237,240,247,263；与权利观点,and rights view 235 ff.；与功利主义,and utilitarianism 205—206,208—209,236,239,247

间接义务观,Indirect duty views 150 ff.,道德武断性,moral arbitrariness of 185—194.也见契约论,康德的观点,理性利己主义

简单性,Simplicity 7,21,24,146—147.又见简约原则

简·纳维森,Narveson, Jan 156—163,176,177,186,193,214,257,274,276,288,289,318

简约原则,Principle of parsimony 7,21,24,65,66,67,80.又见简单性

交互作用问题,Interaction, the problem of 22—25

杰里米·边沁,Bentham, Jeremy 95—96,142,200,202,212,215,218,219,235,259,268—269,270

进化,以及意识,Evolution, and consciousness 18—21,28,32,76

禁止残忍—要求友善的观点,Cruelty-kindness view 151,195—200,228,229

救生艇案例,Lifeboat cases 285—286,324—325,351—353,385

绝对命令,Categorical imperative 144,175—178,183—185,215

绝对欲望,Categorical desires 100—103,118,172

卡特,Carter, W. R., W. R. 409 n. 35,413 n. 17

康德,Kant, Immanuel 84—86,144—145,148,156,174—185,186,193,195,214,216,217,239,241,368,391

科学中的动物使用:教育背景,Science, use of animals in: educational settings 364—369,396；研究,research 382—392,396；毒理学,toxicology 369—382,396

拉尔夫·巴顿·佩里,Perry, Ralph Barton 87

拉美利特,LaMettrie, Julien Offay 9,12,17,18,

32,36

拉佩,Lappe, Francis Moore 414 n. 1

狼,Wolves 98,101,284—285,357

老虎,Tigers 15,75,151

勒内·笛卡儿,Descartes, René 3 ff.,36,39

莉奥诺拉·罗森菲尔德,Rosenfield, Leonora 41 n. 10

里奇,Ritchie, D. G. 268,270

理查德·赖德,Ryder, Richard D. 408 n. 3

理查德·劳特利,Routley, Richard 403 n. 34,404 n. 25

理想的道德判断,Ideal moral judgment 126—130,147,189—192

理性(伦理)利己主义,Rational(ethical) egoism,141,144,147,156—163,177,193,200,214,257,274,310,311,318

利益,Interests 83,87—88,91,116,118,119;偏好 preference 87—88,91,116,119;福利,welfare 87—88,91,116,118,119

利益论证,Benefits argument 381,384,416 n. 24

利益平等原则,Equality of interests principle 223. 也见平等原则

猎狐,Fox hunting 354,378,400

猎鸭,Duck hunting 358

灵魂,Soul 10,18,25,27,28,33,34

流产,Abortion 319—320,391

鲁思·哈里森,Harrison, Ruth 406 n. 10

鲁思·西格曼,Cigman, Ruth 100—103

露西,Lucy 13—14

掠食动物控制,Predator control 359

伦理理论,Ethical theories 140—147:后果主义(目的论),consequentialist(teleological) 141—143,147;评价标准,criteria for evaluating 45—147,148;非后果主义(义务轮),non-consequentialist(deontological) 143—145,147,148

伦理相对主义,Ethical relativism 131—132

伦理主观主义,Ethical subjectivism 138—140

罗伯特·诺齐克,Nozick, Robert 378,414 n. 22,416 n. 21

罗斯,Ross, W. D. 133,134,136,137,186,187,189,217,283

马加良斯,Magalhases, H. 416 n. 19

玛丽·米利奇,Midgley, Mary 2

麦克尔·马丁,Martin, Michael 413 n. 16

麦克洛斯基,McCloskey, H. J. 281—282

猫,Cats 2,15,30,73,109,197

梅森,Mason, Jim 406 n. 10

美国生物科学研究院,American insititute of biological sciences 415 n. 9

美国手语,American sign language 12,13,15

蒙田,Montaigne 11

麋鹿,Elks 2

密尔,Mill, John Stuart 119,143,200,269—271,279,282,284,286,311,353,400

摩尔,Moore, G. E. 133,134

莫里斯·韦德,Wade, Maurice 414 n. 31

莫扎特,Mozart 103

牡蛎,Oysters 10

内在价值,Intrinsic value 142,147,235—236

尼古拉斯·雷舍尔,Rescher, Nicholas 91

尼姆·奇姆斯基,Nim Chimpski 13—14

拟人论,Anthropomorphism 6,7,26,30—31,33,59,81

鸟,Birds 409 n. 1,416—417 n. 30

牛,Cows 73,220,296,336

农场动物 Farm animals　330 ff.，被视为法定财产的，viewed as legal property　347—349，359，394；被视为可再生资源的，viewed as renewable resources　343—345

农场动物工业，Farm animal industry　221，222，333 ff.，390，394，416 n. 30

奴隶制，Slavery　222，234，317，348，390

偶因论，Occasionalism　23—24，32

"胚胎机器"，"Fetal machines，"　391，416 n. 30

皮毛业，Fur industry　395

偏见，Prejudice　5—6，33，128—129. 又见种族主义、性别主义、物种主义

平等原则，Equality principle　212，216，218，219，227，229—230，235，252，256，257. 也见利益平等原则

平等主义：权利观点的说明，Egalitarianism：rights view's account of　235—241，243—245，248—250，263；功利主义的说明，utilitarian accounts of　202，229，233，237—239，247，252，263

契约论　Contractarianism　163—174，177，193，257，274，275，318

乔尔·芬伯格，Feinberg, Joel　271，278，281—282，403 n. 10，408 n. 2，413 n. 9

乔纳森·贝内特，Bennett, Jonathan　63

乔治·皮彻，Pitcher, George　403 n. 35

青蛙，Frogs　367

权利，Rights　267 ff.

　道德的，moral　267—268，327

　法定的，legal　267—268，327

　非获得性的，unacquired　274—276，281，327

　　不受伤害的，not to be harmed　286—287

　　道德病人的，of moral patients　279—280

　　得到尊重对待的，to be treated with respect　276—279

　作为有效要求，as valid claims　271—273，327

　获得性的，acquired　274—276，281，327

　基本的，basic　276，281，327

　权利的资格理论，entitlement theory of　281，413 n. 13

　消极的，negative　282

权利观点，Rights view　145148　266 ff.；与教育背景的不道德，and immorality in educational settings　364—369，396；与科学研究中的不道德，and immorality in scientific research　382—392，396—397；与毒理试验的不道德，and immorality in toxicity tests　372—382，396—397；与素食主义的责任，and obligatoriness of vegetarianism　330—353；与功利主义，对待动物的实践差异，and utilitarianism, practical difference regarding treatment of animals　349—357，392—394；为什么不是反商业的，why not antibusiness　341；为什么不是反人性的，why not anticonsumer, ; why not antihumanity　xv，156，380—381，388，399—400；为什么不是反科学的，why not antiscientific　380—382，387—388，399；为什么不反对工人的保护，why not antiworker protection　375

人类沙文主义，Human chauvinism　30—31，33

萨姆纳，Sumner, L. W.　406 n. 17

杀人的道德性：古典功利主义，Killing, the morality of：and classical utilitarianism　202—206，238—239，251；个体的固有价值，and inherent value of individuals　238；偏好功利主义，and preference utilitarianism　206—211，238—239，251；权利观点，and rights view　280；规则功

利主义, and rule utilitarianism 251

杀婴, Infanticide 319—320, 391

伤害, Harm 83, 94—103, 116—117, 187—189; 相当的, comparable 303—304; 作为死亡的, death as 99—103; 作为剥夺的, as deprivation 96—99; 作为折磨的, as infliction 94—96

伤害原则, Harm principle 187—194, 233, 311; 的推导, derivation of 262—263, 264

上帝, God 23—24, 125—126, 150, 151, 193

神父约瑟夫·利卡比, Rickaby, Father Joseph 401 n. 2

神经生物学研究, Neurobiological research 382—383

实验动物, Lab animals 363 ff.

守诺的义务, Promise, duty to keep, 承诺, 274, 275, 276, 318

兽医, Veterinarians xiii, 390, 416 n. 24

斯蒂芬·洛克纳, Lochner, Stefan xi, xvii, 1, 2, 81, 399

斯蒂芬·斯蒂克, Stich, Stephen 35—38, 49—61, 67, 78

斯马特, Smart, J. J. C. 212, 410 n. 17

死亡, Death 83, 99—103, 117—118

苏格拉底, Socrates xiv

诉诸传统, Appeal to tradition 354

素食主义, Vegetarianism 184—185, 314; 批判辛格的辩护, critique of Singer's moral arguments for, 218—226, 230, 349—351; 为什么有责任, why obligatory 330—353

他心：问题, Other minds: problem of 17—18, 29

唐纳德·戴维森, Davidson, Donald 404 n. 16

唐纳德·格里芬, Griffin, Donald R. 19—20, 31, 34, 36

唐纳德·维维安, Van DeVeer, Donald 408 n. 18, 417 n. 31

陶瑞克, Taurek, John M. 297—301, 302, 303, 306, 311

特殊考虑, Special considerations 276, 298, 316—318, 320—324

替代选择（科学中的动物使用）, Alternatives (to the use of animals in science) 375—376, 379—382, 385, 387—388

同一性问题, Identity, problem of 82—84, 173

托马斯·朗, Long, Thomas A. 403 n. 3

托马斯·内格尔, Nagel, Thomas 66, 406 n. 9

瓦尔·劳特利, Routley, Val 403 n. 34

威廉·奥卡姆, Occam, William 7

韦恩·泰森, Wynne-Tyson, Jon 414 n. 1 蜗牛, Snails 30

无辜的挡箭牌, Innocent shields 291—293, 294, 295, 296, 331

无辜的威胁者, Innocent threats 293, 295, 296, 331

无辜原则, Innocence principle 287, 291—292, 293, 297, 327

无辜者的数量：数量重要吗？, Number of innocents: should they count? 297—301; 什么时候数量重要, when they count 305—307, 328; 什么时候数量不重要, when they don't count 305—312, 328

无辜者的自我防卫, Self-defense by innocent 287

无辜者。见无辜者的数量, Innocents. See Number of innocents

物种主义, Speciesism 155, 184, 193, 202, 219, 223, 254, 325; 与功利主义, and utilitarianism 226—228, 229, 231, 314—315

悉尼·根丁，Gendin, Sidney 407 n. 28, 414 n. 23

想象论证，Imagination argument 64

萧伯纳，Shaw, George Bernard 179, 400

小鼠，Mice 27

心理延续原则，Principle of psychological continuity 75

信念，Belief 38 ff.：行为与内容，behavior and content of 67—73；内容，content of 49—73；语言与，language and 38—49

信念—欲望理论，Belief-desire theory 35 ff.

性别主义，Sexism 227, 228, 229, 231

亚里士多德，Aristotle 133, 191, 233, 234, 237

亚历山大·布罗迪，Broadie, Alexander 179—182

羊，Sheep 284, 285, 359

药物产业，Pharmaceutical industry 379—380

耶稣，Jesus 146—147

野生动物管理，Wildlife management 355—357

伊丽莎白·派伯斯，Pybus, Elizabeth 179—182

义务：获得性，Duties: acquired 273—276, 298, 317—318；帮助的，of assistance 249, 270, 282, 283, 284；慈善的，of charity 272, 277；正义的，of justice 164—174, 248—250, 274—276, 276 ff.；自然，natural 166—168, 272—274；非获得性，unacquired 273—276. 也见残忍

意识的语言检验，Language test for consciousness 10—18, 32, 39；不恰当，inadequacy of 15—17

鹰，Eagles 2, 296

友善，Kindness 198—199

有条件平等的原则，Conditional equality principle 216—217

诱捕，Trapping 330, 395, 416—417 n. 30

语言：和信念，Language: and belief 38—49；和意识，and consciousness 10—18, 32, 39

语言论证，Language argument 63

约翰·科廷厄姆 Cottingham, John 3, 4, 27

约翰·克莱尼希，Kleinig, John 91, 406 n. 8

约翰·罗尔斯，Rawls, John 135, 156, 163—174, 176, 177, 186, 193, 234, 257, 273, 274—276, 283, 318

约翰·洛克，Locke, John 197

詹姆斯·雷切尔斯，Rachels, James 407 n. 26

正义：行为功利主义，Justice: and act utilitarianism 212, 216, 218, 219, 223, 227, 229—230, 235, 252, 256, 257；至善论，and perfectionism 233—235, 237, 240, 247, 263, 277, 325；尊重原则，and respect principle 248—250, 263, 276 ff.；规则功利主义，and rule utilitarianism 250—258, 263. 也见正义的义务、尊重原则、权利观点

正义的形式化原则，Formal principle of justice 128—129, 232, 248, 263, 276

知情同意，Informed consent 381

直接义务观，Direct duty views 151 ff.

至善论，Perfectionism 232, 233—235, 237, 240, 247, 263, 277, 325, 387

致死剂量50实验，LD50 test 364, 370, 371, 373, 376, 382

种族主义，Racism 227, 228, 229, 231, 313

猪，Hogs 15, 73, 220, 231

自然义务，Natural duties 166—168, 272—274

自然主义谬误，Naturalistic fallacy 247

自由原则，Liberty principle 135, 136, 331—333

自主性，Autonomy 84—86, 91—92, 108, 116

阻止情形, Prevention cases 298,302—303,305, 308,309,311

最大可持续产量, Maximum sustainable yield 355—357,395

最小伤害原则, Minimize harm principle 302—303,306,307,308,309,310,311,328,356

最小压倒原则, Miniride principle 301,305—307,308,310,328

尊重原则, Respect principle 215,233,248—250,264—265,311; 的捍卫, defense of 258—260; 伤害原则从中的推导, derivation of harm principle from 262—263; 道德病人与, moral patients and 260—262; 尊重对待的权利, right to respectful treatment 276—279,327; 的地位, status of 326—327

后记

在谴责既有文化实践时,权利观点并不是在反商业,反个人自由,也不是在反科学,反人类。它不过在支持正义,只是坚持认为,正义的范围应该覆盖对动物权利的尊重。对权利观点提出抗议,认为正义只适用于道德主体,或者只适用于人类,认为我们有权把动物视为可再生资源、可替换容器、工具、模型、物件——所有这些抗议,都未直面权利观点向反权利观点者提出的挑战。相反,这种抗议只是无意间表露了本文要确认并反驳的一种偏见。

但偏见不易根除,考虑到这一偏见在当前已被世俗文化和宗教信念包围,被巨大有力的经济利益维系,并且被习惯法保护,情况就更是如此。要克服这些反变革力量所具有的集体腐坏力并不容易。动物权利运动不是懦夫的事业。成功所要求的不啻于我们文化中的思想革命和行为革命。在文化发展的这一阶段,我们还远远无法获得动物道德地位的准确概念,正如斯蒂芬·洛克纳还远远没有准确把握狮子的形象。我们该如何改变对动物的通常误解——其实是我们是否能够改变它,这在很大程度上是政治问题。权威不等于正确,但权威可以制定法律。道德哲学无法取代政治行为,但它还是可以带来贡献,它的通行证就是观念。尽管是那些采取行动的人,那些写信呼吁、散布请愿、发动游行、进行游说的人,那些干扰猎狐活动、拒绝活体解剖动物、拒绝在"外科实习"中使用动物,或者在其他方面积极行动的人,在日复一日地奠定具有长久影响的基础,但历史表明,造成改变的是观念。当然,依照密尔的话、也是本书的座右铭,是先行者——索尔特[1]们、萧伯纳们以及更晚近的思想家——的观念,以及致力于呼吁认可动物权利的行动者的观念,在让这场运动从遭受嘲笑走向得到讨论。我希望,本书的出版会起到一些作用,把这场伟大的运动——动物权利运动——推向第三个阶段,也是最后一个阶段:得到大众的接纳。借用一下著名美国摄影家安塞尔·亚当斯(Ansel Adams)在不同语境下的一句话:"我们处在新启蒙、新觉醒的临界点。但是,如果要打响并赢得这场伟大战争,那得让我们迄今为止取得的成就再放大几千倍才行。"

---

[1] Henry Salt,人道主义者,1892 出版《动物权利:从社会进步的角度看》(*Animals' Rights: Considered in Relation to Social Progress*)是动物权利领域的经典著作。——译注